Kopu s.   2л
          53
          84
          94/95
          109
          128/129
          151
          152 — 154
          2/л
          267 + 268

D1729774

Peter Brödner · Wolfgang Kötter (Hrsg.)

Frischer Wind in der Fabrik

Springer

Berlin
Heidelberg
New York
Barcelona
Hongkong
London
Mailand
Paris
Singapur
Tokio

Peter Brödner · Wolfgang Kötter (Hrsg.)

Frischer Wind in der Fabrik

Spielregeln und Leitbilder von Veränderungsprozessen

Mit 46 Abbildungen

 Springer

Dr.-Ing. Peter Brödner
Wissenschaftszentrum Nordrhein-Westfalen
Institut Arbeit und Technik
Abt. Produktionssysteme
Munscheidstraße 14
45886 Gelsenkirchen

Dipl.-Ing. Wolfgang Kötter
GITTA mbH
Kreuzbergstraße 37/38
10965 Berlin

Dieses Forschungs- und Entwicklungsprojekt wurde mit Mitteln des Bundesministeriums für Bildung und Forschung (BMBF) innerhalb des Rahmenkonzeptes „Produktion 2000" gefördert und vom Projektträger Produktion und Fertigungstechnologien, Forschungszentrum Karlsruhe, betreut.

Die Deutsche Bibliothek - CIP-Einheitsaufnahme
Peter Brödner; Wolfgang Kötter:
Frischer Wind in der Fabrik :
Spielregeln und Leitbilder von Veränderungsprozessen/Peter Brödner, Wolfgang Kötter.
Berlin; Heidelberg; New York; Barcelona; Hongkong; London; Mailand; Paris; Singapur; Tokio:
Springer, 1999
ISBN 3-540-65545-X

ISBN 3-540-65545-X Springer-Verlag Berlin Heidelberg New York

Die Wiedergabe von Gebrauchsnamen, Handelsnamen, Warenbezeichnungen usw. in diesem Buch berechtigt auch ohne besondere Kennzeichnung nicht zu der Annahme, daß solche Namen im Sinne der Warenzeichen- und Markenschutz-Gesetzgebung als frei zu betrachten wären und daher von jedermann benutzt werden dürften.

Sollte in diesem Werk direkt oder indirekt auf Gesetze, Vorschriften oder Richtlinien (z.B. DIN, VDI, VDE) Bezug genommen oder aus ihnen zitiert worden sein, so kann der Verlag keine Gewähr für die Richtigkeit, Vollständigkeit oder Aktualität übernehmen. Es empfiehlt sich, gegebenenfalls für die eigenen Arbeiten die vollständigen Vorschriften oder Richtlinien in der jeweils gültigen Fassung hinzuzuziehen.

Einband-Entwurf: de'blik, Berlin
Satz: Reproduktionsfertige Vorlage der Autoren
SPIN: 10701527   07/3020 - 5 4 3 2 1 0   Gedruckt auf säurefreiem Papier

Vorwort

„Veränderungen scheitern nicht an den Schwächen
von Unternehmen, sondern an ihren Stärken."

Ein beteiligter Manager

Vier Unternehmen sind an neuen Ufern angelangt. Statt wie so viele über organisationalen Wandel nur zu reden, haben sie den Aufbruch gewagt und Stärke am Markt gewonnen. Statt Standortbedingungen zu beklagen, haben sie sie genutzt. Risiken und Unsicherheiten der Veränderung haben sie dabei bewußt in Kauf genommen.

Damit haben sie sich vom Hauptfeld abgesetzt: Empirische Erhebungen zeigen immer wieder, wie wenig sich in den meisten Unternehmen – trotz aller Änderungsrhetorik – tatsächlich verändert. Zwar wird häufig mit neuen Management- und Organisationskonzepten experimentiert, zumeist bleiben diese Versuche aber auf einzelne Maßnahmen und Bereiche begrenzt. So werden etwa an einer Stelle Vorhaben zur Standardisierung oder zum Concurrent Engineering gestartet, anderenorts vielleicht Versuche zur Segmentierung unternommen oder noch anderswo Fertigungsinseln einzurichten und Gruppenarbeit einzuführen begonnen.

Nur allzu oft bleiben dabei die Zusammenhänge zur Gesamtorganisation und zur Unternehmensstrategie außer Betracht, notwendige Veränderungen im Umfeld der neu gestalteten Bereiche werden übersehen oder die Dinge werden angesichts vieler Hindernisse nur halbherzig betrieben. Dann bleiben natürlich auch die ursprünglich erhofften Leistungsverbesserungen aus und Enttäuschung macht sich breit. So verlaufen letztlich viele groß angekündigte Projekte im Sande.

Das zeigt: Größere und nachhaltige Verbesserungen sind nur zu erreichen, wenn sich die Organisation als Ganze grundlegenden Veränderungen unterzieht; wenn die Einzelmaßnahmen wohl aufeinander abgestimmt sind; wenn nicht nur organisatorisch-technische Strukturen gestaltet werden, sondern sich mit ihnen auch gewohnte Denkweisen und Handlungsmuster, arbeitspolitische Spielregeln und das Führungsverhalten verändern; wenn Widerstände ernst genommen werden, weil sie auf wunde Punkte verweisen. Das erfordert die Mitwirkung aller wichtigen Akteure am Veränderungsprozeß – eine fraglos herausfordernde Managementaufgabe. Kein Wunder also, daß viele Unternehmen vor den unkalkulierbaren Schwierigkeiten, Auseinandersetzungen und Risiken zurückscheuen.

Gleichwohl gibt es Unternehmen, die es geschafft haben, und das mit außerordentlich großem wirtschaftlichen Erfolg. Das gab Anlaß zu fragen, wie derartige Veränderungsprozesse angelegt sein müssen und wie sie trotz aller Schwierigkeiten und Schmerzen zum Erfolg geführt werden können. Vor diesem Hintergrund entstand das Verbundprojekt RAMONA – Rahmenbedingungen und Modellierung neuer Arbeitsstrukturen –, über das hier berichtet wird.

Dabei erging es den vier Industriepartnern vor ihrem Entschluß, in dem Verbund mitzumachen, nicht viel anders als den meisten anderen Unternehmen auch. Unter dem Druck des Wettbewerbs hatten alle vor Beginn des gemeinsamen Projekts bereits mit partiellen organisatorischen Veränderungen experimentiert, etwa mit der Einrichtung von Fertigungssegmenten oder von Gruppenarbeit und Fertigungsinseln. Deren Erfolge hielten sich freilich in engen Grenzen und hinterließen eher enttäuschte Erwartungen – ein nicht sonderlich überraschendes Ergebnis. Statt zu resignieren und in frühere Arbeitsweisen zurückzufallen, entschlossen sie sich gleichwohl, ihre Kräfte zu bündeln und weit umfassendere Prozesse der Erneuerung zu wagen.

In allen vier Fällen handelt es sich um traditionsreiche mittelständische Unternehmen (mit einer Ausnahme alle in Familienbesitz). Alle operieren in angestammten, stark besetzten Märkten und blicken bei ihren Produkten auf eine lange Entwicklungsgeschichte zurück – das jüngste Unternehmen ist bereits 75 Jahre alt, das älteste gerade 150 geworden. Keines befand sich in Existenznöten, aber es war wichtigen Akteuren durchaus intuitiv klar, daß tiefergehende Veränderungen notwendig wären, um sich künftigen Anforderungen der Märkte stellen und die Wettbewerbsposition ausbauen zu können. Im einzelnen sind es die Firmen:

- Elster Produktion GmbH, Mainz-Kastel,
  Hersteller von Gasmeß- und Regeltechnik,
- Krohne Meßtechnik, Duisburg,
  Hersteller von Durchfluß- und Füllstand-Meßgeräten,
- August Rüggeberg GmbH & Co, Marienheide,
  Hersteller von Qualitätswerkzeugen (PFERD-Werkzeuge),
- Theo Wellen GmbH & Co, KG, Krefeld,
  Hersteller von Dessertprodukten und Backmischungen.

In ihren außerordentlichen Anstrengungen unterstützt wurden die Unternehmen von vier Forschungs- und Beratungseinrichtungen:

- GITTA – Gesellschaft für interdisziplinäre Technikforschung,
  Technologieberatung und Arbeitsgestaltung, Berlin,
- Beratungssozietät Lanzenberger, Looss und Stadelmann, Darmstadt,
- Fraunhofer-Institut für Systemtechnik und
  Innovationsforschung (FhG-ISI), Karlsruhe,
- Institut Arbeit und Technik (IAT) im
  Wissenschaftszentrum NRW, Gelsenkirchen, Projektkoordination.

Leitgedanke bei dieser Konstellation war, die wissens- und methodenbasierte Arbeitsweise der Forschungs- mit der erfahrungsgeleiteten Handlungskompetenz der Beratungseinrichtungen zu verbinden. Auf diese Weise wurden die Erneuerungsprozesse in den Unternehmen wirkungsvoll unterstützt und die Erkenntnisgewinnung über die Bedingungen und Möglichkeiten der Bewältigung organisationalen

Wandels vertieft. Dies erforderte freilich eine hinreichend tragfähige, geteilte Sichtweise der Prozesse organisationalen Wandels, die erst gemeinsames Handeln erlaubte. An den Grundzügen dieser Verständigung wurde von Beginn an mit hohem
Aufwand gearbeitet, und trotz aller Schwierigkeiten des wechselseitigen Verstehens
unterwegs – auch ganz praktischer Schwierigkeiten der Koordination – hat sich
eine solche, in vieler Hinsicht geteilte Sicht der Dinge entwickelt, die im Projekt
vielfältig genutzt werden konnte.

Während die Anstrengungen der Unternehmen natürlich ganz darauf gerichtet
sind, die jeweils ihren besonderen Bedingungen und Zielen entsprechenden Erneuerungsprozesse (einschließlich der Entwicklung neuer Organisationsstrukturen
und -abläufe) zu bewältigen, ist das Erkenntnisinteresse der Forschungs- und Beratungseinrichtungen, entsprechend den Zielen des Projekts, auf den Prozeß der Veränderung und die Entwicklung passender Rahmenbedingungen fokussiert. Im Vordergrund steht das Interesse an Erkenntnissen darüber, wie gewachsene Denkweisen und Handlungsmuster, Leitvorstellungen der Veränderung selbst und tradierte
Spielregeln als hinderlich oder förderlich ins Bewußtsein der Akteure gehoben und
durch sie angemessen verändert werden können. Diese Fragen nach den expliziten
Möglichkeiten und Bedingungen kollektiven Lernens in Organisationen sind bislang bei Restrukturierungsprojekten weitgehend ausgeblendet geblieben. Sie sind
Gegenstand dieses Buches.

Um das Buch für diejenigen, die es als Beteiligte in Veränderungsprozessen in
erster Linie angeht – Geschäftsführer, Betriebsräte, Manager und Berater – leichter
lesbar und verwertbar zu machen, ist es in drei Teile gegliedert. Nach einer kurzge-
faßten Einführung in die Probleme organisationalen Wandels und einer zusammen-
fassenden Darstellung der „Kernbotschaften" im ersten kommen im zweiten Teil
die Unternehmen mit einer authentischen Darstellung ihres eigenen Veränderungsprozesses zu Wort. Im dritten Teil werden dann die im Projekt gewonnenen Erkenntnisse zu den drei im Zentrum stehenden Forschungsfeldern im thematischen
Zusammenhang entwickelt und verständlich gemacht. Abgerundet wird das Buch
durch einen Anhang zu methodischen Aspekten. Mit diesem Schema wollen wir die
Leserin oder den Leser dazu einladen, nach den jeweiligen Bedürfnissen einen eigenen Zugang zum Material zu finden – ausgehend von den Betriebsfällen, die
dann zur Vertiefung einiger thematischer Aspekte anregen können, oder über die
themenzentrierten Darstellungen, zu denen die Betriebsfälle das Anschauungsma-
terial liefern.

Noch in einem weiteren Punkt unterscheidet sich dieses Buch von vielen anderen: Als Gemeinschaftswerk spiegelt es das Vorgehen, von dem es berichtet.

PETER BRÖDNER
WOLFGANG KÖTTER

Inhaltsverzeichnis

**Teil 3   Wie machen wir den Kontext passend –
            betriebliche Rahmenbedingungen des Wandels**

Teil 1

Organisationaler Wandel
– die Zumutung kollektiven Lernens

1 Problemaufriß: Warum organisationaler Wandel so schwierig ist

PETER BRÖDNER

In allen entwickelten Industrieregionen der Welt haben sich in den letzten beiden Jahrzehnten (mit z.T. noch weiter zurückreichenden Wurzeln) produzierende Unternehmen entwickelt, die zu weit höheren Leistungen fähig sind als ihre Wettbewerber. Ihre Produktivität ist – bei sonst vergleichbaren Bedingungen – typischerweise zwei bis dreimal so hoch, Durchlaufzeiten der Aufträge betragen weniger als ein Viertel, für die Entwicklung neuer Produkte benötigen sie nur die halbe Zeit und ihre innovative Beweglichkeit ist – etwa gemessen an Anteilen neuer Produkte – wesentlich höher. Damit sind sie weit besser in der Lage, in zunehmend „turbulenten" Märkten erfolgreich zu agieren.

Unzählige Vergleichsanalysen fördern immer wieder – trotz aller Unterschiede im Detail der Implementation und der Nutzung von Umfeldgegebenheiten – gleiche oder ähnliche „Erfolgsfaktoren" zutage: konsequente Restrukturierung und Vereinfachung der Produkte in Prozessen integrierter Produktentwicklung, durchgängige Überwindung der hergebrachten arbeitsteilig-funktionalen zugunsten produktorientierter Organisation, interaktive Nutzung technischer Systeme statt menschliche Fähigkeiten zu ersetzen, umfassende Nutzung und Entfaltung menschlicher Handlungskompetenz durch Arbeit und Investition in Personalentwicklung, Entwicklung passender arbeitspolitischer „Spielregeln" und Führung durch Beteiligung statt hergebrachter Weisung und Kontrolle. Offensichtlich ist der Erfolg nur um den Preis einer grundsätzlichen organisatorisch-technischen und kulturellen Erneuerung des Unternehmens zu haben (Womack et al. 1991, Brödner u. Schultetus 1992, McKinsey 1993, Womack u. Jones 1997).

Die Wettbewerbsfähigkeit auf Dauer zu erhalten, erfordert mithin einen tiefgreifenden organisationalen Wandel, verbunden mit großen Unsicherheiten und hohen Risiken. Gleichwohl lassen die Lehrsätze der ökonomischen Theorie erwarten, daß die risikofreudigeren Pioniere der Erneuerung, ihrerseits angelockt durch erweiterte Marktchancen und vorübergehende Monopolprofite, über kurz oder lang eine schnell wachsende Zahl von Nachahmern finden, bis am Ende die große Mehrheit der Unternehmen nach den neuen Erfolgsprinzipien arbeitet. Genau dieser Prozeß des Nachfolgens und Angleichens der grundsätzlichen Arbeitsweisen unterbleibt aber weitgehend, trotz dauerhafter Überlegenheit der Pioniere. Das ist auf breiter empirischer Basis gut belegt (Kleinschmidt u. Pekruhl 1994, EPOC Research Group 1998). Zwar wird in vielen Unternehmen punktuell mit neuen Arbeitsformen experimentiert, diese Experimente bleiben aber meist auf Teilbereiche oder Teilaspekte beschränkt oder werden nur halbherzig betrieben; oft scheitern sie auch ganz. Der durchschlagende Erfolg erfordert hingegen – das ist unzweifelhaft von erfolgreichen Pionieren wie auch aus dem Scheitern anderer zu lernen – eine umfassende und durchgängige Erneuerung.

Dies alles verweist auf starke Kräfte der Beharrung und mächtige Widerstände gegen den notwendigen inneren Wandel der Unternehmen, wie ihn deren verändertes Umfeld erfordert. Sie sind offensichtlich meist stärker als die Kräfte des Wettbewerbs, die eigentlich zur Erneuerung zwingen. Das zeigt sehr deutlich, daß das Handeln von und in Unternehmen nicht allein der Logik ökonomischer Rationalität, sondern mindestens ebenso stark den Zwängen kollektiven Handelns in sozialen Systemen unterworfen ist. Die darin angelegten Beharrungsmomente genauer zu verstehen, vor allem aber Wege zu ihrer Überwindung zu erkunden, war Aufgabe des gemeinsamen Entwicklungsprojektes.

Das Projekt gründet sich auf ein theoretisches Vorverständnis von Organisationen als sozialen Systemen, das gute Gründe für Beharrung und Widerstände anzuführen, aber auch Möglichkeiten und Ansatzpunkte der Veränderung aufzuzeigen vermag. Zunächst einmal sind die durch die soziale Organisation des kollektiven Handelns im System bestimmten Positionen und Rollen stets mit Einkommen, mit Macht und Einfluß, mit Handlungserwartungen und Prestige verbunden. Jede größere Veränderung dieses normalerweise ausbalancierten Interessengefüges wird daher zunächst Unsicherheit, Verlust- und Versagensängste hervorrufen und Widerstände auslösen. Nur ein für die betroffenen Akteure transparentes Verfahren der Aushandlung neuer Abläufe und Interessenkonstellationen vermag diese Widerstände zu überwinden helfen.

Ferner gilt diesem Verständnis zufolge: Organisationen entstehen und reproduzieren sich als soziale Systeme durch das fortgesetzte, sinnvoll aufeinander bezogene, koordinierte Handeln der beteiligten Akteure, das auf deren jeweils vorgefundenen oder unterstellten Handlungserwartungen und -routinen beruht. Im Prozeß dieses kontinuierlichen Handlungsflusses erzeugen die Akteure über Erfahrungen und Aspekte ihres Handelns durch Reflexion und Begriffsbildung explizites Wissen, das dann in bestimmten Formen – etwa in Gestalt von sprachlichen Zeichen, Organisationsformen oder technischen Systemen – zum Ausdruck gebracht oder vergegenständlicht werden kann. Ihrerseits werden diese veräußerlichten Formen als Ressourcen für weiteres Handeln genutzt und eröffnen, insoweit sie neu interpretiert werden, auch neue Handlungsmöglichkeiten. Zugleich bilden sich im praktischen Handeln stets auch Regeln für den Umgang mit diesen Formen heraus (die wir den formativen Kontext oder auch Organisationskultur nennen). Erst diese kollektiv geteilten (aber zumeist unbewußten) Regeln ermöglichen es den Akteuren, eingetretene Situationen oder Sachverhalte, gegebene Instrumente, Daten oder Anweisungen sachgerecht und angemessen zu interpretieren und im organisatorischen Kontext flüssig zu handeln.

So kommt es, daß sowohl die sprachlichen, organisatorischen und technischen Formen als auch die Regeln, mit ihnen umzugehen, also die im kollektiven Handeln gewachsenen Einstellungen, Werte, Denkweisen, Deutungs- und Handlungsmuster, künftiges Handeln zugleich ermöglichen und auch beschränken. Was wir Menschen uns in unserem jeweiligen sozialen System vorstellen können und was wir für Handlungsmöglichkeiten haben, ist also weitgehend gebunden an unsere im Handeln geschaffenen Ausdrucksformen und an unsere Art und Weise, damit umzugehen. Je besser diese Formen zum Handlungskontext passen und je angemessener sie (möglicherweise auch neu) interpretiert werden, desto wirkungsvoller kann sich ihre Praxis entfalten.

Auf diese Weise bringen sich Form und formativer Kontext im kollektiven Handeln wechselseitig hervor; sie sind Produkt und Medium des Handelns zugleich. Ihr Zustandekommen ist ebenso unvermeidlich wie unverzichtbar: Unvermeidlich ist es, weil die Interaktion stets von selbst, also ohne das bewußte Zutun der Akteure, eine regelmäßige Praxis mit Regeln als verallgemeinerten, typisierten Deutungs- und Handlungsmustern hervorbringt. Diese Regeln sind aber auch unverzichtbar, weil ohne sie der Sinn der vergegenständlichten Formen für das Handeln nicht zu vermitteln wäre. Sie ergeben sich erst im Vollzug der wechselseitig aufeinander bezogenen Handlungen, durch die sie sich reproduzieren und zugleich das gemeinsame Handlungsfeld strukturieren (Crozier u. Friedberg 1979, Giddens 1988, Ortmann 1995, Brödner 1997).

Die Akteure „machen" so die Wirklichkeit ihres Unternehmens, aber sie machen sie nicht aus freien Stücken, sondern als Gefangene der Umstände, die sie durch ihr gemeinsames Tun erst selbst geschaffen haben. Zu Veränderungen veranlaßt sehen sie sich durch Irritationen infolge von unerwarteten Ereignissen; dazu befähigen sie sich freilich nur, indem sie – diese Zusammenhänge reflektierend – neue Deutungen wagen, sich daraus ergebende Konflikte vergegenwärtigen und sich gleichwohl über mögliche und akzeptable neue Handlungsweisen verständigen.

Um diese Sachverhalte kommt niemand herum. Sie begründen insbesondere auch die schwierige Balance zwischen Beharrung und Wandel. Einerseits ist flüssiges, effektives und effizientes Handeln ohne stabile Strukturen und Handlungsmuster nicht zu haben, andererseits müssen sich beide zueinander passend ändern, um neue Organisationsformen und effizientere Handlungsweisen zu ermöglichen. Die Rationalität des Widerstands liegt gerade darin, im Widerstreit mit den Kräften der Erneuerung das Erhaltenswerte auszumachen und zugleich das Wünschenswerte und Machbare zu tun.

Organisationaler Wandel kann daher nur gelingen, wenn sowohl die veräußerlichten Formen und Ressourcen des Handelns zielgerichtet und wissensbasiert gestaltet als auch, um überhaupt wirksam zu werden, die überkommenen Denkweisen, Deutungs- und Handlungsmuster passend mit den neuen Strukturen entwickelt werden; wenn, mit anderen Worten, die Gestaltungsperspektive von Strukturen und Abläufen mit der Prozeßperspektive der Organisation von neuen Handlungsweisen verbunden wird. Dies erfordert kollektive Lernprozesse, die sich analytisch-planerischem Zugriff weitgehend entziehen. Diese Prozesse wechselseitig aufeinander bezogenen, koordinierten Lernens der beteiligten Akteure können und sollen sich zwar an geteilten Zielvorstellungen orientieren, sind aber im Verlauf und hinsichtlich ihrer konkreten Ergebnisse weitgehend offen. In die gewünschte Richtung gelenkt werden können sie daher nur durch regelmäßige gemeinsame Reflexion und Bewertung des bereits Erreichten im Lichte der geteilten Ziele, um daraus Klarheit über nächste Schritte zu gewinnen (Pekruhl 1996).

Damit wird auch die besondere Bedeutung ersichtlich, die den jeweiligen Leitbildern der Veränderung selbst zukommt. Auch sie müssen den Eigentümlichkeiten der Prozesse organisationalen Wandels Rechnung tragen. Häufig vorherrschende Leitvorstellungen reduzieren die hier in Rede stehende Veränderungsaufgabe auf ein analytisch beschreibbares Problem, dessen Lösung mit planerischen Mitteln beizukommen wäre. Oder sie reduzieren Veränderung gar auf die Setzung verbindlicher Ziele und die Durchsetzung als wirksam erachteter Maßnahmen „von oben nach unten". In Anbetracht der Besonderheiten organisationalen Wandels greifen derartige Vorstellungen offensichtlich zu kurz. Daraus erwächst die Frage, ob und wie angemessenere Leitvorstellungen zum Vorgehen bei Veränderungsprozessen entwickelt werden können (Kötter u. Volpert 1993).

Zu den wesentlichen, das Handeln bestimmenden Bedingungen gehören schließlich auch die praktizierten Spielregeln der Unternehmensführung, also die Ziele und Verfahren der Personalentwicklung und des Controlling sowie die Regelungen von Entgelt und Arbeitszeit. Auch sie sind im Zusammenhang mit den alten Organisationsformen und Arbeitsweisen entstanden, zu deren Funktionieren sie wesentlich beitragen. Werden diese nun tiefgreifend verändert, dann müssen sich auch die Grundsatzregelungen passend zu den neuen Strukturen und Abläufen, aber auch im Einklang mit der neuen Organisationskultur verändern (Lay u. Mies 1997).

Vor dem Hintergrund der hier nur mit wenigen Pinselstrichen skizzierten Probleme organisationalen Wandels können wir die Ausgangsannahmen sowie die Ziele und Aufgaben der in den Unternehmen geleisteten Veränderungsprozesse wie folgt zusammenfassen: Organisationen als soziale Systeme entfalten ihr selbst bestimmtes „Eigenleben" und sind nicht instruierbar. Wesentlicher Grund für ihre starke Beharrung sind die von den alten Organisationsformen geprägten Rahmenbedingungen, insbesondere

- die vorherrschenden Leitbilder der Veränderung,
- die gewachsenen Denkweisen und Handlungsmuster sowie
- die tradierten „Spielregeln" der Unternehmensführung, insbesondere Personalentwicklung, Controlling, Entgelt, Arbeitszeit.

Damit gleichwohl der aus Wettbewerbsgründen geforderte organisationale Wandel gelingen kann, sind verläßliche Konzepte und Vorgehensweisen zu gemeinsamem Lernen zu finden, mittels derer die vielfältigen Schwierigkeiten gemeistert und die Rahmenbedingungen zusammen mit den neuen Strukturen passend entwickelt werden können.

2 Kernbotschaften: Wie der Wandel doch gelingen kann

PETER BRÖDNER

(1) Der Weg der Veränderung ist stets steinig, doch erfolgreich begehbar: Alle beteiligten Unternehmen haben tiefgreifende organisatorische Veränderungen vollzogen. Sie haben – jeweils mit Blick auf die Besonderheiten ihrer Produkte, Märkte und Kompetenzen – Segmentierungen vorgenommen, funktional geteilte Arbeitsprozesse reintegriert, „Spielregeln" der Unternehmensführung angepaßt und dabei wesentliche Verbesserungen ihrer Leistungsfähigkeit erreicht. Mehr noch: sie bleiben dabei nicht stehen, sondern haben gelernt, sich weiter zu verbessern.

Gelungen ist dies trotz des Widerstands vieler Skeptiker („Das haben wir doch schon mal versucht"; „wir sind doch eh schon beratergeschädigt" etc.), auch in Auseinandersetzung mit erklärten Gegnern neuer Organisationsformen und trotz Verunsicherungen und Ängsten bei vielen Betroffenen. Gelungen ist es auch trotz zusätzlicher Schwierigkeiten bei der Auftragslage, sei es, daß unterwegs ein unerwarteter Auftragsboom einsetzte, sei es, daß vorübergehend kurzgearbeitet werden mußte. Das eben verdeutlicht: Der Weg zum Erfolg ist steinig und voll unerwarteter Steigungen und Windungen, daher kräftezehrend, aber eben doch erfolgreich begehbar. Trotz der Hindernisse erreichte Zwischenetappen ermutigen dann zum Weitermachen. Und: Jedes Unternehmen muß seinen eigenen, seiner Situation angemessenen Weg finden.

(2) Ohne die nötige „Reife" ist der Wandel nicht zu bewältigen: Es ist leicht einzusehen, daß Veränderungen dieser Tiefe, verbunden mit so großen Anstrengungen, besondere Voraussetzungen und ungewohnte Vorgehensweisen erfordern. Zunächst einmal und vor allem braucht es Führungskräfte und ausreichend viele Mitarbeiter mit Mut zur Veränderung, mit dem Mut, sich auf ein nicht in jeder Hinsicht überschaubares „Abenteuer" einzulassen. Vor Beginn schon müssen sie sich – einschließlich Geschäftsführung und Betriebsrat – auf die Notwendigkeit und die Richtung der Veränderung eingeschworen haben und dann ihren Glauben an den Erfolg und ihre Entschlossenheit zu handeln im Unternehmen auch zweifelsfrei demonstrieren. Darüber hinaus sind sie im Verlauf der Veränderung – eben weil der Prozeß nicht ohne Schwierigkeiten und Konflikte verläuft – gefordert, ihr Engagement und ihren Einsatz immer wieder unter Beweis zu stellen. Ohne diese Überzeugungskraft fehlt dem Vorhaben die nötige Energie, den schwierigen Veränderungsprozeß auch durchzustehen; ohne diese Promotoren ist das Unternehmen nicht reif, sich darauf einzulassen.

(3) Direkte Beteiligung auf allen Ebenen ist unumgänglich und erfordert stabile, verläßliche Kommunikationsstrukturen: Eine zweite Grundbedingung erfolgreicher Bewältigung des Wandels ist die ernsthafte und glaubwürdig praktizierte Beteiligung der Betroffenen mit uneingeschränkter Information über Absichten, Ziele und die jeweils eingetretene Lage des Unternehmens. Über den vielfältigen Sinn direkter Beteiligung – Auseinandersetzung mit unterschiedlichen Perspektiven und Interessen, Zusammenführung von zerstreutem Wissen und Können zur Problemlösung, Forum der Interessenaushandlung, Motivation zum Handeln, Ort des kollektiven Lernens, Transparenz und horizontale Kontrolle des Geschehens – ist schon viel erarbeitet worden, das hier nicht wiederholt werden soll (ihr hoher Wert hat sich auch in den vier Unternehmen abermals bestätigt). Für den Erfolg wichtig ist das Detail: Die genaue Festlegung von Aufgaben (das Was), die Wahl der Vorgehensweise (das Wie) und die Wahl der Personen (das Wer) entsprechend der jeweiligen Situation. Widerständen darf dabei nicht ausgewichen werden, denn diese sind „Systemantworten mit maximaler Information".

Wesentlich dabei ist – neben dem sichtbaren Engagement von Geschäftsführung und Betriebsrat –, daß möglichst früh eine durchschaubare Arbeitsstruktur mit einer verläßlichen „Regelkommunikation" etabliert wird, die Vertrauen und hinreichend Sicherheit schafft, um mit den Ungewißheiten des „Abenteuers" der Veränderung umgehen zu können. Dabei müssen sich die Beteiligten zu Beginn über Stärken und Schwächen der alten Organisation klar werden, sich über genaue Ziele und Ansätze der Veränderung verständigen, Erreichtes regelmäßig reflektieren und bewerten, daraus schließlich nächste Schritte ableiten und vereinbaren. Eine derartige kommunikative „Projektinfrastruktur" zu etablieren, ist für den Erfolg von höchster Bedeutung, weil sie Stabilität und Verläßlichkeit inmitten von Unsicherheit schafft.

(4) Veränderungsprozesse sind verlaufs- und ergebnisoffen, gleichwohl zielorientiert zu organisieren und verlangen einen langen Atem: Es ist schon deutlich geworden, daß sich Veränderungen dieser Tiefe mangels ausreichender Planbarkeit nicht durch übliche sequentielle Vorgehensweisen von Analyse, Planung und Umsetzung mit jeweils genau vorgegebenen Zeitbudgets herbeiführen lassen. Und sie dürfen auch nicht betrieblichen Planungsexperten allein überlassen bleiben (auch wenn diese wichtige Beiträge im Rahmen der Beteiligung zu leisten haben). Vielmehr müssen die Beteiligten anerkennen, daß es sich dabei um prinzipiell nicht vollständig vorhersehbare Entwicklungsprozesse handelt, in denen sie sich zwar an gemeinsamen Zielen orientieren, die aber hinsichtlich des genauen Verlaufs und der Ergebnisse im einzelnen durchaus offen sind.

Das heißt aber nicht, daß sie der Beliebigkeit anheimfallen. Gesteuert wird über die regelmäßige Reflexion von Erreichtem und die Vereinbarung von Notwendigem im Lichte der Ziele. Um jederzeit eine gute Balance zwischen Zielorientierung und Ergebnisoffenheit zu erreichen, sind die in Ziffer 3 dargestellten regelmäßigen „Rituale" von Veränderung, Reflexion und Bewertung so wichtig. Dabei werden gerade auch Fehlentwicklungen frühzeitig erkennbar und korrigierbar. Den darin angelegten Kommunikations- und Lernprozessen muß auch genügend Raum gegeben werden. Schwierigkeiten werden regelmäßig unterschätzt. Daher wirken überzogene Ansprüche an Vorgaben und Kontrolle oder gar kurzfristige Renditeerwartungen an einzelne Schritte kontraproduktiv.

(5) Kollektive Lernprozesse bilden den Kern organisationalen Wandels: Diese Vorgehensweise erfordert – das bedingt einerseits ihren Aufwand, begründet aber andererseits auch ihre Erfolgserwartungen – viel Kommunikation und gemeinsames Lernen. Damit die entwickelten neuen Organisationsformen und Grundsatzregelungen ihre erhofften Wirkungen auch tatsächlich entfalten können, bedarf es sowohl der Einsicht in deren Sinn und Funktionsweise als vor allem auch der Veränderung gewohnter Deutungs- und Handlungsmuster, die nun nicht mehr recht passen. Dabei genügt es nicht, daß sich einzelne Akteure neue Arbeits- und Verhaltensweisen jeweils für sich aneignen; vielmehr müssen sie diese Lernschritte wechselseitig aufeinander bezogen vollziehen. In diesem Sinne betrifft das gemeinsame Lernen die Zweckmäßigkeit der neuen Organisationsformen, deren Aufbau und Funktionsweise ebenso wie die jeweils eigene Rolle darin und die Art und Weise, wie die verschiedenen neuen Rollen zusammenwirken. Diese – oft konfliktbeladenen – Lernprozesse können auf unterschiedlichen Wegen vorangebracht werden: durch gemeinsames Gestalten und Erproben der neuen Arbeitsweisen oder auch durch gemeinsames Reflektieren praktischer Schwierigkeiten und Vereinbaren daraus hergeleiteter neuer Handlungsweisen.

(6) Prozeßberater ermöglichen und erleichtern kollektive Lernprozesse: Sehr hilfreich (wenn nicht gar notwendig) für die zielorientierte Bewältigung dieser verlaufsoffenen Entwicklungsprozesse ist die Rolle von Prozeßberatern. Zu deren Hauptaufgaben gehört es, für Transparenz und Regelmäßigkeit, damit auch Verläßlichkeit, in den anstehenden Kommunikations- und Lernprozessen zu sorgen. Immer wieder gilt es, sich des gerade Erreichten zu vergewissern, es vor dem Hintergrund der gemeinsamen Zielvorstellungen zu bewerten und daraus nächste Schritte abzuleiten. Nur so kann das Gefühl der Sicherheit inmitten der Ungewißheit wachsen. Dabei ist es Sache des Prozeßberaters, für das regelmäßige Stattfinden dieses spiralförmig fortschreitenden Handlungszyklus zu sorgen und dafür günstige Bedingungen zu schaffen, nicht sich in der Sache selbst zu engagieren. Diese Rolle kann sowohl intern als auch von außen besetzt werden (beides wurde im Verbund praktiziert); in jedem Falle erfordert sie das Vertrauen der am Geschehen Beteiligten und natürlich entsprechende Handlungskompetenz.

(7) Neue Arbeitsweisen erfordern passende „Spielregeln", deren Abhängigkeiten Anlaß geben, sie im Paket zu verhandeln: Die angesprochenen arbeitspolitischen „Spielregeln" (Personalentwicklung, Entgelt, Arbeitszeit, Controlling) gewinnen für die Wirksamkeit der neuen Arbeitsweisen besondere unterstützende Bedeutung, wenn sie dazu passend entwickelt werden.

Eine systematisch angelegte *Personalentwicklung* erhält dabei strategischen Stellenwert und muß folglich als Investition in den Aufbau von Leistungspotentialen (statt als bloßer Kostenfaktor) begriffen werden. Zu deren Aufgaben gehört nicht nur eine bedarfsgerechte Qualifizierung der Mitarbeiter und Führungskräfte – wobei neben der fachlichen die Entwicklung sozialer Kompetenz immer größere Bedeutung erlangt – sondern auch die Klärung neuer oder veränderter Rollen im Zusammenhang mit den neuen Organisationsformen und Arbeitsweisen. In längerfristiger Perspektive geht es darüber hinaus auch um die Entwicklung und Verankerung neuer Karrieremuster.

Die schwierige Neuregelung des *Entgelts* muß einerseits den tariflichen Bestimmungen genügen (auch wenn diese in der einen oder anderen Hinsicht eher hinderlich erscheinen), andererseits aber den stark gewandelten Anforderungen der neuen Arbeitsweise gerecht werden, also etwa der Förderung von Qualifizierung, der fairen Honorierung von Gruppenleistung oder der Transparenz von Entgeltkomponenten. Diese notwendige Neuregelung des Entgelts ist zudem eng gekoppelt an *flexible Arbeitszeitsysteme* einerseits, die in sorgfältiger Ausbalancierung persönlicher Bedürfnisse und betrieblicher Interessen die Leistungspotentiale der verschiedenen Arbeitseinheiten auszuschöpfen erlauben, und an die operativen Zielvereinbarungen mit den zugehörigen Kennzahlen des *Controlling* andererseits, mittels derer sich die Arbeitsgruppen selber steuern und ihren Erfolg messen.

Diese Regelungen stützen sich wechselseitig aufeinander ab (mögen sich in Grenzen sogar kompensieren) und sind daher vorzugsweise als „Paket" zu verhandeln; zusammengenommen hängt davon weitgehend ab, wie groß das Ergebnis – die gemeinsame „Beute" – überhaupt ausfällt und zugleich auch, wie sie verteilt wird. Daran wird auch noch einmal deutlich, mit welcher Sorgfalt die zum Controlling und zur Selbststeuerung herangezogenen Kennzahlen zu entwickeln sind; wichtig ist daran nicht nur der eigentliche Meßeffekt, sondern vor allem auch die Transparenz des Verfahrens, auf die sich das nötige Vertrauen im Umgang damit gründet („Der lange Weg zur Kennzahl").

(8) Gefordert ist der Blick auf das Ganze, Zusammengehörendes auch zusammen anzugehen: Wer sich – weil es besser überschaubar und leichter handhabbar erscheint – auf isolierte Einzelmaßnahmen der „Verbesserung" beschränkt, wird am Ende, wenn überhaupt, nur sehr geringe Effekte erzielen, möglicherweise sogar, nach kurzfristigen Scheinerfolgen, Leistungseinbußen und Enttäuschungen provozieren (die beteiligten Unternehmen haben da ihre eigenen Erfahrungen). Stattdessen muß – da die verschiedenen Gestaltungsfelder und kollektiven Lernaufgaben hochgradig miteinander verflochten sind – Zusammengehörendes auch zusammen gestaltet und gemeinsam angeeignet werden. Das hat zur Konsequenz, daß zu Beginn des Prozesses, bei der strategischen Ausrichtung des Gesamtkonzepts und der Klärung der leitenden Ziele, alle relevanten Bereiche in Betracht gezogen werden und daß später die einzelnen Arbeitsschritte sorgfältig aufeinander abgestimmt und koordiniert werden. Beispielsweise verspricht die Festlegung der Aufgaben von Gruppenarbeit nur dann Erfolg, wenn zugleich auch die neue Rolle der Meister und die operativen Ziele und Kennzahlen zur Selbststeuerung erarbeitet werden. Ähnliches gilt etwa auch für die Einrichtung von Segmenten und mit ihr die neue Rolle und den neuen Führungsstil des jeweiligen Segmentleiters.

(9) Die Gestaltungsperspektive mit der Prozeßperspektive verbinden: Erfolg und Nachhaltigkeit des organisationalen Wandels hängen ganz entscheidend von der bewußten Verbindung der Strukturgestaltung mit der Prozeßorganisation ab. Es genügt nicht, sich auf marktgerechte und strategiegemäße neue Organisationsstrukturen und -abläufe zu verständigen und zu hoffen, daß sich damit alle weiteren notwendigen Veränderungen, etwa in den Denkweisen und Handlungsmustern oder im Verhalten der Führungskräfte, quasi von selbst einstellen. Vielmehr bedarf es großer gemeinsamer Anstrengungen, die nötigen kollektiven Lernprozesse (wie z. B. in einem Partnerbetrieb beim Übergang „von der Teilefertigung zur Teileversorgung" der Montage) im Zusammenhang mit der Strukturgestaltung bewußt anzugehen und sich regelmäßig des Fortschritts zu vergewissern. Oftmals finden sich gute, einem veränderten Umfeld angemessene Strukturen überhaupt erst aufgrund einer veränderten Sichtweise.

In dieser sehr gerafften Form dienen unsere „Kernbotschaften" eher der Orientierung, nicht der Anleitung zum Handeln. Dazu bedarf es genauerer Ausführungen und näherer Begründungen, wie und warum bestimmte Vorgehensweisen und Eingriffe etwas bewirken, die den Darstellungen in den folgenden Kapiteln vorbehalten bleiben. Gleichwohl haben es auch die hier aufgeführten Resultate in sich, sind sie doch hervorgegangen aus der lebendigen Erfahrung der Veränderungsprozesse selbst, erarbeitet durch die Projektgemeinschaft in intensivem Austausch.

Teil 2

Erfahrungsberichte:
Wie wir erfolgreich waren, obwohl vieles anders lief als gedacht.

3 Segmententwicklung und Prozeßlinienorganisation bei Elster

JOST KÖRTE
GEORG REMMERS

3.1
Höchstleistungen mit eigen- und gesamtverantwortlichen Teams

Uns war in den vorangegangenen organisatorischen Veränderungsvorhaben immer klarer geworden, daß die eigentliche Herausforderung im Wie der Veränderung, das heißt in der gezielten Gestaltung des Prozesses liegt. Die Besonderheit des hier beschriebenen Projektes liegt daher in der Projektgestaltung und Vorgehensweise und weniger in der Umsetzung eines bestimmten organisatorischen Konzeptes.

Die Grundidee ist, daß man Höchstleistungen nur in eigen- und gesamtverantwortlichen sowie hervorragend qualifizierten Teams erbringen kann, dann aber auch unter schwierigen, turbulenten Marktbedingungen. Wesentlich anders im Vergleich zu den im Prinzip klassischen, weil planerischen Vorgehensweisen, zum Beispiel des Reengineering, ist, daß wir von Anfang an weit mehr in Kommunikation, Auseinandersetzung und Reflexion investiert haben.

Es ging uns darum, eine neue Kultur, einen wirklich anderen Stil der Zusammenarbeit zu schaffen, in dem sowohl genügend Energie vorhanden ist, damit die Dinge und vor allem die Menschen in Bewegung geraten, als auch genügend Vertrauen, Transparenz und Wertschätzung für den Einzelnen, so daß sich dieser – bei aller Ungewißheit – dem Neuen bewußt und aktiv stellen kann.

Wir konnten auf eine erfolgreiche Segmentierung aufbauen. In deren Rahmen hatten wir vorwiegend an den harten Themen gearbeitet. Erfolge waren eindeutig da, aber wir wußten: „Es reicht noch nicht." Unser Projekt ist somit ein Beispiel dafür, daß die Reise weitergeht, wenn die Strukturen den Anforderungen angepaßt und die Kästchen im Organigramm gemalt sind. Aus der Erfahrung heraus wissen wir heute, daß die Entscheidung zu segmentieren noch nicht die „Reise" an sich ist, sondern lediglich die Entscheidung, aufzubrechen. Die eigentliche Reise beginnt erst mit der Umsetzung der Veränderung.

Im Geschäftssegment Gastransport (später Großgas) der Elster Produktion GmbH (s. nachstehenden Einschub) hatten wir die Chance, diesen entscheidenden Schritt weiterzugehen. Im folgenden beschreiben wir unser Vorgehen, ausgewählte

Erlebnisse und Erfahrungen und die handfesten Erfolge. Dabei gehen wir besonders auf die „weichen" Faktoren ein. Wir zeigen auf, warum diese auch für uns die härtesten Nüsse sind und wie wir die eine oder andere geknackt haben.

Das Unternehmen ELSTER

Die Elster Produktion GmbH ist ein Unternehmen der weltweiten Elster/AMCo-Gruppe, die wiederum eine Tochter der Ruhrgas Industriebeteiligungsgesellschaft (RGI) ist.

Das Unternehmen wurde 1848 in Berlin gegründet und beschäftigt sich seitdem mit der Meß- und Regeltechnik in der Gaswirtschaft. Elster Produktion entwickelt, fertigt und vermarktet heute weltweit hochwertige Geräte der Gas-Meß- und Regeltechnik.

Am Standort Mainz-Kastel werden mit etwa 450 Mitarbeitern Großgasmeßgeräte, Druckregelgeräte und elektronische Mengenumwerter, Datenspeicher und Systeme zur Datenerfassung und -fernübertragung hergestellt. Das Produktspektrum wird in über 50 Ländern weltweit vertrieben und eingesetzt.

Im Segment Gastransport/Großgasmessung entwickeln und produzieren etwa 100 Mitarbeiter Meßgeräte und Zubehör für die Messung und Abrechnung von Erdgas und anderen Gasen. Unsere Kunden sind Gasversorgungsunternehmen, Anlagenbauer und industrielle Anwender in allen Regionen der Welt.

3.2
Ausgangslage

3.2.1
Warum die erfolgreiche Segmentierung erst der Anfang war

Bereits 1994, ein Jahr vor Beginn des Projektes, war die über Jahrzehnte gewachsene, funktional organisierte Struktur des Unternehmens segmentiert worden. Die Geschäftsführung und eine Gruppe von Führungskräften hatten mit Unterstützung eines Unternehmensberaters das Konzept der Segmentierung in einem zweijährigen Prozeß erarbeitet. Die tiefgreifende organisatorische Neuorientierung war das Ergebnis einer mehrjährigen Unternehmensentwicklung und allmählichen Kulturveränderung. Sie stellte den Werstchöpfungsprozeß gegenüber den indirekten Funktionen deutlich in den Mittelpunkt. Die Entscheidung, diesen Schritt auch gegen vielfältigen internen Widerstand zu tun, war nicht aus einer Unternehmenskrise heraus gefallen, sondern hatte das Ziel, das Unternehmen durch eine verstärkte Kundenorientierung und Flexibilität auf die sich deutlich abzeichnenden Marktveränderungen vorzubereiten. Diese sind ein Rückgang in den traditionellen Märkten, rückläufige Preise, ein deutlich verstärktes internationales Geschäft und ein aggressiveres Vorgehen der Wettbewerber. Mit anderen Worten: Es war eine steife Brise von vorn zu erwarten mit erheblichen Turbulenzen.

In einem einzigen Schritt entstanden vier sogenannte Geschäftssegmente. Diese sind weitestgehend organisiert wie „Unternehmen im Unternehmen". Um selbständig und eigenverantwortlich ihre Geschäftsprozesse zu steuern, sind sie mit allen wesentlichen operativen und mit einigen strategischen Funktionen ausgestattet. Diese sind beim Segment Gastransport Teilefertigung, Dichtheits-/Festigkeitsprü-

fung, Lackierung, Montage, Kalibrierung/Eichung, Verpackung und die unterstüt-
zenden Funktionen im „Segmentbüro", das von der Konstruktion und Produktentwicklung bis zum Meister, von der Arbeitsplanung bis zur Logistik und Beschaffung, von der CNC-Betreuung bis zum Qualitätsmanagement alle Bereiche abdeckt
(Abb. 3.1). Die Segmente arbeiten mit ihren Partnern, wie den internationalen Vertriebsorganisationen, dem Marketing, dem Controlling, dem Informationsmanagement, der Vorentwicklung, dem strategischen Einkauf, der Personalabteilung und
der Werksinfrastruktur zusammen.

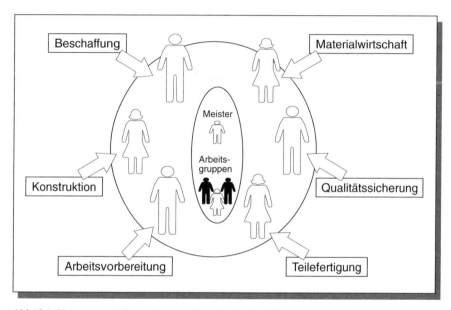

Abb. 3.1. Konsequente Segmentierung mit weitgehender Eigenverantwortung

Während sich in den meisten Werkstattbereichen zunächst sichtbar kaum etwas än-
derte, bedeutete die Segmentierung für viele Angestellte den Wechsel aus der angestammten Abteilung in das Team eines der Segmentbüros. Diesen Weg „runter in
die Fertigung" sahen die betroffenen Mitarbeiter sehr skeptisch. Im Falle von Gastransport handelte es sich um 15 Personen aus acht verschiedenen, meist aufgelö-
sten Abteilungen an sechs verschiedenen Orten des Unternehmens.

Die Mitarbeiter, die nach und nach räumlich als Segmentbüro „zusammenka-
men", welches in unmittelbarer Nähe der Fertigung als Großraumbüro eingerichtet
wurde, berichteten jedoch von deutlich erleichterter und verbesserter Kommunikation. Man würde ganz automatisch mehr von den vor- und nachgelagerten Prozeß-
schritten „mitbekommen". Informationsdefizite würden seltener, weil man viel
schneller beim entsprechenden Kollegen nachfragen könne und manches einfach
„aufschnappen" würde. Dies zu hören, war für die Verantwortlichen eine frühe Bestätigung, für die Richtigkeit ihres Konzeptes. Die Geschäftsprozesse waren nicht

erst im Detail neu geplant worden. Vermutlich wäre die Entscheidung zur Segmentierung nie gefallen, hätte man es versucht. Für den betrieblichen Alltag bedeutete dieser „Sprung in das kalte Wasser" aber viele organisatorische „lose Enden" und „operative Sackgassen". Rahmenbedingungen mußten geklärt und Abläufe neu verhandelt und festgelegt werden.

Der Schritt in die segmentierte Organisation war beherzt gegangen worden. Auf dem Papier gab es somit eine prozeßorientierte Organisation. Das Tagesgeschäft verlief jedoch vielfach noch nach den alten Funktions- und Handlungsmustern. In der betrieblichen Wirklichkeit wehte noch der Wind der alten, offiziell nicht mehr existenten, funktionalen Organisation. Aus der Sicht der Betroffenen bestand die erste Priorität darin, das Tagesgeschäft unter den neuen Rahmenbedingungen zu meistern. Der einzelne Mitarbeiter des Segmentbüros war in der Regel gezwungen, in der ganzen Breite seine Funktion zu repräsentieren. Dies war zuvor in der Funktionsabteilung nicht so gewesen. Der Disponent beispielsweise, der früher in der Abteilung Materialwirtschaft eingebunden in eine Gruppe von Spezialisten arbeitete, war jetzt alleiniger Ansprechpartner seiner Segmentkollegen bei allen Fragen der Logistik. Bei Engpässen in der Materialversorgung war die Frage nach der Verantwortlichkeit – gerade aufgrund der noch vorherrschenden funktionalen Handlungsmuster – schnell beantwortet.

Aus der Sicht der Werkstattkollegen wurde durch den Umzug der Angestellten in den Fertigungsbereich deren vermeintlich große Zahl sichtbar. Dies wurde durch Kommentare begleitet wie: „Die im Büro werden immer mehr und wir immer weniger."

Erschwerend machten sich zwischen den Segmenten früh erste Zentrifugalkräfte bemerkbar. Es wurde ernst genommen, wenn die Geschäftsführung zum Ausdruck brachte, daß eine gewisse Konkurrenz der Segmente erwünscht sei. Bei einem Rückgriff auf die alten Netzwerke kam immer häufiger der Hinweis, dies sei schließlich nicht die eigene „Baustelle". Gleichzeitig half sicher die mal weniger mal mehr flapsige Abgrenzung zum Nachbarsegment bei der Identifizierung mit dem eigenen noch neuem sozialen Umfeld und damit bei der notwendigen Identitätsfindung der entstandenen Teams.

Beim Gang in die Kantine fanden sich noch lange – teilweise noch heute – die Tischbesetzungen weiterhin nach der alten funktionalen Organisation, was die Wichtigkeit der gewachsenen sozialen Kontakte im Unternehmen unterstreicht.

3.2.2
Segmententwicklung

Etwa ein Jahr nach der Segmentierung wurde auf Initiative des neuen Segmentleiters in Zusammenarbeit mit der internen Personal- und Organisationsentwicklung (PE/OE) eine sogenannte Segmententwicklung begonnen. Diese hatte das Ziel, im Rahmen eines längerfristig angelegten Teamentwicklungsprozesses die Zukunft des Segments gemeinsam mit den Mitarbeiterinnen und Mitarbeitern zu gestalten.

Das Projekt wurde von den betroffenen Mitarbeitern sehr unterschiedlich aufgenommen. Die Einstellung war in der Bandbreite zwischen offener Unterstützung bis zu deutlich geäußerter Skepsis und teilweiser Ablehnung gestreut. Die Breite der Reaktionen zeigte sich in Aussagen wie „gut, daß es endlich angepackt wird", „naja, mal sehen was es bringt" und „wir haben mit der letzten Abteilungsentwicklung keine besonders guten Erfahrungen gemacht". Die als nicht erfolgreich erlebte Abteilungsentwicklung, an der einige der Mitarbeiter beteiligt waren, wurde auch dem internen PE/OE-Verantwortlichen angelastet.

Erster Schritt war es, im Kreis des neu zusammengesetzten Segmentbüros eine gemeinsame tragfähige Basis für die langfristige Segmententwicklung zu schaffen. Zunächst bestand das Ziel, das Segmentbüro zu einem Kernteam zu entwickeln, das den Prozeß in das Gesamtsegment weiterträgt. In diesen Prozeß waren von Anfang an auch die Partner aus den Dienstleistungsbereichen Informationsmanagement und Controlling mit eingebunden. Bei einem ersten Workshop stellte das Team schnell fest, daß eine Beteiligung des Vertriebes und Orientierung an den Marktbedürfnissen genauso unabdingbar sind, wie eine Einbindung der Fertigung. Aus dieser Überlegung wurde der Begriff Geschäftsprozeßentwicklung abgeleitet und als Projektidee in das RAMONA-Verbundprojekt eingebracht.

3.3
Geschäftsprozeßentwicklung

3.3.1
Ziele

Bei der Zielfindung des Projektes war das Dreieck aus Strategie, Struktur und Kultur bestimmend (Doppler u. Lauterburg 1996, S. 56). Alle drei Elemente hängen untrennbar zusammen und müssen daher auch zusammen verändert werden. Dieses Modell der Organisationsentwicklung entsprach unserer Vorstellung eines ganzheitlichen Ansatzes.

Strategie. ELSTER ist im Bereich der Großgasmessung in seinen traditionellen Märkten Technologie- und Marktführer. Durch rückläufige traditionelle Märkte mit stärker gewordenem Wettbewerbsdruck war eine verstärkte Internationalisierung und Markterweiterung im Bereich der Großgasmessung notwendig. Wir wollten über andere Differenzierungsmerkmale als nur den Preis die führende Stellung am Markt nicht nur verteidigen, sondern weiter ausbauen und in neue Märkte vordringen. Es war klar, daß dieses nicht mehr allein durch technische Merkmale zu erreichen ist. Eine besondere Chance sahen wir in einer Erhöhung der Kundenorientierung durch Steigerung der Flexibilität, Entwicklung kunden- und marktspezifischer Lösungen, Verkürzung von Lieferzeiten und die unbedingte Einhaltung zugesagter Liefertermine. Weiter strebten wir eine beschleunigte Produktentwicklung an, die sich noch stärker an den tatsächlichen Potentialen am Markt orientiert (Abb. 3.2).

Ziele der Geschäftsprozeßentwicklung

a) nationale und internationale Wettbewerbsfähigkeit erhöhen durch

- hohe Lieferfähigkeit bei kurzen Durchlaufzeiten und niedrigen Lagerbeständen
- verbesserte, konkurrenzfähige Kosten (Produktivität)
- höhere Qualität
- marktorientierte Produktentwicklung (schnell und treffsicher)

b) Schaffung einer Arbeitsumwelt, die

- ganzheitliche Aufgaben beinhaltet
- Verantwortlichkeit (i. S. v. unternehmerischen Handeln) und Engagement
  ermöglicht, herausfordert und belohnt (Leistungsanreize schafft)
- Qualifikation fördert
- der individuellen Leistungsfähigkeit Rechnung trägt

Abb. 3.2. Ziele der Geschäftsprozeßentwicklung

Struktur. Gleichzeitig nach außen immer flexibler zu werden, ohne an der internen Komplexität zu ersticken, ist die Herausforderung, vor die Fertigungsbetriebe zunehmend gestellt sind. Um dieses Dilemma zu lösen haben wir das Konzept der „Prozeßlinienorganisation" entwickelt. Kernpunkt ist die Bildung von kleinen Einheiten innerhalb des Segments, die über alle Ressourcen und Kompetenzen verfügen, um Kundenaufträge komplett umzusetzen. Durch diesen Ansatz soll

- die Fähigkeit zur Selbststeuerung und Eigenverantwortlichkeit der Teams,
- die Ausrichtung auf unterschiedliche Marktanforderungen und
- die Flexibilität gefördert werden.

Zunächst drei, später vier der Prozeßlinien orientieren sich an bestimmten Marktgesichtspunkten, die durch die Aufteilung besser fokussiert werden können. Die fünfte Prozeßlinie hat die Aufgabe, als Teileversorgung die Komplettdienstleistung, inklusive aller logistischen Funktionen, zur Verfügung zu stellen.

Kultur. Von Beginn an war uns als Projektverantwortlichen klar, daß die mit der neuen Strategie und Struktur verbundenen Veränderungen nur durch einen tiefgreifenden Wandel der Kultur, d. h. insbesondere durch neue Denk- und Verhaltensweisen, wirksam umgesetzt werden könnten. Um dies zu erreichen, hatten wir die Vorstellung, Arbeitsprozesse mit ganzheitlichen Aufgaben zu schaffen, die Verantwortlichkeit im Sinne von unternehmerischem Handeln und Engagement ermöglichen, herausfordern und belohnen. Als Voraussetzung hierfür wollten wir insbesondere die Qualifikation deutlich fördern und der individuellen Leistungsfähigkeit Rechnung tragen (Abb. 3.3).

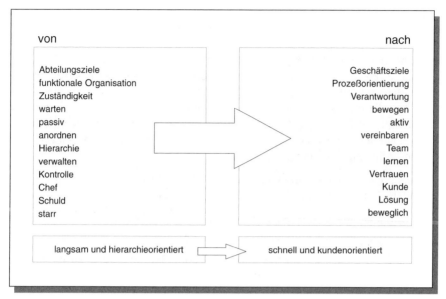

Abb. 3.3. Kulturveränderung als Kernziel

Dieser Ansatz, über eine Kulturveränderung zu einer verbesserten Wettbewerbssituation zu kommen, mußte Konsequenzen für die Vorgehensweise im Projekt haben. Eine solche, durch Eigenverantwortlichkeit geprägte Kultur kann nicht geplant werden, sondern muß in einem weitgehend offenem Prozeß gemeinsam mit allen Beteiligten gestaltet und erschlossen werden.

3.3.2
Offene Vorgehensweise oder: Kulturwandel läßt sich nicht planen wie der Bau einer Industrieanlage

Veränderungsprojekte, die zugleich auf organisatorischer wie auf kultureller Ebene Wirkung erzielen sollen, lassen sich offensichtlich nicht planen und gestalten wie die Errichtung einer Industrieanlage. Sie gleichen eher einer Bergwanderung bei wechselhaftem Wetter in einem Gelände, in dem man zum erstenmal unterwegs ist, mit einer Gruppe, die sich noch nicht gut kennt. Es geht darum, im Laufe des Projektes Stück für Stück die entscheidenden Phasen der Veränderung gemeinsam zu bewältigen, ohne dabei das übergreifende Ziel aus den Augen zu verlieren.

Nach unserer Erfahrung geht es immer wieder darum, die Balance zwischen Zielorientierung, effektiver Umsetzung und Reflexion des Erreichten oder Erlebten zu erzielen. Für diesen Dreiklang müssen Spielräume im Vorgehen bestehen, damit flexibel auf neue Umstände und nicht vorhergesehene Hürden und auch Lösungsmöglichkeiten reagiert werden kann.

Da eine solche offene Vorgehensweise nicht dem aus dem klassischen Projektmanagement bekannten „Abarbeiten" von geplanten und delegierbaren Teilaufgaben entspricht, läßt sie sich nicht ohne weiteres in die Kultur eines Industrieunternehmens integrieren. Durch die Abkehr vom konventionellen Planen, Abarbeiten
und Umsetzen zu einer offenen Vorgehensweise geht Handlungssicherheit für die
Beteiligten und Verantwortlichen verloren, die über eine erhöhte Sicherheit (Vertrauen) in die prozessuale Vorgehensweise aufgefangen werden muß. Es entsteht
das Dilemma, daß in einem Prozeß Sicherheit und Halt erzeugt werden müssen, der
letztlich auf Destabilisierung und Neuausrichtung angelegt ist. Wir haben versucht,
mit dieser Situation auf drei Arten umzugehen:

- *eindeutige, effektive Projektstruktur*, um Transparenz in der Vorgehensweise
  und die Beteiligung aller Betroffenen zu gewährleisten,

- Vermittlung von marktbezogenen Hintergrundinformationen mit dem Ziel von
  Sinnvermittlung („Warum machen wir das alles eigentlich?"),

- hohe Investitionen in Zeit und Kommunikation, um (besonders zu Beginn des
  Projektes) um *Vertrauen* zu werben.

3.3.3
Vertrauen bilden

Bei allen Beteiligten ist besonders der zweieinhalbtägige Kick-off-Workshop zum
Projektstart der RAMONA-Geschäftsprozeßentwicklung in Erinnerung. Hier waren
zum erstenmal neben Mitgliedern des Segmentbüros auch Mitarbeiter aus allen
Werkstattbereichen und der Betriebsrat vertreten. Gleichzeitig traten zum erstenmal
die Berater von GITTA in der Segmentöffentlichkeit auf. In einer Runde von 25
Personen wurde die Idee des Projektes vorgestellt und diskutiert.

Die Vorgehensweise mit einem offenen, beteiligungsorientiertem Prozeß wurde
grundsätzlich positiv aufgenommen, wobei es relativ viel Skepsis für die realen
Möglichkeiten der Umsetzung in dieser Form gab. Es wurde immer wieder vermutet, daß es außerhalb des offen Gesagten in den Köpfen der Projektverantwortlichen
eine vorgezeichnete Vorgehensweise und einen eindeutigen Plan (wie bei Projekten
solchen Ausmaßes üblich und gefordert) für das Projekt gab. Diese Frage dominier-
te den Workshop und äußerte sich auf vielfältige Weise:

> Es gibt Ängste und Sorgen um die Sicherheit der Arbeitsplätze – wie wird damit umge-
> gangen?
> Das Thema Gruppenarbeit hat ein schlechtes Image – verursacht durch Negativbeispiele
> in anderen Firmen und auch im eigenen Unternehmen. Warum sollen wir jetzt damit an-
> fangen?
> Im Rahmen der Unternehmensentwicklung wurden die Mitarbeiter schon oft nach ihrer
> Meinung gefragt – warum sollen sie diesmal davon ausgehen, daß sich wirklich etwas än-
> dert?
> Wie sicher können die Mitarbeiter sein, daß das Projekt nicht nur eine Modewelle ist?
> Woher wissen wir, daß auch die Geschäftsführung hinter dem Projekt steht?

> Es wird viel von Beteiligung der Mitarbeiter gesprochen: Wieviel steht schon fest und wie offen wird damit wirklich umgegangen?

Im Verlauf des Workshops hat es sich bewährt, auf die Skepsis der Betroffenen einzugehen. So bestand immer die Gelegenheit, ausführlich die Beweggründe, Ideen und Konzepte und die tatsächlichen Beteiligungsmöglichkeiten zu hinterfragen und Antworten zu erhalten. Als besonders hilfreich hat es sich erwiesen, daß eine professionelle Prozeßmoderation diese Phase begleitete.

Die Rolle des Prozeßberaters war es, die entstehende Spannung zwischen dem ungeduldigen Vorwärtstreiben des Segmentleiters und den immer wieder fragenden, zum Teil mißtrauischen Mitarbeitern, anzusprechen und als normal und wertvoll zu beschreiben. Die Beteiligten wurden ermutigt und damit konfrontiert, daß es wichtig sei, jede einzelne Frage zu stellen und gemeinsam nach Antworten zu suchen, daß aber gleichzeitig klar sein müsse, daß es niemals 100% sichere Antworten geben werde und auf eine Vielzahl der Fragen keine eindeutige Antwort.

Auch der Segmentleiter konnte glaubhaft machen, daß er zwar eine Strategie für die zukünftige Entwicklung des Segmentes und Vorstellungen zur Weiterentwicklung der Organisation habe, er die genaue Ausgestaltung und den Weg dorthin selbst nicht kenne. Er verband damit seine Einladung an alle Mitarbeiter, sich an der Arbeit zu beteiligen und Ideen einzubringen. Wichtig war die Aussage, daß in keiner Weise das Ziel bestehe, die Anzahl der Arbeitsplätze zu reduzieren, sondern durch eine verbesserte Wettbewerbsfähigkeit und Wachstum in neuen Märkten die Arbeitsplätze zu sichern und nach Möglichkeit auszubauen. Dieses wurde durch eine schriftliche Absichtserklärung der Segmentleitung an den Betriebsrat unterstützt.

Das Ergebnis des Workshops war nicht eindeutig. Es wurde jedoch zwischen allen Beteiligten die Übereinkunft erzielt, den Weg zu beschreiten und mehr Beteiligung der betroffenen Mitarbeiter an Entscheidungsprozessen und Entscheidungen zu gewährleisten.

3.3.4
Transparente Projektstruktur und Beteiligung der Betroffenen

In der Anfangsphase des Projektes ging es unter anderem darum, eine effektive und angemessene Projektstruktur zu finden (Abb. 3.4).

Segmententwicklungsworkshops: Am System anstatt nur im System arbeiten. Unter normalen operativen Umständen besteht die Gefahr, daß zwar *im* System aber nicht *am* System gearbeitet wird. Auch im Projektgeschehen können die momentanen Aufgaben und Probleme den Blick für die längerfristigen Ziele verstellen. Ein- bis zweimal pro Jahr finden daher für etwa zwei Tage sogenannte Segmententwicklungsworkshops statt, an denen Mitarbeiter aus allen Bereichen des Segments, der Betriebsrat und Ansprechpartner aus dem Controlling, dem Informationsmanagement und dem Marketing / Vertrieb teilnehmen. Hier findet eine echte Auseinandersetzung um die besten Lösungen statt. Das Erreichte und auch das Nicht-Erreichte

wird zusammengetragen und kritisch betrachtet. Ausgehend von dieser Zwischenbilanz erarbeiten die Beteiligten auf der Ebene von Vereinbarungen die Schwerpunkte und Prioritäten für die nächsten sechs bis zwölf Monate. Die Projektstruktur
wird als Ganzes betrachtet und weiterentwickelt. Projekte werden neu gestartet, mit
angepaßten Prioritäten ausgestattet oder beendet und ausgewertet.

Von Mitarbeitern wurde in den Workshops immer wieder gewarnt, nicht zu viele
„Baustellen aufzumachen" und zunächst die begonnenen fertigzustellen. In Phasen,
in denen die Projektdynamik Gefahr lief, „überzuschießen" und zu viele Ideen
gleichzeitig verfolgt wurden, konnte auf diese Weise das passende Maß an Veränderung gefunden werden.

Die Workshops ermöglichen allen Beteiligten über Bewertungen und Entscheidungen Einfluß auf die weitere Entwicklung des Segmentes zu nehmen. Durch die
breite Zusammensetzung wird eine hohe Akzeptanz der Prioritäten und ein besseres
Verständnis für die Notwendigkeit der Veränderungen erreicht.

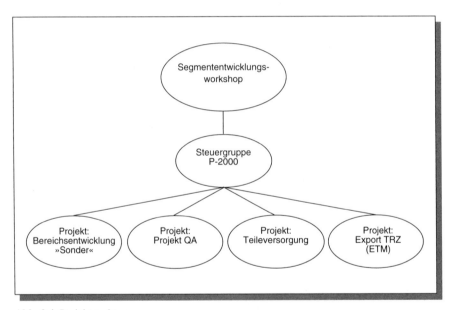

Abb. 3.4. Projektstruktur

Steuergruppe: Führen im Team. In der Steuergruppe laufen die operativen Fäden
des Gesamtprojektes zusammen. Sie trifft sich regelmäßig alle vier bis sechs Wochen, um Ergebnisse und Erfahrungen zu diskutieren und die laufenden Projekte zu
steuern. Mitglieder der Steuergruppe sind die Leiter der Projektgruppen, Mitarbeiter aus allen Werkstattbereichen, der Betriebsrat und die Segmentleitung. Ein Meister (siehe Einschub) sorgt als „Generalsekretär" dafür, daß die Treffen der Steuergruppe regelmäßig stattfinden, die Themen schwerpunktmäßig abgesteckt sind und
das Segment über Ergebnisse und Entscheidungen informiert wird. Die interne Per-

sonal- und Organisationsentwicklung übernimmt die Moderation. Zu Schwerpunktthemen nehmen bei Bedarf weitere Mitarbeiter teil. Die Kerngröße der Steuergruppe betrug zu Anfang zwölf Personen und konnte mit zunehmender Vertrautheit mit dem Projektvorgehen und wachsendem Vertrauen untereinander auf acht Personen verkleinert werden.

Nach anfänglichen Schwierigkeiten und nach einer Rollenfindung mit Unterstützung der Berater wurde sich die Steuergruppe sehr schnell ihres Einflusses und steuernden Funktion bewußt. Das Finden der Führungsrolle der Steuergruppe war einer der entscheidenden Prozesse innerhalb des Projektes.

Der Veränderungsprozeß aus der Sicht eines Meisters. Von Dietmar Nagel
Als damals der Kick-Off-Workshop stattfand, war ich mir sehr unsicher, was dieses Projekt für mich, meine Mitarbeiter und meine Kollegen an Veränderungen mit sich bringen würde.

Mir war bewußt, daß wir in der damaligen Organisation sehr schwerfällig auf unsere Kundenanforderungen reagieren konnten. Unsere Lieferzeiten waren eindeutig zu lang und die zugesagten Termine konnten oft nicht eingehalten werden. In dieser Zeit fühlten sich besonders der Fertigungssteuerer und der Meister für die Einhaltung der Kundentermine verantwortlich. Der Mitarbeiter an der Werkbank hatte damals nur wenig Einblick in die Liefertermine und hat sich auch nicht ganzheitlich für den Auftrag verantwortlich gefühlt.

Im Rahmen von RAMONA hatten wir nun die Möglichkeit, diese Probleme lösen zu können. Uns war von vornherein klar, daß wir möglichst alle Mitarbeiter in diesen Veränderungsprozeß mit einbeziehen mußten. Zu Beginn war das Mißtrauen doch sehr groß, sowohl bei den gewerblichen Mitarbeitern als auch bei den Angestellten. Wir alle waren es nicht gewohnt, Probleme und Entscheidungen in der Gruppe zu diskutieren und zu Lösungen zu kommen.

Damit von Anfang an auch alle Mitarbeiter erreicht werden konnten, dies waren circa 75 Mitarbeiter, mußten wir uns eine Struktur überlegen. Wir haben uns entschlossen eine „Steuergruppe" zu bilden. Ihre Aufgabe war es, die einzelnen Arbeitsgruppen zu koordinieren, den jeweiligen Projektstand zu hinterfragen und gegebenenfalls neue Impulse bzw. Richtungsänderungen vorzunehmen. Bei der Zusammensetzung der Steuergruppe wurde von Anfang an darauf geachtet, daß alle Bereiche mit eingebunden wurden. Neben dem Segmentleiter, einem externen Berater, unserem Personalentwickler, einem Betriebsratsmitglied, dem Leiter der Steuergruppe und den jeweiligen Projektgruppenleitern waren nicht zuletzt die gewerblichen Mitarbeiter aus den Bereichen vertreten.

Sehr hilfreich war, daß der Betriebsrat aktiv in der Steuergruppe mitgearbeitet hat und die Entscheidungen, die dort erarbeitet wurden, mitgetragen und nach außen vertreten hat.

Zu Beginn der Arbeit in dieser Gruppe, war es sehr schwer seine Meinung und Vorstellung zu vertreten. Die Redeanteile von unserem Segmentleiter und den Beratern waren doch sehr hoch. Aber es hat sich sehr schnell gezeigt, daß auch die übrigen Steuergruppenmitglieder ihre Rolle fanden und diese auch selbstbewußt vertreten haben. Wir haben immer versucht, die Sitzungen mindestens alle vier Wochen stattfinden zu lassen, um zu verhindern, daß unser Veränderungsprozeß an Schwung verliert.

Aus der jetzigen Sicht kann man sagen, ohne die ausgewogene Besetzung und das ständige „Ziehen" der Steuergruppe wäre unser Projekt nicht so erfolgreich gewesen.

Heute bietet die Steuergruppe den Projektleitern und Projektbeteiligten die Möglichkeit, sich im Kollegenkreis Beratung zu holen. Für die Mitglieder ist die Steuergruppe ein Lernfeld: eigene Arbeitsergebnisse können auf den „Prüfstand" gestellt, Feedback kann eingeholt und verteilt und effektives Kommunizieren im Team erprobt werden. Die Steuergruppe ist auch der Versuch, einen Teil der Führungsverantwortung für das Segment im Team gemeinsam zu tragen. Es ist zwar nicht die Frage, daß alle Entscheidungen letztlich vom Segmentleiter zu verantworten sind, aber die monatlichen Treffen werden zunehmend von den Beteiligten genutzt, auch kontrovers die jeweils beste Lösung zu finden und entsprechenden Einfluß zu nehmen.

Beteiligung und Information aller Mitarbeiter. An allen Projektgruppen, in der Steuergruppe und in den Workshops sind sowohl Mitarbeiter aus den Büro- als auch den Werkstattbereichen beteiligt. Die Auswahl der Vertreter ist den jeweiligen Teams freigestellt. Dieses Verfahren der Selbstbestimmung von Teilnahme und Repräsentation hat sich als durchgängig sinnvoll und sehr tragfähig erwiesen, auch wenn die Auswahl sich hin und wieder schwierig gestaltete. Es wird gemeinsam darauf geachtet, daß auch Personen, die sich bisher noch nicht in den Projekten engagiert haben, Chancen für eine Beteiligung erhalten.

Durch die transparente Arbeit der bis zu fünf verschiedenen Projektgruppen ist sichergestellt, daß jeder sich über den aktuellen Stand des Projektes im Detail informieren kann. Alle Gruppen und die Steuergruppe erstellen Protokolle, die über E-mail im gesamten Segment und darüber hinaus, zum Teil auch im überbetrieblichen RAMONA-Verbund verteilt werden. Außerdem wurde die Regel des leeren Stuhls eingeführt: in allen Arbeitsgruppen gibt es einen symbolischen leeren Platz, für diejenigen, die sich spontan einbringen oder direkt informieren möchten.

Alle zwei bis drei Monate wird vom Segmentleiter eine sogenannte Werkstattbesprechung für alle Mitarbeiterinnen und Mitarbeiter des Segments durchgeführt. Während dieses Treffens, das ursprünglich als reine Informationsveranstaltung über die aktuellen Entwicklungen gedacht war, kommt es immer häufiger auch zum kritischen Dialog über Fragen des Segments (Produktivität, Entlohnung, Qualität, Marktgeschehen und -aktivitäten, etc.) und des Unternehmens.

3.3.5
Sinnvermittlung: „Warum machen wir das eigentlich alles, es hat doch bisher auch funktioniert?"

Wir wurden schon von Gästen, die sich über das Projekt informieren wollten, gefragt, ob sich die beschriebenen Aktivitäten im Bereich der Kommunikation, die Workshops, Projektgruppen und Teambesprechungen tatsächlich nur auf ein Segment mit etwa 70 Personen und deren Partner im Unternehmen beziehe. Auch innerhalb des Unternehmens gibt es immer wieder Stimmen, die mit ihrer Kritik genau hier ansetzen. Die Beteiligten selber stöhnen zum Teil unter der Doppelbelastung von operativer und Veränderungsarbeit. Gleichzeitig nannten die meisten der Beteiligten in einer Art Zwischenbilanz als wichtigste Lernerfahrung die erstaunlich hohe Bedeutung von intensiver und offener Kommunikation über Ziele, Vorgehensweisen und auftauchende Probleme.

Unser Ziel war es, die Mitarbeiter an den grundlegenden strategischen Überlegungen teilnehmen zu lassen und viel über die Beweggründe für die angestrebten

Veränderungen zu sprechen. Ausgangspunkt aller Überlegungen und Handlungen ist die Orientierung am Markt und an den Kunden. Die Veränderung dieses Umfeldes ist der Anstoß und die Herausforderung an das Unternehmen. Wir gehen davon aus, daß durch ein besseres Verständnis der marktbezogenen Notwendigkeiten der Prozeß als solcher mehr Sinn ergibt und es den Beteiligten leichter fällt, sich auf die damit verbundenen Unwägbarkeiten und Zumutungen einzustellen.

Daher gibt es in den Segmententwicklungsworkshops und bei anderen Gelegenheiten immer wieder den „Blick aus dem Fenster", bei dem ausführlich die Position des eigenen Unternehmens am Markt, wichtige Kunden, die Stärken der Wettbewerber und die konkreten Ziele von ELSTER erläutert werden. Der Effekt dieser Offenheit liegt nicht nur darin, den Sinn des Tuns zu vermitteln. Gleichzeitig wird mit der Ernsthaftigkeit und Ausführlichkeit der Diskussion Wertschätzung transportiert, die wahrscheinlich letztlich bedeutsamer als die Information selbst ist.

Führung im Dilemma: Anforderungen an Führung in Veränderungsprozessen.
Von Jost Körte, Segmentleiter
Um unsere Marktposition zu stärken und auszubauen benötigen wir neue, innovative Lösungsansätze und daraus entwickelte Lösungen. Viele Lösungsansätze sind häufig bereits in den Köpfen unserer Mitarbeiter, der Führungskräfte, des Betriebsrates oder der Kollegen vorhanden. Die Frage ist, wie komme ich als Führungskraft für das Unternehmen an dieses Potential heran?

Die Diskussion über Probleme und das Aushandeln von gemeinsam getragenen Lösungen findet bei uns in den Workshops, der Steuergruppe und den Projekten statt – und damit in der Öffentlichkeit des Betriebes. Jeder der zu den verschiedenen Themen beitragen kann und will, ist aufgefordert und eingeladen, seine Beiträge einzubringen. Was auf den ersten Blick für alle Beteiligten sehr positiv erscheint, birgt auf den zweiten Blick jedoch erhebliche Probleme – denn Öffentlichkeit kann gefährlich sein. Nicht jeder ist es gewohnt, in der Öffentlichkeit seine Meinung zu sagen. Öffentlich ausgesprochene Ideen „outen" den Urheber mit einer eventuell unter seinen Kollegen oder der betrieblichen Führung oder den Mitarbeitern nicht mitgetragenen Meinung. Wie wird es einem Ideenproduzenten in solcher Situation ergehen?.

Der sensible Umgang von mir als Führungskraft mit neuen, provozierenden, kontroversen und auf den ersten Blick vielleicht sogar unsinnigen Ideen kann schon hier – im ersten Workshop, in der ersten Projektbesprechung – entscheidend für einen möglichen Mißerfolg des Umgestaltungsprozesses sein. Bereits an dieser Frage kann der Prozeß zum Erliegen kommen.

In unserem Fall stellte sich auch sehr schnell heraus, daß es nicht die *eine* Meinung der Mitarbeiter in der Werkstatt oder im Segmentbüro oder unter den Führungskräften gab, sondern daß bei jeder Diskussion die Meinungen, Annahmen und Standpunkte breit verteilt waren. Natürlich hatte auch ich als Segmentleiter eine Meinung und habe diese auch in der Öffentlichkeit dargestellt. Meist wurde dieses sogar gefordert, bevor überhaupt eine weitere Meinung geäußert wurde.

Auch wenn es ein Risiko in sich birgt in solchen Situationen die Vorstellungen und Ideen zu äußern, weil damit bereits eine vorgedachte Linie vermutet wird, so gibt die Darstellung doch Orientierung und ein Mindestmaß an Sicherheit für die Betroffenen. Gleichzeitig begebe ich mich als Führungskraft dabei in eine Zwickmühle – stellt sich nämlich im Laufe der Diskussion eine gegenteilige Meinung als mehrheitlich heraus, muß ich entweder in den Konflikt gehen und mich der Behauptung aussetzen: „Sie wollen ja sowieso nur ihre eigene Vorstellung durchsetzen und versuchen jetzt durch eine vorgeschobene Diskussion diese bestätigen zu lassen, was jedoch nicht geschehen wird." Gehe ich jedoch nicht auf die Ideen und in der Diskussion entwickelten Konzepte ein, kann der Vorwurf gemacht werden: „Sie wissen ja gar nicht was Sie wollen – und das ist ja wohl nicht unter Führung zu verstehen".

Äußere ich mich nicht und es entsteht eine kontroverse Diskussion, kann die Behauptung aufgestellt werden: „Sie machen diesen Zirkus ja nur, um die Belegschaft zu spalten. Dieses wird jedoch auf keinen Fall zugelassen und deshalb beteiligen wir uns nicht mehr an solchen Diskussionen. Erst muß ein eindeutiger Plan auf den Tisch und den werden wir dann schon begutachten, ob so etwas überhaupt geht."

Wie kann ich mit einer solchen Situation umgehen?

Ruhig, gelassen und die eigenen Gedanken erklären; Verständnis und Wertschätzung für die unterschiedlichen Positionen zeigen und versuchen die Positionen aus verschiedenen Richtungen betrachten und in den Zusammenhang mit dem Projekt zu stellen. Die Glaubwürdigkeit der Vorgehensweise des „Aushandelns im Konflikt – mit Blick auf einen Konsens" wird davon getragen nicht nur die eigenen Ideen durchzusetzen, sondern gemeinsam Ideen zu entwickeln. D.h. natürlich auch, daß ich als Führungskraft in der Lage sein muß, meine eigenen Vorstellungen gelegentlich zurückzustellen und auch frühere Entscheidungen zu revidieren. Es wird allerdings auch in solchen Veränderungsprozessen Situationen oder Notwendigkeiten geben, in denen die eigene Position nicht verhandelbar ist. Wichtig ist in solchen Fällen, allen Beteiligten dieses auch eindeutig und klar und als nicht diskussionsfähig darzustellen. Gerade in diesen kritischen Phasen mit viel Klärungsbedarf hat sich die Unterstützung eines erfahrenen Prozeß-beraters als außerordentlich hilfreich erwiesen.

Ein weiterer Aspekt ist die Glaubwürdigkeit zur Einflußnahme der Mitarbeiter dadurch nachzuweisen, daß die beschlossenen Maßnahmen auch von mir als Führungskraft mit der gleichen Priorität bedacht werden wie von den Mitarbeitern und keine „versteckten Tagesordnungen" vorhanden sind – oder wie Alfred Herrhausen einmal gesagt hat: „Wir müssen sagen, was wir denken und wir müssen tun, was wir sagen."

3.4
Personalentwicklung und die Zumutungen der Veränderung

Tiefgreifende Veränderungsprozesse muten den betroffenen Mitarbeiten mehr zu als die Führungspersonen in der Regel ahnen. Auch in unserem Projekt ging es darum, auf die zunehmende Turbulenz des Umfeldes mit einer Flexibilisierung des Geschäftsprozesses zu reagieren. Dies bedeutet aber vor allem, daß sich die Flexibilität der Mitarbeiter verändern muß, und zwar auf vier Ebenen:

*   Räumlich: vom Arbeits*platz* zum Arbeits*feld*,
*   Zeitlich: von starrer Arbeitszeit zum Arbeiten nach Arbeitsanfall,
*   Sachlich: vom *Fach*arbeiter zum *Gruppen*arbeiter,
*   Gedanklich: von festen Bezugsgrößen zu kontinuierlicher Veränderung.

Heute, nach drei Jahren intensiver Veränderungsarbeit, gibt es keine Rolle im Segment, die sich nicht verändert hat. Bei allen Mitarbeitern ist eine größere Breite der Aufgaben mit mehr Gesamtverantwortung für einen (Teil-)Prozeß entstanden. Es wird erwartet, daß Zug um Zug ein sehr viel breiteres Spektrum an Tätigkeiten beherrscht wird. Damit verbunden ist, daß altes (Spezial-)Wissen zum Teil eine dramatische Entwertung erfährt. Neues Wissen muß sich erarbeitet werden. Dabei handelt es sich nicht nur um ein Mehr an Wissen, sondern um ganz neue Inhalte und Ebenen des Arbeitens: soziale Kompetenz, Projektmanagement, Teamfähigkeit usw. Im Rahmen eines Vorgehens, daß von einem hohen Maß an Beteiligung der

Mitarbeiter ausgeht, und in einer Organisation, die voll auf verantwortliche Teams setzt, werden hohe Ansprüche, an die persönlichen Fähigkeiten, sich auseinanderzusetzen, die eigenen Standpunkte durchzusetzen und von eigenen Ideen Abstand zu nehmen, gestellt.

Und nicht nur die Art des Wissens ist neu. Es stellt sich auch die Frage: „Wie lernt man in diesem Feld?" Während es für die meisten klassischen Wissensfelder auch klassische Lernformen mit anerkannten Anbietern und Abschlüssen gibt, ist hier nicht eine formalisierte Form des Lernens oder etwa ein Abschluß als „Soziotechniker" vorhanden.

Eine weitere Zumutung besteht darin, daß die Betroffenen Abschied nehmen müssen von bisherigen Teamstrukturen und die informellen sozialen Netzwerke zwangsläufig verändert werden. Letztlich werden sie gezwungen, praktisch ihre gesamte Arbeitsmethodik zu hinterfragen und selbst ihre Arbeitseinstellung kritisch zu betrachten. Denn nicht nur das richtige Anwenden des Arbeitssystems, sondern dessen kontinuierliche Verbesserung wird schließlich erwartet.

Das Feld Personalentwicklung und Qualifizierung ist dagegen immer noch geprägt durch Vorstellungen von Unterricht, Training, Aufenthalten in Tagungshotels und Urkunden. Die erforderlichen Wissens-, Einstellungs- und Werteveränderungen können aber nicht in Form klassischer Seminare und Lehrgänge erreicht werden.

Wir haben daher versucht, den organisatorischen Veränderungsprozeß nicht nur als Auslöser für notwendiges Lernen aller Beteiligten, sondern auch als Lernchance selber zu nutzen. Durch eine enge Verzahnung von Veränderung und Personalentwicklung und über die bewußte Reflexion der „unterwegs" gemachten Erfahrungen wollten wir Lernen als Teil der täglichen Arbeit begreifen.

Durch die aktive Beteiligung einer breiten Anzahl der Mitarbeiter am Projektgeschehen und die Teilnahme an Workshops und Projektgruppen entstanden eine Vielzahl an Möglichkeiten, sich mit neuen Aufgaben auseinanderzusetzen und sich „on the job" in zunächst noch ungewohnten Rollen zu erfahren und auszuprobieren. Dazu zählt das Managen von Projekten, der Umgang mit Konflikten, das Meistern von Rückschlägen und Übergangssituationen sowie die Problemlösung auf dem Wege des Aushandelns und Vereinbarens, um nur einige zu nennen.

Eine besondere Rolle spielten zwei sogenannte Zwischenbilanztreffen, die von den begleitenden Forschern des RAMONA-Projektes durchgeführt wurden. Der wohl wesentlichste und nachhaltigste Punkt war dabei die Rückmeldung der Mitarbeiter, daß sie nicht gedacht hätten, daß Kommunikation und Reflexion eine solch entscheidende Bedeutung für den Erfolg von Veränderungsprojekten hätten.

In den Workshops und Projektgruppen entwickelte sich so nach und nach eine Professionalität und Selbstverständlichkeit im Umgang mit methodischer Vorgehensweise wie zum Beispiel Techniken der Problemlösung, der Präsentation und der Moderation, die zu einer deutlich gesteigerten Effektivität der Projektarbeit führten, ohne daß wir bisher eine besondere Qualifizierung in einem der genannten Bereiche durchgeführt haben.

In allen Prozeßlinien wurden Schulungspläne an Hand von Qualifizierungsmatrizen erarbeitet, um die hinzugekommenen Tätigkeiten am Arbeitsplatz zu erlernen und die Einsatzflexibilität zu erhöhen. Angestoßen durch auftauchende Problemstellungen und übergreifende Qualifizierungsbedarfe haben wir aber auch klassisch geprägte Schulungen, allerdings firmenspezifisch und praxisorientiert organisiert und durchgeführt. Hierzu zählen ein längerfristiger Logistiklehrgang für Büro- und Werkstattmitarbeiter und -mitarbeiterinnen, CAD-Trainings und im Rahmen des Simultanous-Engineering-Projektes zur Entwicklung eines Exportzählers eine FMEA-Qualifizierung und -anwendung.

Für betriebliche Führungskräfte von ELSTER und dem Schwesterunternehmen G. Kromschröder AG wurde unter der Überschrift „Veränderungen im Betrieb erfolgreich gestalten" eine intensive, längerfristige Qualifizierungsmaßnahme gestartet. Die betreffenden Führungskräfte haben sich fast alle über die klassische Meisterfunktion in die Rolle von Multiplikatoren entwickelt und sich nach unserer Einschätzung als *die* potentiellen Träger der Veränderungsprozesse herausgestellt. Eine hierfür angemessene Qualifizierung hat aber in der Regel nie stattgefunden und wurde bei der Turbulenz der Veränderungen der letzten Jahre auch noch nicht in Angriff genommen. Die Inhalte konzentrieren sich daher auf die Erhöhung der sozialen Kompetenz. Fragen der

- veränderten Führungsverantwortung,
- der effektiven Kommunikation,
- des konstruktiven Lösens von Konfliktsituationen,
- des Umgangs mit Widerständen und
- der Teambildung und Teamentwicklung

werden praxisorientiert bearbeitet.

Die Qualifizierung ist auf mehrere Monate angelegt, um ausreichend Erfahrungsraum zur Erprobung und Reflexion der Inhalte an Hand von Praxisfällen zu ermöglichen. Sie gliedert sich in zwei dreitägige Trainingsmodule, vier Coachingtermine und einen Abschlußworkshop. Die Coachingtermine dienen der Besprechung konkreter Veränderungsprojekte der Teilnehmer, der praxisnahen Reflexion des eigenen beruflichen Handelns und der kollegialen Beratung.

Die Thementage und gegenseitigen Firmenbesuche des RAMONA-Verbundes, an denen auch der Betriebsrat und zahlreiche Werker teilnahmen, waren eine hervorragende Gelegenheit, sich unternehmensübergreifend mit ausgewählten Themen auseinanderzusetzen und sozusagen voneinander zu lernen.

3.5
Schwerpunkte der Projektarbeit

Hier soll aus einigen Schwerpunkten unseres Projektes beispielhaft berichtet werden.

3.5.1
Gruppenarbeit und Kennzahlen

Aus der eigenen Analyse und bestätigt in der Ist-Analyse durch die Berater von GITTA wurde uns zurückgemeldet, daß wir vor allem an der Terminkultur verstärkt arbeiten müßten. Positiv aufgefallen waren die ablauforientierte Layoutgestaltung und das genutzte Kanban-System zwischen der mechanischen Fertigung und der Montage. Die Transparenz über Termine und Prioritäten war insgesamt aber nicht ausreichend sichergestellt. Es fiel das Stichwort „Tunnelfertigung", in die Aufträge hineingeschoben würden und die dann irgendwann fertig wieder herauskämen.

Die daraufhin gestartete Projektgruppe zur Verbesserung der „Planung und Steuerung" tat sich zunächst schwer, das komplexe Thema in den Griff zu bekommen. Eine ausführliche Prozeßanalyse des Auftragsdurchlaufs von der Einschreibung bis zum Versand legte eine Vielzahl von Einzelschritten und organisatorischen „Schnittstellen" offen; ein Prozeß, der von nicht direkt Beteiligten insbesondere den Werkstattmitarbeitern nur schwer durchschaubar war und keine eindeutige Zuordnung von Verantwortlichkeit zuließ. Auch nach dieser Analyse gelang es der Projektgruppe nicht, einen erfolgversprechenden Zugang zur grundlegenden Verbesserung der Situation zu finden.

Erst die Loslösung von der unmittelbaren Problemebene eröffnete neue Wege: Die Trennung der Montage in zwei eigenständig organisierte, kleinere Montagebereiche. Bisher montierte ein Team beide Gerätegruppen in einem Bereich auf den selben Betriebsmitteln. Reibungen zwischen den beiden unterschiedlichen Prozessen mit jeweils verschiedenen Anforderungen und unterschiedlicher Komplexität führten in der Praxis zum Nachteil beider Produktgruppen. Durch die Entzerrung in zwei Prozeßlinien konnte die Komplexität deutlich reduziert und die Übersichtlichkeit gesteigert werden. Die Fertigungsdurchlaufzeiten konnten jeweils auf weniger als die Hälfte reduziert werden.

In der neu entstandenen Prozeßlinie konnte jetzt die Einführung einer qualitativen Gruppenarbeit vorangetrieben werden. Hierzu waren besonders gute Voraussetzungen gegeben, weil sich die Gruppe durch die Selbstorganisation des notwendig gewordenen Umzugs und der damit verbundenen Layoutanpassung besonders positiv mit der Entscheidung identifizierte und die gewonnene Eigenständigkeit aktiv nutzte.

Zunächst wurde der Gruppe ein „elektronischer Briefkasten" zur Verfügung gestellt, in dem der aktuelle Auftragsbestand nach Termin abgebildet ist. Die Mitarbeiter übernahmen daraufhin die Verantwortung für die Fertigungssteuerung, sämtliche Buchungsvorgänge sowie für die Verpackung und Versandvorbereitung. Mit dem Ziel, die Interessen der Gruppe nach innen und außen zu koordinieren, übertrug das Team einem Mitglied die Rolle des Gruppensprechers. In wöchentlichen Meetings werden seither auf der Basis der Kundentermine der Personaleinsatz und die Arbeitszeit, Freischichten und Urlaub abgestimmt. Anhand eines Schulungsplans mit einer Laufzeit von mehr als sechs Monaten treibt die Gruppe mit Unterstützung aus dem Segmentbüro die Qualifizierung und Einsatzflexibilität kontinuierlich voran.

Die eigenständige Kapazitätsplanung und -steuerung war noch ein Problem. Mit verkürzten Lieferzeiten und entsprechend kleineren Auftragsbeständen (Reichweiten ein bis zwei Wochen) wurde es noch größer. Aus dieser Situation wurde die Idee von gerätebezogenen Planzeiten entwickelt. Außerdem waren wir mit der tatsächlichen Nutzung des neu eingeführten flexiblen Arbeitszeitmodells (s. den Beitrag von Lay et al. in diesem Band), das prinzipiell die Voraussetzung geschaffen hatte, besser auf Bedarfsschwankungen zu reagieren, noch nicht zufrieden. Um hier weiterzukommen, sollten neben frühzeitigen Informationen über den zu bearbeitenden Auftragsbestand (Briefkasten) auch Abschätzungen des entsprechenden Zeitbedarfs gemacht werden können.

Die Diskussion von Zeiten im betrieblichen Umfeld ruft allerdings Assoziationen in Richtung Akkord und Stoppuhr wach, die leicht das aufgebaute Vertrauen zerstören können. Die vorhandenen Zeiten aus der Zeitwirtschaft wurden daher offen „auf den Tisch gelegt" und mit der Projektgruppe, in der die Teammitglieder der QA-Montage maßgeblich beteiligt waren, auf Aktualität und Angemessenheit geprüft. Die hinzugekommenen indirekten Tätigkeiten wie Verpackung, Buchungsvorgänge und dispositive Aufgaben mußten bestimmt und zeitlich bewertet werden. Die Projektgruppe ermittelte die Zeiten durch Selbstaufschrieb oder legte sie nach gemeinsamer Abschätzung fest. Es entstand eine Geräte-Zeit-Matrix mit vergleichbaren Variantengruppen, die im Alltag geprüft und in mehreren Schleifen konkretisiert wurde. Dieser Prozeß verlief insgesamt sehr viel reibungsloser als erwartet; nicht zuletzt durch die Mitarbeit des Betriebsrats und durch Ausklammerung der direkten Kopplung mit dem Entlohnungsthema. Gleichzeitig war auch der Einstieg für die Entwicklung eines Kennzahlensystems geschafft.

Der lange Weg zur Kennzahl. Durch Kennzahlen können bestimmte Ziele in den Vordergrund gestellt und gewollte Werteveränderungen unterstützt werden. Über die offene Darstellung wichtiger Leistungsgrößen soll Wissen aus den Hierarchien und Büros heraus in die Werkstatt gebracht und Prozesse transparent gemacht werden. Hintergrund ist auch, daß die üblicherweise vom betrieblichen Rechnungswesen zur Verfügung gestellten Zahlen wenig Nutzen im Sinne einer Steuerungsgröße oder -hilfe für die Fertigung darstellen.

Aber die Einführung von Kennzahlen birgt auch Risiken. Erfolge und Mißerfolge werden unmittelbar sichtbar und verständlicherweise kann Angst vor einer „gläsernen" Arbeitssituation entstehen. Kennzahlen können ihre wichtige „Cockpitfunktion" nur im Rahmen einer durch Vertrauen getragenen und lösungsorientierten

Kultur entwickeln und beteiligungsorientierte, auf Langfristigkeit und Nachhaltigkeit, angelegte Prozesse unterstützen. Es bestehen auch Mißbrauchsmöglichkeiten im Rahmen einer kurzfristigen Profitmaximierung, wenn einzelne Kennzahlen herausgegriffen werden und eher der Suche nach Schuldigen als dem Aufspüren von Verbesserungspotentialen dienen.

Die Steuergruppe hatte ein Projekt mit dem Auftrag initiiert, betriebliche Kennzahlen zu entwickeln und Vorschläge zur Visualisierung zu erarbeiten, die

- die Selbststeuerung der Prozeßlinien und des Segments fördern,
- die Erfolge des Projektes und der Segmententwicklung sichtbar machen und
- eine Basis für Zielvereinbarungen schaffen sollen.

Unterstützt durch ein Treffen im RAMONA-Verbund und die Beratung des Fraunhofer Instituts ISI entschied sich die Projektgruppe für eine konkrete Auswahl von sechs Kennzahlen. Insgesamt dauerte es etwa ein Jahr, bis die konkrete Erfassung und Berechnung geklärt war und im Pilotbereich zum erstenmal alle Kennzahlen in visualisierter Form ausgehängt werden konnten.

Über eine breite Beteiligung der Mitarbeiter sollte erreicht werden, daß die Teams die Kennzahlen, die eine Leistungsmessung darstellen, als ihre eigenen akzeptieren. Aus diesem Grund wurde auch entschieden, daß die Gruppen selbst die Zahlen erfassen und erstellen. Heute besitzen die Prozeßlinien das gleiche „Cockpit", das ihnen regelmäßig Informationen zu folgenden Steuerungsgrößen auf einen Blick verfügbar macht. Wöchentlich: Liefertermintreue, Produktionsdurchlaufzeit und Produktivität; monatlich: Bestände, Qualität und Innovation.

3.5.2
Die Entwicklung vom Spanproduzenten zum internen teileversorgenden Dienstleister

Die zentrale „Mechanische Fertigung", die für den gesamten Betrieb Teile mechanisch fertigte, war in der Vergangenheit der Stolz des Unternehmens. Die Planung und Steuerung erfolgte zentral aus der Materialwirtschaft. Investitionen, Layoutveränderungen und die technologische Betreuung wurden durch die werkszentrale Arbeitsvorbereitung erledigt.

Im Rahmen der Segmentierung geschah das Unglaubliche: dieser, mit sehr viel Status und Selbstbewußtsein ausgestattete Bereich wurde auf die Segmente aufgeteilt. Maschinen und Personal wurden den Segmenten unter Federführung der zukünftigen Segmentverantwortlichen zugeordnet. Auch die betreuenden Mitarbeiter aus der Materialwirtschaft, Arbeitsvorbereitung und anderen Funktionen wurden Mitglieder der Segmente. Im Falle des Segments Gastransport übernam der Meister derjenigen Montage mit dem größten Bedarf an Teilen zusätzlich die Führung des zum Segment hinzugekommenen Teils der mechanischen Fertigung. Die Planung und Steuerung erfolgte somit „dezentral" aus dem Segmentbüro, wie auch die Layoutplanung und technologische Betreuung.

Diese Entwicklung bedeutete einen deutlichen Statusverlust der einstmals so selbstbewußten „Abteilung". Hinzu kam noch, daß die Geschäftsführung in einer Betriebsversammlung unmißverständlich klarstellte, daß strategische Kernkompetenz eine kundenorientierte Montage und nicht die Fertigung von Teilen sei.

Die Liste der Fehlteile in den Montagebereichen war zum damaligen Zeitpunkt jede Woche mehrere Seiten lang, die Rückstände an überfälligen Kundenaufträgen am Ende des Monats jeweils ca. 15 - 20 % der Monatsfertigung und die Bestände relativ hoch. Die Zielsetzung der Termineinhaltung aller Kundenaufträge war in weiter Ferne. Der Kommentar der mechanischen Fertigung zu diesem Problem war: „Wenn ihr uns genauer sagen könntet, was ihr braucht und auch so planen würdet, könnten wir euch die Teile dann machen, wenn ihr sie braucht. Im Moment ist ja noch nicht einmal die Planung für morgen sicher. Außerdem müßten die Bestände erhöht werden, um die immer wieder auftretenden Maschinenausfälle zu überbrücken."

Mit der Forderung des Segmentleiters, daß die interne mechanische Fertigung neben der wirtschaftlichen Rechtfertigung zwei Dingen genügen muß, nämlich

* Fertigung meßtechnischer Teile mit direkter Bedeutung für die Kernkompetenz und
* kundenrelevanter Fertigungsflexibilität,

machte sich die „Mechanischen Fertigung" auf den Weg zur „Teileversorgung". Als erstes wurde folgendes umgesetzt:

* Flexibilisierung der Einsatzfähigkeit der Mitarbeiter im Bereich der mechanischen Fertigung durch Ausbildung und Training.
* Ausbildung eines Mitarbeiters der mechanischen Fertigung zur CNC-Programmierung und CAD-Arbeiten.
* Auslagerung unwirtschaftlicher Maschinen und Fertigungen.

Besonders der dritte Punkt führte zu heftigen Diskussionen mit den Beteiligten und dem Betriebsrat, wurde jedoch trotz erheblichen Widerstandes durchgeführt. Die Einsatzflexibilität pro Maschine der Mitarbeiter hatte sich nach einem Jahr mehr als verdoppelt. Die CNC-Ausbildung war erfolgreich durchgeführt.

Nach der Umsetzung startete die Steuergruppe eine Projektgruppe zur

* Rollenfindung der mechanischen Fertigung,
* optimalen Layoutgestaltung,
* internen Organisation der mechanischen Fertigung.

Als Ergebnisse sind im wesentlichen festzuhalten: Die „Mechanische Fertigung" sollte in der Zukunft die „Teilefertigung" sein. Es wurde eine regelmäßige Planungs- und Steuerungsrunde mit Kollegen aus dem Segmentbüro und der Teilefertigung eingerichtet, die gemeinsam die Maschinenbelegung vornahm und einen hohen Freiheitsgrad für die endgültige Steuerung vor Ort vereinbarte. Für alle Maschinen wurden Wartungs- und vorbeugende Instandhaltungspläne entwickelt und eingeführt. Die Durchführung war Aufgabe der Mitarbeiter der Teilefertigung.

Die grundlegende Überarbeitung des Layouts war ein intensiver und langwieriger Prozeß. Alle Beteiligten der Projektgruppe mußten feststellen, daß es nicht *ein* richtiges Layout gibt, sondern viele unterschiedliche Möglichkeiten, die unter verschiedenen Aspekten und Interessen beurteilt werden. Eine Entscheidungsfindung führt zwangsläufig zu Kompromissen.

Ein äußerlich kleiner, für die Betroffenen aber wichtiger Punkt waren die mit der Zeit entstandenen „persönlichen" Bereiche wie Schreibtische, Spinte und „Ecken", die aufgelöst werden sollten. Der von der Gruppe ausgearbeitete Kompromiß beinhaltete die Beschaffung von persönlichen Werkzeugwagen mit entsprechender Ausstattung für alle Mitarbeiter in der Teilefertigung. So konnte das Layout wesentlich übersichtlicher gestaltet werden, während gleichzeitig die persönlichen Interessen der Mitarbeiter berücksichtigt wurden.

Das Problem als Chance. Während des RAMONA-Projektes wurde ein Großauftrag außerhalb der Planung gewonnen, der für eine Periode von etwa vier Monaten eine zusätzliche Ausbringung von ca. 50 % über der normalen Kapazität erforderte. Die Frage war, ob das Projekt für die notwendige Zeit ruhen müßte. Nach eingehender Diskussion und mit Unterstützung der Berater wurde gemeinsam entschieden, den Großauftrag als Chance wahrzunehmen, um die größer gewordene Leistungsfähigkeit unter Beweis zu stellen. Die Planung führte eine Kapazitätsabschätzung durch und kam zu dem Ergebnis, circa 90 % der zusätzlichen Teile müßten außerhalb gefertigt werden. Die Mannschaft der Teilefertigung dagegen war sich nach eingehender Beratung sicher, circa 80 - 90 % der Teile intern fertigen zu können, vorausgesetzt einige Randbedingungen, wie personelle Unterstützung aus anderen Abteilungen, Genehmigung von teilweise einer dritten Schicht und Samstagsarbeit. So konnte eine gemeinsame Vereinbarung mit Verpflichtungen auf allen Seiten getroffen werden. Am Ende wurden alle terminlichen Verpflichtungen eingehalten und die mengenmäßige Leistung sogar noch übertroffen. Es mußten letztendlich nur ca. fünf Prozent der zusätzlichen Teile außerhalb gefertigt werden.

In der Zwischenzeit hat sich die Gruppe so weiterentwickelt, daß sie gut auf dem Weg von der Teilefertigung zur „Teileversorgung" ist. Die internen Kanban-Systeme sind deutlich erweitert worden und werden entsprechend den sich verändernden Kundenrahmenbedingungen weiterentwickelt. Die Fertigung für eine neue Produktlinie ist zusätzlich übernommen worden.

An diesem Fall wird pilotmäßig eine echte „Teileversorgung" – verstanden als Komplettdienstleistung für den internen Kunden – entwickelt und umgesetzt. Das Team der Teileversorgung übernimmt für die kundenorientierte Prozeßlinie sämtliche logistischen Leistungen, wie Disposition, Rohteilebeschaffung und -bevorratung. In diesem Zusammenhang ist die „Prozeßlinie Teileversorgung" dabei, über eine Kanban-Anbindung in direkten Kontakt mit dem externen Lieferanten für Rohteile zu treten und auch in diese Richtung die volle Dispositionsverantwortung zu übernehmen (Abb. 3.5).

Organisationsstufe	Kernaufgabe	Was zählt?	Planung
„mechanische Fertigung"	„Späne"	Kosten Auslastung	zentral
„mechanische Fertigung" Segment Gastransport	„Späne"	Kosten Auslastung	dezentral, aber im Segment zentral im SB
„Teilefertigung"	„Teile"	Bestände	mehr & mehr durch direkte Kommunikation mit den Montagen
„Teileversorgung" als selbstgesteuerte Prozeßlinie im Segment Großgasmessung	„Komplettdienstleistung Teileversorgung"	Flexibilität Lieferzeit Termintreue	Gestalten von Kunden/Lieferanten Beziehungen Spielregeln aushandeln „das Unplanbare managen"

Abb. 3.5. "Von der mechanischen Fertigung zur Teileversorgung für die Montage"

Was hat sich durch das RAMONA Projekt verändert? Ausschnitte aus einem Gespräch mit Werkstattmitarbeitern der Prozeßlinie Teileversorgung:

Daß wir mehr Mitspracherecht oder besser gesagt: Mitgestaltung haben. Bisher war man ja mehr Befehlsempfänger...

Der Einzelne bringt sich heute mehr ein. Man ist viel stärker verantwortlich...

Vieles, was früher Vorarbeiter, Meister usw. gemacht haben, mache ich heute selber. Dann brauche ich mich auch nicht mehr zu ärgern, daß mir ständig jemand sagt, was ich zu tun und zu lassen habe...

Dadurch daß der Segmentleiter in den Werkstattgesprächen so im Detail über die Situation am Markt berichtet, versteht man viel besser manche Entscheidungen und Veränderungen...

Besonders gut war die Produktentwicklung des Exportzählers, an dem wir aus der Werkstatt von Anfang an mitarbeiten und die praktischen Aspekte der Bearbeitung einbringen konnten. Als die Rohteile noch nicht gegossen waren, hatten wir schon die Spannwerkzeuge! Das gab es früher nicht...

Bei allem muß man aber auch sagen, was schwieriger geworden ist. Wir haben eine dünnere Personaldecke. Der Druck ist eindeutig angestiegen und für die Firma hat sich das klar gelohnt...

Das hängt aber auch damit zusammen, daß wir uns den Druck selber machen und uns einfach untereinander verantwortlich fühlen...

Insgesamt sind unsere Arbeitsplätze durch die Veränderungen sicherer geworden: das sehen wir klar als Erfolg...

Das Menschliche, der Zusammenhalt war früher besser. Das war natürlich entspannter: wir haben unsere 50er oder 20er Aufträge bekommen und die haben wir abgearbeitet. Heute müssen wir viel kurzfristiger reagieren und der Kunde bestimmt die Arbeitszeit. Mehr Flexibilität und Einsatzbereitschaft bedeutet natürlich auch Belastung...

Es hat auch viel Qualifizierung stattgefunden und wir bedienen heute jeder viel mehr Ma-

schinen als früher. Gut angekommen ist, daß sich jeder äußern konnte, in welche Richtung er sich weiterqualifizieren will, auch wenn nicht alles umgesetzt werden konnte…
In Zukunft muß die Zusammenarbeit zwischen Werkstatt und Büro noch viel besser werden. Auch wenn man bedenkt, daß wir früher noch nicht einmal den Konstrukteur für unsere Teile kannten…
Außerdem müssen wir stärker daran arbeiten, daß wir bei dem zusätzlichen Druck nicht unser Wir-Gefühl verlieren…

3.5.3
Der lange Weg zur Prozeßlinie oder: Vorurteile, Überzeugungen und hartes Ringen um Lösungen

Der Segmentleiter hatte die Idee, die Montagegruppe für Sonderzähler, die in einem Gebäude am Ende des Werksgeländes plaziert war, in der gleichen Halle wie die Montage für die Standardzähler unterzubringen. Es regte sich allerdings erheblicher Widerstand in der Montagegruppe gegen diese Entscheidung, der vom Betriebsrat deutlich unterstützt wurde. Eine besondere Rolle kam in diesem Prozeß der betrieblichen Führungskraft, dem „Meister", zu. Daher an dieser Stelle ein persönlicher Erlebnisbericht:

Alles von „oben" bestimmt? Von Paul Schamari, Meister einer Prozeßlinie
Die Idee gefiel mir sehr gut. Durch Aufteilung unseres Segmentes in Prozeßlinien sollten kleine schlagkräftige Einheiten entstehen, die voll und ganz auf ihre jeweilige Aufgabe eingehen können, ohne dabei die Zusammenarbeit im Segment zu vernachlässigen. Da ich selbst aus einem kleinen Handwerksbetrieb stamme, hatte ich auch für mich eine ungefähre Vorstellung, was an Aufgaben auf uns zukommen würde. Mit Euphorie griff ich die Idee auf, sah aber schnell, daß ich damit nicht gleich auf volles Verständnis bei meinen Mitarbeitern traf.

Ein besonderes Erlebnis war dabei die Fragestellung ob wir als Prozeßlinie umziehen und uns auch räumlich an den größeren Teil der Produktion und das Segmentbüro in einer anderen Werkshalle angliedern oder ob wir in unseren vorhandenen Räumen bleiben sollten.

Meine Vorstellung war ganz klar der Umzug. Ich sah darin die Chance, durch die direkte Zusammenarbeit im Segmentbüro die Aufgaben auf mehrere Schultern zu verteilen. Die Auftragsklärung und die Durchführung in der Montage ist sehr zeitintensiv und lief praktisch, zusätzlich zu meiner Aufgabe als betriebliche Führungskraft, im Tagesgeschäft über meine Person.

Nur, was mir klar war, fand bei meinen Mitarbeitern in der Werkstatt erstmal keine Zustimmung. Die räumliche Trennung von der Montage und dem Prüfraum, Druckraum und Lackiererei sahen meine Mitarbeiter als unnötige Verschlechterung, die nicht der Sache diene. Gleichzeitig wurde mir aber entgegengebracht, der Umzug sei ja sowieso beschlossen und von „oben", wer immer das auch ist, bestimmt. Eine seltsame Lage für mich. Ich wäre am liebsten sofort umgezogen, die Mitarbeiter wollten bleiben und dazu die Aussage „Was soll die Diskussion, von „oben" ist sowieso alles entschieden."

Der Impuls, eine Projektgruppe zu bilden, um Vor- und Nachteile eines möglichen Umzugs auszuarbeiten, kam vom Segmentleiter. Wir holten uns dazu die Beraterunterstützung von der Firma GITTA. Dies stellte sich als hilfreich und als notwendig heraus, da es anfänglich sehr kontrovers in der Projektgruppe zuging.

Am Ende einer sehr intensiven Zusammenarbeit stand ich als Projektleiter da, der immer noch umziehen wollte, sich aber der Empfehlung der Projektgruppe unterordnete. Diese stellte ich dem Segmentleiter, dem Betriebsrat und dem gesamten Segment vor.

Großes Erstaunen bei den Betroffenen löste die Reaktion des Segmentleiters aus, die Empfehlung der Projektgruppe zu akzeptieren. Allerdings machte er klar, daß „Bleiben" nicht heißen kann, daß alles „bleibt wie es ist". Auch ohne Umzug müßten Verbesserungen im Ablauf und in der Organisation umgesetzt werden. Dies wurde zwischen der Leitung und der gesamten betroffenen Mannschaft vereinbart. Aber wieder kamen einzelne Stimmen: „Das war doch so geplant. Wenn etwas schiefgeht wird uns vorgehalten, ihr habt das so gewollt."

Vor allem war es wichtig, daß beim jetzt beginnenden Gestalten alle mit im Boot saßen und eine gemeinsame tragfähige Basis gefunden wurde. Die Beteiligung und aktive Mitarbeit des Betriebsrats und die Unterstützung durch die Berater haben uns dabei sehr geholfen. Heute sind wir einen riesigen Schritt weiter: Flexibilität, Durchlaufzeiten, Bestände und die Qualität konnten nachweislich verbessert werden.

Die Erfahrung, daß Gestalten im Betrieb, dazu noch „bei fahrendem Zug", zwar spannend, aber keine leichte Sache ist, und dabei noch zu erleben, daß eben nicht alles von "oben" bestimmt ist, war mit das wichtigste Erlebnis bei allen Mitarbeitern in unserer Prozeßlinie.

Die Entwicklung der Prozeßlinie „Sonderzähler" stellte eine besondere Herausforderung dar, weil sehr komplexe Rahmenbedingungen gegeben waren. Wie am Namen erkennbar, handelt es sich um eine kundenbezogene Einzelfertigung hochwertiger und komplexer Meßgeräte mit prozeßbedingt, sehr langen Durchlaufzeiten. Hinzu kommt eine heterogene Zusammensetzung der Prozeßlinie: Alter von 20 bis 60 Jahre, Betriebszugehörigkeit von neu bis zu 45 Jahren, Ausbildung im produktiven Bereich von angelernt bis zu hochspezialisierten Facharbeitern oder Meistern, mehrere Nationalitäten.

Eine weitere Schwierigkeit bestand darin, daß aus der Sicht der Mitarbeiter frühere Veränderungsprojekte von „oben" und an den Vorstellungen der Mitarbeiter vorbei geplant und umgesetzt worden waren.

Aufgrund dieser Voraussetzungen zeigte sich schnell, daß eine Vorgehensweise gewählt werden mußte, die alle Betroffenen beteiligte und über ein normales planerisches Projekt hinausging. Es wurde vereinbart, eine sogenannte „Bereichsentwicklung Sonderzähler" unter Beteiligung aller insgesamt 16 Betroffenen, des Betriebsrates und der Moderation eines externen Beraters zu starten. Dabei wurden zwei Regelkommunikationsrunden eingerichtet.

1. *Bereichsentwicklung* – einmal monatlich ca. 2 Stunden,
   Themen:
   - Zusammenarbeit und Entwicklung der Prozeßlinie,
   - Qualitätssituation und -aktivitäten,
   - Personalentwicklungs- und Trainingsmaßnahmen,
   - Auftrags- und wirtschaftliche Situation.
2. *Produktionsbesprechungen* – einmal wöchentlich ca. 15 - 30 Minuten,
   Themen:
   - Auftrags- und terminliche Situation,
   - Arbeitszeiten und Sonderaktivitäten.

Durch die intensiven und regelmäßigen Kommunikationsrunden konnten die hinzugekommenen sechs Mitarbeiter, die zusätzlichen operativen Aufgaben (Lackiererei, Verpackung, Wareneingang, Lagerfunktionen), die indirekten Aufgaben (Disposition, Fertigungsplanung und -steuerung, Qualitätssicherung) und die Betriebsmittel

(Dreh- und Bohrmaschinen, Prüfstand, Lackieranlage) trotz Schwierigkeiten in einem überschaubaren Prozeß erfolgreich integriert werden.

Ein Ergebnis dieser Bereichsentwicklung ist – entgegen der ursprünglichen Überlegung – die Aufteilung der Prozeßlinie in drei Arbeitsgruppen mit dem Ziel, den Bereich trotz der Komplexität steuerbar und für alle Beteiligten überschaubar zu gestalten:

- Kundenfertigung,
- Meßtechnik,
- Kundenauftragsabwicklung.

Die Arbeitsgruppen sind durch verschiedene Steuermechanismen (Kundenaufträge, Kanban-Systeme, PPS-System) und durch die gemeinsame Regelkommunikation miteinander verbunden. Jede Arbeitsgruppe hat einen „Paten" im Prozeßlinienbüro, durch den die Betreuung der Gruppen intensiviert und die Zusammenarbeit zwischen Werkstatt und Büro und auch untereinander im Prozeßlinienbüro verbessert werden konnte.

Der Betriebsrat hat an dem dargestellten Prozeß regen Anteil genommen und ihn konstruktiv mitgestaltet. Die Rolle des Betriebsrates verändert sich von einer reinen Interessenvertreter zu einer verantwortlichen „Mit-Anwalt" der Veränderung und ist damit aktiver Teil des Führungssystems im Unternehmen. Wie mit dieser Situation umgegangen wurde, beschrieb der Betriebsratsvorsitzende in der ELSTER-Mitarbeiterzeitung „gasdruck":

Der Fall Sonderturbinen aus der Sicht des Betriebsratsvorsitzenden. Von Dieter Schedel
Der Start des Projektes RAMONA erweckte bei allen Betroffenen, so auch beim Betriebsrat, bestimmte Erwartungen, Vorstellungen aber auch Ängste.

In einem Unternehmen hat man eigentlich genug Erfahrung mit Unternehmensberatern, ob intern oder extern. Die Erfolge sind meistens von kurzer Dauer, teilweise kommt es gar nicht zur Durchführung und die Projekte sind meistens auf Personalreduzierung fixiert.

Das Entscheidende für den Erfolg dieses Projektes war gerade im Bereich Sonderturbinen die Offenheit des Segmentleiters und der Berater gegenüber den beschäftigten Mitarbeitern, dem Vorgesetzten und dem Betriebsrat.

Ein weiterer wichtiger Punkt war, daß man die Beteiligung aller Mitarbeiter akzeptiert und diese auch ernstgenommen hat. Die Beschäftigten in diesem Bereich und auch wir vom Betriebsrat mußten uns mit einer Menge an Skepsis, mit Ängsten und auch mit Widerstand befassen.

In den alten, gewachsenen Strukturen und Prozessen war man mit dem bisherigen Denken und Abläufen jahrelang gut zurechtgekommen. Jetzt sollten auf einmal die Beschäftigten über alles Mögliche diskutieren, Vorschläge machen und dann auch noch im Team für die Umsetzung sorgen.

Bei den Planungen zum Beispiel des Werkstattlayouts, der Pausenräume, der Standorte der Maschinen und dem Umbau bei laufendem Betrieb waren wir vom Betriebsrat stark gefragt.

In diesen Fällen wurden alle gesetzlichen Vorschriften und das Betriebsverfassungsgesetz mit seinen Mitwirkungsrechten und das Mitbestimmungsgesetz angewendet. Mit allen Beteiligten wurde ausführlich gesprochen und Vereinbarungen wurden gemeinsam getroffen.

So manche Vorstellungen der ersten Planung mußte zurückgenommen werden. Aber das Ziel, eine eigenständige Prozeßlinie zu sein, hat heute bei den Sonderturbinen eine ganz andere Bedeutung bekommen.

3.6
Fazit: Harte und weiche Ergebnisse

Nach drei Jahren vielfältiger Veränderungen stellt sich natürlich die Frage, inwiefern sich die Investitionen gelohnt haben. Im Laufe des Projektes ist unser Exportanteil wie erwartet weiter auf über 60% gestiegen. Auf diese Situation werden wir uns in direkter Zusammenarbeit mit unseren Vertriebsorganisationen noch stärker einstellen. Die Organsiationsform mit Geschäftssegmenten und eigenverantwortlichen Prozeßlinien hat sich in der Praxis ebenso bewährt wie die Entwicklung und Umsetzung der konkreten Veränderungen unter intensiver Beteiligung aller Betroffenen.

Zusammenfassend können wir sagen, daß das Projekt nach „harten", betriebswirtschaftlichen Kriterien für ELSTER eindeutig positiv zu bewerten ist:

- Das *Segmentergebnis* (inklusive der Aufwendungen für das Projekt) hat sich durch die verschiedenen Kosten- und Ablaufverbesserungen um etwa drei Prozentpunkte verbessert. Verglichen mit den Gesamtaufwendungen ergibt sich eine Amortisationszeit von weniger als zwei Jahren.
- Ein wesentliches Ziel war es, die Kundenorientierung und Reaktionsfähigkeit gegenüber dem Markt zu verbessern. So wurden die *Liefer- und Durchlaufzeiten* in praktisch allen Produktgruppen um mehr als die Hälfte reduziert.
- Die *Liefertermintreue* bezogen auf die Rückstände am Monatsende wurde von 80 - 90% auf mehr als 95% verbessert. Die angestrebte hundertprozentige Einhaltung der Kundentermine erhält mit der visualisierten Kennzahl Liefertermintreue auf Wochenbasis einen hohen und sichtbaren Stellenwert.
- Die gesamten *Bestände* des Segments sind seit der Segmentierung in 1994 bis Ende 1997 um fast 50% reduziert worden.
- Die Mitarbeiter in den produktiven Bereichen haben ihre *Einsatzflexibilität* durch intensives Training deutlich erhöht. Alle Mitarbeiter sind heute in der Lage, mehr als doppelt so viele Aufgaben an unterschiedlichen Arbeitsplätzen auszuführen.

Ein Merkmal der heutigen Organisation ist ein spürbar höherer Aufwand für Kommunikation, Personalentwicklung und Dialog. Die Zeit für Regelkommunikation stieg zu Beginn stark an. Sie konnte aber im Verlauf des Projektes auf etwa zwei bis drei Prozent der Arbeitszeit aller Mitarbeiter im Segment reduziert werden.

Einen ganz wesentlichen Teil des Erfolges sehen wir in der Weiterentwicklung der „weichen" Faktoren, weil diese die Nachhaltigkeit des begonnenen Veränderungsprozesses auch in der Zukunft unterstützen. Die Veränderungsfähigkeit des Segmentes insgesamt ist durch die Erfahrungen im Projekt gestiegen. Wir haben die Erfahrung gemacht, daß die hinzugewonnene Kompetenz und der heute selbstverständlich gewordene und vielseitige methodische „Werkzeugkasten" eine sehr gute Grundlage für die weitere Entwicklung darstellt. Die Fähigkeit, schwierige Probleme im Konflikt auszuhandeln und durch Treffen von Vereinbarungen eine konsensfähige Basis zu schaffen, gehört zu den wesentlichen Fortschritten. Die lebendige und effektive Struktur der Regelkommunikation, das Projektmanagement und die Prozeßlinienorganisation sind dabei heute ebenso wichtig für die Wettbewerbsfähigkeit wie die technischen Kernkompetenzen.

Viele der entwickelten Vorgehensweisen konnten über die interne Personal- und Organisationsentwicklung in weitere Bereiche der Unternehmensgruppe übertragen werden.

Was ist noch nicht erreicht? Ein neues Entlohnungsmodell, das die Kriterien der neuen Arbeitsform (Übernahme von Verantwortung, Flexibilität, Weiterentwicklung der Zusammenarbeit) berücksichtigt und fördert, konnte noch nicht vereinbart werden. Es sind wesentliche Grundlagen einer neuen Entlohnungsform und Ansätze für die Einführung entwickelt worden. Dabei wurde der überbetriebliche Erfahrungsaustausch und das Beratungs-Know-how im RAMONA-Verbund genutzt. Die Umsetzung wird davon abhängen, inwiefern alle an der Entscheidung Beteiligten (Geschäftsführung, Betriebsrat, Mitarbeiter, Segmentleitung) eine praktikable Lösung für machbar halten.

Ausblick. Wir werden die Prozeßlinien mit Hilfe der Kennzahlen weiterentwickeln. Ein Schwerpunkt wird die kontinuierliche Verbesserung der Abläufe entlang des Wertschöpfungsprozesses bleiben. Die Grenzen zwischen Büro und Werkstatt werden sich dabei weiter verwischen. Die Überwindung der Begrenzungen der traditionellen Facharbeiterkultur, die sich als eine der größten Hürden herausstellte, wird in der Produktion eine Schlüsselfrage sein.

Die methodische Weiterentwicklung im Rahmen der tagtäglichen Verbesserungsarbeit werden wir durch eine Qualifizierung von Multiplikatoren im Bereich Qualitätsmanagement und Moderation unterstützen.

Eine weitere Anpassung der Controllingsysteme an die veränderten Gegebenheiten halten wir für unabdingbar. Erste Ansätze anhand des „Balanced Scorecard"-Modells (Kaplan u. Norton 1997) waren vielversprechend. Sie werden zukünftig eine realitätsnähere Bewertung von Leistungsvermögen und Investitionen ermöglichen.

Die Einführung eines neuen Entlohnungsmodells, unter Einbeziehung der direkten und indirekten Bereiche, wird eine der größten Herausforderungen sein.

4 U 2000 oder:
An der Zukunft lassen wir uns messen

Der Veränderungsprozeß bei Krohne Meßtechnik

ANDREA BEDDIES
MATTHIAS SCHULTHEIS

Das Projekt RAMONA heißt bei KROHNE Meßtechnik „U(nternehmen) 2000": Es geht uns also um eine langfristige und strategische Perspektive, schlicht um die gesamte Firmenstruktur in der Zukunft. Keine kleinen, lokalen Veränderungen, sondern eine neue Organisation, ein großer Schritt nach vorn soll es sein. Nach zwei Jahren Projektarbeit ziehen wir ein Resümee: Das heißt, wir schauen zurück und gleichzeitig nach vorn, wir bewerten das Gewesene und ziehen Schlußfolgerungen für die nächsten Schritte. Das wollen wir auf folgende Art und Weise tun:

- Wir werden zunächst die Ziele darstellen: Wo wollen wir eigentlich hin oder wie soll KROHNE Meßtechnik in Zukunft aussehen?
- Danach beschreiben wir das Unternehmen und die Ausgangslage: Wer sind wir, und unter welchen Marktbedingungen fertigen wir unsere Meßgeräte?
- Im Anschluß berichten wir über den Veränderungsprozeß: über Stärken und Schwächen des Unternehmens, die Entwicklung des Konzepts, die Planung der neuen Fertigung und die ersten Schritte der Umsetzung.
- Was ist die Vergangenheit ohne den Blick nach vorne? Wir haben noch viel vor!
- Und das, was wir tun, reflektieren wir auch noch. Das ist nicht immer angenehm – auch wir machen Fehler –, aber aus denen werden wir – ganz selbstsicher gesprochen – klug!

Wir möchten mit diesem Beitrag Mut machen: Mut, der tayloristischen Arbeitsteilung endgültig Adieu zu sagen, Mut, sich von der althergebrachten Führung durch Kontrolle zu verabschieden und auf Selbstregulation zu setzen und Mut zu der Erkenntnis, daß im Engagement und in der qualifizierten Weiterentwicklung der Mitarbeiter und Mitarbeiterinnen die Zukunft des Unternehmens liegt. Das ist nicht einfach, das können wir aus eigener Erfahrung sagen, und das dauert vor allem seine Zeit. Wir empfehlen: Nehmen sie sich diese Zeit!

4.1
Die Ziele des Projekts U 2000

„Ziel dieses Projektes für KROHNE Meßtechnik ist es, eine Aufbau- und Ablaufor-
ganisation in unserem Unternehmen zu installieren, die es ermöglicht, flexibel auf
die Marktsituation und auf Kundenanforderungen zu reagieren und dabei die Kompetenz der Mitarbeiter voll zu nutzen." So steht es im Projektantrag auf Seite eins.
KROHNE Meßtechnik, im weiteren kurz KMT genannt, will effizienter werden, wir
wollen die Arbeitsplätze am Standort sichern und weiterhin selbständig agieren.
Das sind, kurz gefaßt, die großen Ziele, die über dem Projekt stehen. Diese Global-
ziele lassen sich nun aber herunterbrechen auf die für uns wichtigen Teilaspekte:

- Lieferzeithalbierung, 48-Stunden-Service für Standardgeräte bei definierter
  Stückzahl,
- Beherrschung der Material- und Logistikprobleme,
- Gesamtleistung zum Kunden verbessern,
- kundenauftragsbezogene Variantenfertigung ohne Lager,
- Prozeßkostenoptimierung,
- Verbesserung des Deckungsbeitrages,
- schnellere Entwicklung und Fertigungseinführung neuer Produkte,
- Schaffung ganzheitlicher, qualifizierender, belastungsarmer Arbeitsaufgaben,
- Schaffung kooperativer Arbeitsstrukturen.

Liefertreue und kürzere Lieferzeiten sind für die KMT das „A und O", die Voraus-
setzung, um im Wettbewerb bestehen zu können. Im Arbeitsprozeß müssen dafür
„Flaschenhälse" abgebaut und Liegezeiten verkürzt werden. Kurze und direkte
Wege ohne viele Schnittstellen, das braucht das Unternehmen. Das Stichwort lautet
Ablaufoptimierung.

Unsere Stärke sind Entwicklungs- und Fertigungskompetenzen, die sich notfalls
auch über Nacht bündeln lassen, um für den Kunden eine Lösung nach Maß zu
schneidern. Was in besonderen Situationen funktioniert, geht im Alltag nicht immer. Hier können wir noch von uns selbst lernen.

Stolpersteine halten auf, Behinderungen stören den Arbeitsablauf, zu wenig
Durchschaubarkeit verhindert schnelles Reagieren. Planbarkeit der Abläufe, Transparenz der Strukturen und ein Höchstmaß an Verantwortung bei den einzelnen Mitarbeitern und Mitarbeiterinnen sind die Voraussetzungen für eine reibungslose Fertigung.

In all diesen Zielen ist der Weg, den es zu gehen gilt, eingeschlossen: Wie soll
eine höhere Liefertreue erreicht werden, ohne die Planungskompetenz vor Ort zu
nutzen, wie lösungsorientiert gearbeitet werden, ohne das Fachwissen der Mitarbeiter und Mitarbeiterinnen einzubinden, wie können Reibungsverluste abgebaut werden, ohne die Vorschläge der Experten und Expertinnen am Arbeitsplatz einzubeziehen? Die Steigerung der Effizienz, die Wahrung der Unabhängigkeit des Unternehmens und die Sicherung der Arbeitsplätze, das alles läßt sich nicht am grünen

Tisch im Konferenzraum, sondern nur „an der Werkbank" mit den Beschäftigten erreichen. Das heißt, es war klar, daß der Ansatz nur ein beteiligungsorientierter sein konnte. Partizipation ist kein Selbstzweck, sondern notwendiger Bestandteil des Restrukturierungsprozesses.

Der KMT war von Anfang an deutlich, daß für einen solchen Weg externe Unterstützung erforderlich ist: Auf Anstöße, Strukturierung, Feedback und fachliche Unterstützung von außen kann bei einem solch umfassenden Veränderungsprozeß nicht verzichtet werden. Aus diesem Grunde haben wir uns für eine Beratung entschieden, die erstens nicht nur Analysen durchführt, sondern auch die Umsetzung begleitet, und die zweitens die Reorganisation von Arbeitsstrukturen nicht lediglich als technischen Prozeß begreift, sondern die Mitarbeiter und Mitarbeiterinnen selbst zum „Motor" der Veränderung macht.

4.2
Die Ausgangslage des Unternehmens

KROHNE ist ein Unternehmen mit 1200 Mitarbeitern und Mitarbeiterinnen, Produktionsstandorten u. a. in Deutschland, den Niederlanden, Frankreich, England und den USA und einem internationalen Vertriebsnetz. Gefertigt werden Durchfluß- und Füllstandsmeßgeräte für die unterschiedlichsten Applikationen. Joint Ventures wurden auf Vertriebsebene und im Bereich der Fertigung geschlossen, die größeren Standorte befinden sich in Indien und China.

KROHNE wurde 1921 gegründet und begann als Handwerksbetrieb mit drei Beschäftigten: dem Ehepaar Krohne und ihrem Sohn. Hergestellt wurden Skala-Meßgeräte hauptsächlich für die Ofenindustrie. Der Betrieb wuchs kontinuierlich und 15 Jahre später, 1935, entstand die erste eigene Fertigungsstätte. 1939 beschäftigte KROHNE 25 Mitarbeiter. Im Krieg zerstört, begann ab 1946 der Wiederaufbau der Firma. Die Belegschaft stieg, die Produktpalette wurde ausgeweitet, seit Beginn der sechziger Jahre kamen neue Standorte in den Niederlanden und Frankreich hinzu.

Die Geschichte des Unternehmens läßt sich als stetige Wachstumskurve beschreiben: neue Produkte und dabei Vorreiter sein, neue Märkte und überall auf den Kundenwunsch eingehen, steigende Mitarbeiterzahlen und sich sehr früh international orientieren. Heute stellt KROHNE an zwölf Standorten Füllstands- und Durchflußmeßgeräte her. Die Hauptabsatzmärkte sind die chemische und petrochemische Industrie, der Anlagenbau, die Umwelt-, die Papier- und die Nahrungsmittelindustrie.

Diese Kontinuität spiegelt sich auch bei den Mitarbeitern und Mitarbeiterinnen: Viele, die in den fünfziger und sechziger Jahren in das Unternehmen kamen, sind immer noch dabei. Über viele Jahre gewachsenes Know-how, das Bewußtsein, gemeinsam etwas aufgebaut zu haben und damit eine hohe Bindung an das Unternehmen und die Fähigkeit, Aufgaben bereichs- und hierarchieübergreifend zu lösen, das sind die Stärken der Belegschaft.

KROHNE Meßtechnik löst die speziellen Probleme seiner Kunden, d. h. gefertigt wird von der Sonderapplikation mit der Losgröße 1 bis zur Standardlösung der Losgröße X. Daraus ergibt sich ein mehrstufiger Entwicklungs- und Fertigungsprozeß mit einer hohen Variantenvielfalt und entsprechend großen Veränderungsrate.

Die Ausgangslage zu Beginn des Projekts U 2000 läßt sich folgendermaßen kennzeichnen:

- Die Anforderungen der Globalisierung machen auch bei KMT nicht halt.
- Die wirtschaftliche Stabilität will gesichert werden.
- Die Mitarbeiter und Mitarbeiterinnen wünschen sich verantwortungsreiche Aufgaben und damit die Chance, ihre Qualifikationen einzusetzen.

Globalisierung ist für KROHNE kein neues Phänomen, das Unternehmen war schon sehr früh international ausgerichtet. Die Anforderungen des Marktes sind jedoch auch für uns härter geworden. Der Verkäufer- ist durchgängig zu einem Käufermarkt, die Bewertungskriterien des Kunden sind eindeutig strenger geworden, Kundenorientierung steht heute überall an erster Stelle und ist damit wesentliches Verkaufsargument. Der Wunsch nach der Lösung für den Spezialfall und nach Beratung, Betreuung und umfassendem Service sind Herausforderungen für Entwicklung, Produktion und Vertrieb. Von der jeweils zugeschnittenen Einzellösung bis zur Abwicklung ganzer Projekte bei hoher Qualität und Verläßlichkeit, d.h. Liefertreue, das alles sind die Anforderungen, denen wir nicht nur zu 70 oder 80 Prozent, sondern zu 100 Prozent gerecht werden müssen.

Wirtschaftliche Stabilität ist die Basis für die eigene Unabhängigkeit und für die Möglichkeit, Spielräume und Ressourcen für die Weiterentwicklung zu nutzen. Das gilt es nicht nur zu halten, sondern auszubauen. Die Geschwindigkeit, mit der sich die Anforderungen des Marktes verändern, machen eine permanente Produkt- und Prozeßinnovation erforderlich. Dafür braucht ein Unternehmen Zeit und Geld. Der Prozentsatz an Zeit, den wir für Entwicklung, Erneuerung und die permanente Schulung unserer Mitarbeiter und Mitarbeiterinnen aufbringen, steigt. Das sind Investitionen, die auch bei steigendem Preisdruck erwirtschaftet werden müssen. Wir können hier auf eine Unternehmenskultur zurückgreifen, für die Erfindergeist und Experimentierfreude Selbstverständlichkeiten sind.

Die Wünsche der Mitarbeiter und Mitarbeiterinnen und die Organisationsstrukturen, in denen sie arbeiten, kommen den Herausforderungen des Marktes entgegen. Es muß an keiner Stelle einen radikalen Bruch in der Unternehmenskultur geben, sondern es gilt, an den bestehenden Stärken anzuknüpfen und sie auszubauen: *Wir haben uns schon immer verändert, nur dieses Mal ist der Schritt ein größerer.* Die laufende Entwicklung und Einführung neuer Produkte in unmittelbarer Zusammenarbeit mit der Fertigung ist bei Krohne tägliche Praxis. Heute heißt das „Simultaneous Engineering". Die Anpassung der Organisation an die Anforderungen von außen ist selbstverständlicher Bestandteil der täglichen Arbeit. Die Herausforderung beim Projekt U 2000 liegt im Ausmaß der Veränderung.

Rationalisierung bedeutet bei uns nicht Arbeitsplatzabbau, sondern Streben nach Meisterschaft. KROHNE ist aus einem Handwerksbetrieb entstanden und hat sich diese Tradition bewahrt. Eine hoch qualifizierte Belegschaft (der Anteil an Mitarbeitern und Mitarbeiterinnen mit einer Fach- oder akademischen Ausbildung liegt bei ca. 80 %) effektiviert die Technik und die Abläufe und macht die Produktion einfach besser. Damit bauen wir keine Arbeitsplätze ab, sondern erhalten sie und schaffen neue (wobei wir letzteres nicht immer in dem Ausmaß tun können, wie die aktuelle Arbeitsmarktlage es – volkswirtschaftlich gedacht – erfordern würde).

Taylorismus und Bürokratie konnten wir uns noch nie leisten. Permanente Produktinnovation und ein hoher Anteil an Sonderfertigungen haben schon immer bereichsübergreifende Zusammenarbeit erfordert. Abteilungsegoismen müssen deshalb klein geschrieben bleiben. Der Mitarbeiter in der Fertigung und der Entwickler, Arbeitsvorbereitung und Konstruktion und die Beschaffung sind gezwungen, sich laufend abzustimmen. Die Arbeitsaufgaben der Einzelnen sind von daher immer übergreifend angelegt und nicht auf eine einzige Verrichtung konzentriert (wobei auch wir noch viel tun können in Richtung Erweiterung von Entscheidungsspielräumen).

Zusammengefaßt läßt sich sagen, daß die Voraussetzungen für den Veränderungsprozeß günstig waren: genügend Druck von außen, um den großen Schritt zu wagen und nicht im Alten zu verharren, und eine Unternehmenskultur, für die Veränderung etwas Selbstverständliches ist und vor allem für die Mitarbeiter und Mitarbeiterinnen keine Bedrohung ihrer Existenzgrundlage bedeutet. Das heißt natürlich nicht, daß es keine Schwächen gibt, die uns im Laufe der Reorganisation zu schaffen gemacht haben und an denen wir nach wie vor arbeiten müssen.

4.3
Rückblick auf die Projektgeschichte:
Starten – Nachdenken – Planen – Umsetzen

Ohne den diversen Phasenkonzepten der Organisationsentwicklung ein weiteres hinzufügen zu wollen, läßt sich doch das bisherige Vorgehen im Rahmen des Projekts U 2000 in vier große Schritte einteilen:

- *Der Start:* Die Idee und der Anstoß für das Projekt kamen aus dem mittleren Management. Es wurde bei der Konzipierung von den externen Beratern und Beraterinnen unterstützt: Diese haben den Vorschlag für die Projektstruktur eingebracht, das Startsignal moderiert und vor allem die Ausgangssituation mit arbeitswissenschaftlichen Kriterien analysiert.
- *Die Entwicklung des Grobkonzepts:* In dieser Phase hatte das Projektteam, ein kleiner Kreis innerbetrieblicher Experten, die Aufgabe, über eine neue Organisationsstruktur für die Fertigung und die fertigungsnahen Bereiche nachzudenken und Vorschläge vorzulegen.
- *Die Ausgestaltung der neuen Struktur:* Im Arbeitskreis Segmentierung wurden die zukünftigen Arbeitsabläufe und Abteilungsstrukturen bereichsübergreifend geplant und ein erstes Personalkonzept entwickelt.

- *Die schrittweise Realisierung:* Das Umsetzungsteam, im wesentlichen die Führungskräfte der neu geschaffenen Bereiche, führte die neue Struktur ein und
machte die weitere Detailarbeit.

Das klingt nun alles sehr folgerichtig und reibungslos, aber: Bei einem so umfangreichen Veränderungsprozeß hat es natürlich auch bei KMT nicht so ganz einfach zu
bewältigende Situationen, Komplikationen, Orientierungsschwierigkeiten gegeben.
Der klare Weg muß manchmal hart errungen werden. Jeder, der komplexe Probleme löst, weiß, daß sich das kaum vermeiden läßt. Die Frage ist, wie damit umgegangen wird, und da hört man nie auf zu lernen!

4.3.1
Starten

Das Projekt begann selbstverständlich nicht um null Uhr am Tag X, sondern es hatte eine Vorgeschichte. Ein Unternehmen analysiert seine Bedingungen und kommt
zu der Schlußfolgerung, daß die jetzigen Strukturen den neuen Herausforderungen
nicht gerecht werden. Und es betrachtet seine Veränderungsgeschichte und trifft auf
Umbruchsituationen, die gut oder auch weniger gut von statten gegangen sind und
in denen die Rolle von (Unternehmens-)Beratern eine glückliche oder eine eher
mißliche war. Bei KMT führte das zu der Schlußfolgerung, daß der Schlüssel für die
Zukunft in der organisatorischen Rationalisierung steckt, externes Know-how dafür
erforderlich ist, dieses aber zum einen auf die Akzeptanz aller Beteiligten treffen
muß (deshalb die Entscheidung für eine vom Land geförderte wissenschaftliche
Einrichtung) und die externe Expertise nicht nur Gutachten abgeben, sondern die
Umsetzung handlungsorientiert begleiten soll.

Zentrales Ziel des Projekts U 2000 ist die Erhöhung der Liefertreue und die Verkürzung der Lieferzeiten. Entsprechend orientiert war die Analyse zu Beginn: Mittels einer Auftragsdurchlaufanalyse für Standard- und Sonderprodukte wurden die
Stellen herausgefiltert, die die größten Reibungsverluste erzeugen (Stichwort
Schnittstellenabbau). In einem bereichs- und hierarchieübergreifend zusammengesetzten Workshop wurden die Ergebnisse diskutiert, durch eigene Analysen ergänzt
und die Ziele konkretisiert. Zentrales Thema war hier auch das Wie der Veränderung: Was heißt Beteiligungsorientierung, und wie geht man dabei konkret vor?
Eine Detailanalyse der Arbeitsstrukturen in einer Abteilung der Produktion kom-
plettierte das Bild vom aktuellen Stand der Fertigungsorganisation.

Die Projektorganisation, die am Anfang vorgesehen worden war, hat sich im
Laufe des Veränderungsprozesses den jeweiligen Anforderungen angepaßt. Der
Dreischritt lautete (Abb. 4.1):

- der Steuerungskreis (Geschäftsführung und Betriebsratsvorsitzender) trifft zentrale Entscheidungen,
- das Projektteam (Produktionsleiter, interne Experten, externe Beratung, Betriebsrat) koordiniert das Projekt,
- die Arbeitskreise (betroffene Beschäftigte) bearbeiten eingegrenzte Aufgaben.

Die Grundstruktur ist zwar so beibehalten worden, die einzelnen Gruppen haben jedoch im Verlauf des Projekts unterschiedliche Aufgaben und damit auch Kompetenzen wahrgenommen. Daß die Abgrenzung der jeweiligen Kompetenzen im zeitlichen Verlauf nicht immer ganz einfach ist und die Anforderungen an das Schaffen permanenter Transparenz sehr hohe sind, dürfte hierbei klar sein.

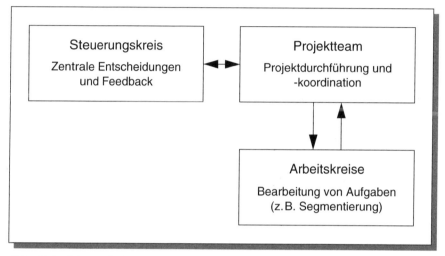

Abb. 4.1. Projektorganisation

Wesentliche Aspekte der Startphase waren somit erstens die Problemanalyse, die von vornherein beteiligungsorientiert durchgeführt wurde: Externe Expertise und internes Know-how erarbeiten ein rundes Bild des Unternehmens, und zweitens die Etablierung einer Projektorganisation, die flexibel genug ist, sich im Projektverlauf den jeweiligen Bedingungen anzupassen.

4.3.2
Nachdenken

Wenn ein Unternehmen seine Probleme analysiert hat, lohnt es sich, noch einmal in Ruhe darüber nachzudenken, um keine voreiligen Schlüsse zu ziehen und Lösungsalternativen auf einer soliden Basis zu entwickeln. Die Ausgangssituation lautete: breites und komplexes Produktspektrum bei einer verrichtungsorientierten Organisation mit vielen Schnittstellen und den entsprechenden Informations- und Reibungsverlusten, aber einer kooperationsfreundlichen Unternehmenskultur und einzelnen Ansätzen einer produktorientierten und ganzheitlichen Arbeitsorganisation. Warum also nicht die Stärken nutzen und ausbauen, um die Schwächen auszugleichen?

Beim Entwurf eines neuen Organisationskonzepts bewegt man sich häufig zwischen den Polen

Dezentralisierung	*Zentral belassen*
Schaffung ganzheitlicher Arbeits-	Erhalt gebündelter Qualifi-
stukturen, der Einheit von Planen	kation, die gerade durch die Zusam-
und Ausführen, Abbau von	menfassung und damit durch die
Schnittstellen und damit von	Möglichkeit zu direkter Kooperation
Reibungsverlusten.	innovativ und effizient ist.

Diese Frage hat nicht nur die Projektgruppe bei der Entwicklung des Grobkonzepts bewegt. Diese Frage hat sich durch die gesamte Projektlaufzeit gezogen und wird nach wie vor gestellt. Es handelt sich hierbei letztendlich um das Dilemma mittelständischer Betriebe, die aufgrund ihrer spezifischen Größe an vielen Stellen auf der Scheidelinie zwischen zentralen und dezentralen Lösungen, zwischen Integration und Schaffung eigener Bereiche, stehen.

Die Lösung, die KMT gefunden hat, lautet Segmentierung, d.h. die Schaffung von Fertigungsbereichen, die nach Produktfamilien organisiert sind. In diese Bereiche ist neben der Produktion die Beschaffung, das Lager, die Steuerung und die Qualitätssicherung integriert. Ein Produktionsauftrag durchläuft nach diesem Konzept folgende Stationen: Erfassung und Vorklärung im Vertrieb – technische Klärung von Sondergeräten und Erstellung und Pflege von Arbeitsunterlagen in der Arbeitsvorbereitung/Konstruktion – Einlastung, Planung, Produktion und Qualitätskontrolle im Segment – Rechnungsstellung und Versand durch den Vertrieb (Abb. 4.2).

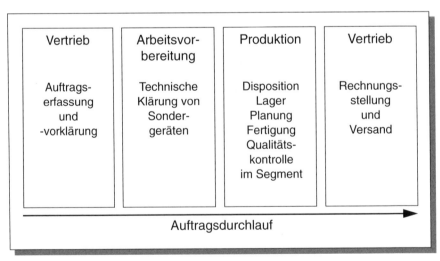

Abb. 4.2. Fertigungsprozeß mit vor- und nachgelagerten Bereichen

Diese Struktur findet ihre Entsprechung zum einen im Vertrieb mit Spezialisten für bestimmte Produktfamilien, den Produktpromotoren, die die Vertriebsmitarbeiter und -mitarbeiterinnen vor Ort beraten und zum anderen in der Entwicklung mit auf Produktgruppen bezogenen Entwicklungsteams. Personal und Controlling bleiben zentrale Dienste, wobei die Aufgaben der Segmente in diesen Bereichen mittelfristig ausgeweitet werden sollen.

Dieses Nachdenken brauchte Zeit. Solche großen Veränderungen wollen geprüft sein. Das erzeugte auf der anderen Seite den Vorwurf: „Es passiert ja nichts, und wir hören nichts!" In einer solchen Experimentierphase für ausreichend Transparenz zu sorgen war nicht immer einfach.

4.3.3
Planen

Diese erste grobe Struktur mußte nun umgesetzt werden in ein detaillierteres Konzept: Wie könnten die Arbeitsabläufe im zukünftigen Segment gestaltet werden? Welche Schnittstellen zu den vor- und nachgelagerten Bereichen sind sinnvoll, d.h. welche Aufgaben sollten noch in die Segmente integriert werden, welche sollten in den anderen Bereichen verbleiben? Welche Konsequenzen hat das für Personalbemessung und -planung?

Die Erarbeitung dieses Detailkonzepts erfolgte in einem bereichsübergreifenden Arbeitskreis mit Mitarbeitern aus der Arbeitsvorbereitung / Konstruktion, den verschiedenen Abteilungen in der direkten Fertigung, der Qualitätssicherung und den indirekten Bereichen (Auftragserfassung, Steuerung und Einkauf). Die Mitglieder des Arbeitskreises wurden von den Abteilungen benannt und hatten die Aufgabe, ihr Fachwissen und die Meinung der Abteilung einzubringen und die Diskussionsergebnisse laufend an ihre Kollegen und Kolleginnen rückzukoppeln.

Zu Beginn der Arbeit mußte das Ziel und der Entscheidungsrahmen der Gruppe festgelegt werden: Wieviel ist bereits vorentschieden? Wie weit reichen unsere Kompetenzen – insbesondere wenn es um bereichsübergreifende Punkte geht und wo geht es um die Entwicklung einer Vorlage, die von der Geschäftsführung bewertet wird? Welche Entscheidungskriterien wenden wir an? Es ging also um die Grundfragen, die bei jeder partizipativen Vorgehensweise zu klären sind.

Ein weiterer Aspekt war die berechtigte Verunsicherung der Mitarbeiter und Mitarbeiterinnen in den betroffenen Bereichen. Sie stellten natürlich Fragen: Was passiert hier mit meinem Arbeitsplatz, und welche Aufgaben kommen zukünftig auf mich zu? Um hier Sicherheit zu schaffen, wurde mit dem Betriebsrat eine „Absichtserklärung zum Projekt U 2000" geschlossen. Sie beinhaltete die Zusicherung, durch dieses Projekt keinen Stellenabbau anzustreben, Aufgabenveränderungen mit den Mitarbeitern und Mitarbeiterinnen abzustimmen, die Besitzstandswahrung hinsichtlich Entgelt sowie die Qualifizierung auf die neuen Tätigkeiten.

An dieser Stelle wurde deutlich: Partizipation will gelernt sein. Auch wenn die KMT ein – was Entscheidungsprozesse betrifft – von unten nach oben sehr durchlässiges Unternehmen ist und es für die Mitarbeiter und Mitarbeiterinnen zur Kultur gehört, mit ihren Vorschlägen zu ihren Vorgesetzten zu gehen, sind bei so weitreichenden Veränderungen neue Formen der Abstimmung erforderlich, die auch entsprechend organisiert werden müssen.

Ferner war es auch für die Mitarbeiter und Mitarbeiterinnen der KMT trotz einer Unternehmenstradition, die „Heuern und Feuern" immer abgelehnt hat, wichtig, „Schwarz auf Weiß" nachlesen zu können, daß ihre Arbeitsplätze abgesichert sind und sie bei der Wahrnehmung neuer Aufgaben unterstützt und gefördert werden.

Dieser Vorlauf war nötig, um dann mit der eigentlichen inhaltlichen Arbeit im Arbeitskreis Segmentierung beginnen zu können. Hier ging es nun um die sinnvolle Strukturierung der Arbeitsabläufe in den Segmenten, um die Definition neuer Schnittstellen zu den angrenzenden Bereichen bis hin zur Auflösung und Integration ganzer Abteilungen. Daß es in einem solchen Restrukturierungsprozeß unterschiedliche Sichtweisen und Interessen gibt, dürfte klar sein. Die Frage ist, wie man mit den verschiedenen Positionen umgeht und ob es gelingt, bei allen eine Perspektive zu entwickeln, die heißt: Es geht nicht um Abteilungsegoismus, sondern um das sinnvolle Zusammenspiel aller Einheiten.

Wesentliche Arbeitsschritte des Arbeitskreises waren

- die Zuordnung der einzelnen Produkte zu den Segmenten,
- die Bestimmung des Abteilungsrahmens: Was alles wird integriert?
- die Planung der Arbeitsabläufe,
- die Festlegung des Verantwortungsrahmens: Bis wohin entscheidet das Segment eigenverantwortlich?
- und die Festlegung der personellen Ressourcen.

Hierdurch sind gewachsene Gruppen und ihre Führungskräfte tangiert. Ganze Abteilungen werden aufgelöst oder größere Teile von Bereichen in die Segmente verlagert. Mitarbeiter und Mitarbeiterinnen erhalten neue Arbeitsplätze und neue Arbeitsaufgaben. Die gewohnte verrichtungsorientierte Struktur der Fertigung wird auf den Kopf gestellt. Die bisherige „Denke" greift so nicht mehr.

Eine solch große Veränderung ist unbequem – es wäre erstaunlich, wenn sie ohne Verunsicherung und Gegenwehr von statten ginge. Da ist viel Überzeugungsarbeit erforderlich – ohne gute Argumente geht es dabei nicht. Und es müssen auch unkonventionelle Wege möglich sein, um allen Mitarbeitern und Mitarbeiterinnen eine Perspektive zu bieten.

Eine der wichtigsten Regeln beteiligungsorientierter Umstrukturierungsprozesse: „Es darf keine Verlierer geben!" war auch für die KMT nicht einfach umzusetzen. Hier geht es vor allem darum, sich von alten Karrieremustern zu verabschieden und neue zu finden. Karriere kann nicht mehr heißen, möglichst Personalverantwortung für eine große Anzahl von Mitarbeitern und Mitarbeiterinnen zu bekommen. Es muß um die Definition verantwortungsreicher Aufgaben für alle gehen, und das kann sich auf Personal, Fachfragen oder Organisation und Koordination beziehen. Ein solcher Umdenkungsprozeß erfolgt nicht von heute auf morgen, da müssen sich Wertvorstellungen verändern, und damit wird die KMT auch zukünftig noch zu tun haben.

Das diskutierte und schließlich vom Steuerungskreis der KMT beschlossene Konzept sieht in seinen Grundzügen wie in Abb. 4.3 dargestellt aus.

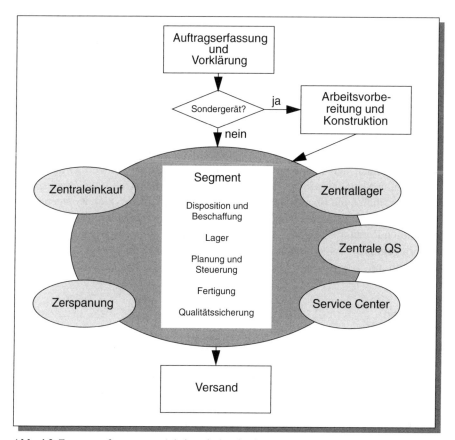

Abb. 4.3. Zusammenfassung von Arbeitsaufgaben im Segment

Die Auftragserfassung und -vorklärung als Schnittstelle zu den Vertriebsmitarbeitern und -mitarbeiterinnen bleibt zentral und ist dem Vertrieb direkt zugeordnet. Hier werden Kundenaufträge in Produktionsaufträge umgesetzt. Standardaufträge kommen von hier aus direkt in die Segmente. Sondergeräte gehen zuerst in die Arbeitsvorbereitung bzw. in die Konstruktion. In die Segmente sind neben der Produktion die Disposition und Beschaffung, das Lager segmentspezifischer Teile, Planung und Steuerung sowie die Qualitätskontrolle integriert. Der Zentraleinkauf ist nach wie vor für das Abschließen von Rahmenverträgen, Preisverhandlungen und übergreifende Fragen der Logistik zuständig. Im Zentrallager befinden sich diejenigen Teile, die von allen Segmenten angefordert werden und die Materialien, die die Zerspanung benötigt. Der Arbeitsschritt der Zerspanung ist nach wie vor den Segmenten vorgelagert. Der Maschinenpark hätte bei einer Integration unverhältnismäßig erweitert werden müssen, da einige Maschinen für mehrere Segmente produzieren. Ferner ist aufgrund der spanabhebenden Tätigkeit eine direkte räumliche Zusammenfassung mit anderen Bereichen, wie z.B. der Montage und der Kalibrierung, aufgrund der Erfordernisse an die Fertigung nicht sinnvoll. Ähnliches gilt für das Service Center, das wesentlich die Oberflächenbearbeitung ausführt (Entfetten, Strahlen, Lackieren). Die zentrale Qualitätssicherung ist für die internen Audits zuständig und entwickelt das Qualitätsmanagement weiter. Rechnungsstellung und Versand erfolgen wiederum zentral für alle Segmente und sind Aufgabe des Vertriebes.

Intern sind die Segmente folgendermaßen strukturiert: Zunächst einmal gilt die Regel: Soviel Verantwortung wie möglich verbleibt beim Mitarbeiter bzw. der Mitarbeiterin selbst. Hier ist weder Anweisung noch Kontrolle gefragt, sondern Koordination und Feedback durch die Gruppenleiter bzw. Gruppenleiterinnen. In diesen Positionen finden sich vor allem die ehemaligen Meister aus der Fertigung wieder. Das gesamte Segment wird gesteuert durch die Mitarbeiter und Mitarbeiterinnen des Segmentbüros mit übergreifenden planerischen und dispositiven Kompetenzen. Der Segmentleiter schließlich hat die Aufgabe, die Weiterentwicklung des Bereichs hinsichtlich Produkt, Technik, Ablauf und der Qualifikation der Beschäftigten voranzubringen, das Segment nach außen zu vertreten, und ihm obliegt die Personalverantwortung.

4.3.4
Umsetzen

Nachdem das Konzept für die zukünftige Fertigung einmal entwickelt war, wechselten wiederum die Hauptakteure. Sechs Segmente waren geplant und mußten jetzt realisiert werden: Das sollten die zukünftigen Hauptverantwortlichen dieser Bereiche, die Segmentleiter, übernehmen. D.h., die Umsetzungsphase begann mit der Bestimmung der künftigen Promotoren. Das waren teilweise die bisherigen Führungskräfte in den Bereichen, teilweise Mitarbeiter aus anderen Abteilungen, die hier die Chance zur beruflichen Weiterentwicklung erhalten haben.

Die wichtigsten Meilensteine für die Umsetzung der Segmentierung waren:

* Bildung des Umsetzungsteams als Träger des weiteren Prozesses und Einstimmung der Mitarbeiter und Mitarbeiterinnen auf die Realisierungsphase,
* schrittweise personelle Zuordnung der Beschäftigten zu den Segmenten,
* Qualifizierung der Mitarbeiter und Mitarbeiterinnen für neue oder erweiterte Arbeitsaufgaben,
* Detailplanung der räumlichen Lösung.

Das Umsetzungsteam setzte sich aus den Segmentleitern und den Mitgliedern des Projektteams zusammen. So wurde das Umsetzungsteam ein Ort des Erfahrungstransfers und des produktiven Austauschs zwischen den Erfahrungsträgern der ersten und der zweiten Projektphase. Es legte die Meilensteine für das weitere Vorgehen und die entsprechende zeitliche Vorgehensweise fest. Es wurde unterstützt durch die externe Beratung.

Ab diesem Zeitpunkt wurde die Segmentierung der Fertigung auch für die Mitarbeiter und Mitarbeiterinnen konkret. Bislang wurde viel überlegt, geplant und Argument für Argument gewälzt. Ein Großteil der Belegschaft war in diesen Prozeß nicht aktiv eingebunden, sondern wurde informiert über das, was sich da Schritt für Schritt entwickelte. Ab jetzt ging es um die handfeste Veränderung ihrer Arbeitsbedingungen: Neue Vorgesetzte mit einer veränderten Weisungsstruktur, neue Kollegen und Kolleginnen, teilweise neue oder erweiterte Arbeitsaufgaben und auch räumlich für viele ein anderer Arbeitsplatz.

Diese neue Phase der Segmentierung machte auch ein erweitertes Konzept der Beteiligung erforderlich: mehr Informationen, mehr Gespräche, mehr Fragen nach den Wünschen der Mitarbeiter und Mitarbeiterinnen. Ein Schritt hierzu war die Durchführung einer Mitarbeiterbefragung: Wie sehen die Beschäftigten den Veränderungsprozeß? Dreißig Beschäftigte aus Produktion, Vertrieb und dem Zentralbereich wurden anonym und durch Externe befragt nach

- positiven Anforderungen sowie Behinderungen und Belastungen in ihrer Arbeit,
- Führung und Zusammenarbeit in der Abteilung,
- Zusammenarbeit mit anderen Bereichen,
- Information und Kommunikation hinsichtlich bereichsübergreifender Aspekte,
- Zufriedenheit mit der Arbeitssituation.

Die Umfrage bestärkte die KMT, den Weg der Förderung von Verantwortung vor Ort, eines kooperativen Führungsstils und der kurzen Wege zwischen den Abteilungen weiter zu gehen. Die Befragung zeigte aber auch die Schwachstellen auf: Mehr Information über die Segmentierung wurde gewünscht, einige fühlten sich noch nicht hinreichend eingebunden, und der Fingerzeig wurde auch auf „wunde Stellen" gelegt, um die sich das Unternehmen eigentlich schon längst einmal hätte kümmern müssen. Die Mitarbeiterbefragung wurde damit ein wichtiger Ansporn für die Promotoren der Segmentierung: Es gibt noch einiges zu tun!

Ein weiterer Schritt war die Konzipierung der Aufgabe „Personalentwicklung und Prozeßbegleitung". Der bisherige Reorganisationsprozeß zeigte immer wieder, daß die Information und Einbeziehung so vieler Mitarbeiter und Mitarbeiterinnen erforderlich ist, so viele Abstimmungen und Diskussionen zu führen sind und natürlich auch eine Reihe von Konflikten entsteht, die es zu klären gilt. Ferner ist der Umfang der Aufgabenveränderung so groß, daß mittel- bis langfristig ein hohes Maß an Qualifizierungen auf den Weg zu bringen ist. Das ist keine Teilzeitaufgabe, die jemand neben anderen Tätigkeiten mit erledigen kann. So entschloß sich die KMT – für ein Unternehmen dieser Größe ein nicht unbedingt üblicher Schritt – eine Stelle für die Personalentwicklung zu schaffen, deren erste Aufgabe es sein würde, den weiteren Veränderungsprozeß im Zuge der Segmentierung zu begleiten und in Kooperation mit der externen Beratung und den Segmentleitern voran zu bringen.

Der größte Meilenstein bei der Realisierung der Segmentierung wurde die personelle Zuordnung der Mitarbeiter und Mitarbeiterinnen zu den neuen Bereichen. Für ca. 20 % der Beschäftigten in der Produktion veränderte sich die Abteilungszugehörigkeit: So ging es z. B. aus dem Zentrallager, aus der mechanischen Werkstatt oder von der zentralen Qualitätssicherung in das Segment. Diesen Prozeß galt es sowohl beteiligungsorientiert als auch gemäß den betriebsverfassungsrechtlichen Regelungen zu organisieren.

Die Lösung war ein Bewerbungsverfahren. Es wurde nach folgenden Grundregeln durchgeführt: *Alle* Mitarbeiter und Mitarbeiterinnen der KMT können sich bewerben. Bevorzugt wird jedoch, wer sich auf seine bisherige Tätigkeit bewirbt, d. h., wer früher in der Schweißerei gearbeitet hat und dies auch weiterhin tun möchte, nur eben jetzt im Segment, hat Priorität vor jemandem, der aus einem ganz anderen Bereich kommt, auch wenn derjenige die erforderliche Qualifikation nachweisen kann. Damit sollte sichergestellt werden, daß niemand abgeschoben oder in die Ecke gedrängt wird. Die Abqualifizierung von Mitarbeitern und Mitarbeiterinnen ist kein Ziel der Segmentierung. In diesem Verfahren wurde mit allen Bewerbern und Bewerberinnen Gespräche geführt.

Die Bewerbungen, die nicht berücksichtigt werden konnten, wurden als Signal für die Zukunft gewertet: Hier ist ein Mitarbeiter, der sich verändern möchte, dort eine Mitarbeiterin, die sich weiterentwickeln will. Natürlich gibt es in einem mittelständischen Unternehmen mit geringer Personalfluktuation nur begrenzte Möglichkeiten, all diese Wünsche zu erfüllen. Doch die Chancen, die es gibt, wie z. B. eine Erweiterung der Aufgaben und der Verantwortung im angestammten Arbeitsbereich oder ein Einsatz in zeitlich befristeten Projekten, sollen für die Beschäftigten nutzbar gemacht werden.

Im Ergebnis haben alle betroffenen Beschäftigten ihre Arbeitsaufgabe in der neu strukturierten Fertigung gefunden. Und die Perspektive von U 2000 ist es, diese Arbeitsaufgaben weiterzuentwickeln und die Qualifikationen auszubauen.

Ein weiterer Meilenstein war es, das Qualifizierungsprogramm zu entwickeln und auf den Weg zu bringen: Wer hat welche Veränderungen im Arbeitsgebiet und benötigt welche neuen Qualifikationen? Wer kann das wann weitergeben? Und eigentlich wollen wir ja auch noch ein paar Geräte produzieren! Was die moderne Managementliteratur empfiehlt – plane je nach Ausmaß der organisatorischen und technischen Veränderung ein Fünftel bis zu einem Drittel der Arbeitszeit für Qualifizierungsmaßnahmen ein – ist ja nicht unbedingt gelebte Realität. So gibt es in der Regel weder die zeitlichen Ressourcen noch eine professionelle Organisation und Durchführung von Schulungsmaßnahmen. Ferner kann man bei vielen Inhalten nicht so ohne weiteres auf externe Kompetenz zurückgreifen, weil es um firmenspezifische Qualifikationen geht, die nur der Mitarbeiter und die Mitarbeiterin an andere weitergeben können. Und wer hat schon eine didaktische Ausbildung, von Naturtalenten einmal abgesehen?

Qualifizierung im Rahmen der Segmentierung bleibt für die KMT ein Dauerthema. Hier gilt es, immer besser zu werden und immer wieder deutlich zu machen: Schulung ist keine Einzelmaßnahme, sondern selbstverständlicher und kontinuierlicher Bestandteil der Arbeitstätigkeit. Nicht nur durch die permanente Weiterentwicklung der Produkte, sondern auch durch die kontinuierliche Verbesserung der Arbeitsbedingungen ergibt sich fortwährend die Notwendigkeit, dazu zu lernen. Es geht darum, das nicht als Not zu begreifen: „Es verändert sich etwas, und das empfinde ich als Behinderung oder gar Bedrohung", sondern als Herausforderung, als Chance für die eigene Weiterentwicklung: „Personalentwicklung" im klassischen Sinne.

Und da, wo neue Aufgaben erlernt werden, geht es schließlich auch um die Gestaltung der Räume, in denen diese Aufgaben zukünftig ausgeführt werden sollen. Segmentierung beinhaltet nicht nur eine Veränderung von Abläufen und Zugehörigkeiten zu Bereichen, sie bedeutet, anzubauen, einzureißen, Räume neu einzuteilen und mit Werkbank und Schreibtisch umzuziehen. Aus Ingenieuren werden Architekten und aus Mitarbeitern und Mitarbeiterinnen Fachleute für Fragen der Ergonomie. Vom Verrichtungsprinzip zum Segment zu kommen, hat für die Fertigung der KMT erhebliche Konsequenzen. Ein ganzer Maschinenpark muß da verrückt werden, neue Segmentbüros gilt es zu schaffen, und das alles möglichst unter Einhaltung der neuesten Anforderungen an die ergonomische Arbeitsplatzgestaltung, der Wünsche der Beschäftigten und natürlich bei laufender Produktion! Das ist – bei aller Erfahrung mit Erweiterungen am Standort – keine triviale Aufgabe, und die gilt es jetzt zu lösen.

Gespräch mit Egon Endres (externer Prozeßberater):
Was waren die aus Ihrer Sicht wichtigsten Vorgänge im Veränderungsprozeß bei KROHNE?

Es hat mich beeindruckt, daß es dem Familienunternehmen, einem Industriebetrieb mit handwerklicher Tradition, gelungen ist, mit der Segmentierung eine radikale Wende zu vollziehen. Die im Konsens „errungene" Entscheidung, das Unternehmen zu segmentieren, hat viel bewirkt. Dadurch entstanden neue Aufgaben, neue Handlungsorientierungen, neue Verantwortungen und neue Abläufe. Mittlerweile schlägt sich das auch in räumlichen Umbauten nieder.

Diese einschneidenden Veränderungen sind den Akteuren im Unternehmen aber nicht in den Schoß gefallen. Die Produktion, deren Kind das ganze Projekt zunächst war, mußte sich häufig mit dem Vertrieb auseinandersetzen, der die „erste Geige" spielte. Da trafen – wie so oft – zwei Welten aufeinander. Die Produktion hoffte, mit den neuen Strukturen den Auftragsdurchlauf zu optimieren, was aber nicht ohne den Vertrieb gelingen konnte. Eine meiner ersten Aufgaben war daher, den Vertrieb mit ins Boot zu holen und gemeinsame Gewinner-Perspektiven zu entwickeln.

Schließlich sah ich – nicht zuletzt auch aufgrund der Analysen des IAT – Verbesserungsbedarf im Bereich von Kommunikation und Beteiligung. Zwar hatte das Unternehmen eine ausgeprägte Kommunikationskultur, eine beteiligungsorientierte Veränderung dieser Tragweite stellte aber höhere Anforderungen an die Stabilität und Verläßlichkeit von Kommunikationsprozessen. Dazu mußten natürlich erst neue Handlungsmuster entwickelt werden. Inzwischen ist man weiter im Prozeß, tiefgreifende Kommunikationsänderungen herbeizuführen und systematischere Zielvereinbarungsformen zu etablieren. Dies begann bereits bei der Personal- und Raumplanung.

Wenn ich diesen letzten Punkt – das betriebliche System von Kommunikation und Entscheidungsfindung – aufgreife: Was hat sich dort tatsächlich zugunsten der Veränderung bewegt?

Zunächst einmal: Es wurde zugunsten der Segmentbildung entschieden, eine der einschneidensten Strukturveränderungen in der 75-jährigen Geschichte des Unternehmens. Möglich wurde diese Entscheidung, weil sich Geschäftsführung und Betriebsrat deutlich dafür ausgesprochen haben. Das hat dem Unternehmen vor Augen geführt: Tiefgreifende Änderungen sind möglich, ohne die konsensorientierte Sozialverfassung zu zerstören.

Für das Unternehmen eine echte Novität ist, daß die Stelle einer Personalentwicklerin eingerichtet und besetzt wurde, und dies ebenfalls in weitem Konsens. Ihre Hauptaufgabe ist zunächst die (bislang ausgeblendete) Weiterentwicklung von sozialer Kompetenz, um mit den neuen Strukturen gut arbeiten zu können und sie noch zu verbessern. Es wird darum gehen, sich notwendige Schritte der Veränderung noch stärker zueigen zu machen, sie als „Handlungsrituale" zu etablieren (auch wenn da schon viel geschehen ist): systematische Verständigung darüber, wohin wir wollen, wo wir derzeit stehen und was folglich zu tun ist.

Sie erwähnten die alltäglichen Reibungen zwischen Produktion und Vertrieb (die ja häufig anzutreffen sind). Wie wurde damit im Veränderungsprozeß umgegangen?

Die Produktion sah den Vertrieb eher als außenstehenden „trouble maker". Um so größer war die Erleichterung, daß er sich letztlich – wie ich das für unbedingt notwendig halte – in das neue Unternehmenskonzept einbinden ließ. So gelang es, zwischen den einzelnen Segmenten und den inländischen Vertriebsgesellschaften Patenschaften aufzubauen, die nun allmählich mit Leben gefüllt werden, z. B. durch wechselseitige Hospitationen.

Zum Schluß noch eine Frage zur Methode. Mir ist aufgefallen, daß Sie wichtige gemeinsame Workshops durch vorab geführte Einzelgespräche vorbereitet haben. Was versprechen Sie sich von diesem Vorgehen?

Diese Vorgespräche haben im wesentlichen zwei Funktionen. Zum einen helfen sie mir auszuloten, welche Veränderungen in der jeweiligen Situation möglich erscheinen. Zum anderen erleichtern oder ermöglichen sie den einzelnen Beteiligten Perspektivwechsel vorzunehmen und dabei mögliche Veränderungen und deren Folgen „durchzuspielen". Durch die Vorgespräche gelang es auch, gegenseitiges Vertrauen aufzubauen und „Win-win"-Szenarien vorzubereiten. Damit habe ich für tiefergehende Veränderungen gute Erfahrungen gemacht.

Das Gespräch führte Peter Brödner.

4.4
Der Blick in die Zukunft: Was haben wir als nächstes vor?

Segmente einzurichten, Mitarbeiter und Mitarbeiterinnen räumlich zusammenzufassen, das ist das eine. Segmente lebendig werden und wachsen zu lassen, das ist das andere. Die Produktion zu reorganisieren, gut und schön, doch wie gestalten sich nun die Schnittstellen zu den anderen Bereichen? Neue oder erweiterte Grundprinzipien der Unternehmensorganisation sind auf den Weg gebracht worden, doch sie wollen ausgebaut und auf andere Bereiche übertragen werden. Eigentlich hört das Verändern und Weiterentwickeln nie auf, das machen wir uns gerade wieder klar. So ergeben sich für die nahe Zukunft eine Reihe von Projekten, die es zu verwirklichen gilt: Aller guten Dinge sind sieben!

1. Ergonomische Gestaltung der Arbeitsplätze, Fabriklayout und Visualisierung der Abläufe,
2. Verstetigung der Informationsprozesse,
3. Optimierung der einzelnen Arbeitsabläufe in den Segmenten und zwischen den Bereichen,
4. Qualifizierung der Mitarbeiter und Mitarbeiterinnen und der Führungskräfte,
5. Verbesserung der Logistik,
6. Verbesserung der Schnittstellen zu Vertrieb, Konstruktion und Entwicklung,
7. Weiterentwicklung der Entgeltregelung.

4.4.1
Ergonomie, Fabriklayout und Visualisierung

Wie oben bereits erwähnt, sollen nicht einfach Arbeitsplätze einen neuen Platz erhalten, sondern im gleichen Zuge soll auch die ergonomische Situation verbessert werden. Mit externer Beratung ausgestattet, werden die Arbeitsbedingungen auf Mängel hin analysiert und unter Beteiligung der Mitarbeiter und Mitarbeiterinnen Lösungen für die neue Gestaltung entwickelt.

Hier möchten wir drei Fliegen mit einer Klappe schlagen: erstens die Verbesserung der gesundheitlichen Bedingungen an den Arbeitsplätzen und in der Arbeitsumgebung, zweitens die effektivere Gestaltung der Abläufe und Verkürzung der Wege und drittens die Schaffung von mehr Transparenz durch Visualisierung der Arbeitsprozesse. Daß die KMT viertens gegen mehr Ästhetik nichts einzuwenden hat, dürfte sich für ein Unternehmen, das unter anderem Kunst sammelt und in dem moderne Kunst zum selbstverständlichen Bestandteil der Arbeitsumgebung gehört, von selbst verstehen.

4.4.2
Optimale Informationsprozesse gibt es nicht, sie müssen immer wieder geschaffen werden

Information ist erste, wenn nicht die wichtigste Grundlage der beteiligungsorientierten Veränderung eines Unternehmens. Die KMT greift hier auf eine Tradition zurück und baut sie aus: Es war sowieso schon immer üblich, daß die Geschäftsführung monatlich in der sogenannten „Pfeilerkonferenz" über neue Projekte und den Stand des Unternehmens berichtete (der Name kommt übrigens von den Pfeilern, die die Fabrikhalle tragen und zwischen denen sich die Mitarbeiter und Mitarbeiterinnen versammeln; s. a. den Beitrag von Pekruhl in diesem Band, Kap. 8).

An diese Tradition wird jetzt auch in den Segmenten angeknüpft, und es werden sogenannte Stehkonvente durchgeführt. Hier berichtet der Segmentleiter über die laufenden Projekte, über Perspektiven und natürlich über den Stand der Produktion. Dieses Prinzip soll nun auf die Gruppen in den Segmenten übertragen werden: In kleineren Runden wird nicht nur einseitig informiert, sondern der Austausch ermöglicht. Daneben geht es um die Organisation der Abstimmungsprozesse und den Austausch zwischen den Segmenten und den anderen Abteilungen in der Produktion. Auch hier gilt wieder die Erkenntnis der modernen Managementliteratur: Dezentralisierung entlastet von Entscheidung und Kontrolle, erhöht aber auf der anderen Seite die Anforderungen an permanente Information und Koordination.

4.4.3
Ganzheitliche Arbeitsgestaltung

Ein Ziel der Segmentierung ist die Erhöhung des Handlungs- und Entscheidungsspielraums der Mitarbeiter und Mitarbeiterinnen vor Ort, der Abbau von Schnittstellen und Arbeitsteilung und damit das Zusammenführen von dem, was logisch zusammengehört. Hier gilt es noch die Feinarbeit zu leisten: Wie wird z.B. die Disponentin im Segment, die sich um die Beschaffung von Material kümmert, künftig konkret mit dem Steuerer, der die übergreifende Arbeitsplanung erstellt und der Gruppenleiterin als Ansprechpartnerin für die Mitarbeiter und Mitarbeiterinnen zusammenarbeiten? Wieviel Selbststeuerung übernimmt genau die Gruppe beispielsweise bei der Urlaubs- und Gleitzeitplanung vor dem Hintergrund von Auftragsspitzen? Wie soll sich der Entscheidungsspielraum der Segmentleiter weiterentwickeln und wie viele Kompetenzen werden ihnen konkret von der Geschäftsführung übergeben, denn an diese sind die Segmentleiter direkt angebunden?

Die Grundregel: „So viel Entscheidungsspielraum wie möglich vor Ort" muß in vielen Detailfragen noch ausgefüllt werden. Die Umsetzung erfolgt mit der Weiterqualifizierung der Mitarbeiter und Mitarbeiterinnen und der Konsolidierung der Segmente.

4.4.4
Qualität geht nicht ohne Qualifizierung

Was muß der Mensch alles können, wenn er oder sie in einem modernen Unternehmen arbeitet, das nicht stehen bleibt, sondern seine Weiterentwicklung stetig vorantreibt? Hohes fachliches Know-how, Findigkeit bei der Bewältigung neuer Herausforderungen, ausgeprägte kommunikative Kompetenzen, wissen, wie man lernt .... Hierfür entwickelt die KMT eine Konzeption, die Personal- und Organisationsentwicklung als Einheit betrachtet, d.h., das Verändern der Arbeitsaufgaben und -abläufe an den Ausbau der Qualifikationen knüpft. Auch hier gilt wie beim Aufbau der Segmente die Beteiligungsorientierung und das Prinzip der Selbststeuerung: Menschen lernen in der Regel das, was sie brauchen, und das können sie sehr gut selbst beurteilen. Deshalb fragt man sie am besten nach ihrem Schulungsbedarf.

Diesen Bedarf gilt es in ein Qualifizierungskonzept umzusetzen, dessen Durchführung aber wiederum in den Händen der Lernenden selbst liegt. Sie kennen ihre Arbeitssituation und können genauer beurteilen, wie sich das Lernen mit dem Arbeiten verbinden läßt: Selbststeuerung am Arbeits- und Lernort!

4.4.5
Logistik oder das Prinzip der Einfachheit

Man stelle sich einen *mehrstufigen* Fertigungsprozeß mit *hoher Variantenvielfalt* und *großer Veränderungsrate* bei der Produktweiterentwicklung vor, Kunden, die Lieferzeiten von über zwei Wochen nur noch schwerlich akzeptieren und für die Liefertreue wesentliche Voraussetzung für die Kaufentscheidung ist. Ziel der Segmentierung ist es, den Produktionsprozeß einfacher und transparenter zu gestalten und Schnittstellen abzubauen. Im weiteren wird es darum gehen, den gesamten Prozeß „vom Kunden zum Kunden" zu betrachten, logistische Kompetenz an die Mitarbeiter und Mitarbeiterinnen zu delegieren und die Planungsgrundlagen aus dem Marketing aktueller zu halten. Die KMT knüpft hier an den eigenen Erfahrungen an und baut die vor Ort vorhandenen Instumente weiter aus.

4.4.6
Um die Produktion herum gibt es auch noch eine Welt ....

.... obwohl der Fertigung öfters vorgeworfen wird, diese Tatsache am liebsten leugnen zu wollen. Natürlich ist das Gegenteil der Fall.

Wenn neue Bereiche in der Produktion gestaltet werden, gilt es auch, die Zusammenarbeit mit den anderen Abteilungen weiterzuentwickeln. Von der einfachen Tatsache, daß man sich an neue Ansprechpartner und -partnerinnen gewöhnen muß, einmal abgesehen, haben sich ja auch Abläufe verändert, die Passung ist nicht mehr so wie früher, und daran muß gefeilt werden. Darüber hinaus ist die KMT traditionell ein Unternehmen, das von kurzen Wegen zwischen den Abteilungen lebt, durch die oftmals gerade das Unmögliche möglich gemacht wird. Darin wollen wir noch besser werden, z.B. Vertrieb und Produktion bei der Planung und Abwicklung von Sonderaufträgen, Entwicklung und Fertigung bei der gemeinsamen Optimierung der Geräte, Arbeitsvorbereitung, Konstruktion und Fertigung beim reibungslosen Durchlauf der Produkte.

4.4.7
Zeitlohn oder Prämie oder beides?

Ein Teilaspekt des Projekts U 2000 ist die Diskussion des Entgeltmodells der KMT. Die Mitarbeiter und Mitarbeiterinnen in der Fertigung erhalten Zeitlohn, Akkordarbeitsplätze gibt es nicht. Das Weihnachtsgeld wird in Abhängigkeit von der wirtschaftlichen Situation des Unternehmens jährlich mit dem Betriebsrat verhandelt. Die aktuellen Überlegungen bewegen sich in Richtung „Beteiligung der Mitarbeiter und Mitarbeiterinnen an der Weiterentwicklung des Unternehmens". Kriterien sind Liefertreue, Produktivität, kontinuierliche Verbesserung der Arbeitsabläufe, Zusammenarbeit. Wie überall ist die Entgeltfrage ein sensibles Thema, das vorsichtig bewegt sein will. Auf der Grundlage eines soliden Informationsstandes und unter Auswertung der Erfahrungen anderer Betriebe soll diese Bewegung gemeinsam mit dem Betriebsrat und den Beschäftigten in Gang gesetzt werden.

Die KMT hat noch einiges vor, was ganz und gar kein Grund zum Stöhnen ist, sondern für die Gestalter und Gestalterinnen unter uns eine Herausforderung bedeutet. Es geht um die Ausgestaltung der Segmente und der angrenzenden, neu geschaffenen Abteilungen, um die Konsolidierung und Verstetigung der internen Abläufe und um den Transfer der Grundidee und -konzeption auf die anderen Bereiche des Unternehmens.

4.5
Schauen wir in den Spiegel: Wer blickt uns jetzt entgegen?

Zeit, wieder einmal nachzudenken, Zeit, ein Zwischenfazit zu ziehen: Wie weit sind wir gekommen, was alles haben wir geschafft? Das Erreichte haben wir oben im Überblick dargestellt. Die Frage, die uns aber vor allem interessiert, lautet: Warum haben wir das erreicht und warum sicherlich einige Dinge noch nicht? Wir wollen in den Spiegel schauen und die folgenden Punkte genauer betrachten:

1. Eine leitende Idee als Basis,
2. Beteiligung als Prinzip,
3. Wie schafft man Dynamik?
4. Das richtige Veränderungsmaß.

4.5.1
Die leitende Idee – der rote Faden

Wenn man weiß, wo man hin will, fällt es auch leichter, den Weg zu beschreiben! Klares Ziel des Projekts U 2000 ist es, die Liefertreue und die Lieferzeit des Unternehmens zu verbessern, eine meßbare Größe, die sich in regelmäßigen Abständen überprüfen läßt. Dahinter steht jedoch auch die Vorstellung vom Wie, ein Faktor, der sich nicht so ohne weiteres quantifizieren läßt: Einige nennen ihn „Unternehmenskultur" (s. den Beitrag von Pekruhl in diesem Band). Das heißt, die leitende Idee für das Projekt U 2000 hat einen quantitativen und einen qualitativen Aspekt: die Gewährleistung von Liefertreue und kurzer Lieferzeit durch Unternehmenseinheiten, die sich eigenständig steuern und regulieren und in denen die Mitarbeiter und Mitarbeiterinnen ein Höchstmaß an Eigenverantwortung praktizieren.

Wenn eine solche leitende Idee formuliert ist, fällt es „in den Turbulenzen des Geschehens" leichter, die Orientierung zu behalten und nicht plötzlich in Methoden zu verfallen, die eigentlich schon längst in die Mottenkiste der Unternehmensführung gehören. Wir wollen gar nicht behaupten, daß wir nicht manchmal in der Gefahr standen. Aber gerade an diesen Stellen hat unsere „Vision" Wegweiserfunktion übernommen. Es ist auch ganz und gar nicht so, daß dieses Leitbild ausformuliert schwarz auf weiß und eingerahmt an jeder Wand hängt. Es gibt jedoch einen Grundkonsens darüber.

Wichtig an der leitenden Idee ist, daß sie nicht abstrakt über dem Unternehmen hängt, sondern daß sie bereits in der Unternehmensgeschichte und den vorhandenen Strukturen steckt. Die KMT ist aus einem Handwerksbetrieb entstanden, ist langsam gewachsen und hat dabei immer auf die hohe Qualifikation und das problembezogene Kooperieren der Mitarbeiter und Mitarbeiterinnen gesetzt. Zentralismus war nie das Konzept, sondern die Weiterentwicklung des Unternehmens durch die Bildung neuer Einheiten mit lokaler Verantwortung.

U 2000 ist ein Veränderungsprojekt, das ein vorhandenes Leitbild aufgreift und es weiterentwickelt. Es wurde nichts aufgesetzt, das nicht zum Unternehmen paßt, sondern eine Orientierungslinie ausdifferenziert und stärker nachgezeichnet, der wir eigentlich schon immer gefolgt sind.

4.5.2
Beteiligung als Prinzip und Weg

Mittlerweile ist er ja fast zur Banalität geworden, der Satz: „Keine Unternehmensreorganisation ohne Beteiligung der Mitarbeiter und Mitarbeiterinnen!" Wir wollen etwas genauer betrachten, welche Aspekte von Beteiligung für das Projekt U 2000 besonders wichtig waren.

Die „Beteiligung" der Geschäftsführung: Es wird ja viel geschrieben über Top-Down- und Bottom-Up-Prinzipien der Organisationsveränderung. Bei U 2000 ging es nicht von oben nach unten oder umgedreht: Der Veränderungswille des mittleren Managements traf auf eine entsprechende Analyse der Geschäftsführung und auf eine motivierte Belegschaft, die alle zusammen genommen in die gleiche Richtung wiesen. So ließen sich die Ziele bündeln, was allerdings auch immer wieder getan werden mußte – das ist kein Selbstläufer, sondern kostet Arbeit. Natürlich mußte auch mit Argumenten überzeugt oder Kompromißbereitschaft geschaffen werden, doch ging es oftmals um die sinnvolle Koordination derer, die das gleiche Ziel vor Augen haben.

Die Zusammenarbeit mit dem Betriebsrat: .... war und ist eine Zusammenarbeit. Natürlich gibt es unterschiedliche Interessen, sie ergeben sich nun einmal aus der jeweiligen Position im Unternehmen. Die involvierten Mitglieder des Betriebsrats waren jedoch kompetente Mitstreiter und Mitstreiterinnen im Veränderungsprozeß. Gerade ihre Perspektive hat wichtige Aspekte deutlich gemacht, die durch eine andere Brille betrachtet nicht unbedingt so gesehen worden wären. Von daher war der Betriebsrat an vielen Stellen ein bedeutendes Korrektiv. Aus unserer Sicht ist die Beteiligung des Betriebsrates ein Muß im Veränderungsprozeß.

Das Lernen von Beteiligung: Partizipation ist nicht nur Prinzip, sondern Vorgehensweise. Es kommt also auf das „Wie" an! An der Stelle gab es im Rahmen des

Projekts U 2000 noch einiges zu lernen. Die KMT ist zwar ein Unternehmen, das auf Kommunikation und Abstimmung beruht (ohne eine gute Kommunikation könnten wir die Anforderungen, die die Kunden an uns stellen, nicht bewältigen, die vielen Produktvarianten, die wir immer wieder entwickeln, gar nicht fertigen). Ein solcher Umstrukturierungprozeß bringt jedoch noch einmal ganz andere Anforderungen mit sich. Das fing beim Aufbau kontinuierlicher Informationsflüsse zwischen den Beteiligten an, reichte über die Vermittlung von Moderationstechniken und ging bis zu Kriterien für beteiligungsorientierte Entscheidungsprozesse. Beteiligung beinhaltet die Einbeziehung des Wissens der Mitarbeiter und Mitarbeiterinnen in die Entscheidungsfindung. Hierbei geht es nicht um das punktuelle Zusammentragen subjektiver Meinungen, sondern um die Bündelung von fachlichen Qualifikationen zur Erarbeitung einer Problemlösung, die dann auch paßt und angenommen wird.

Beteiligung schafft Sicherheit: Die Umstrukturierung einer gesamten Fertigung beinhaltet für viele Mitarbeiter und Mitarbeiterinnen eine sehr weitgehende Veränderung ihrer Arbeitsbedingungen. Das kann als neue Herausforderung, aber auch als Bedrohung erlebt werden. In der Regel ist es so, daß etwas, das selbst gesteuert und mit beeinflußt werden kann, sofort als sehr viel weniger bedrohlich erscheint. Es liegt mit „in der eigenen Hand" für das Projekt U 2000 eine wesentliche Voraussetzung.

4.5.3
Dynamik und Beharrungsvermögen

Obwohl die Ausgangsbedingungen für das Projekt U 2000 günstig waren – die KMT agierte z.B. nicht aus dem Druck einer Krise heraus – und die Veränderung erforderlich und gewollt, gab und gibt es natürlich auch hier Beharrungstendenzen, „Sommerlöcher" und hier und da Ermüdungserscheinungen – auch der dynamischste Gestalter braucht einmal eine Pause –, die es zu überwinden galt. Hier haben uns einige Vorgehensweisen und Werkzeuge geholfen:

Der Einstiegs-Workshop und die Analyse zu Beginn: Wenn ein solch umfangreiches Projekt gestartet wird, braucht es gerade am Anfang genügend Rückenwind. Hier waren zwei Dinge besonders wichtig. Das Projekt begann mit einem Workshop, der nicht nur alle Bereiche des Unternehmens, sondern auch die verschiedenen Hierarchieebenen einbezog. Quer durch das Unternehmen wurde eine Situationsanalyse und eine Zielbestimmung vorgenommen, es wurden Prioritäten gesetzt und auch schon erste konkrete Schritte zum Vorgehen geplant. Das war für die Mitarbeiter und Mitarbeiterinnen ein wichtiges Signal: Die eigenen Ideen und Ziele, ihre Kompetenzen sind gefragt. Der zweite wichtige Aspekt war die Analyse des Auftragsdurchlaufs und der Arbeitsbedingungen in der Fertigung. Die beiden Untersuchungen haben nicht unbedingt die großen Überraschungen erbracht, sondern das Unternehmen noch einmal „mit der Nase" auf die Dinge gestoßen, die eigentlich allen zumindest im groben bekannt waren. Doch wie es so oft ist: Den Aussagen externer Experten und Expertinnen wird ein anderes Gewicht beigemessen. Dieser Effekt hat gerade am Anfang viel in Bewegung gesetzt.

Die Betroffenen zu Promotoren machen: U 2000 hatte eine relativ lange Konzeptions- und Planungsphase und brauchte danach einen neuen Anschub, um das Geplante auch zu realisieren. Segmente auf dem Papier sind das eine, aber eine verrichtungsorientierte Fertigung zu segmentieren, das ist das andere. Hier wurde das Umsetzungsteam zum Promotor: Die zukünftigen Führungskräfte der Segmente übernahmen den Aufbau der neuen Fertigungsstruktur. Das Konzept lag vor, aber es gab noch genügend Gestaltungsspielraum, um die eigenen Vorstellungen einzubringen. Und das tun sie jetzt auch!

Mitarbeiterbefragung und Bewerbungsverfahren: Neben aller Beteiligung macht es an bestimmten Stellen eines Veränderungsprozesses Sinn, sich ein umfassenderes Bild von der Position und der Einschätzung der Beteiligten selbst zu verschaffen, um gegebenenfalls Vorgehensweisen und Prioritäten überdenken zu können. Die Mitarbeiterbefragung zu Beginn der Umsetzungsphase der Segmentierung hat hier doch noch einmal einiges aufgerüttelt und dafür gesorgt, den Aspekt der Information, Diskussion und des Vorgehens der Führung im Rahmen der Veränderung nicht aus dem Auge zu verlieren. Das anschließende Bewerbungsverfahren für die Arbeitsplätze in den Segmenten hat dann die neue Realität für die Mitarbeiter und Mitarbeiterinnen faktisch gemacht: Meine zukünftige Arbeitsaufgabe, mein neuer Kollege und die Ansprechpartnerin in der Nachbarabteilung sind nun klar, auch wenn es mit der räumlichen Umstellung noch nicht ganz so weit ist.

4.5.4
Veränderung: Nicht zu viel und nicht zu wenig

Veränderungen dieser Komplexität sind nicht planbar, aber sie sind strukturierbar. Die Reorganisation eines Unternehmens ist schließlich kein Experiment im Labor, sondern sie findet „im wirklichen Leben" statt. Es geht nicht nur ums Verändern, sondern gleichzeitig will auch noch produziert und der Kunde bedient werden. Doch trotz der Nicht-Beherrschbarkeit aller Faktoren ist es doch möglich, sich Meilensteine zu setzen, einen „roten Faden" zu entwickeln und vor allem Zeiten der Reflexion einzulegen: Was haben wir erreicht, was nicht? Paßt die Vorgehensweise noch zum Ziel, oder sollte eine andere gewählt werden? Sind die Arbeitspakete zu klein und nicht fordernd genug, angemessen oder zu groß und nicht zu schaffen? Bei der Beantwortung dieser Fragen ist ein Außenstehender sehr hilfreich: Hierbei hat die externe Beratung eine wichtige Rolle gespielt.

Daß wir immer das richtige Maß gefunden haben, soll damit nicht behauptet werden. An einigen Stellen hätten wir sicherlich mehr „Sicherheitsabstand" brauchen können. Es ist die Unbestimmbarkeit sehr vieler Einflüsse, aber auch das Tempo, das dem einen zu langsam und dem anderen viel zu schnell ist. Ein wichtiges Fazit ist jedoch, daß die Konsolidierung neuer Strukturen ihre Zeit braucht. Umstellen ist das eine, die Umstellung auch zu leben, das andere.

4.6
Fazit

Ein mittelständischer Familienbetrieb mit einer hochqualifizierten Belegschaft beginnt, initiiert vom mittleren Management, einen umfassenden Veränderungsprozeß. Dieser wird begleitet von einer externen Beratung, die die Ausgangssituation analysiert *und* die Umstrukturierung unterstützt. Ziel ist die Verbesserung der Liefertreue und die Verkürzung der Lieferzeiten und ein Unternehmen, das von selbstregulierten Einheiten gekennzeichnet ist. Der Weg dahin soll mit den Mitarbeitern und Mitarbeiterinnen gemeinsam bereitet und durchlaufen werden. Das erfordert Klarheit der Ziele, ein gut strukturiertes, schrittweises Vorgehen und ein Höchstmaß an Information und Dialog. Das in einem Satz zu formulieren, ist noch einfach, das zu tun, sehr viel schwieriger: Ziele geraten aus dem Blick, geplante Arbeitsschritte erweisen sich als schwieriger oder umfangreicher, man hat sich zu viel vorgenommen, und über alles immer angemessen zu informieren ist schwer. Hier haben wir viel gelernt.

Will man weder das Risiko eingehen, das Unternehmen zu gefährden noch die Motivation der Mitarbeiter und Mitarbeiterinnen zu zerstören, ist jedem „Holzhammer" eine Absage zu erteilen. Werkzeuge sind dagegen Überlegung, Perspektivenwechsel und das richtige Gefühl für das Tempo. Wir sagen nicht, daß wir diese Werkzeuge immer angemessen genutzt haben. Aber wir behaupten: Dieser Weg lohnt sich, und wir würden ihn noch einmal gehen, so schwierig zu bewältigen er an einigen Stellen auch war!

Auf diesem Weg konnten wir die Mitarbeiter und Mitarbeiterinnen überzeugen, daß die Segmentierung unsere Abläufe wesentlich verbessert hat und der richtige Weg für das Unternehmen ist. Auf diesem Weg sind wir dahin gekommen, daß die Mitarbeiter und Mitarbeiterinnen Eigenverantwortung einfordern und eine Anreicherung ihrer Arbeitsaufgaben wollen. Und das Unternehmen ist sehr viel sensibler geworden für die Erfordernisse einer beteiligungsorientierten Veränderung, die Führungskräfte achten sehr viel mehr auf Information und transparente Entscheidungsprozesse.

Im Rahmen des Projekts RAMONA haben wir unsere Fertigung reorganisiert. Die neuen Einheiten, die Segmente, müssen jetzt wachsen und die neuen Abläufe müssen ihre Form ausprägen. Wir haben noch einiges vor ....

5 „WIR ist stark" – Segmentierung und Gruppenarbeit bei Rüggeberg

ROLF SUHRHEINRICH

5.1
Das Unternehmen

Unter dem Markenzeichen PFERD produziert und vertreibt die Firmengruppe August Rüggeberg ein breites und tiefes Programm von Qualitätswerkzeugen zur spanenden Oberflächenbearbeitung (Feilen, Fräsen, Schleifen und Polieren) und zum Trennen von Werkstoffen. Produktionsstätten in Deutschland sind

- das Stammwerk in Marienheide mit ungefähr 700 Mitarbeitern und
- das Werk in Hermeskeil bei Trier mit etwa 100 Mitarbeitern.

Weitere Zweigwerke im Ausland befinden sich in

- Vitoria und Araia – Spanien,
- Nasik – Indien,
- Johannesburg – Südafrika und
- Milwaukee – USA.

Eigene Vertriebsniederlassungen in mehr als 13 Ländern bieten dem Kunden mehr als 6000 Katalogartikel und kundenspezifische Varianten, Beratung und Service. Weltweit beschäftigt das Unternehmen über 1500 Mitarbeiter. Seit 1997 kann das Familienunternehmen auf eine über hundertjährige Tradition zurückblicken.

In vierter Generation haben bei PFERD zwei Rüggeberger die Zügel fest in der Hand. Als kaufmännischer und technischer Geschäftsführer bilden sie gemeinsam mit den Verantwortlichen für die Funktionsbereiche Vertrieb, Marketing, Finanzen, Fertigung, Entwicklung und Logistik („Ressortleiter") den sogenannten Ring, das oberste Führungs- und Entscheidungsgremium des Unternehmens.

Der Bereich Fertigung ist entsprechend der Kataloggruppen in vier Betriebe unterteilt, die in sich zum überwiegenden Teil nach den Werkstatt- bzw. Funktionsprinzip organisiert sind. Das heißt, gleichartige Maschinen und Bearbeitungsschritte sind räumlich zusammengefaßt und die Produkte durchlaufen nacheinander diese „Werkstätten". In zwei Teilbereichen laufen 1995 erste Projekte an, mit dem Ziel, mehr „Fluß" in den Fertigungsablauf zu bringen. Produziert wird im Zwei- und Drei-Schichtbetrieb. Die detaillierte Führungsstruktur der Fertigung 206 zeigt deutlich, daß dies auf der Meisterebene bishin zur Ebene der Gruppenführer zu einer Mehrfachbesetzung der Führungsaufgaben führt. Insgesamt betrachtet ergibt die Organisationsstruktur mit einer Breite von sechs Funktionsbereichen und einer Länge von sieben Hierarchiestufen ein Feld von ganz beachtlichem Ausmaß, auf dem es Kommunikation und Information nicht immer ganz leicht haben (Abb. 5.1).

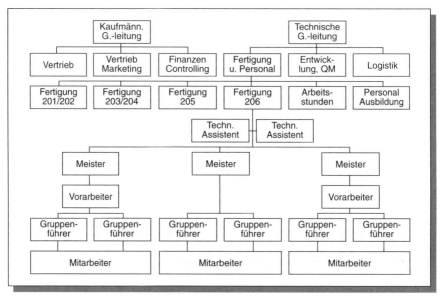

Abb. 5.1. Organisations- und Führungstruktur auf einen Blick

5.2
Die Ausgangssituation

Im Rahmen des 1994 nach DIN ISO 9001 zertifizierten Qualitätsmanagement-Systems heißt es in der PFERD-Qualitätspolitik unter anderem,

* „Die Qualität aller Produkte und Leistungen ist eines der wichtigsten Ziele der Firmengruppe August Rüggeberg, PFERD-Werkzeuge" und
* „Unter Qualität verstehen wir die fortschrittlichste, wirtschaftlichste und persönliche Lösung der Probleme unserer Kunden."

Begründet darin, daß RÜGGEBERG seinen Kunden neben der so definierten Qualität auch optimalen Service, Schulung und Beratung bietet, sind die Produkte im Hochqualitätsbereich und wegen des dadurch bedingten höheren Aufwands zwangsläufig im Hochpreisbereich positioniert. Immer öfter tritt als Verkaufsargument oder besser Einkaufsargument jedoch der Preis in den Vordergrund. Damit gerät RÜGGEBERG zunehmend unter Wettbewerbs- und Leistungsdruck, und das auch firmengruppenintern. Als traditionsreicher und größter Arbeitgeber in Marienheide hat RÜGGEBERG außerdem die gesellschaftliche Verpflichtung übernommen, Arbeitsplätze am Standort zu erhalten und attraktiver zu gestalten.

Als *Ziele der Veränderung* standen Ansätze moderner Arbeitsstrukturen, basierend auf der ganzheitlichen Betrachtung und Neugestaltung der Produktionsprozesse, der Integration von Aufgaben in Arbeitsgruppen, Kooperation und Beteiligung der Mitarbeiter sowie der Förderung der bereichsübergreifenden Zusammenarbeit, im Brennpunkt.

Die Ziele haben sich jedoch nicht geändert und über allen stehen nach wie vor die Steigerung der Produktivität, die Verbesserung der Wettbewerbsfähigkeit und die Sicherung von Arbeitsplätzen. Auch für RÜGGEBERG gilt es, durch die ständige Verbesserung der Arbeitsprozesse und durch die Vermeidung von Fehlern und Verschwendung, die Kosten zu minimieren, um die Wettbewerbsfähigkeit mittel- und langfristig zu sichern und den Kunden auch weiterhin die wirtschaftlichste Problemlösung bieten zu können – und das *besser als der Wettbewerb.*

Dies sollte erreicht werden durch

- den Aufbau von produkt- bzw. prozeßorientierten Arbeitsabläufen,
- die Konzentration allen betrieblichen Handelns und Denkens auf die wertschöpfenden Tätigkeiten,
- die Optimierung des Materialflusses,
- die Reduzierung von Durchlaufzeiten und Beständen,
- die Verbesserung des Informationsflusses,
- die Verbesserung der Qualifikationen der Mitarbeiter,
- die Einführung eines Arbeitszeit- und Entgeltsystems, das den neuen Arbeitsstrukturen gerecht wird, und nicht zuletzt durch
- die Förderung der „Unternehmensfamilie", die im wesentlichen geprägt ist durch einen kooperativen Arbeitsstil, eigenverantwortliche Mitarbeiter sowie deren Identifikation mit dem Produkt und dem Unternehmen.

5.3
Das Projekt

Anfang Mai 1995 kam bei einer Veranstaltung unter dem Titel „Neues Denken, neues Handeln" alles ins Rollen. Nachdem man auch bei RÜGGEBERG in der Vergangenheit schon viel über Just-in-time und Lean Production diskutiert, über fraktale Fabriken und Revolutionen in Automobilindustrie und Unternehmenskultur gelesen und über Gruppenarbeit gehört hatte, nahm man auch diese Gelegenheit war, um sich über neue Formen der Arbeitsgestaltung zu informieren. Und – wie das Leben so spielt – war unter den Referenten auch Dr. Brödner vom Institut Arbeit und Technik in Gelsenkirchen. Der erste Kontakt wurde geknüpft und schon einige Wochen später stellte er bei RÜGGEBERG das im Rahmen des Förderkonzeptes „Produktion 2000" geplante Verbundprojekt RAMONA vor.

Bisherige Gespräche mit externen Beratern hatten eher zu Skepsis und Unsicherheit über den Erfolg solcher Projekte geführt, da sich neben vielen Schlagworten und Hochglanzfolien die erwartete Hilfe von außen im wesentlichen auf die Erstellung von Analysen und Konzepten beschränkte und es bei der Realisierung kaum Erfahrung und – darin waren sich alle einig – schon gar keine Patentrezepte gab. Die Tatsache aber, daß sich an diesem Projekt noch drei weitere Unternehmen beteiligen würden und vier Forschungs- und Beratungsinstitute die Projektarbeit in den nächsten zweieinhalb bis drei Jahren aktiv begleiten und vor allem auch noch bei der Umsetzung dabei sein sollten, war neu und schaffte bei den Verantwortlichen ein gutes Gefühl und vor allem den Mut, sich auf das Abenteuer der Veränderung traditioneller Arbeitsstrukturen einzulassen. Nach weiteren Abstimmungsgesprächen fiel im September 95 dann im Ring der endgültige Beschluß: RÜGGEBERG ist dabei. Daß das Projekt von öffentlicher Hand „gesponsort" werden sollte, war für diese Entscheidung zwar förderlich im wahrsten Sinne des Wortes, aber letztlich nicht ausschlaggebend.

5.3.1
Der Überblick

Am Anfang der Überblick – und den sollte man ja bekanntlich behalten – über die wichtigsten Projektschritte, der heute eindrucksvoll zeigt, was auf RÜGGEBERG

Zeit	Schritte	Rahmen
Sept. 1995	Entscheidung Projektteilnahme	
01.01. 1996	Projektetablierung	- Offizieller Projektstart
	Ist-Analyse und Rückmeldung	
März 1996	Einstiegsseminar	
	Entwicklung „Rahmenmodell"	
Juli 1996	„Segmentierung" Bereich 206	
Nov. 1996	Planung der „Gruppenarbeit"	- Einführung neues Zeiterfassungssystem
Dez. 1996	Start der Segmentgespräche	- Einführung SAP/R3 (Module FI, HR)
März 1997	Einbeziehung der Mitarbeiter	
Juni 1997	Schulung der Gruppensprecher	- Bau „Segmentbüro"
	Seminare zur Gruppenarbeit	- Maschinenumstellungen
Sept. 1997	Start der Gruppengespräche	- Einführung SAP/R3 (Module MM, PP)
	Moderatorenschulungen	
30.06.1998	Einführung Entgeltsystem	- Offizielles Projektende

Abb. 5.2. Das Projekt von A-Z

noch alles zukommen sollte (Abb. 5.2). Parallel dazu sind der Zeitablauf sowie einige Rahmenbedingungen aufgeführt, die mehr oder weniger Einfluß auf das Projekt hatten. Auf die wesentlichen wird bei der detaillierten Darstellung des Projektgeschehens noch näher eingegangen.

5.3.2
Projektetablierung und Projektorganisation

Anfangen vor dem eigentlichen Anfang hieß jetzt das Motto, denn das Antragssverfahren lief noch auf vollen Touren und die endgültige Genehmigung stand noch aus. Also begann man bei RÜGGEBERG, das Projekt bekannt zu machen. Einige Mitarbeiter nutzten Seminare beim IAT, um das Institut und seine Mitarbeiter kennenzulernen und Informationen auszutauschen.

In der Werkszeitung „Das springende Pferd", Ausgabe Dezember 1995 – also noch vor dem offiziellen Projektbeginn – wurden erstmalig alle Mitarbeiter über das Förderprogramm, die Verbundpartner und die Ziele des Projekts informiert.

Im ersten Abstimmungsgespräch mit der „Patin" vom IAT, die das Projekt bei RÜGGEBERG begleiten sollte, wurde unter Teilnahme von Geschäftsleitung und Betriebsrat die Projektorganisation wie folgt festgelegt:

- Lenkungsausschuß (Geschäftsleitung, Promotor, Projektleiter, Betriebsrat, Patin),
- Projektteam (Projektleiter, Mitarbeiter, Betriebsrat, Patin),
- Projektgruppen,
- Beraterteam (Patin, Berater aus beteiligten Instituten).

In der Praxis waren Projektteam und Projektgruppe(n) nahezu identisch, da die Teilnehmer des Projektteams in allen Gruppen mitgearbeitet haben.

Gleichzeitig wurden die ersten Projektschritte in 1996 grob geplant. Dabei stand der Gedanke im Vordergrund, bereits in der Anfangsphase möglichst aktuell und breit über den Stand des Projektes zu informieren, um möglichst viele in das Geschehen einzubeziehen und so das Projekt bei RÜGGEBERG zu verankern. Maßnahmen dazu waren:

- die Vorstellung der Verbundpartner, die Organisation, Arbeitsschritte und Ziele des Projektes im Ring und im Betriebsrat,
- die Informationsveranstaltung mit allen leitenden Angestellten und die Diskussion mit den Produktionsverantwortlichen,
- die Analyse der Ist-Situation mit dem Ziel, betriebliche Rahmenbedingungen, Stärken und Schwächen sowie Probleme in Arbeitssystemen zu erkennen und zu beschreiben,
- das Einstiegsseminar Ende März.

Um alle Beschäftigten zu erreichen, wurde Anfang März erstmals das Flugblatt „RAMONA aktuell" – im Original DIN A4, gelb – ausgehängt und verteilt (Abb. 5.3):

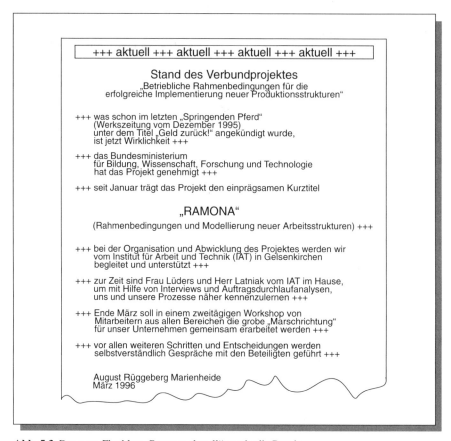

Abb. 5.3. Das erste Flugblatt „Ramona aktuell" macht die Runde

Die Rolle der Geschäftsleitung. Mitentscheidend für den positiven Verlauf und den Erfolg des Projektes war das eindeutige „ok" von „oben". Gemeint ist nicht nur das „ok" zur Teilnahme am Verbundprojekt, sondern auch für die einzelnen Schritte im Projekt, die nach Präsentation des jeweils Erreichten im Ring bzw. im Lenkungsausschuß vorgeschlagen und festgelegt wurden. Die Tatsache, daß sich die Geschäftsleitung nicht nur berichten ließ, sondern sich auch immer wieder aktiv in das Projektgeschehen eingeschaltet hat, beweist, daß die Geschäftsleitung nicht nur darüber stand und steht, sondern auch voll dahinter. Dies bedeutete für die Mitarbeiter nicht volle Deckung, sondern volle Rückendeckung und für die Projektarbeit ein hohes Maß an Offenheit und Selbständigkeit.

Die Sicht von „oben" schildert der technische Geschäftsführer Tom Rüggeberg in seiner eher anatomischen Betrachtung von RAMONA wie folgt:

> Wir wissen alle, daß ein Industrieunternehmen ein sehr komplizierter Organismus ist, der für seine Kunden in eine externe Umwelt, bestehend aus Wettbewerb, Nachfrage und Ge-

sellschafts(un)ordnung, eingebunden ist. Jeder Wirtschaftsorganismus hat ein „Stoff-wechselsystem", dessen Nahrung die Erfüllung des Kundenbedarfes ist, aber auch ein „zentrales Nervensystem" (die Organisation) und hat einen „Geist", der das Unternehmen „klimatisiert". Zum Betriebsklima tragen alle einzelnen Organe bei. Das sind in einem Wirtschaftsorganismus unbestritten die Menschen. Wenn folglich deren aktive Teilnahme am Stoffwechselsystem Symptome der Schwäche erkennen läßt, ist es höchste Zeit, dar-über nachzudenken, welche Ursachen dazu geführt haben und wie deren „Genesung" ein-geleitet werden kann.

Es ist hinreichend bekannt, daß der Erfolg oder Mißerfolg des wirtschaftlichen Han-delns von Unternehmen in der Bilanz gemessen wird. Ist deren Ergebnis nachhaltig krank, bleibt oft nur die Radikalkur zur Genesung durch Austausch des Kopfes. Ist das Unterneh-men gesund, wird sich der Kopf ständig darüber Gedanken machen, wie seine Gesundheit weiter gefördert werden kann und muß. Aus der Position einer gesunden wirtschaftlichen Stärke hat die Firma August Rüggeberg schon vor dem 2. Weltkrieg hohen Wert auf Kom-munikation mit der Geschäftsführung gelegt und auf eine in gegenseitigem Vertrauen be-gründeten „Mitsprache" der in ihr arbeitenden Menschen. Auf dieser freiwilligen Traditi-on aufbauend, konnten sich „innere Organe" gesund entwickeln und „Störungen in der Nahrungsaufnahme" (Konjunkturphasen) mit Erfolg oder auch 'mal geringerem Erfolg gemeistert werden.

Später aus der Organisationsentwicklung und Management-Literatur bekanntgeworde-ne und eingenommene „Medikamente" wie Kanban-System, Qualitätszirkel, ISO/DIN 9000, Unternehmensberatungsanalyse und Fachausbildungsseminare haben eine Be-triebskultur der ständigen Weiterbildung entstehen lassen. Leitmotiv der Geschäftsfüh-rung war stets „Wechsel/Veränderung". Nur durch ständige Veränderung und sicher auch Anpassung an Gegebenheiten entsteht eine Bereitschaft zur und ein Bedarf an Änderung, damit der Organismus ständig durch neue Anforderung alert und gestärkt bleibt. Aus die-sem Grunde ist die Geschäftsführung auch dem Wunsch nach mehr Transparenz auf Ab-teilungsebene gefolgt, um über die Meßbarkeit ihres Tuns einschließlich der Hintergrund-informationen und Einbindung in das Gesamtunternehmensergebnis eine höhere Bereit-schaft für Veränderungen zu erzeugen. Dabei waren wir uns der Delikatesse eines nicht „von oben" anweisbaren Prozesses ebenso bewußt wie der Tatsache, daß es mehr als nur ein verändertes betriebliches Vorschlagswesen werden mußte und viel Geduld und Zeit erfordern würde. Die Tatsache, daß sich darüber hinaus die Strukturierung dieses Prozes-ses im Rahmen einer unternehmensübergreifenden Forschungsarbeit ausführen ließ, wur-de von der Geschäftsführung und den Teilnehmern als positiv eingeschätzt, auch, wenn dadurch eine zeitliche Verlängerung zu befürchten war.

Wir versprachen uns aus der „Nabelschau" Erkenntnisse, wie unsere eigene, bisher ar-beitsteilig gegliederte Produktion besser organisiert und selbstverantwortlicher, kunden-orientierter ausgeführt werden kann. Heute, nach zweieinhalb Jahren, können wir auf die enormen Veränderungen verweisen, die wichtigste Voraussetzung für die Einführung der Gruppenarbeit sind. In den Köpfen und Handlungsweisen der Mitarbeiter sind erstaunli-che Veränderungen feststellbar, die sich prozeßbegleitend bereits durch Ablaufänderun-gen in der Produktion zeigen und kostensenkend nachweisbar sind. Auch wenn wir von unserem Ziel einer – neben der laufenden Produktivitätssteigerung von 5% jährlich – zusätzlich 20%-igen Produktivitätssteigerung über drei Jahre noch entfernt sind, so ha-ben sich die anfänglichen Ängste um Arbeitsplätze und Standort doch in eine aktive Teil-nahme am Veränderungsprozeß umwandeln lassen.

Die Früchte dieses Prozesses, der als schwierigstes Problem auch die Lohnfindungs-methode beinhaltet und gelöst hat, werden uns nicht in den Schoß fallen, aber wir sind uns sicher, daß wir langfristig das selbst gesetzte Ziel übertreffen werden. Das als Versuch in einem recht komplizierten Fertigungsbereich gestartete Projekt RAMONA wird z.Zt. auf einen anderen Produktbereich übertragen. Wären die Veränderungen in unserem ersten Versuch nicht überzeugend, hätte die Geschäftsführung sicherlich der Übertragung in andere Bereiche nicht zugestimmt. Dabei bewahrheitet sich eine alte Erkenntnis: Wenn etwas gut begleitet wird und sich verantwortliche Begleiter dafür stark machen, dann muß es gelingen. Dies ist gleichzeitig auch der Dank an alle Mitarbeiter, die den Prozeß der Veränderung positiv mitgetragen und mitgestaltet haben.

Einbeziehung und Einstellung des Betriebsrats. Daß bei RÜGGEBERG traditionell hoher Wert auf eine vertrauensvolle „Mitsprache" – so Tom Rüggeberg – der Mitarbeiter gelegt wird, gilt auch für die Zusammenarbeit mit dem Betriebsrat. Und so war es fast selbstverständlich und auch ganz im Sinne der Berater, daß der Betriebsrat von Anfang an dabei ist. Durch seine kritische Begleitung und konstruktive Mitarbeit während des gesamten Projektes ist es dem Betriebsrat heute möglich, die Vorzüge und Fehler von RAMONA richtig einzuschätzen. Dazu der Betriebsratsvorsitzende:

> Zu Beginn des Projektes bestand doch die Skepsis, ob man sich auf dieses Projekt einlassen sollte, denn wir glaubten nicht, daß bei den ausgequetschten Zeiten besonders im Akkord und bei Einzelprämie noch mehr rauszuholen sei.
>
> Warum also Gruppenarbeit? Diese Frage wurde oft gestellt. Die Antwort lautete, um intelligenter und wirtschaftlicher zu arbeiten und kostengünstiger zu fertigen. Und das unter Einbeziehung der Mitarbeiter, die nicht mehr nach dem Motto „Arbeiten und nicht Denken" „geführt" werden sollten, sondern eigene Gedanken einfließen lassen sollten. Eigene Ideen sollten ausprobiert werden, um auf diesem Weg die Mitarbeiter zu motivieren. Diese neuen Gedanken den betroffenen Kolleginnen und Kollegen rüberzubringen, war dann auch ein großes Problem. In vielen Veranstaltungen und Seminaren wurden sie aber immer wieder ermutigt und aufgefordert, Probleme offen auszusprechen und die eigene Meinung ohne Scheu vorzubringen. Die Reaktionen waren sehr unterschiedlich: ein Teil versteht es als Möglichkeit, mehr „mitzumachen"„ ein anderer Teil meint, daß „viele Köche den Brei verderben" und bei einem Teil der Kolleginnen und Kollegen bestehen Ängste und Befürchtungen, was den Lohn und den Arbeitsplatz angeht.
>
> Nach viel theoretischer Vorarbeit, neuen Arbeitsabläufen und dem Umsetzen von Maschinen scheint heute der Beginn vielversprechend zu sein. Hoffen wir aus Sicht der Mitarbeiter und des Betriebsrates, daß sich der Einsatz für alle Beteiligten, sprich Mitarbeiter und RÜGGEBERG auszahlt.

5.3.3
Das Einstiegsseminar

Der offizielle Startschuß. 25 Mitarbeiter von der Geschäftsleitung bis zur Meisterebene nehmen am zweitägigen Einstiegsseminar zum Projekt RAMONA teil. Das Projekt findet in einem nahegelegenen Hotel statt; nicht nur, um den nötigen Abstand vom Alltagsgeschäft sicherzustellen, sondern auch, um die Bedeutung des Projektes für RÜGGEBERG zu unterstreichen. Vorbereitet, moderiert und organisiert wird der Workshop von der RÜGGEBERG-Patin in Zusammenarbeit mit drei weiteren Kollegen aus „Forschung und Beratung". Grober Ablauf und Ziele des Seminars waren:

- Stärken und Schwächen der Arbeit bei RÜGGEBERG,
- Ziele oder Wie soll die Arbeit bei RÜGGEBERG künftig aussehen?
- Wie können die Ziele erreicht werden?
- Wie geht es weiter?

Im letzten Schritt hieß es, die „grobe Marschrichtung" festzulegen, das heißt, zu klären, wie die weitere Arbeit im Projekt aussehen sollte. Das Ergebnis:

- Eine Projektgruppe soll in den nächsten drei Monaten „ein für RÜGGEBERG passendes Modell entwickeln".
- Die Teilnehmer der Projektgruppe wurden benannt.

Die „Idealvorstellung" einer ablauf- und produktorientierten Organisation wurde entwickelt. Danach sollten möglichst viele, wenn nicht alle Vorgänge von der Entgegennahme des Auftrags bis zur Übergabe des fertigen Produkts an das Lager in derselben Organisationseinheit erfolgen; Funktionen aus den Bereichen Entwicklung, Einkauf, Arbeitsvorbereitung, Produktion, Qualitätssicherung, Instandhaltung sollten in dieser Einheit integriert sein. Offene Diskussionen gab es über die Marketing- und Logistik-Funktionen. Die produktbezogene Teilung und Zuordnung von Vertriebsfunktionen schien keinen Sinn zu machen oder sogar unvernünftig, da RÜGGEBERG gegenüber seinen Kunden als Anbieter eines kompletten Werkzeugprogramms auftritt, und stand daher nicht länger zur Debatte.

> … und dann war da noch **der Meister**, der – wie er erst viel später zugab – sich beim Einstiegseminar so seine Gedanken gemacht hatte und diese – erst noch viel später – niederschrieb:
>
> Es mußte schon etwas Außergewöhnliches sein, wenn man den geladenen Personenkreis betrachtete: angefangen von der Geschäftsleitung, Prokuristen, Verkaufsleiter, über Mitarbeiter aus Vertrieb und Arbeitsvorbereitung, Kostenrechner, Betriebs- und Abteilungsleiter bis hin zu den Meistern:
>
> *Alles* war vertreten. Meine erste Wahrnehmung war: hier sitzt eine Menge Geld rum, als sich alle zum „Workshop" eingefunden hatten und in mehr oder weniger gespannter Runde saßen. – Eigentlich sparen wir ja immer!
>
> Aber dies war sicher etwas Besonderes: „Verbundprojekt RAMONA". Zwei Worte, welche mir noch nicht viel sagten, aber hier, in diesem schönen Hotel, – was wohl die Übernachtung hier kostet – sollte uns die Sache ja nähergebracht werden, und im Hintergrund stand ja wohl die Einführung von Gruppenarbeit.
>
> Die Themen waren genannt: Problemsicht – Projektziele – Pilotbereiche.
>
> Tom Rüggeberg begrüßte die Teilnehmer. Die „Moderatoren" stellten sich vor und legten auch sofort das weitere Vorgehen des Workshops fest. Es wurden kleine Gruppen gebildet und jeder Teilnehmer sollte seine Probleme auflisten. Und die Teilnehmer listeten auf: Kundenreklamationen, ressortübergreifende Pannen, Fertigungs- und Materialprobleme, Gleichgültigkeit der Mitarbeiter:
>
> *Alles* war vertreten. Das Ergebnis war niederschmetternd, und ich überlegte, ob es bei RÜGGEBERG wohl noch etwas gibt, das funktioniert. Alles wurde diskutiert und Wichtiges schriftlich festgehalten. Als dann eine gemeinsame Problemsicht und Projektziele erarbeitet waren und sichtbar an den Wandtafeln hingen, war mir klar, daß diese Veränderungen und Forderungen – vor allem bereichsübergreifend – nicht realisierbar und die Ziele viel zu hoch gesteckt sind. Meine damalige Meinung war, das kann doch nicht wahr sein!
>
> *Alles* muß sich ändern.

5.4
Die Projektgruppen

Drei Projektgruppen sollten in den nächsten zwei Jahren das Geschehen weitestgehend bestimmen und RAMONA von der Theorie (Modell) über neue Organisation (Segment) zur Praxis (Gruppenarbeit) führen.

Im nachhinein als förderlich für die gemeinsame Projektgruppenarbeit erwies sich dabei die hierarchie- und bereichsübergreifende Zusammensetzung sowie die Größe der Projektgruppen (Abb. 5.4). Wichtig war auch, daß einige Mitarbeiter in zwei, Promotor, Projektleiter und natürlich die Patin in allen Projektgruppen mitgearbeitet haben. So entstanden nicht jedesmal vollkommen neue Gruppen und das Wissen, die Arbeitsweise und die Ergebnisse konnten leichter von einer Gruppe in die nächste transferiert werden.

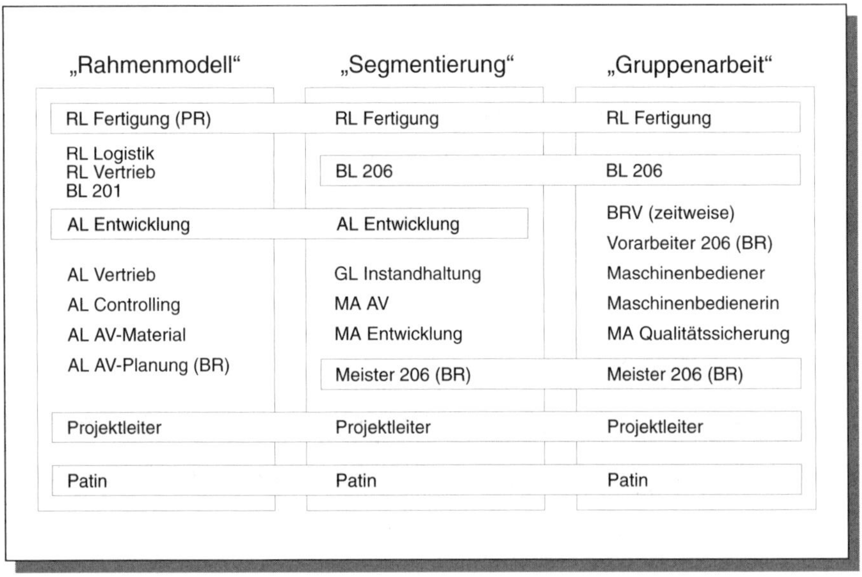

„Rahmenmodell"	„Segmentierung"	„Gruppenarbeit"
RL Fertigung (PR)	RL Fertigung	RL Fertigung
RL Logistik RL Vertrieb BL 201	BL 206	BL 206
AL Entwicklung	AL Entwicklung	BRV (zeitweise) Vorarbeiter 206 (BR)
AL Vertrieb	GL Instandhaltung	Maschinenbediener
AL Controlling	MA AV	Maschinenbedienerin
AL AV-Material	MA Entwicklung	MA Qualitätssicherung
AL AV-Planung (BR)	Meister 206 (BR)	Meister 206 (BR)
Projektleiter	Projektleiter	Projektleiter
Patin	Patin	Patin

Abb. 5.4. Die personelle Zusammensetzung der Projektgruppen

5.4.1
Projektgruppe „Rahmenmodell"

Auftrag der Projektgruppe war es, auf Basis der während des Einstiegsseminars entwickelten Überlegungen ein auf RÜGGEBERG zugeschnittenes Rahmenmodell für eine produkt- und prozeßorientierte Produktion zu entwerfen. Um dabei die Sichtweisen und das Know-how aus allen Unternehmensbereichen zu berücksichtigen, setzte sich die Projektgruppe aus Vertretern aller Funktionsbereiche vom Vertrieb Ausland bis zur Logistik zusammen.

Da nicht alle am Einstiegsseminar teilgenommen hatten, diskutierte die Gruppe zu Beginn nochmals Ausgangssituation, Probleme und Ziele der Veränderung. Unterstützt durch die gute Dokumentation wurden die Schritte und Diskussionen, die während des Seminars in Richtung eines neuen Organisationsmodells geführt hatten, nachvollzogen, um alle auf den gleichen Stand zu bringen. Berichte aus anderen Unternehmen, die Vorstellung einer zu diesem Thema in 48 Firmen durchgeführte Studie und ein Besuch bei einem unserer Verbundpartner zeigten, daß ein mögliches Konzept für eine produkt- und prozessorientierte Produktion die sogenannte „Segmentierung" ist. Da es sich anscheinend um ein sehr offenes und breites Konzept handelte, das weitreichende Möglichkeiten bei der Gestaltung eines individuellen Modells bietet, einigte sich die Projektgruppe, diesen Begriff bei der Entwicklung des Rahmenmodells zu verwenden.

Auf dieser Grundlage wurden einige Leitlinien für die Konkretisierung des Rahmenmodells aufgestellt:

- Segmente können auf bestimmte Märkte oder Produkte/Produktgruppen ausgerichtet sein. In der Projektgruppe war man der Auffassung, daß für RÜGGEBERG nur eine Ausrichtung auf Produktgruppen sinnvoll ist, da die Fertigung bereits nach Katalog-/Produktgruppen aufgegliedert ist.
- Die Segmente sollen nach den gleichen grundsätzlichen Prinzipien gebildet werden. Konkreter durchdacht werden soll das Modell am Beispiel des Bereichs 206, der Fertigung von Trenn- und Schruppschleifscheiben.
- Ein wichtiges Kriterium für die Bildung von Segmenten ist die Integration von Arbeitsfunktionen aus indirekten Bereichen in die Fertigungsbereiche. Dadurch sollen Schnittstellen abgebaut, Liegezeiten verringert und die Durchlaufzeit insgesamt reduziert werden.
- Zwischen den Segmenten bzw. den Segmenten und „zentralen" Einheiten soll es möglichst wenig Berührungspunkte geben. Lassen sich Überschneidungen nicht vermeiden, z.B. aufgrund gemeinsamer Anlagennutzung, soll die Funktion in das Segment integriert werden, das die meiste Kapazität beansprucht.
- Die Segmente sollen ein hohes Maß an Kostenverantwortung haben.
- Bei der Entwicklung des Rahmenmodells sollten bevorzugt solche Funktionen berücksichtigt werden, die in anderen segmentierten Unternehmen im Schwerpunkt integriert wurden.

Es handelt sich hierbei um allgemeine Prinzipien, die bei der Bildung von produkt- und prozessorientierten Einheiten berücksichtigt werden sollten.

Konkreter Ausgangspunkt für die Projektgruppenarbeit war dann die Auflistung aller wichtigen Arbeitsfunktionen, insgesamt mehr als 120, die in den einzelnen Funktionsbereichen ausgeführt werden. Für jede Funktion wurde geprüft, ob die Integration in ein Segment tatsächlich sinnvoll und vorteilhaft ist, insbesondere im Hinblick auf die Beschleunigung des Auftragsdurchlaufs und die Verbesserung der Abstimmung. So entstand – in mühevoller Kleinarbeit – nach und nach das Rahmenmodell.

Das Rahmenmodell (Abb. 5.5) sieht vor, daß es weiterhin einen (produkt-)über-greifenden Vertrieb, ein gemeinsames Fertiglager und einen gemeinsamen Versand gibt. Dazwischen gibt es produktgruppenbezogene Segmente. In die Segmente bzw. die Segmentbüros – so der spätere Begriff – werden Arbeitsfunktionen aus den Bereichen Planung/Disposition, Materialwirtschaft, Instandhaltung, Qualitätssi-cherung, Entwicklung sowie EDV und Produktcontrolling integriert. Für bestimmte Arbeitsfunktionen aus allen Funktionsbereichen, die nach wie vor in zentralen Be-reichen ausgeführt werden müssen, wurde die Aufgabenteilung zwischen Segmen-ten und den zentralen Einheiten noch detaillierter beschrieben.

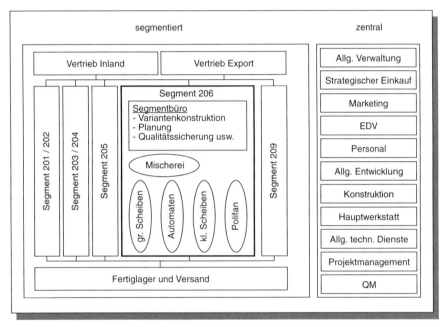

Abb. 5.5. Das Rahmenmodell zur Segmentierung

Vorgesehen, in der Projektgruppe „Rahmenmodell" jedoch nicht näher betrach-tet, ist außerdem, daß die Fertigung innerhalb der Segmente in Arbeitsgruppen or-ganisiert wird, wie am Beispiel des Segments 206 dargestellt.

> … und dann war da noch **der Leiter der Arbeitsvorbereitung**, der das Ergebnis einer Kartenabfrage zu Chancen und Risiken, die aus Sicht der Projektgruppe mit dem Rah-menmodell verbunden waren, prägnant zusammengefaßt hat:
> Die *Chance* ist riesengroß, über Information, Motivation und Konzentration auf die wert-schöpfenden Tätigkeiten, zu einem wirtschaftlicheren und schnelleren Auftragsdurchlauf zu kommen.
>   Das *Risiko* ist hoch, daß wir – ohne Einbeziehung des Vertriebs und durch die gleich-zeitige Einführung von SAP – unsere Mitarbeiter überfordern und deshalb aus einer ge-sunden Firma ein Unternehmen schaffen, das im Dickicht von Konkurrenzdenken stek-kenbleibt.

Bestrebungen der Projektgruppe, die Vor- und Nachteile des Rahmenmodells im Vergleich zur bestehenden Organisationsstruktur zu beurteilen, scheiterten an der Erkenntnis, daß das Rahmenmodell dafür noch zu grob ist und für eine quantitative Bewertung in jedem Fall noch detailliertere und zeitaufwendige Arbeitsablaufanalysen und -planungen durchgeführt werden müßten. Daher kam die Projektgruppe zu dem Ergebnis, daß es sinnvoller ist, das Modell in einem Pilotbereich – und zwar im Produktbereich 206 – zu erproben, Erfahrungen zu sammeln und auszuwerten, um dann entscheiden zu können, ob sich das Modell bewährt hat und auch auf andere Bereiche übertragen werden kann.

Als Beschlußvorlage für den Ring formuliert die Projektgruppe für das weitere Vorgehen im Projekt deshalb folgende Empfehlung:

Der Ring beschließt in der Sitzung am 2. Juli 1998:
- Es wird eine Projektgruppe „Segmentierung 206" gebildet, die auf der im Rahmen von RAMONA erarbeiteten Basis bis Mitte Oktober 1996 einen konkreten Vorschlag zur Segmentierung des Produktbereichs 206 erarbeitet.
- Gleichzeitig benennt der Ring einen Mitarbeiter, der in der Projektgruppe mitarbeitet mit der Perspektive, später die Leitung des Segments 206 zu übernehmen.
- Die Entscheidung erfolgt unter folgenden Annahmen und Randbedingungen:
  - Wir sehen in der Zusammenfassung möglichst vieler Tätigkeiten der Wertschöpfungskette in einem Segment die Chance, wesentlich schneller, besser und wirtschaftlicher die Forderungen unserer internen und externen Kunden erfüllen zu können.
  - Auf jeden Fall darf sich in der Einführungsphase eines Segments keine Erhöhung des Personalbedarfs ergeben.
  - Wie unsere Organisation mit einem Segment 206 neben anderen Segmenten und mit erforderlichen zentralen Funktionen aussehen könnte, ist im Rahmenmodell dargestellt.
  - Die Definition des Segments, das heißt im wesentlichen der Steuerungsfunktionen im Segment bzw. Segmentbüro ist die Voraussetzung für die Einführung „autonomer" Arbeitsgruppen, durch die wir eine weitere wesentliche Leistungssteigerung erwarten.
  - Mitte Oktober wird im Ring entschieden, ob das Segment 206 tatsächlich realisiert wird. Die Erfahrungen mit diesem Segment sollen später eine Aussage über den Erfolg der Umstellung ermöglichen und Entscheidungsgrundlage für eine Gesamtumstellung des Unternehmens sein.

Projektgtruppe „Rahmenmodell" im Juni 1996

5.4.2
Projektgruppe „Segmentierung"

Anfang Juli 1996 befürwortete der Ring die Empfehlung der Projektgruppe „Rahmenmodell" und machte damit den Weg frei für die zweite Projektgruppe und die Konkretisierung des Rahmenmodells. Der Auftrag an die Projektgruppe „Segmentierung 206" umfaßte folgende Aufgaben:

- Definition aller Funktionen, die im Segment wahrgenommen werden,
- Personelle, möglichst namentliche Besetzung des Segments,

- Klärung räumlicher Fragen,
- Konzept für die Bewertung der Umstellung,
- Einführungsplan (Vorgehensweise, Termine etc.).

Diese Projektgruppe war so zusammengesetzt, daß einige der Teilnehmer wahrscheinlich auch Mitarbeiter in einem künftigen „Segmentbüro" sein würden. Auch ihr künftiger „Chef" arbeitete in der Projektgruppe mit. Denn um die Bedeutung der Realisierung des Pilotsegments für die weitere Entwicklung der „neuen Organisationsstruktur" im Unternehmen zu unterstreichen, hatte der Ring den Ressortleiter „Fertigung", gleichzeitig Promotor sprich „Vorantreiber" des Projekts, zum (vorläufigen) Segmentleiter benannt.

Abweichend vom Rahmenmodell kam die Projektgruppe zu dem Schluß, daß folgende Funktionen im Segment nicht „vertreten" sein sollten:

- „Grundlagenentwicklung", weil hier sehr viel Entwicklungsarbeit auch für andere interne und externe Kunden und andere Standorte gemacht wird,
- „Zentrales Prüffeld" und „Labor", weil in beiden Fällen weniger als 50% der Tätigkeiten für den Bereich 206 aufgewendet werden.
- „Produkt-Controlling",, weil die Personalkapazität nicht ausreichte, obwohl die Integration im Sinne einer hohen Kostentransparenz von der Projektgruppe als ideal angesehen wurde.
- „Instandhaltung", weil die „zentrale" und bedarfsgerechte Verschiebung von Personalkapazität zwischen den Produktgruppen und die einfachere Organisation von Bereitschaftsdiensten dann nicht mehr möglich sei. Aus Sicht der Projektgruppe dagegen wäre die Integration der ohnehin schon nach Produktbereichen organisierten Instandhaltungsgruppen nur noch ein kleiner Schritt gewesen.

Alle anderen Arbeitsfunktionen und Tätigkeiten, die im Segment ausgeübt werden sollten, wurden unter Oberbegriffe gefaßt und als ein wesentliches Ergebnis der Projektgruppe in der „Funktionalen Struktur" (Abb. 5.6) dargestellt.

Da bei allen Diskussionen über die Arbeitsfunktionen gleichzeitig auch immer Namen in den Hinterköpfen der Gruppenmitglieder gewesen und zum Teil auch schon offen ausgesprochen worden waren, fiel es relativ leicht, die insgesamt zwölf Mitarbeiter zu benennen, die eine oder mehrere dieser Funktionen übernehmen sollten. Um die gegenseitige Vertretung innerhalb des Segmentbüros in Zukunft sicherstellen zu können, wurde ein Qualifizierungsplan erstellt, der vorsah, daß jede Arbeitsfunktion mehrfach, zumindest aber doppelt „besetzt" sein sollte. Die dazu notwendigen, umfangreichen Schulungs- und Weiterbildungsmaßnahmen sollten intern, aber auch mit erheblicher Unterstützung von Mitarbeitern aus den zentralen Bereichen durchgeführt werden.

„Mittendrin statt nur dabei" hieß es dann bei der Klärung der Raumfrage. Die Projektgruppe war sich einig, daß alle Arbeitsplätze geschlossen in unmittelbarer Nähe der Produktion angeordnet sein sollten, um die gewünschte direkte Kommunikation zu erreichen. Nach Abwägen vieler Alternativen favorisierte die Projekt-

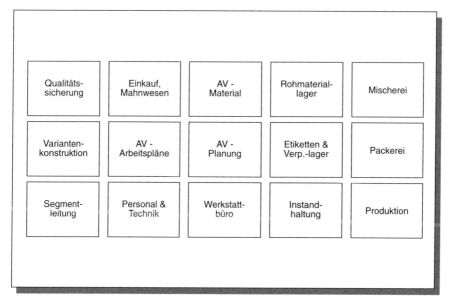

Qualitäts-sicherung	Einkauf, Mahnwesen	AV - Material	Rohmaterial-lager	Mischerei
Varianten-konstruktion	AV - Arbeitspläne	AV - Planung	Etiketten & Verp.-lager	Packerei
Segment-leitung	Personal & Technik	Werkstatt-büro	Instand-haltung	Produktion

Abb. 5.6. Funktionale Struktur des Segments 206

gruppe den Ausbau der vorhandenen Meisterbüros. Obwohl aufgrund umfangreicher Baumaßnahmen die teuerste Alternative und theoretisch nicht vor Mitte 1997 realisierbar, erfüllt sie nahezu ideal die Anforderungen der Gruppenarbeit – eben mittendrin.

Parallel zur Feinplanung des Segmentbüros arbeitete eine Untergruppe an dem Konzept für die Bewertung der Umstellung. Es wurden „harte" Kriterien wie Anzahl der Beschäftigten, Stück pro Stunde, Lagerbestände für Rohmaterial und Fertigwaren, Lieferfähigkeit, Auftragsdurchlaufzeiten, Anzahl und Verhältnis von wertschöpfenden und nicht wertschöpfenden Tätigkeiten gesammelt und zum Jahresende 1996 festgehalten. Die Fortschreibung dieser Zahlen sollte später eine Beurteilung des wirtschaftlichen Erfolgs der Segmentierung möglich machen.

Um aber auch die Veränderung bei den sogenannten „weichen" Faktoren wie Motivation, Arbeitszufriedenheit, Streß etc. beurteilen zu können, wurden vor Beginn der Segmentierung bzw. der Gruppenarbeit in der Produktion und gegen Ende der offiziellen Laufzeit des Projekts verschiedene Mitarbeiterbefragungen durchgeführt:

Die Ergebnisse – Stand Juli 1998 – zeigen, daß nach 18 bzw. 9 Monaten schon viele Verbesserungen erreicht werden konnten:

Etwa 45% der Mitarbeiter sind der Ansicht, daß sich die „Zusammenarbeit mit den Kollegen und Vorgesetzten" sowie der „Informationsfluß" verbessert haben. Dies trifft insbesondere auf die Mitarbeiter des Segmentbüros (über 70%) zu und zeigt sich auch nach außen in einem relativ stark ausgeprägten „Wir-Gefühl".

Erfreulich ist auch, daß etwa 50% der Mitarbeiter in der Fertigung der Meinung sind, daß die Möglichkeiten, „sich bei der Arbeit abzuwechseln" und „mitreden und mitentscheiden" zu können, verbessert haben, denn dies waren zentrale Wünsche und Erwartungen an die Gruppenarbeit.

Aber: Fast 60% aller Mitarbeiter sagen auch, daß „Belastungen und Streß" bei der Arbeit zugenommen haben. Ein sehr deutliches Warnsignal, bei dem es gilt, mögliche Ursachen (Übernahme von Verantwortung, Überforderung durch Qualifizierung, Auftragssituation etc.) in den Gruppen genauer zu hinterfragen und möglichst schnell gegenzusteuern.

Nach knapp dreimonatiger Arbeit stellt die Projektgruppe zunächst allen künftigen Mitarbeitern des Segmentbüros, die alle – und das war im Sinne von „Betroffene zu Beteiligten machen" besonders wertvoll – schon vorher vom Promotor und Segmentleiter persönlich angesprochen und informiert worden waren, die Ergebnisse vor. Kurz danach erfolgt die Präsentation im Ring. Dieser beschließt Mitte Oktober 1996, daß die Vorschläge der Gruppe „Segmentierung 206" umgesetzt werden sollen. Dazu gehören im wesentlichen:

- die Zusammenfassung der Funktionen und Mitarbeiter im Segmentbüro,
- die Durchführung der erforderlichen Baumaßnahmen
- die Umsetzung der Segmentorganisation, das heißt,
  - die Rückmeldung des Projektstandes an alle bisher Beteiligten sowie die Information aller Mitarbeiter im Bereich 206,
  - die Durchführung der erforderlichen Qualifizierungsmaßnahmen,
  - die Durchführung regelmäßiger (wöchentlicher) Besprechungen des Segmentbüros ab Januar 1997, auch wenn die räumlichen Voraussetzugen noch nicht gegeben sind, und
  - die Vorbereitung und Bildung einer neuen Projektgruppe, mit dem Auftrag, bis Ende Februar 1997 ein Konzept für die Einführung von Gruppenarbeit im Betrieb zu entwickeln.

5.4.3
Projektgruppe „Gruppenarbeit"

Neben den bereits bekannten Gesichtern (Segmentleiter, Projektleiter, Patin) arbeiten in der Projektgruppe „Gruppenarbeit 206" vorwiegend „Praktiker" mit. Dazu zählen der „Betriebsleiter", die beiden Meister, ein Vorarbeiter, ein Maschinenbediener und eine Maschinenbedienerin, die, so kurios es auch klingen mag, rein zufällig auf den einprägsamen (Vor-)Namen Ramona hört, sowie ein Mitarbeiter der Qualitätssicherung. Einstieg in die Projektgruppenarbeit war der gewohnte „Blick zurück", das heißt, Information über die bisherigen Arbeitsschritte im Projekt RAMONA und die Vorstellung der Aufgabe aus der Projektgruppe „Segmentierung".

Die Projektgruppe sollte anhand der Fragen

- Wie kann die Fertigung sinnvoll in Gruppen unterteilt werden?
- Welche Aufgaben sollen von den Gruppen übernommen werden?

die Einführung von Gruppenarbeit in der Produktion planen.

Als Diskussionsgrundlage stellte der Segmentleiter dazu seine „Idealvorstellung" von Gruppenarbeit in der Fertigung 206 in der ersten Sitzung der Projektgruppe vor. Es wurde jedoch schnell deutlich, daß dieser Schritt zu früh erfolgte, da die „Neuen" in der Projektgruppe mit der schon sehr detaillierten Beschreibung des Soll-Zustands überfordert waren. Deshalb machte die Projektgruppe einen Schritt rückwärts. Nach einer erneuten Informationsphase mit Beispielen aus anderen Unternehmen und der Diskussion über Erfolge und Probleme bei der Einführung von Gruppenarbeit bestand in der Projektgruppe Klarheit und Einigkeit über die Aufgabenstellung, nämlich darüber, daß

- es im Prinzip sinnvoll ist, „Produktgruppen" zu bilden;
- zu klären ist, welche Aufgaben (Fertigungsaufgaben und Nebentätigkeiten) im einzelnen von den Produktgruppen übernommen werden können;
- dann die neuen Aufgaben der Vorarbeiter und Meister geklärt werden müssen;
- die Führung und disziplinarische Unterstellung der Gruppen zu klären ist;
- ein Auswahlverfahren für die Gruppenmitglieder und ein Qualifizierungsprogramm erarbeitet wird;
- ein Entgeltsystem entwickelt wird, das die Ziele der Gruppenarbeit unterstützt.

Zur Klärung der Frage, welche Aufgaben von den Gruppen übernommen werden sollen, wurden alle Arbeitsaufgaben aufgelistet und in vier „Kategorien" aufgeteilt: Bearbeitungs-, Nebenarbeits-, Qualitätssicherungs- sowie Meister-/Vorarbeiterfunktionen. Jede einzelne Tätigkeit wurde vor dem Hintergrund einer sinnvollen Integration betrachtet und diskutiert. Das Ergebnis ist das Modell „Gruppenarbeit" (Abb. 5.7). Es zeigt, daß neben den direkten Arbeitsaufgaben (produktive Tätigkeiten), die zum überwiegenden Teil in der Gruppe liegen, auch wesentliche Funktionen aus den indirekten Bereichen integriert werden sollen.

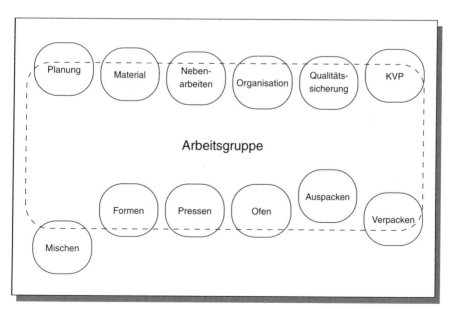

Abb. 5.7. Modell „Gruppenarbeit"

Die Diskussion der Meister-/Vorarbeiterfunktionen führte automatisch auch zu der Frage nach der Führung der Gruppen. Es war relativ schnell entschieden, daß es in den Gruppen keine „alte" Vorarbeiter- oder Gruppenführerfunktion, sondern lediglich eine „neue" Vertretungsfunktion geben sollte, aber es dauerte lange, bis man einen geeigneten Namen für das „Kind" gefunden hatte. Die Gruppe einigte sich schließlich auf die Bezeichnung „Gruppensprecher". Nach Definition der künftigen Aufgaben der Gruppensprecher und Gegenüberstellung mit den bisherigen der Meister und Vorarbeiter war klar, daß viele der Vorgesetztenfunktionen von den Gruppen wahrgenommen werden sollten, und daß dies eine Verschiebung der Aufgaben zwischen Gruppensprechern und Meistern bedeutete.

Bei der Unterteilung der Fertigung in Gruppen kam die Projektgruppe zu dem Ergebnis, daß es Sinn macht, vier echte „Produktgruppen" zu bilden, denen ein bestimmtes Produktspektrum eindeutig zugeordnet werden konnte. Dies waren die Gruppen: *Große Scheiben, Kleine Scheiben, Automaten* und *Polifan*. Daneben gibt es eine Arbeitsgruppe *Rohmateriallager und Mischerei* als „Zulieferer" und die Arbeitsgruppe *Öfen und Nebenarbeiten* als „Dienstleister" für die anderen Arbeitsgruppen.

Die Anregung eines Mitgliedes der Projektgruppe, die „Kollegen" in der Produktion mehr „ins Boot zu ziehen" und darüber zu informieren, was bei Gruppenarbeit anders ist, führte zu einem Brainstorming über das Wie. Dabei entstanden – ganz nebenbei – unser künftiges „Leitmotto" und die „Leitsätze" zur Gruppenarbeit, die von nun an bei allen Gelegenheiten verbreitet werden sollten (Abb. 5.8).

WIR ist stark.
Die Gruppe

- Gruppenarbeit bedeutet die Zusammenarbeit mehrerer Mitarbeiter an einer gemeinsamen Arbeitsaufgabe.   **Wir arbeiten zusammen.**

- Die Gruppe ist für ein Produkt oder eine Produktgruppe zuständig und organisiert sich weitgehend selbst.   **Wir sind zuständig.**

- Die Gruppe übernimmt die Verantwortung für den gesamten Arbeitsprozeß und für die Qualität ihrer Produkte.   **Wir haben Verantwortung.**

- In der Gruppe greifen sich die Mitarbeiter gegenseitig unter die Arme und qualifizieren sich untereinander.   **Wir helfen uns.**

- Gruppenarbeit heißt, daß auftretende Probleme angesprochen und Konflikte offen ausgetragen werden.   **Wir reden miteinander.**

- Die Gruppe ist ständig darum bemüht, ihren Arbeitsprozeß zu verbessern und nach neuen Lösungen zu suchen.   **Wir suchen Lösungen.**

- Gruppenarbeit soll durch abwechslungsreicheres und selbstständigeres Arbeiten zu mehr Spaß bei der Arbeit führen.   **Wir haben Spaß.**

- Gruppenarbeit bedeutet die Chance, noch besser zu werden und damit die Wettbewerbfähigkeit zu sichern.   **Wir werden besser.**

Abb. 5.8. Leitmotto und Leitsätze zur Gruppenarbeit

5.5
Arbeitsgruppen in der Produktion

Nachdem die Projektgruppe „Gruppenarbeit" Anfang März 1997 dem Lenkungsausschuß ihre Zwischenergebnisse vorgestellt hatte, standen die Arbeitsgruppen
und deren Produkte bzw. Funktion im Grundsatz fest.

Der nächste Schritt war die personelle Besetzung der Arbeitsgruppen. Dazu wurde von den Vorgesetzten (Meister, Vorarbeiter) eine Matrix erstellt, die folgende Informationen enthielt:

- die Namen aller Mitarbeiter im Bereich 206,
- die Bezeichnung aller Gruppen und aller direkten und indirekten Tätigkeiten in
  jeder Gruppe,
- die Kennzeichnung der Tätigkeit, die der einzelne Mitarbeiter heute überwiegend ausführt, das heißt, des sogenannten „Stammarbeitsplatzes" und
- die Markierung der Tätigkeiten, die der einzelne Mitarbeiter außerdem bereits
  ausführen kann, das heißt, die sogenannten „Ausweicharbeitsplätze".

Maßgebliches Kriterium bei der Zusammenstellung der Gruppen war dann, daß die
Mitarbeiter nach Möglichkeit ihren Stammarbeitsplatz behalten sollten. Nach Klärung der Fragen,

- sind in jeder Gruppe alle Arbeitsplätze besetzt?
- sind Arbeitsplätze mehrfach besetzt?
- gibt es zusätzlichen Personal- und Qualifikationsbedarf?

stellte sich erfreulicherweise heraus, daß dies nur bei einigen Mitarbeitern schwierig oder nicht möglich war.

In kleinen Gruppen – nicht die vorgesehenen Arbeitsgruppen – stellten die Meister die Matrix allen Mitarbeitern vor. Danach wurden die Listen ausgehängt und in
kurzen Einzelgesprächen mit den Mitarbeitern geprüft, ob die Angaben zu Arbeitsplatz und Qualifikation richtig sind und die Gruppenzuordnung akzeptiert oder eine
andere Gruppe gewünscht wird. In dieser Phase wurden auch die Gruppensprecher
benannt. Um das „Schichtgruppendenken" ab- und keine zusätzlichen „Rangstu-
fen" aufzubauen, sollte es nur einen Gruppensprecher je Arbeitsgruppe und auch
keine „Gruppensprechervertreter" geben.

Im Juni 1997 gab der Segmentleiter dann auf einer Abteilungsversammlung die
endgültigen Gruppen und deren Gruppensprecher bekannt.

Parallel zur Bildung der Arbeitsgruppen sollte eine weitere Untergruppe „Raumplanung" die räumlichen und technischen Voraussetzungen für die Gruppenarbeit
schaffen. Nach Erarbeitung des künftigen Fabriklayouts, der Detailplanung für die
Produktgruppen und der Erstellung eines Zeitplanes begannen die Umstellungen
von der verrichtungsorientierten zur produkt- bzw. gruppenorientierten Anordnung
der Maschinen ebenfalls noch vor Mitte 1997.

5.5.1
Die neuen Aufgaben der Gruppensprecher und Meister

Nach der gemeinsamen Vorbereitung der ersten Gruppengespräche durch Patin und Projektleiter beschloß die Runde, sich gemeinsam mit den Meistern regelmäßig zum Erfahrungsaustausch zu treffen, und um ihre künftigen Aufgaben festzulegen. Dazu wurden zunächst alle bisherigen Aufgaben und Tätigkeiten gesammelt und in einer „Umverteilungsmatrix" festgelegt, wer was von wem in welcher Reihenfolge übernehmen sollte. Unterstützt durch die im Vorfeld geführte Diskussion, welche Meister-/Vorarbeiterfunktionen von den Gruppen übernommen werden sollten, führte schließlich zur Neudefinition ihrer Aufgaben.

Die neuen Aufgaben der *Gruppensprecher*:

- er „gibt die Richtung an" und vertritt die Interessen der Gruppe nach außen,
- er ist Ansprechpartner für die Meister und das Segmentbüro,
- er gibt Informationen an die Gruppe weiter und gestaltet die Info-Wände,
- er organisiert und führt regelmäßig Gruppengespräche durch,
- er sorgt für eine schichtübergreifende Abstimmung.

Um ihre Gruppen schichtübergreifend betreuen und das „Schichtdenken" abbauen zu können, wollten und sollten einige der Gruppensprecher, die in zwei Schichten arbeiteten, in eine flexible Früh- bzw. Tagschicht wechseln. Problem dabei war, daß der Entfall der Schichtzulagen einen erheblichen Verdienstverlust bedeutet hätte. Als Alternativen boten sich Ausgleichszahlungen zur Wahrung des Besitzstandes an, entweder in Form eines Einmalbetrages in Höhe der Schichtzulagen für einen Zeitraum von zum Beispiel drei Jahren oder in Form von Zahlungen über drei Jahre verteilt mit schrittweisem Abbau. Die Lösung lag im Abschluß von 38-Stunden-Verträgen. An die Stelle der Schichtarbeit tritt zwar die „Erschwernis" der längeren Arbeitszeit, aber der Verdienstverlust wird ausgeglichen und die Gruppensprecher können heute innerhalb eines erweiterten Zeitrahmens (5:00 Uhr bis 17:00 Uhr) ihre Arbeitszeit den Belangen der Gruppe entsprechend flexibel gestalten.

Außerdem sollten die Gruppensprecher in Absprache mit den Gruppenmitgliedern

- die Personal-, Urlaubs- und Freischichtplanung übernehmen,
- die Arbeitsablaufplanung und Materialbereitstellung durchführen und
- die ständige Verbesserung des Arbeitsprozesses vorantreiben.

… und dann war da noch **der Meister**, der sich eines Montagmorgens doch sehr wunderte, daß einer „seiner" Mitarbeiter, der sich schon für den vergangenen Freitag Freischicht bei ihm geholt hatte, nicht zur Arbeit erschienen war, und es auch keinerlei Anzeichen einer Benachrichtigung oder Entschuldigung gab.

Wie sich nach „eifriger" Recherche herausstellte, hatte sich ein Gruppensprecher erdreistet, dem Mitarbeiter die gewünschte Verlegung der Freischicht kurzerhand zu gewähren, aber – und das war natürlich sein Fehler – vergessen, „seinen" Coach zu informieren. Einer „offenen Aussprache" folgte schnell die Erkenntnis: Montag ist nicht Freitag! (oder: Information wäre alles gewesen!)

Die neuen Aufgaben der *Meister*:

- er ist weiterhin disziplinarischer Vorgesetzter,
- er ist verantwortlich bei Problemen, die die Gruppe nicht selbst lösen kann,
- er übernimmt die Koordination zwischen den Gruppen,
- er macht die gruppenübergreifende Personalplanung,
- er ist Bindeglied/Kontaktperson zwischen Segmentleitung und Produktion,
- er vereinbart Ziele mit den Gruppen (Entgelt),
- er leistet Überzeugungsarbeit für Gruppenarbeit und unterstützt die Einführung.

Dabei verändert sich seine Rolle immer mehr vom Meister zum „Prozeßbegleiter" und Trainer oder „Coach".

5.5.2
Einbeziehung und Schulung der Mitarbeiter

Als erster Schritt zu einer breiteren Einbeziehung und Schulung aller Beschäftigten im Fertigungsbereich 206 wurden von der Patin im März 1997 insgesamt sieben In-formations- und Diskussionsveranstaltungen mit jeweils etwa 15 Teilnehmern durchgeführt. Die Veranstaltungen dauerten drei Stunden und fanden während der Arbeitszeit statt. Ziel war es, daß die Mitarbeiter

- wissen, warum Gruppenarbeit bei RÜGGEBERG eingeführt wird,
- die Chancen und Risiken der Gruppenarbeit erkennen,
- die Planungen der Projektgruppe "Gruppenarbeit" kennenlernen,
- ihre Probleme bei der Arbeit aufzeigen und
- ihre Erwartungen und Bedenken zur Gruppenarbeit äußern.

Einige Wochen später organisierten Meister und Vorarbeiter mit kleinen Gruppen Fertigungsrundgänge. Bei diesen „Führungen" sollten die Mitarbeiter ihre Ferti-gung kennenlernen, denn man sollte es kaum glauben, aber viele der Mitarbeiter waren über ihren eigenen Arbeitsbereich oder sogar Arbeitsplatz noch nicht „hin-ausgekommen" und hatten den gesamten Werdegang einer Schleifscheibe vom Rohmaterial bis zum Verpacken noch nie bewußt gesehen.

Mit Unterstützung eines externen Trainers wurden im August und im Dezember 1997 für alle Mitarbeiter des Bereiches 206 zweitägige Seminare zur „Gruppenar-beit" durchgeführt. Am Ende des jeweils ersten Seminartages hatten die Teilnehmer Gelegenheit mit ihren verschiedenen „Chefs", das heißt, Geschäftsleiter, Segment-leiter und Meister, zu diskutieren – und das nicht nur über Gruppenarbeit. Diese so-genannten „Kamingespräche" fanden allgemein großen Anklang verbunden mit dem Wunsch nach baldmöglicher Wiederholung.

5.5.3
Die Gruppengespräche

Langsam aber sicher machte sich die Gruppenarbeit bei RÜGGEBERG breit. Obwohl die Gruppen zum Teil noch nicht räumlich zusammenarbeiten konnten, weil die geplanten Maschinenumstellungen noch nicht abgeschlossen waren, begannen die Gruppensprecher, intensiv unterstützt durch den Coach und den Projektleiter, Ende August 1997 mit der Durchführung von Gruppengesprächen.

Zur Organisation: Die Einladung erfolgt schriftlich mittels Aushang an der Info-Wand durch den Gruppensprecher. Die Gruppengespräche finden im Abstand von etwa vier Wochen statt und dauern ca. ein bis zwei Stunden. Bei den ersten Gruppengesprächen wurden die wesentlichen Punkte in Stichwort-Protokollen festgehalten. Heute erfolgt dies in Form von Maßnahmeplänen.

… und dann war da noch **der Gruppensprecher**, der zu Beginn seines ersten Gruppengesprächs das Blatt mit unseren Leitsätzen und dem Leitmotto zur Gruppenarbeit fest in den Händen hielt und seine Kollegen mit ernster Miene und den Worten begrüßte: „ICH gibt's nicht mehr, das heißt jetzt WIR!"

5.6
Das neue Entgeltsystem

Im ersten „RAMONA-Jahr" spielte Geld keine Rolle. Das heißt natürlich Entgelt und noch keine Rolle. Denn eines der wesentlichen Ziele des Projektes, die Entwicklung eines Arbeitszeit- und Entgeltsystems, das den neuen Strukturen gerecht wird, erscheint – schwarz auf weiß – erst wieder in der Aufgabenstellung für die Projektgruppe „Gruppenarbeit".

Eine Bestandsaufnahme zeigt, daß es bei RÜGGEBERG neben Akkord- und Zeitlohn eine Vielzahl unterschiedlicher Einzel- und Gruppen-Prämienregelungen gibt. Der Anteil der Akkordstunden an allen geleisteten Lohnstunden sank, im wesentlichen bedingt durch die Automatisierung von Fertigungsanlagen, von 1988 (13,9 %) bis heute auf fast die Hälfte (7,1 %). Im gleichen Zeitraum stiegen die Verdienste beim Akkord mit prozentualem Leistungsanteil um ca. 53 %, beim Prämienlohn mit einem Leistungsanteil in D-Mark nur um ca. 32 %, so daß die durchschnittlichen Akkordlöhne weit über den gezahlten Prämienlöhnen liegen. Kriterien zur Ermittlung der Prämien sind zum Beispiel Stückzahl, Maschinennutzung, Qualität und auch Kombinationen davon. Die Prämienkurven verlaufen mehr oder weniger degressiv, so daß ein finanzieller Anreiz nur bis zu einem gewissen Leistungsgrad gegeben ist.

Im Januar 1997 geht es in der Projektgruppe „Gruppenarbeit" dann erstmalig um's Geld – natürlich Entgelt. Diskutiert werden erste „Leitsätze" zur Entlohnung:

- Als Entgeltkomponenten soll es neben dem Tariflohn einen Anteil geben, der die persönliche Leistung der Mitarbeiter berücksichtigt und eine gruppenbezogene Leistungsprämie.

- Es soll eine Art „Gleitzeitregelung" geschaffen werden, die es den Gruppen ermöglicht, ihren Personalbedarf je nach Kapazitätsbedarf selbst zu koordinieren.
- Die Projektgruppe ist sich im Klaren, daß „Akkord" und „Einzelprämie" bei Gruppenarbeit langfristig nicht aufrechterhalten werden können.
- Um Unruhe und Mißstimmung zu vermeiden, sollte der Lohn in der Einführungs-/Umstellungsphase mindestens in der Form abgesichert werden, die der Tarifvertrag vorschreibt.

Das Ziel war sehr schnell gefunden: *Einfach*, *gerecht* und *motivierend* sollte das neue Entgeltsystem sein.

Der Weg dahin wurde – bewußt oder unbewußt – aber nur sehr langsam beschritten. Nach Diskussionen von Vorschlägen aus der Gruppe und Beispielen aus dem eigenen und anderen Unternehmen gab es immer wieder längere „Pausen", bevor das Thema wieder auf der Tagesordnung erschien und es hat den Anschein, als wenn es bei diesem relativ schwierigen Problem einer gewissen Bedenkzeit oder auch „Reifezeit" bedurfte, damit – rückblickend betrachtet – die Lösung relativ einfach gefunden und umgesetzt werden konnte.

5.6.1
Der Aufbau

Die „Reifezeit" dauerte etwa acht Monate, bis schließlich im August 1998 in der Projektgruppe Einigkeit über die Entgeltkomponenten (Grundentgelt, individuelle Prämie und Gruppenprämie) und die Kriterien zu deren Ermittlung bestand. Insbesondere im Hinblick auf die Gruppenarbeit neue Aspekte dabei sind:

Die Einstufung in die Tariflohngruppe und damit das *Grundentgelt* richtet sich nicht mehr nach der „abgeforderten" Qualifikation, das heißt der ausgeübten Tätigkeit oder der Arbeitsplatzbewertung, sondern nach der „bereitgestellten" Qualifikation, d.h. nach dem Beherrschen einer oder mehrerer Tätigkeiten. Im Gegensatz zu früher können die Mitarbeiter einer Arbeitsgruppe, die mehrere Tätigkeiten beherrschen, auch Tätigkeiten, die eigentlich nur eine geringere Qualifikation erfordern würden, ohne Verdienstverlust ausführen. Dadurch entstehen zwar in einigen Fällen höhere Lohnkosten, auf der anderen Seite jedoch eine wesentlich höhere Bereitschaft zum Arbeitsplatzwechsel und mehr Flexibilität in der Gruppe. Außerdem reduziert sich die Anzahl der „Lohnstreifen" (An- und Abmelden eines Mitarbeiters an verschiedenen Arbeitsplätzen) und damit der Aufwand für die Lohndatenerfasuung und -abrechnung erheblich.

Die *individuelle Prämie* soll insbesondere berücksichtigen, wie „wertvoll" ein Mitarbeiter für die Gruppe ist. Dabei geht es weniger um die fachliche Qualifikation und die Arbeitsleistung des Einzelnen, sondern vielmehr um den persönlichen Einsatz und die Einstellung zur (Gruppen-)Arbeit. Die Kriterien zur Beurteilung der persönlichen Leistung und Ermittlung der Prämie sind:

- Einsatzbereitschaft .... 0 - 14 Punkte,
- Zusammenarbeit .... 0 - 10 Punkte,
- Qualitätsbewußtsein .... 0 - 6 Punkte.

Die minimale Punktzahl beträgt – theoretisch – 0 Punkte. Maximal erreichbar sind 30 Punkte. Die individuelle Prämie beträgt DM 0,10 pro Punkt und liegt nach der ersten Bewertung durch die Coaches heute bei Werten zwischen DM 1,60 und DM 2,40.

Maßgebend für die *Gruppenprämie* ist die Leistung oder „Produktivität" der gesamten Arbeitsgruppe und maßgebend für die Leistung der Arbeitsgruppe ist die Leistungskennzahl, berechnet als:

GUT-STÜCKZAHL (nach Aufwand gewichtet) geteilt durch die ANWESENHEITSSTUNDEN.

Gut-Stückzahl heißt, daß nur die „Stücke" zählen, die als „verkaufsfähig", das heißt in bewährter PFERD-Qualität, an das Fertiglager geliefert werden. Unterschiedliche Scheibentypen und -größen innerhalb einer Gruppe werden nach ihrem Arbeitsaufwand (Zeitvorgaben oder -schätzungen) gewichtet, und gehen mit entsprechenden Faktoren in die Stückzahlerfassung ein.

Anwesenheitsstunde heißt, daß die Stunden aller Mitarbeiter einer Arbeitsgruppe vom An- bis zum Abstempeln (Zeiterfassung) in die Rechnung einbezogen werden, es sei denn, daß Mitarbeiter die Arbeitsgruppe wechseln oder den Bereich ganz verlassen. Vorher wurden alle möglichen Stunden für Arbeiten, die nicht im Fertigungsplan standen, von den Vorgesetzten „rausgeschrieben", aus der Prämie „rausgezogen" und im Durchschnittslohn bezahlt. Dieser Aufwand entfällt jetzt, ebenso wie die Möglichkeit, die Prämie dadurch zu beeinflussen.

Statt bisher monatlich wird die Leistung bzw. Gruppenprämie über einen Zeitraum von vier Monaten ermittelt und abgerechnet, um saisonale Schwankungen und Veränderungen im Typenmix weitestgehend auszugleichen, den Mitarbeitern ein „konstanteres" Entgelt zu bieten und den Änderungs- bzw. Eingabeaufwand bei der Lohnabrechnung zu reduzieren.

Von Januar bis April 1998 wurde die durchschnittliche „Ausgangsleistung" der Gruppen ermittelt. Auf dieser Basis wurden – und werden – mit den Arbeitsgruppen Zielvereinbarungen abgestimmt. Dabei gelten für alle Gruppen folgende Grundsätze (Abb. 5.9):

- Die Prämienkurve verläuft linear.
- Die Prämienhöhe für die Ausgangsleistung, die natürlich nicht mehr unterschritten werden sollte, beträgt DM 2,50.
- Die Prämienobergrenze (maximale Prämie) liegt bei einem Wert von DM 4,00.
- Die „Abkauf"-Grenze liegt bei dem Leistungswert, der einer Prämie von DM 3,50 entspricht.

Was heißt hier Abkaufen? Das in der Literatur oder anderen Betrieben häufig als „Gainsharing" bezeichnete Prinzip, bei Erreichen bzw. Überschreiten einer bestimmten Leistung die Leistungsvorgaben „automatisch" anzuheben und im Gegenzug dafür den Mitarbeitern zusätzliche Prämien zu gewähren, nennen wir „Abkaufen".

Das zeigt das folgende **Beispiel**:
Die Leistung einer Arbeitsgruppe liegt im 1. Abrechnungszeitraum bei 340 Stück/Stunde: Es wird nicht „abgekauft"!

* Die Prämie im 2. Abrechnungszeitraum beträgt entsprechend der Zielvereinbarung DM 3,50 (durchgezogene Linie). Die Arbeitsgruppe erreicht im 2. Abrechnungszeitraum eine Leistung von 360 Stück/Stunde : Aber jetzt wird „abgekauft"!
* Die Prämie im 3. Abrechnungszeitraum beträgt DM 4,00.
* Die Leistungswerte werden um die Differenz zwischen erreichter Leistung und Abkaufgrenze angehoben, in diesem Fall um (360-340=) 20 Stück/Stunde. Die neue Zielvereinbarung (gestrichelte Linie) gilt mit Beginn des 3. Abrechnungszeitraums.
* Als Ausgleich dafür erhält jeder Mitarbeiter eine einmalige Sonderprämie (Einmalprämie), deren Höhe in etwa dem „Verlust" von DM 0,50/Stunde für einen Abrechnungszeitraum (ca. 600 Stunden) entspricht.

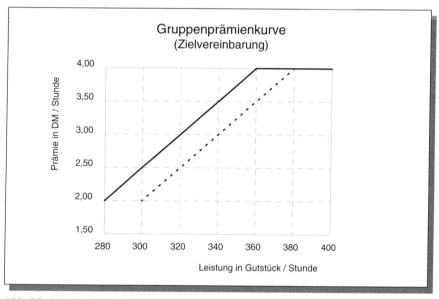

Abb. 5.9. Beispiel einer Zielvereinbarung

5.6.2
Die Umsetzung

Der Vergleich der durchschnittlichen „alten" Löhne aller Mitarbeiter des Bereiches 206 im letzten Quartal 1997 mit den Löhnen nach dem neuen Entgeltmodell zeigte, daß bei zwei Dritteln der „neue" Lohn gleich oder höher, bei einem Drittel geringer sein würde. Insbesondere für die „Spitzenleute" im Akkord würde der Wechsel in Prämie – spätestens nach zwölf Monaten – erhebliche Verdienstverluste bedeuten. Denn laut Tarifvertrag „hat der Arbeitnehmer Anspruch auf Weiterzahlung seines bisherigen Lohns für die Dauer von 12 Monaten, wenn sich die Anforderungen an

einem Arbeitsplatz durch technische oder organisatorische Änderungen ändern".
Aber ein Jahr ist schnell vorbei und für (zu) viele Mitarbeiter wären die „neuen"
Löhne weder akzeptabel noch zumutbar und damit die Voraussetzungen, Gruppen-
arbeit und das neue Entgeltsystem erfolgreich einzuführen, denkbar schlecht.

Und damit der sprichwörtliche Spaß nicht beim Geld aufhört, galt es einen Weg
zu finden, der einen „reibungsloseren" Wechsel vom Akkord in die Gruppe ermöglichen sollte. Vorschläge dazu aus der Projektgruppe wurden immer sehr sachlich
diskutiert. Nicht immer leicht, wenn's um Geld geht, aber leichter, wenn man dem
Thema genügend „Reifezeit" gab, um das Problem von allen Seiten beleuchten zu
können. Das einvernehmliche Ergebnis: Für alle Mitarbeiter, die weniger – und sei-
en es auch nur Pfennige – verdienen würden, tritt mit der Einführung des neuen
Entgeltsystems eine vierjährige Übergangsregelung in Kraft. Auszug aus der Betriebsvereinbarung über die neue Lohnregelung:

> Alle Mitarbeiter, für die nach dieser neuen Regelung der Verdienst unter dem des Zeit-
> raums Oktober bis Dezember (+ Tariferhöhung ab 01.04.98) liegt, erhalten als Lohnaus-
> gleich einen festen Betrag (DM/Std). Dieser Lohnausgleich gilt für einen Zeitraum von
> vier Jahren und beträgt im 1. Jahr 100%, im 2. Jahr 75%, im 3. Jahr 50% und im 4. Jahr
> 25% des Differenzbetrages.

Darüber hinaus haben die Mitarbeiter schon in diesem Zeitraum die Möglichkeit,
durch eigene Höherqualifizierung, und vor allem durch die Steigerung der Gruppenleistung einen höheren Verdienst, wenn nicht vollen Lohnausgleich zu erreichen. Nach mehrfacher und ausführlicher Information in Abteilungs-versammlun-
gen, Gruppen- und Einzelgesprächen über den Lohnaufbau, die Zielvereinbarungen, die Übergangsregelung und Ausgleichszahlungen erfolgte die Umsetzung des
Entgeltmodells dann endgültig am 1. Mai 1998.

Das Thema Arbeitszeit wurde und wird z.Zt. nicht intensiver verfolgt, denn nach
der Diskussion und Bewertung verschiedener Modelle kam die Projektgruppe zu
der gemeinsamen Auffassung, daß in der augenblicklichen Situation jedes andere
Modell andere (mehr) Probleme bringen würde, und zu dem Entschluß, vorerst alles beim Alten zu lassen. Auch gut.

5.7
Bewertung der Ergebnisse im Spiegel der Ziele

Auf die Frage, auf welcher Stufe einer „Leiter" (Skala), die von „keiner Gruppenarbeit" (Stufe 1) hinauf zur „funktionierenden Gruppenarbeit" (Stufe 10) führt, wir
denn heute – Mitte 1998 – eigentlich stehen, antworten die Mitglieder der Projektgruppe mehrheitlich mit „Stufe 6". Davon ausgehend, daß Stufe 10 eigentlich nie
erreicht wird, weil der Veränderungsprozeß immer weiter geht, heißt das, daß wir
bezogen auf das Gesamtprojekt „Gruppenarbeit" in den letzten zweieinhalb Jahren
schon etwa zwei Drittel des Weges geschafft haben, aber noch viel Arbeit vor uns
liegt. Dies zeigt auch ein Blick auf die Ergebnisse („Stufen"), die wir bezogen auf
die einzelnen Projektziele bisher erreicht haben (Abb. 5.10).

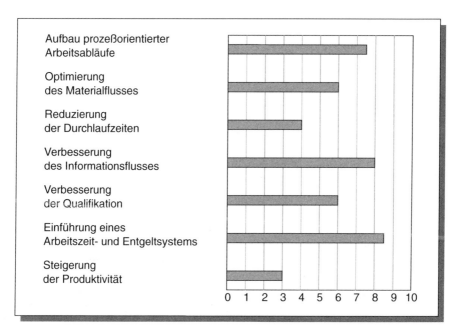

Abb. 5.10. Bewertung der Ergebnisse (Mitarbeiterbefragung)

Mit der Einrichtung des fertigungsnahen Segmentbüros wurde ein wesentlicher Schritt in Richtung *prozeßorientierter Organisation* realisiert. Gemäß dem neuen Fertigungslayout wurde begonnen, Anlagen, Maschinen und Arbeitsplätze produktbezogen zusammenzufassen und ablauforientiert anzuordnen. Dadurch reduzieren sich Transportwege und Auftragsdurchlaufzeiten ganz offensichtlich.

Daß wir bei der *Optimierung des Materialflusses* auf dem richtigen Weg sind, zeigt das Beispiel einer Arbeitsgruppe, in der die Maschinenumstellungen bereits abgeschlossen worden sind. Daß dabei alle Arbeitsstationen auf das gleiche „Niveau" (gleiche Höhe) gebracht wurden, versteht sich – nicht immer – fast von selbst. Durch die neue Anordnung der Arbeitsplätze und die Verknüpfung der Arbeitsschritte konnten lange Wege, Zwischenlager und Puffer (Behälter und Kisten) bereits deutlich reduziert werden. Damit entfällt auch ein großer Teil des lästigen, zudem unproduktiven Handlings „Rein in die Kiste, raus aus der Kiste!" und „Kiste hin, Kiste her!"

Die *Durchlaufzeiten* haben sich rein gefühlsmäßig verringert. Zur Zeit liegen jedoch keine vergleichbaren Werte vor, da sich die durchschnittlichen Losgrößen, bedingt durch die Zunahme von Sonderanfertigungen und Versuchen, stark verändert haben. Fest steht, daß Liegezeiten von mehreren Tagen vor und nach bestimmten Arbeitsstationen heute entfallen.

Die im Rahmen der Mitarbeiterbefragungen gestellte Frage nach der *Verbesserung des Informationsflusses* beantworten die Mitglieder des Segmentbüros überwiegend mit „Ja", was sicherlich auf die enge (räumliche) Zusammenarbeit und die regelmäßigen Segmentgespräche zurückzuführen ist. Auch ein großer Teil der Mitarbeiter aus den Arbeitsgruppen ist dieser Ansicht, was durch positive Aussagen zu den Punkten „sich bei der Arbeit abwechseln" und „mitreden und mitentscheiden" noch unterstrichen wird.

Die Mitarbeiter einer Arbeitsgruppe sind nach entsprechender *Qualifizierung* und Einarbeitung heute in der Lage alle Tätigkeiten auszuführen. Dadurch können sie Kapazitätsunterschiede bei den Arbeitsgängen ausgleichen und sich an Arbeitsplätzen mit höherer körperlicher Belastung abwechseln. Bei der Qualifizierung gab es nach gutem Beginn jedoch zwei „Rückschläge". Zum einen die Einführung von SAP, die vor allem den Mitarbeitern des Segmentbüros andere Sorgen macht(e), als sich in die Aufgaben ihrer Kollegen einzuarbeiten, zum anderen eine hohe Auftragslage, die verhindert(e), Mitarbeiter der Produktion für geplante Qualifizierungsmaßnahmen freizustellen. Daher ist die Qualifizierung – wann immer möglich – noch in vollem Gange.

Ein *Entgeltmodell* wurde entwickelt und umgesetzt (ein neues Arbeitszeitsystem nicht). Das neue Entgeltsystem befindet sich zur Zeit in der Einführungsphase, und erst in den nächsten Monaten wird sich zeigen, ob es den Anforderungen von Gruppenarbeit genügt und, das war das Ziel, einfach, gerecht und motivierend ist.

Aufgrund der Umstellungsmaßnahmen und des hohen Qualifizierungsaufwandes trat bis Anfang 1998 eine *Erhöhung der Produktivität* durch die Gruppenarbeit nicht ein. Das bedeutet aber insgesamt auch kein Rückgang, obwohl insbesondere nach der Verlagerung von „Akkord"-Arbeitsplätzen in eine Arbeitsgruppe mit (alter) Gruppenprämie die Leistung teilweise deutlich sank. Heute sind in Teilbereichen erste Produktivitätsverbesserungen erkennbar. Konkrete Leistungs- oder Produktivitätskennzahlen für die einzelnen Produkt- bzw. Arbeitsgruppen sind jedoch erst anhand der im Rahmen des neuen Entgeltsystems mit den Arbeitsgruppen abgestimmten Zielvereinbarungen zu ermitteln.

5.8
Förderliche und hinderliche Bedingungen des Wandels

Zurückblickend zeigt die Zusammenfassung der Meinungen der Beteiligten, welche Bedingungen sich unterstützend (+) und welche sich störend (-) auf den Projektverlauf und den Veränderungsprozeß ausgewirkt haben:

(+) die Durchführung detaillierter Analysen, um eine gemeinsame Problemsicht und „Einigkeit" zu erzielen,

(+) der regelmäßige „Blick zurück" (Zwischenbilanzen), um das Erreichte zu bewerten und die nächsten Schritte zu planen,

(+) die offene und sachliche Diskussion ohne persönliche Konflikte,

(+) die Bildung von Untergruppen, um Teilaufgaben effektiver zu erledigen,

(+) die hierarchieübergreifende, bereichsübergreifende Zusammenarbeit,

(+) die Unterstützung und Mitarbeit von Vorgesetzten und „Experten",

(+) die rechtzeitige Information, Einbindung und Qualifizierung der Beteiligten und „Betroffenen",

(+) das Beherrschen der Projektorganisation,

(+) die gute Moderation,

(+) die schnelle, ordentliche Dokumentation,

(+) der "Blick über den Zaun", das heißt, Erfahrungsaustausch im Verbund und mit anderen Unternehmen,

(+) die Offenheit und Bereitschaft zu Neuem,

(-) die EDV-Umstellung auf SAP, die, weil auch bei uns nicht problemlos, für viele Mitarbeiter eine zusätzlich Be- statt Entlastung bedeutete,

(-) der Zeitaufwand für die Qualifizierung, der unterschätzt wurde und teilweise an die „Grenzen" der Mitarbeiter ging,

(-) die Angst um Arbeitsplätze und den Standort,

(-) die Skepsis, ob wir die Umstellung schaffen,

(-) die „Bedenkenträger" mit der Gewohnheit, am Alten festzuhalten.

… und dann war da noch **der Leiter des Einkaufs**, der in einer der Projektgruppenbesprechungen nicht ganz ohne ein verstecktes Schmunzeln zur Kenntnis gab, daß „er doch gewisse Probleme hätte, seiner Frau den wöchentlichen Eintrag RAMONA in seinem Terminkalender zu erklären .... und man diesen Umstand bei der Namensgebung künftig doch berücksichtigen möge."

5.9
Der Ausblick

Mit RAMONA ist es zwar vorbei, aber wir machen noch lange nicht Schluß. Denn auf der Leiter zum Erfolg sind noch einige Stufen zu überwinden:

- Die Qualifizierung, ohne die der Veränderungsprozeß kaum in Gang gekommen bzw. in Gang gehalten worden wäre, ist und bleibt einer der wesentlichen Schwerpunkte im Projekt.
- Die räumliche Voraussetzungen sind noch nicht in allen Gruppen geschaffen. Maschinen und Arbeitsplätze müssen noch umgesetzt und ständig weiter optimiert werden.
- Die Einbeziehung und Beteiligung der Mitarbeiter soll durch die Anpassung des PFERD-Vorschlagswesens an die veränderten Strukturen und Weiterentwicklung in Richtung eines „KVP-Systems" weiter gefördert werden.
- Mit „Segmentierung und Gruppenarbeit" geht es weiter. Ende August 1998 fällt der offizielle Startschuß für das Anschluß- und Transferprojekt in unserem Zweigwerk in Hermeskeil.
- Und schließlich geht es um die Einbindung der neu geschaffenen Segmente in die Unternehmensorganisation.

Das „Projekt-Leben" geht also weiter und wir stehen mittendrin, getreu unserem Motto: „WIR ist stark".

6 „tewells" Reise zu Gruppenarbeit und Qualifizierung

KIRSTEN OSTERSPEY
DIRK WELLEN

6.1 Eine Veranstaltung ohne Anfang?

Dies ist der Bericht über das umfangreichste und tiefgreifendste Projekt, das die Theo Wellen GmbH & Co. KG in den letzten Jahrzehnten, vielleicht sogar in der gesamten über 100jährigen Firmengeschichte, erlebt hat. Immer wieder ist im Projektverlauf bei Projektgruppen-Besprechungen und Steuerungskreis-Sitzungen das Bild von der „Reise in die Gruppenarbeit" aufgetaucht. Dieses soll auch das Leitmotiv des vorliegenden Beitrags darstellen. Da Reiseberichte für gewöhnlich am Anfang der Reise beginnen, stellt sich hier schon die erste, nicht so leicht zu beantwortende Frage: Was war denn eigentlich der Anfang dieses großen Vorhabens?

War es der Start der ersten Projektgruppe, die für den Pilotbereich die Gruppenarbeit planen sollte? Oder war es der Einstiegsworkshop, bei dem Mitarbeiterinnen und Mitarbeiter verschiedener Abteilungen und Hierarchieebenen zwei Tage an dem bevorstehenden Projekt gearbeitet haben? Oder war es nicht noch einige Wochen vorher die Belegschaftsversammlung, bei der der Firmeninhaber das Projekt angekündigt hat und die Berater sich vorgestellt haben? Oder lag der eigentliche Startzeitpunkt nicht noch ein Jahr davor, als ein anderes Beratungsunternehmen die möglichen Personalkosten-Einsparungen durch die Einführung von Gruppenarbeit errechnet hatte?

Alle diese Ereignisse sind von großer praktischer Bedeutung für das Projekt, denn sie haben die Vorerfahrungen und die Motivation der vielen Projektbeteiligten geprägt und die mit der Einführung von Gruppenarbeit entstandenen Hoffnungen und Befürchtungen beeinflußt. Daß diese gemeinhin als „weiche Faktoren" bezeichneten Merkmale für den Erfolg eines derart umfassenden Projekts von großer Bedeutung sind, ist wohl die erste wichtige Erfahrung dieser Reise.

6.2
Warum denn weg von hier – Ist es zu Hause nicht mehr schön?

Für das Verständnis der im Projektverlauf entwickelten Lösungen und bearbeiteten Probleme ist die Ausgangssituation des Unternehmens wichtig. Die Theo Wellen GmbH & Co. KG Nährmittelfabrik in Krefeld ist ein traditionsreiches, mittelständisches Familienunternehmen. Seit über 100 Jahren werden Dessertprodukte, Backmischungen, Back- und Kochzutaten unter der eigenen Marke „tewells" sowie unter verschiedenen Handels- und Industriemarken produziert. Die Kunden sind große Unternehmen des europäischen Lebensmittelhandels mit einem Schwerpunkt im Diskountbereich.

Seit mehreren Jahren arbeitet die dritte und vierte Familiengeneration in der Geschäftsführung an einem reibungslosen Generationenübergang. Am Standort Krefeld sind 185 Mitarbeiter beschäftigt. Bei den 140 Mitarbeitern des Produktionsbereichs handelt es sich zum größten Teil um angelernte Personen. Traditionell arbeiten an den flexiblen Verpackungsanlagen zu einem großen Teil Frauen. Der Anteil der männlichen Maschinenführer ist in den letzten Jahren allerdings kontinuierlich gestiegen.

Viele der Mitarbeiter arbeiten seit vielen Jahren bei „tewells". In diesen Jahren haben sie das Unternehmen ohne größere Krisenerscheinungen mit relativ gleichmäßigen Raten wachsen sehen. Vor diesem Hintergrund stellten und stellen sich viele die subjektiv sehr berechtigte Frage: „Es ist doch so lange gut gelaufen und wir haben so viel zu tun; warum sollen wir uns eigentlich verändern?"

Die Antwort auf diese Frage läßt sich mit einigen Stichworten geben, die auch die wirtschaftliche Entwicklung anderer Branchen charakterisieren: hoher Druck auf die Verkaufspreise, zunehmende Artikelanzahl, kompliziertere Produkte für eine wachsende Zahl von Kunden, dadurch stark steigende Komplexität im Produktionsbereich.

6.3
Wo soll's denn hingehen?

Angesichts der geschilderten Ausgangslage wird die Zielsetzung der Geschäftsleitung für das Projekt deutlich: Durch die Einführung der Gruppenarbeit sollten die Produktionsabläufe gleichzeitig rationeller und flexibler gestaltet werden. Diese Beschreibung verdeutlicht auch, was in der internen und externen Darstellung des Vorhabens immer offen vermittelt worden ist: Das Projekt ist eindeutig auf Initiative der Geschäftsleitung hin in Gang gesetzt und wesentlich durch die Mitwirkung des jüngeren Familien-Geschäftsführers in Gang gehalten worden.

Genau so deutlich haben die beteiligten Berater von Beginn an ihre Überzeugung ausgedrückt, daß betriebswirtschaftlich rationelle Arbeitsabläufe in engem Zusammenhang stehen mit einer arbeitswissenschaftlich „guten" Arbeitsgestaltung. Dies entspricht den früh im Projekt geäußerten Hoffnungen vieler Mitarbeiter auf abwechslungsreichere Arbeitsplätze, bessere Zusammenarbeit mit den Kollegen, gerechtere und bessere Bezahlung.

Eine Diskussion über die Frage, ob dies – also Unternehmens- und Mitarbeiterinteressen gleichzeitig zu entsprechen – denn überhaupt geht, war in diesem Fall nicht nötig. Oder um es wieder im Rahmen der Reise-Metapher zu formulieren: Für die allermeisten Beteiligten war es schon zu Beginn selbstverständlich, daß es das angestrebte Reiseziel überhaupt gibt und es sich somit nicht um eine Fata Morgana oder eine längst untergegangene Stadt handelt. Dabei spielt sicher eine Rolle, daß seit Jahrzehnten mit vielen Kunden und Lieferanten in partnerschaftlicher Form zusammengearbeitet wird (bei aller Härte im Tagesgeschäft). Von daher ist es nur konsequent, diesen Geist der Partnerschaft auch im Verhältnis zwischen Geschäftsleitung und Belegschaft zu pflegen.

6.4
Reisevorbereitungen

6.4.1
Projektorganisation

Eine große Reise bedarf der Vorbereitung. Dies bedeutet hier vor allem die Einrichtung einer Projektorganisation. Was sich recht selbstverständlich lesen mag, ist im konkreten Fall durchaus keine so beiläufig zu erledigende Angelegenheit. Eine die vorhandenen Hierarchieebenen überlagernde Projektstruktur war für die meisten Mitarbeiter völlig unbekannt und ungewohnt. Ebenso ungewohnt war für viele der Beteiligten die recht häufige Teilnahme an Besprechungen und moderierten Diskussionen. Und noch ungewöhnlicher war für viele Maschinenführer die konkrete Teilhabe an wichtigen Entscheidungen.

Die nachstehende Abbildung 6.1 zeigt die einfache Projektstruktur. Zu Beginn wurde ein möglichst repräsentativer Steuerungskreis für das Gesamtprojekt gebildet, der weitgehend aus den Teilnehmern des Einstiegsworkshops bestand. Im Steuerungskreis wurde z.B. die geeignete Zusammensetzung der Projektgruppen besprochen, die für die einzelnen Produktionsbereiche die "Detailplanung" der Gruppenarbeit erstellen sollten. Dabei galt während des gesamten Projektverlaufs die Spielregel, daß die Projektgruppen Vorschläge erarbeiten (für Arbeitsabläufe in den Gruppen, technische Maßnahmen, Benennung der Gruppenmitglieder usw.) und im Steuerungskreis möglichst im Konsens Entscheidungen getroffen werden.

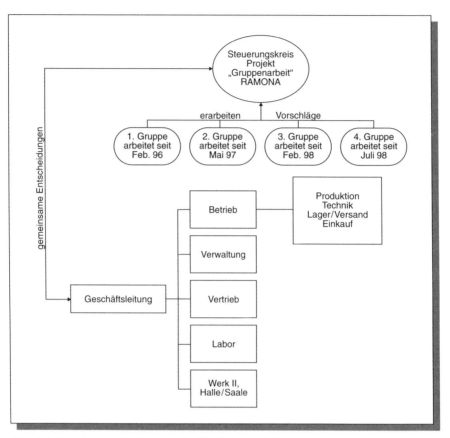

Abb. 6.1. Organigramm des RAMONA-Projekts bei „tewells"

6.4.2
Geschäftsleitung und Betriebsrat

Wahrscheinlich ist es eine eher ungewöhnliche Verhaltensweise, daß ein gestandener Unternehmer- und Macher-Typ sich vor seine Belegschaft stellt und erklärt: „Wir haben gut 30 Jahre auf eine bestimmte Art und Weise gearbeitet, aber jetzt ist es Zeit, daß wir uns grundlegend verändern. Wie das genau ablaufen wird und wo die Reise hinführt, weiß ich auch noch nicht. Aber ich habe Vertrauen, daß es mit Unterstützung der Berater und bei Mitwirkung der Mitarbeiter schon irgendwie gut werden wird." Diese „Grundsatzerklärung" und vor allem auch die Tatsache, daß sie offenkundig glaubwürdig angekommen ist, hat sicher für den Projektverlauf Bedeutung gehabt.

Im weiteren Projektverlauf war ein Geschäftsführer bei allen Sitzungen des Steuerungskreises und den wichtigsten Projektgruppen-Besprechungen beteiligt.

Unter anderem dadurch war die Unterstützung und Promotoren-Funktion der Geschäftsleitung während des gesamten Prozesses allen Beteiligten deutlich.

Die Bedeutung eines effektiven Betriebsrates für das Gelingen des Projektes ist vielen Beteiligten erst allmählich und vor allem durch die Interventionen und Äußerungen der Berater bewußt geworden. Zu Beginn des Projektes gab es einen Betriebsrat, der daran gewöhnt war, vertreten durch seine Vorsitzende die anfallenden kleinen und mittleren Angelegenheiten im direkten Gespräch mit dem Personalleiter „auf dem kleinen Dienstweg" zu klären. Schnell aber wurde deutlich: Grundlegende Veränderungen der Betriebsabläufe erfordern auch neue arbeitspolitische Spielregeln, z.B. bezüglich Arbeitszeit, Entgelt, Qualifizierungsverfahren. Dies kann nur effektiv bewältigt werden mit einem Betriebsrat, der sachkundig ist und sich das Vertrauen der Belegschaft verdient hat.

Im hier geschilderten Fall führte dies dazu, daß sich ein neuer Betriebsrat bildete, der sich im Laufe der Zeit das nötige Veränderungs-Know-how erarbeitete. Unterstützt wurden die neuen Mitglieder des Betriebsrates dabei sowohl von den Beratern, die sich über das ganze Projekt als Partner des gesamten Unternehmens verstanden, als auch von der Technologieberatungsstelle TBS des DGB. Sicher hätte es im Laufe der „Reise" so manche Revolte gegeben, wenn diese Begleitungen nicht mit an Bord gewesen wäre.

6.4.3
Beratung

Externe Beratung hat bei diesem Projekt eine große Rolle gespielt. Dabei kam allen Beteiligten natürlich zugute, daß durch die Teilnahme am geförderten Verbundprojekt RAMONA eine wirklich außergewöhnliche Beratungskompetenz zur Verfügung stand und durch die gewährten Fördermittel der Kostendruck gemildert wurde.

Neben den professionellen Beratern wurde aber auch intensiv eine (fast) kostenlose Form der externen Beratung genutzt, die wohl oft unterschätzt wird: der Austausch mit den anderen an RAMONA beteiligten Industriebetrieben oder mit bekannten „Vorreiter-Unternehmen" (z.B. im Rahmen des sog. TOP-Programms), die mit ähnlichen Projekten befaßt sind oder waren. Gerade dieser Austausch unter Unternehmenspraktikern gibt eine Menge Impulse für die eigenen Vorhaben, deckt viele der allgegenwärtigen „blinden Flecken" auf und erweitert den Blick für das, was möglich ist.

Im Rahmen von RAMONA wurde das Projekt betreut von Beratern, die umfassende Erfahrungen bei der Einführung von Gruppenarbeit haben und ihr Expertenwissen einbringen konnten. Daß auch Experten noch dazulernen, ist eine andere Geschichte und wird an anderer Stelle in diesem Band reflektiert. Der richtige Umgang mit Beraterwissen ist aber für viele der Projektbeteiligten eine der wichtigsten Lernerfahrungen gewesen. Um es wieder bildlich zu beschreiben: Der Reiseführer (= Berater) nimmt den Reisenden nicht das Gehen ab und in manchen Fällen weiß er noch nicht einmal den für die Reisegruppe passenden Weg. Was er bieten kann, sind z. B. Navigationsinstrumente, Notfallausrüstungen und Wissen über zumutbare Belastungen und die notwendige Reiseausstattung.

Dazu ein konkretes Beispiel: Das im Laufe des Projekts vom Steuerungskreis erarbeitete „Leitbild zur Gruppenarbeit bei tewells" entspricht bestimmt nicht in allen Punkten dem aktuellen Stand der Arbeitswissenschaft und der Beraterkunst. Für alle Projektbeteiligten im Unternehmen aber paßt es genau und liefert eine wichtige Orientierung für die Entwicklung in einem vereinbarten Zeitraum von ca. zwei Jahren.

Externe Beratung hat es darüber hinaus auch gegeben für die Geschäftsleitung und den Führungskreis sowie den Betriebsrat – natürlich durch unterschiedliche Beratungspartner. In beiden Bereichen hat es im Laufe des Projekts bedeutende Veränderungen und Verbesserungen der Arbeitsfähigkeit gegeben, ohne die viele Entwicklungen hin zum „eigentlichen" Ziel „Einführung von Gruppenarbeit" nicht zustande gekommen wären.

6.5
Vor dem Gas Geben die Bremse lösen

Wenn ein wichtiges und für ausreichend viele auch attraktives Ziel erkannt ist, wird nicht lange gefackelt, sondern losgelegt. Dies war und ist bei „tewells" nicht nur typisch (wie wahrscheinlich bei vielen anderen Mittelständlern auch), sondern sogar ein prägendes Merkmal der Unternehmenskultur und über viele Jahre (bis heute) ein wichtiger Erfolgsfaktor. Paradoxerweise kann es aber bei Veränderungsprojekten außerhalb des sogenannten „Tagesgeschäfts" passieren, daß Vorhaben gerade wegen dieser spontanen Verhaltensweisen länger dauern. In diesem Projekt gab es aber noch einen wichtigen Schritt vor dem Loslegen.

Bei dem schon angesprochenen Einstiegsworkshop äußerten vor allem die anwesenden Maschinenführer (stellvertretend für eine Reihe von Kollegen) auch sehr offen ihre Befürchtungen hinsichtlich der Einführung von Gruppenarbeit: „Was passiert mit unseren Arbeitsplätzen, wenn wirklich Rationalisierungsfortschritte erreicht werden? Was passiert mit den älteren oder schwächeren Kollegen, die in den Gruppen nicht so mitziehen können oder wollen wie andere? Welche Auswirkungen hat das Ganze auf unser Entgelt?"

Auf diese Besorgnisse reagierte die Geschäftsleitung mit einer Erklärung:

> 1. Die vorhandenen Arbeitsplätze sind durch vorliegende Aufträge für gut ein Jahr gesichert. Grundsätzlich gilt das realistische Ziel, mit der vorhandenen Belegschaft mehr Umsatz zu erwirtschaften.
> 2. Der Geschäftsleitung ist bewußt, daß es immer „Stärkere" und „Schwächere" geben wird. Für die sog. „Schwächeren" sollen im Laufe des Projektes geeignete Lösungen gefunden werden.
> 3. Über ein für Gruppenarbeit passendes Entgeltsystem soll ebenfalls im Laufe des Projektes mit Betriebsrat und Gewerkschaft gesprochen werden. An diesem schwierigen Punkt ist der Expertenrat der Berater wichtig.

Diese Erklärung wurde zusammen mit den anderen Ergebnissen des Einstiegsworkshops am folgenden Arbeitstag der gesamten Belegschaft bekannt gemacht. Die
Reaktion der meisten Mitarbeiter, die nicht in die erste Projektgruppe oder den
Steuerungskreis eingebunden waren, war danach immerhin neutral abwartend. In
der weiteren Entwicklung des Vorhabens hat es auch tatsächlich mehrere Mitarbeiter gegeben, für die individuelle Regelungen gefunden wurden. Offener oder ver-
deckter Widerstand gegen die Veränderungen oder gar bewußtes Blockieren sind zu
keiner Zeit aufgetreten.

Weniger erfolgreich und für den Projektverlauf sehr hinderlich waren aber die
Ergebnisse an einem anderen wichtigen Punkt. Der für die Einführung von Gruppenarbeit nötige Zeitbedarf vor allem für die stark ins Tagesgeschäft eingebunde-
nen mittleren Führungskräfte wurde – entgegen den Warnungen der Berater – deutlich unterschätzt. Dadurch kam die Betreuung der Projekt- und Produktionsgruppen
immer wieder zu kurz. Die sehr bedeutsame Funktion der Prozessbegleitung wurde
daher z. b. erst im Verlaufe des Projektes geschaffen als Reaktion auf konkrete Krisenerscheinungen. Bei genauerer Prognose wäre besser sichtbar geworden, daß
mehr Leitungs- und Betreuungskapazität und eine exaktere, rollierende Planung der
Entwicklungsschritte gerade dann wichtig sind, wenn man schnell voran kommen
will.

6.6
Wer ist da eigentlich unterwegs?

In solchen Projektdimensionen zu denken, war für „tewells" bisher sehr ungewohnt. Eine derart umfangreiche Umstrukturierung, die nahezu alle Produktionsbereiche direkt betrifft, hatte es bisher nicht gegeben. Neben den schon erwähnten Beteiligten war eine große Zahl weiterer Personen involviert, die wichtige Beiträge
zum Gelingen des Projektes und zur Weiterführung der neuen Arbeitsorganisation
leisten konnten.

6.6.1
Produktionsmitarbeiter

Die gravierendsten Veränderungen erlebten sicherlich die Mitarbeiter der operativen Ebenen. Hier sind mehrere Beteiligtengruppen zu unterscheiden:

- Die *Maschinenführer*, in deren Produktionsbereich das Projekt direkt angesie-
  delt ist und die sich im Laufe des Projektes in vier Gruppen einteilten.
- Die *Service-Abteilungen Technik* und *Lager/Versand*, deren Arbeitsbereiche indirekt durch das Projekt betroffen sind und in deren Bereichen die Hervorhebung des Servicegedankens das Hauptziel war.
- Die *Schichtführerinnen* als Vertreterinnen der unteren Führungsebene, die sich
  ganz neuen organisatorischen Aufgaben gegenüber sehen und die mehr und
  mehr in die Rolle von Koordinatoren wechseln.

Das Projekt Gruppenarbeit war von vorneherein abteilungsübergreifend aufgebaut. Der Schwerpunkt lag und liegt aber im Produktionsbereich. In der Produktion arbeiten ca. 90 Maschinenführer, die sich im Wesentlichen auf vier Anlagenbereiche verteilen. Der Frauenanteil beträgt ca. 75%, und die Frauen arbeiten traditionell fest entweder in Spät- oder in Frühschicht, was vor allem bei den Spätschichtlern eine Menge Unzufriedenheit hervorruft.

In den letzten Jahren ist im Maschinenführerbereich, wie auch in anderen Teilen des Unternehmens, ein Generationenwechsel festzustellen. Der Anteil neuer Mitarbeiter steigt und damit auch der Anteil an männlichen Kollegen. Mit den vielen Nationalitäten sind auch viele Mentalitäten in den Betrieb eingezogen, mit teilweise sehr unterschiedlichen Erwartungen. In den die Maschinenführer umgebenden Abteilungen sieht es ähnlich aus – bis auf den Frauenanteil: Hier überwiegen zahlenmäßig die männlichen Kollegen (90 - 100%).

6.6.2
Mittlere Führungsebene

Auf Leitungsebene ist vor allem der Betriebsleiter mit den Abteilungsleitern Produktion, Technik und Lager/Versand stark in Anspruch genommen. Neben dem normalen „Tagesgeschäft" bedeutet das Projekt hier vor allem einen enormen organisatorischen Aufwand. Es gilt jetzt, den persönlichen Führungsstil an hierarchieübergreifende Teamstrukturen anzupassen, Unternehmensabläufe „gruppenarbeitsgerecht" zu organisieren, entscheidungsrelevante Informationen im Betrieb transparent zu machen und Entscheidungen teilweise in Zusammenarbeit mit problembezogenen Interessengruppen auszuarbeiten.

6.6.3
Prozeßbegleitung

Eine wichtige Funktion im Projektverlauf und mittlerweile auch in der Alltagsarbeit haben die Prozeßbegleiterinnen. Für das Unternehmen ist dies eine völlig neue Position. Zu den Aufgaben der beiden Prozeßbegleiterinnen gehört einerseits das innerbetriebliche Informationswesen. Doch ebenso wichtig ist andererseits die Vermittlerrolle zwischen den Interessengruppen: zwischen Geschäftsleitung und Betriebsrat, zwischen Gruppen und Leitung, zwischen den Abteilungen und zwischen den Produktionsgruppen.

Besonders in der Einführungsphase gehört die Betreuung der Gruppen zu den Hauptaufgaben. Die Prozeßbegleiterinnen gehen auf die Befürchtungen und die Erwartungen der Mitarbeiter ein, unterstützen förderliche Faktoren und helfen dabei, behindernde Faktoren aus dem Weg zu räumen. Sie stehen allen Betroffenen als Ansprechpartnerinnen für organisatorische oder persönliche Probleme zu Verfügung.

6.7
Andere Länder – andere Sitten

Können die alten finanziellen, zeitlichen und organisatorischen Grundsatzregelungen bestehen bleiben, wenn wesentliche Unternehmensabläufe verändert werden? Wie kann man den geänderten Strukturen und Prozessen Rechnung tragen, so daß alle davon profitieren? Welche Rahmenbedingungen müssen gestellt werden, damit die neuen Arbeitsabläufe reibungslos funktionieren? Es ergaben sich mehrere Bereiche, in denen grundsätzliche Veränderungen vorgenommen wurden:

6.7.1
Tarifverhandlungen als gemeinsame Problemlösung

Bereits seit mehreren Jahren wurden zwischen der Geschäftsleitung und einer betrieblichen Tarifkommission unter Mitwirkung der Gewerkschaft Nahrung-Genuß-Gaststätten Haustarife ausgehandelt. Eine der Nachwirkungen der Mitgliedschaft im alten Arbeitgeberverband war die Fortgeltung eines Entgeltrahmentarifvertrages aus den frühen 80er Jahren. Dieser regelt die Einordnung der Mitarbeiter in Tarifgruppen und war in der fortgeltenden Form Produkt einer Zeit, als Gruppenarbeit nur in Schweden ein Thema war und selbständiges Denken der Mitarbeiter erst in den höheren Tarifgruppen erwartet wurde.

Schon in der Startphase des Projektes waren die Mitarbeiter mit vielen Erwartungen an den Betriebsrat herangetreten. In den Gruppen wurde der Wunsch nach einer finanziellen und fachlichen Entwicklungsperspektive sowie einer Änderung der starren Frühschicht/Spätschicht-Einteilung geäußert. Die Kündigung dieses Entgeltrahmentarifs im September 1996 war daher Ausgangspunkt für sehr weitreichende Tarifverhandlungen. In einem intensiven, moderierten Problemlösungsprozeß unter Mitwirkung der Berater wurde als Endprodukt ein Regelungspaket erarbeitet, in das wesentliche Punkte des Manteltarifvertrages und zusätzliche Betriebsvereinbarungen integriert wurden. Vor allem die Arbeitszeit- und Entgeltabkommen wurden an die neuen Anforderungen angepaßt. Die wesentlichen Änderungen betreffen die folgenden Punkte:

- Neudefinition der für die Maschinenführer relevanten Lohngruppen 2 und 3 in Kombination mit der Ausarbeitung eines Qualifizierungsmodells.
- Anpassung der Überstunden- und Wechselschichtregelungen unter Erarbeitung neuer Arbeitszeitmodelle und Arbeitszeitkonten. Dies ist eine Vorstufe für die mittelfristige Änderung der bestehenden Schichteinteilung.
- Festschreibung der 100%igen Lohnfortzahlung im Krankheitsfall.
- Arbeitsplatzgarantie für die Stammbelegschaft.

6.7.2
Flexibilisierung der Arbeitszeit – Reaktion auf geänderte Marktanforderungen

Der Arbeitsanfall und damit der Personalbedarf ist bei „tewells" über das Jahr stark schwankend. Durch die größer werdende Zahl von Aktionsgeschäften und die durch den Markt verlangte größere Flexibilität galt es ein System zu finden, mit dem auf diese Schwankungen reagiert werden konnte.

Es wurden neun Schichtmodelle ausgearbeitet, die es ermöglichen, die täglichen und die wöchentlichen Arbeitszeiten an den Produktionsbedarf anzupassen. Die vom Standard abweichenden Schichtmodelle müssen zehn Tage im voraus von der Leitung angekündigt werden. Die zusätzlich geleistete Arbeit wird nicht als bezahlte Überstunden abgegolten, sondern geht auf ein Stundenkonto, das im Rahmen eines Jahres individuell geführt werden kann. Dabei werden die zusätzlich geleisteten Stunden mit einer Zeitgutschrift vergütet. Über das Stundenkonto können die Mitarbeiter weitestgehend autonom verfügen.

Mit diesen Regelungen wurden zwei wesentliche Zeile erreicht:

- Das Unternehmen hat jetzt die Möglichkeit Auftragsschwankungen durch variableren Mitarbeitereinsatz aufzufangen, ohne daß zusätzliche Personalkosten entstehen für zeitlich befristet beschäftigte Arbeitnehmer;
- Die Mitarbeiter können Freizeiten nehmen, zu denen sie vorher keine Möglichkeiten hatten. So können sie stunden- oder tageweise frei nehmen (z. B. um das Wochenende zu verlängern) oder zusätzliche Tage an ihren Urlaub anhängen.

6.7.3
Qualifizierung und Entgelt

Neben der Flexibilisierung der Arbeitszeit stand die Frage der Entlohnung innerhalb der Gruppenstrukturen an. Der bisherige Entgeltrahmentarif und die bestehende Eingruppierung der Maschinenführer boten keinerlei individuelle Entwicklungsmöglichkeiten. Die Funktion des Maschinenführers war als reiner Maschinenbediener ausgelegt. Einrichtertätigkeiten, Qualitätskontrolle oder gar planerische Anforderungen wurden nicht erwartet. Wer einmal in einer bestimmten Lohngruppe eingestuft war, blieb in der Regel dort stehen. Es bestanden also keine Anreize, neue und erweiterte Tätigkeiten zu übernehmen.

Weitergehende Anforderungen, die durch die Einführung der Gruppenarbeit an die Maschinenführer gestellt wurden (wie die Rolle des Gruppensprechers oder Moderationsaufgaben in Gruppentreffen), waren bisher im Aufgabenbild der Maschinenführer nicht vorgesehen. Die Flexibilisierung der Arbeitszeiten und die neuen Gruppenstrukturen verlangten aber nach der Übernahme solcher Aufgaben. Die Flexibilisierung der Arbeitszeit kann nur erfolgreich sein, wenn die freie Stelle durch einen Mitarbeiter mit entsprechender Qualifikation ausgefüllt werden kann.

Im Durchschnitt beherrschte jeder Maschinenführer etwa zwei Anlagenbereiche. Mit der Flexibilisierung der Arbeitszeit reichte das aber nicht mehr aus.

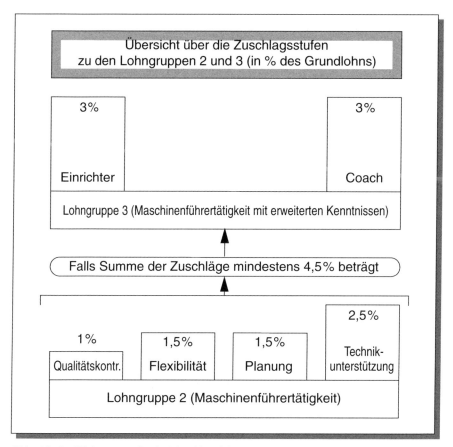

Abb. 6.2. Qualifizierungsstufen für Maschinenführer

Nach dem Tarifabschluß wurde ein Qualifizierungsplan ausgearbeitet. Dieser zielt vor allem darauf ab, Tätigkeiten, die bisher von anderen Abteilungen durchgeführt wurden, an die Maschinenführer zu übertragen und sie somit direkt in die Gruppen zu integrieren. Maschinenführer werden in der Regel in Lohngruppe 2 eingestuft. In Ausnahmefällen erfolgte früher eine Einstufung in Lohngruppe 3. Im Rahmen der Qualifizierung werden nun sechs Tätigkeitsfelder angeboten: Qualitätskontrolle, Flexibilität, Planung, Technikunterstützung, Einrichter und Coach. Die Übernahme dieser Funktionen wirkt sich mit unterschiedlichen Zuschlägen auf das Entgelt aus (Abb. 6.2).

Die Teilnahme am Qualifizierungsprogramm erfolgt auf freiwilliger Basis. Zweimal pro Jahr wird eine Umfrage durchgeführt mit dem Ziel den Qualifizierungsbedarf für das nächste Halbjahr festzustellen. Die Schulungen werden betriebsintern durch die Erfahrungsträger aufgebaut und durchgeführt. Die Schulungen bestehen in der Regel aus einem theoretischen Teil und einem anschließenden Wissens-Check oder einer praktischen Umsetzungsphase. Die Dauer der einzelnen Schulungen variiert je nach Schwierigkeitsgrad zwischen zwei und acht Wochen.

Die zunächst als Projekt angelegte Qualifizierung entpuppte sich schnell als weitreichender Motivator für die Maschinenführer. Da es zuvor keine Möglichkeit gab, Einfluß auf das Entgelt zu nehmen, nahmen viele Mitarbeiter die Möglichkeit wahr, sich am Projekt zu beteiligen. Dabei war klar, daß die einzelnen Qualifizierungsstufen einen großen persönlichen Einsatz fordern und es auch eine recht lange Zeit benötigt, um die jeweiligen Qualifizierungen abzuschließen. Abbildung 6.3 gibt eine Übersicht darüber, welchen Stand das Qualifizierungsprojekt nach etwa 18 Monaten erreicht hat. Basis sind dabei 90 beteiligte Maschinenführer.

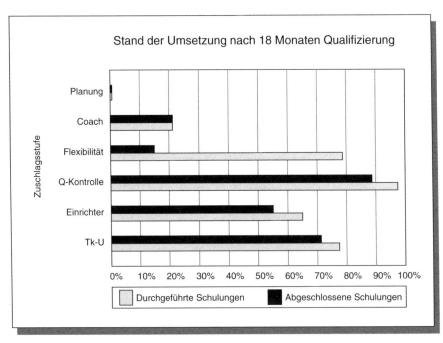

Abb. 6.3. Stand der Qualifizierungsumsetzung nach 18 Monaten

Nach 18 Monaten ist konkret festzustellen, daß die Anreize, die die neuen Regelungen bieten, eine Reihe von positiven Effekten ausgelöst haben. Die Hilfsbereitschaft untereinander (auch über Abteilungsgrenzen hinweg) ist ebenso gestiegen wie das Bewußtsein für Unternehmensabläufe. Viele Maschinenführer sind selbständiger und umsichtiger geworden, aber auch kritischer und fordernder in bezug auf „Hintergrundinformationen" und Verbesserungen in ihrem Arbeitsumfeld.

Qualitätskontrolle wurde ein fester Bestandteil der Maschinenführertätigkeit. was dazu führte, daß die Anzahl der produktionsintern verursachten Sperrungen drastisch zurückgegangen ist. Auch die Schulungen im technischen Bereich machten sich schnell bemerkbar, da die Stillstandszeiten vor allem bei Umrüstarbeiten deutlich reduziert und kleine Störungen jetzt selbständig in den Gruppen behoben werden konnten. Das Erlernen der Maschinenführertätigkeit läuft nun reibungsloser, da die ausgebildeten Coaches es nach einer festgelegten Systematik gezielt steuern und fördern.

6.7.4
„tewells"-Leitbild Gruppenarbeit

Trotz Prozeßorientierung und trotz oder gerade wegen des wachsenden Verständnisses für die Wichtigkeit der Informationsweitergabe traten immer wieder innerhalb des Projektes Probleme an den Nahtstellen zwischen den verschiedenen Abteilungen auf.

Eine Umfrage des Betriebsrates zur Gruppenarbeit hatte nach ca. einem Jahr Erfahrung mit dem Projekt eine Stimmung ermittelt, die von den Beratern als „produktive Unzufriedenheit" bezeichnet wurde. Neben persönlicher Unzufriedenheit mit bestehenden Arbeitszeit- und Entgeltregelungen wurden vor allem ungeklärte Zuständigkeiten und dadurch auftretende Ablaufprobleme bemängelt.

Früher	Heute
Schichtführerinnen teilen die Mitarbeiter an den Anlagen ein.	In den Gruppen erfolgt die Einteilung an den Anlagen selbständig (auch unter Absprache mit anderen Gruppen).
Schlosser führen alle technischen Aufgaben an den Anlagen selbständig durch.	Die als Technik-Unterstützer und Einrichter qualifizierten Maschinenführer übernehmen wesentliche technische Aufgaben selbst. Die Schlosser können sich auf Reparatur-, Wartungs- und Instandhaltungstätigkeiten konzentrieren.
Die Qualität der hergestellten Ware wird durch die Schichtführerinnen überwacht.	Die Gruppen und die einzelnen Maschinenführer sind selbst für die Qualität der produzierten Ware verantwortlich. Die Schichtführerinnen können sich mehr auf organisatorische Aufgaben konzentrieren.
Die Produktionsüberwachung der Einzelanlagen erfolgt durch die Leitung.	Der Fortgang der Produktion in einem Anlagenbereich wird durch die Gruppe überwacht. Bei Abweichungen gibt diese die gesammelten Informationen des Anlagenbereichs an die Leitung weiter. Auf Abweichungen kann so schneller reagiert werden.

Abb. 6.4. Gegenüberstellung der alten und neuen Arbeitsabläufe

Aufbauend auf der durchgeführten Zwischenbilanz und um die immer wieder auftretenden Diskussionen abzuschließen, erarbeiteten im Juni 1997 die Mitglieder des Steuerungskreises mit ihren Abteilungskollegen das „tewells-Leitbild für Gruppenarbeit". In diesem Leitbild sind neben den Aufgabendarstellungen für die Produktionsgruppen und für die umgebenden Bereiche die wichtigsten Verantwortlichkeiten festgehalten. Daneben sind die Schnittstellen zu den anderen Abteilungen dargestellt. Die Erarbeitung des Leitbildes war nötig geworden, um die veränderten Strukturen und Abläufe (Abb. 6.4) darzustellen, denn viele traditionelle Dinge waren schon geändert worden.

Diese Veränderungen wurden von allen wahrgenommen und von den meisten begrüßt. Um bei den folgenden Projektgruppen die wiederholte Diskussion von Grundsatzfragen abzukürzen, wurde das Leitbild als eine Art „Grundgesetz der Gruppenarbeit" erarbeitet. Durch die Beteiligung von Vertretern aller Mitarbeitergruppen arbeitete im Endeffekt der ganze Produktionsbereich an der Erstellung des Leitbildes mit. An verschiedenen Punkten dient das Leitbild auch als Zielbeschreibung für das, was innerhalb eines überschaubaren Zeitraumes von einem Jahr erreicht werden sollte. Nach Ablauf dieses Jahres sollte es einer kritischen Revision unterzogen werden.

6.8
Umwege, Irrwege, Schleichwege? Eigene Wege!

Wichtigster Grundsatz des Vorgehens in diesem Projekt ist: Es muß ein dem Unternehmen entsprechender Weg für die Einführung von Gruppenarbeit gefunden werden. Sind die strategischen Ziele erst einmal grob umrissen, dann geht es darum, den eingeschlagenen Weg immer wieder zu überprüfen: „Ist das, was wir tun, und die Art, wie wir es tun, noch passend und angemessen? Müssen wir gar die Ziele in der einen oder anderen Hinsicht revidieren?" Nur so ist es möglich, veränderlichen Umständen angemessen Rechnung zu tragen und doch zielorientiert voranzukommen. Zum Projektablauf gehörte, sich derartigen Fragen mehrfach zu stellen und entsprechend Zwischenbilanz zu ziehen.

Die nachstehende Übersicht (Abb. 6.5) gibt einen Überblick über die Meilensteine, die bisher auf diesem Weg passiert wurden:

Wann	Was
Oktober '95	Einstiegsworkshop als Start des Projekts „Gruppenarbeit"; Projektgruppe plant Pilotbereich (BM)
Februar '96	Start im Pilotbereich: „Stürmische See" statt „ruhiges Fahrwasser"
September '96	Beginn der Verhandlungen des Entgeltrahmentarifvertrages und anderer Themen

Wann	Was
Oktober '96	Zwischenbilanz Gruppenarbeit: „Produktive Unzufriedenheit"
Februar '97	Abschluß der Tarifverhandlungen
April '97	Start des Qualifizierungsprojektes
Mai '97	Start der Gruppenarbeit im zweiten Arbeitsbereich (Bami; Ziel: „Wir wollen zeigen, daß Gruppenarbeit auch reibungslos starten kann")
Juni '97	Leitbild „Gruppenarbeit bei tewells"
ab Juli '97	Einführung des Prozeßmanagements; Erhebung von Erfolgskennzahlen für Gruppenarbeit und andere Geschäftsprozesse
Juli '97	Projektgruppe startet mit Erarbeitung der Gruppenabläufe im dritten Teilbereich
November '97	Zwischenauswertung der Umsetzung des Leitbildes Gruppenarbeit
Februar '98	Start der Gruppenarbeit im dritten Teilbereich (SIG); Start der vorbereitenden Arbeit für den vierten (und letzten) Teilbereich (SLA)
Mai '98	RAMONA-Workshop „Denkmodelle für Organisationsveränderung"; Bilanz des Leitbildes Gruppenarbeit '97 - '98; „Abnabelung" von GITTA
Juli '98	Start der Gruppenarbeit im letzten Teilbereich der Produktion

Abb. 6.5. Meilensteine im Projektverlauf

Auf einige besonders markante Ereignisse soll im folgenden näher eingegangen werden.

6.8.1
Die Pioniere im Sturm

Zu Projektbeginn galt es zunächst einige wesentliche Fragen zu klären:

- Wie lange soll die Planungsphase andauern, bevor wir in die praktische Umsetzung der Gruppenarbeit eintreten?
- Führen wir die Gruppen sofort im gesamten Produktionsbereich ein oder integrieren wir die Gruppen nach und nach in die Unternehmensabläufe?
- Wieviel kann zum Thema Gruppenarbeit vorgeplant werden und wieviel kann erst im täglichen Geschehen einer Produktionsgruppe herausgearbeitet werden?

Entsprechend der im Unternehmen üblichen Vorgehensweise „rein ins Wasser und Schwimmen" sollten wichtige Qualifizierungsschritte im Prozeß, also in der Anlaufphase des „Echtbetriebes" erfolgen. Die Einstiegsphase ins Projekt diente in erster Linie dazu, die Grundidee der Gruppenarbeit zu vermitteln. Der Steuerungskreis erarbeitete zunächst eine grobe Struktur der zukünftigen Gliederung der Abteilung und der Schnittstellengestaltung.

Hier wurde auch beschlossen, daß die Gruppen nach und nach in die Unternehmensabläufe integriert werden sollten. Es wurde ein Pilotbereich benannt, in dem in den Einstiegsmonaten ein ruhiger Produktionsablauf erwartet wurde, der allen Beteiligten genügend Raum ließ, die neuen Abläufe nach und nach in die Tagesarbeit zu integrieren.

Die Teilnahme an dieser ersten Produktionsgruppe erfolgte nach einem abteilungsweiten Aufruf auf rein freiwilliger Basis. Aus den eingegangenen Meldungen wurde eine möglichst homogene Gruppe zusammengestellt, von der erwartet wurde, daß sie reibungslos zusammenarbeitet. Dabei wurde sehr darauf geachtet keine „olympiareife" Pilotgruppe zu gestalten, sondern eine, die in ihrer Struktur und ihrem Wissensstand der Gesamtstruktur des Produktionsbereichs entspricht. Dieser Punkt erwies sich besonders unter dem Gesichtspunkt der schrittweisen Einführung der Gruppen als wichtig. Es galt, von Anfang an den Eindruck zu vermeiden, die zuletzt gegründete Gruppe werde eine „Restgruppe", gebildet aus Mitarbeitern, die bis dahin nicht in eine andere Gruppe eingebunden wurden. Während der gesamten Einführungsphase der Gruppen und auch später bestand immer die Möglichkeit, die Gruppen zu wechseln. Die Entscheidung für eine Gruppe mußte also nicht endgültig sein.

Zunächst erlebte die Pilotgruppe so manche Überraschung. Durch den schnellen Einstieg in die praktische Gruppenarbeit waren viele Parameter einfach nicht geklärt. Es kam zu Abstimmungsproblemen untereinander, mit den Vorgesetzten und mit anderen Abteilungen. Persönliche Differenzen und unterschiedliche Arbeitsstile wurden viel bedeutender und offen miteinander ausgetragen, da man viel enger zusammen arbeitete. Es galt neue Rollen innerhalb der Gruppe zu akzeptieren und zum Teil auch neue Rollen auszuüben. Unterschiedliche Erwartungen prallten aufeinander, bald stellten sich Enttäuschungen ein, und das Bearbeiten der entstehenden Konflikte erwies sich als hohe Hürde. Und das alles während man selbst noch nicht so ganz wußte, wohin die Reise geht und ob das Reiseziel auch attraktiv ist.

Zudem kam, gleich zu Beginn, ein Problem im Produktionsvolumen auf die Gruppe zu. Der zunächst als ruhig eingestufte Pilotbereich erhielt einen unerwarteten Großauftrag, der nur mit Sonderschichten und mit viel Aushilfspersonal abzuarbeiten war. Durch die neue Situation wurde der Bereich auch stark von den Kollegen der anderen Produktionsbereiche, aber auch der anderen Abteilungen beobachtet. „Man kommt sich vor wie ein Goldfisch im Glas", sagten die Mitglieder der Pilotgruppe als sich die Situation zuspitzte. „Wenn uns ein Fehler passiert oder wir Probleme untereinander haben freut sich die ganze Firma, da alle einen Beweis dafür haben, daß die alte Organisationsform die vermeintlich bessere ist."

Statt „ruhigem Fahrwasser" erlebte die Pioniergruppe eine extrem „stürmische See", die beinahe das gesamte Projekt zum Kentern gebrachte hätte. Eine der gelungensten Interventionen der Berater bestand darin, in diesem besonders kritischen Moment die neue Organisationsform zur Lösung des Problems zu nutzen: Die Gruppe selbst erarbeitete in einem moderierten Prozeß die Planung der Sonderschichten, durch die der Auftragsberg innerhalb von sechs Wochen weitgehend abgetragen werden konnte. Das dabei entstandene „Wir-Gefühl" war für die weitere Entwicklung im wieder ruhigeren Wasser sehr förderlich.

6.8.2
Viele Wege führen nach Rom

Ein ganzes Jahr arbeitete die Pilotgruppe als einzige in der Organisationsform „Gruppe". Die Rahmenbedingungen wurden in dieser Zeit intensiv mit den beteiligten Mitarbeitern ausgearbeitet. Aus den Ergebnissen wurden gute Grundlagen geschaffen, die bei der Einführung der nächsten Gruppen herangezogen werden konnten.

So startete im Mai des darauffolgenden Jahres, nach einer intensiven Vorbereitungsphase, dann auch die zweite Gruppe. Aus den Erfahrungen der Pilotgruppe setzten sich die beteiligten Mitarbeiterinnen und Mitarbeiter ein wichtiges Ziel: „Wir wollen zeigen, daß eine Gruppe auch problemlos starten kann!" Der Einsatz, mit dem diese Mitarbeiter in den ersten Wochen ihr Hauptziel verfolgten, zeigte schon, daß sich der Gruppengedanke trotz aller Schwierigkeiten im ersten Jahr weiter verbreitet hatte.

Das heißt nicht, daß die Gruppe deshalb ohne Probleme startete. Auch hier kamen zunächst eine Reihe von Meinungsverschiedenheiten und Konflikten auf, die die Gruppe aber immer direkt und sehr offen ansprach. Obwohl es dabei immer wieder zu Diskussionen kam, in denen einige Mitarbeiter sehr persönlich angesprochen wurden, hatte die Gruppe einen Weg gefunden, der von allen akzeptiert wurde. Ein wichtiger Faktor dabei war die Tatsache, daß die Kollegen zwar untereinander Tadel aussprachen, aber auch ganz bewußt Lob verteilten. In dieser Gruppe galt es auch eine Reihe von Organisationsproblemen im Tagesablauf zu klären. Das Problembewußtsein innerhalb der Gruppe war durch die Vorbereitungsphase aber schon sehr ausgeprägt. Viele Punkte wurden durch die Gruppe selbst gelöst oder durch sie so lange verfolgt, bis eine Lösung mit allen Beteiligten gefunden war.

Eigentlich sollte vermieden werden, die zweite Gruppe auch wieder einer so langen Einstiegsphase auszusetzen. Trotzdem dauerte es annähernd ein weiteres Jahr, bis die dritte Gruppe startete. Bis dahin hatten sich die Gruppenarbeitsabläufe der beiden ersten Gruppen so in das tägliche Geschehen des Unternehmens eingefügt, daß es als natürlicher Prozeß angesehen wurde die nächste Gruppe zu starten. Mittlerweile war auch das Leitbild entstanden, so daß es keiner so intensiven Vorbereitungsphase mehr bedurfte. Die Abteilung Technik hatte zur Betreuung der einzelnen Gruppenbereiche ein Patensystem entwickelt, daß eine intensive Betreuung der Bereiche ermöglichte. Die Abteilung Lager/Versand begann ihre Abläufe nach dem Supermarktprinzip aufzubauen, um eine stets reibungslose Materialversorgung auch ohne Abruf zu gewährleisten. Viele der Gruppenabläufe waren längst auch von den anderen Arbeitsbereichen übernommen worden. Auch in diesen Bereichen

hatte man schon in kleineren Projektgruppen an der Gestaltung der Abläufe mitarbeiten können und zudem war durch das fortgeschrittene Qualifizierungsprojekt der
Informationsstand der Mitarbeiter deutlich verbessert. Sie waren durch ihre persönlichen Entfaltungsmöglichkeiten schon neugierig darauf geworden, wie sich diese
nun in einer Gruppe auswirken sollten.

Zudem war die Akzeptanz der Gruppen und der durch sie veränderten Abläufe
auch in der Leitungsebene gestiegen. Man erkannte, daß die Veränderungen auch
mehr und mehr positive Auswirkungen haben können. Diese Vorbedingungen führten dann auch zu einem ruhigen und reibungslosen Einstieg in die Gruppe. Für einige war dieser Einstieg sogar zu ruhig. Es kamen Aussagen wie: „Was ist denn jetzt
anders? Außer, daß wir unsere Einteilung an den Anlagen selber machen, hat sich
doch nichts geändert."

Hier wurde deutlich, wie stark die Gruppenabläufe sich schon in den Gesamtab-
lauf eingefügt hatten. Die Tatsache, daß technische Aufgaben und organisatorische
Aufgaben von den Mitarbeitern übernommen wurden, was es früher gar nicht gab,
viel keinem mehr auf und wurde als normal akzeptiert. Die Mitarbeiter, die die
vierte und damit letzte Produktionsgruppe bilden wollten, kamen nun schon mit der
klaren Forderung an die Prozeßbegleiterinnen heran, daß ihre Gruppe doch bitte
bald starten sollte. Die Vorbereitungs- und Einstiegsphase gestaltete sich hier wie
bei Gruppe 3.

Viele Dinge liefen in den einzelnen Einstiegsphasen ähnlich ab: Es mußten persönliche Differenzen geklärt und organisatorische Absprachen mit der Leitung und
den anderen Abteilungen getroffen werden. Trotzdem kann man sagen, daß jede
Gruppe ihren ganz eigenen Weg gefunden hat mit der neuen Situation umzugehen.

6.9
Reisen bildet

6.9.1
Bewertung aus Mitarbeiter-Sicht

Eine durch den Betriebsrat durchgeführte Umfrage unter den Mitarbeitern ergibt
das nachstehende Bild über die Zufriedenheit mit den Bedingungen ihrer Arbeit
nach etwa zweieinhalb Jahren Gruppenarbeit (Abb. 6.6).

Diese Ergebnisse sind in der Summe recht erfreulich, zeigen sie doch, daß die
meisten Mitarbeiter mit den Arbeitsbedingungen bei „tewells" „eher zufrieden" bis
„sehr zufrieden" sind. Eine genauere Analyse der Rückmeldungen – aufgegliedert
nach den einzelnen Abteilungen – zeigt auch, wo die Quellen der Unzufriedenheit
liegen: Bei den Maschinenführern ist das Problem der starren Früh-/Spätschicht-
Einteilung für viele noch nicht gelöst, während die Service-Abteilungen der Produktion ähnliche Qualifizierungsmöglichkeiten wie die Maschinenführer und die
früher ausgezahlten Überstundenzuschläge vermissen.

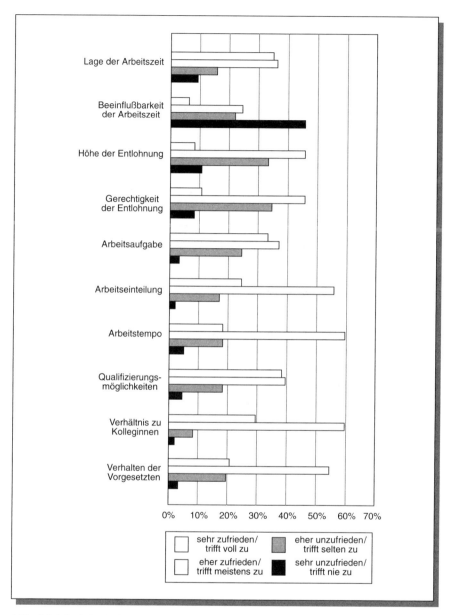

Abb. 6.6. Mitarbeiterbefragung zur „Zufriedenheit"

Der Betriebsrat hatte außerdem gefragt: „Wie hat sich die Zufriedenheit in Bezug auf verschiedene Schwerpunktfragen seit Einführung der Gruppenarbeit entwikkelt?" Die folgenden Ergebnisse wurden zusammengetragen (Abb. 6.7):

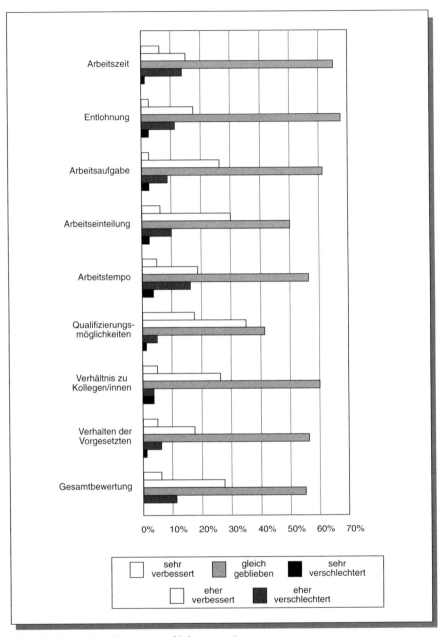

Abb. 6.7. Mitarbeiterbefragung zur „Verbesserung"

Hier erkennt man deutlich, daß die Stimmung schon vor dem Projekt recht gut war, daß aber wichtige Verbesserungen durch das Projekt zu verzeichnen sind. Der Trend zeigt nach oben. Die gleiche Befragung nur unter den Mitgliedern der Pilotgruppe nach ca. einem Jahr im Projekt hatte diese Tendenzen noch nicht gezeigt. Das nun erzielte Ergebnis bestätigt den gewählten Weg.

6.9.2
Bewertung aus Sicht der Geschäftsleitung

Das Projekt hat eine Reihe von nicht direkt quantifizierbaren Ergebnissen erbracht. So sind die Abläufe im Unternehmen insgesamt überschaubarer geworden. Das Verantwortungsgefühl der Mitarbeiter für ihre Arbeit ist deutlich spürbar gewachsen. Die Produktion läuft in sich geschlossener, da die Mitarbeiter einen Teil der Organisation selber übernehmen. Durch die Flexibilisierung der Arbeitszeit und die erhöhte Qualifikation kann besser auf Produktionsschwankungen reagiert werden. Insgesamt passen die neuen Abläufe und Strukturen zur Unternehmensstrategie für die nächsten Jahre, denn mit der Ausweitung des Aktions- und des Exportgeschäfts steigen die Flexibilitätsanforderung zwangsläufig sehr stark.

Im dritten Projektjahr zeigen sich auch deutlich die quantifizierbaren Vorteile der neuen Abläufe. Ganz grob und unter Verdrängung vieler methodischer Schwierigkeiten läßt sich für den hier geschilderten Fall folgende Berechnung erstellen: Der Projektaufwand lag bei ca. 2 % eines Jahresumsatzes verteilt auf die Projektdauer von drei Jahren. Der Erfolg ab dem dritten Jahr liegt bei ca. 1 % vom Umsatz, so daß sich eine Amortisationsdauer von zwei Jahren ergibt, die häufig auch für Maschineninvestitionen zugrunde gelegt wird. Der Kosten-Aufwand ist allerdings deutlich geringer, als er heute in dieser Branche für eine moderne Produktionslinie angesetzt werden muß.

Sicher läßt sich über die Frage diskutieren, ob nicht der Nutzen der Investition schneller als im dritten Jahr zu erzielen ist. Nach diesem Projekt steht aber unter vielen Beteiligten Konsens, daß derart tiefgreifende Entwicklungen eine Eigenzeit haben, die sich auch bei gutem Change-Management nicht beliebig verkürzen läßt.

Gerade die Schwierigkeiten im Management dieses Projekts haben (neben einigen anderen Einflüssen) ganz wesentlich einen Veränderungsschub hinsichtlich der Führungsstruktur und des Führungsverhaltens im Unternehmen ausgelöst. Da die Zahl der Veränderungsprojekte in den nächsten Jahren eher zu- als abnehmen wird, ist eine Auswertung der Erfahrungen aus diesem Projekt „Gruppenarbeit" für alle verantwortlichen Führungskräfte von großer Bedeutung. Der Einfluß ihres Führungsverhaltens ist den beteiligten Personen von ihren Mitarbeitern während dieser Reise immer wieder sehr eindrücklich zurückgemeldet worden.

6.10
... und ohne Ende?

Drei Jahre umfangreiche und intensive Projektarbeit liegen hinter den Projektbeteiligten. Es lief vieles anders als gedacht. Vieles war komplizierter als geplant, vieles ließ sich nicht wie erwartet in einem bestimmten Zeitrahmen oder mit dem vorgedachten Ziel erreichen. Und trotzdem sind viele Schritte erfolgreich abgeschlossen. Die Umwege, die eingeschlagen wurden, die Irrwege, die sich ergaben, führten am Ende doch zum *eigenen* Weg.

Viele der im Laufe des Projektes heiß diskutierten Maßnahmen sind jetzt selbstverständlicher Bestandteil der täglichen Arbeit. Hier zeigt sich auch, daß die in diesem Beitrag so arg strapazierte Reisemetapher an einem wichtigen Punkt hinkt: Charakteristisch für eine Reise ist ja die Rückkehr an den Ausgangspunkt. Gerade das war aber von Anfang an nicht gewünscht. Statt dessen ging es eher darum, wie beispielsweise bei einer Völkerwanderung ein neues, schöneres, angenehmeres Zuhause zu finden.

Und doch haben sich schon unterwegs neue Aufgaben und neue Anlässe für weiterführende Projekte ergeben:

- Die Mitarbeiter außerhalb der Produktionsgruppen (z.B. in der Technik oder auch in der Verwaltung) äußern nachdrücklich den Wunsch nach Qualifizierungsmaßnahmen.
- Den Produktionsgruppen sind die nötigen Methoden für die kontinuierliche Verbesserung ihrer Arbeitsprozesse zu vermitteln.
- Das innerbetriebliche Informationswesen und dabei vor allem die permanente Erhebung, Darstellung und Verbesserung prozeßnaher Kennzahlen ist dringend auszubauen.

Diese Beispiele verdeutlichen, daß die exakte Bestimmung des Projektendes genau so schwierig ist wie die Festlegung des Anfangs. Schließlich ist es ein Merkmal lebendiger Systeme, daß die grundlegenden Lebensprozesse weitergehen und der Wandel selbstverständlich ist.

Teil 3

Wie machen wir den
Kontext passend
– betriebliche Rahmenbedingungen
des Wandels

7 Prozeßleitbilder für betriebliche Innovationsvorhaben - hilfreiche Reiseführer oder Wegweiser in die Sackgasse?

WOLFGANG KÖTTER

7.1
Wenn einer eine Reise tut ...

Wenn einer eine Reise tut, dann hat er hinterher etwas zu erzählen, aber zunächst einmal steht er vor und während der Reise, insbesondere dann, wenn sie in bislang unbekannte Gefilde führen soll, vor einer Vielzahl von Entscheidungen „ins Blaue hinein": über Ziel, Dauer, Tempo, Verkehrsmittel, Reisegepäck, Reisegruppe, Inanspruchnahme eines Reiseführers usw. usf. Um diese Entscheidungen treffen zu können, greift unser Reisender implizit oder explizit auf eine Vorstellung zurück, die er sich von der Reise gemacht hat. Einerseits wird er sich dabei auf eigene Erfahrungen aus früheren Reisen oder auf schriftliche und mündliche Erfahrungsberichte anderer Reisender stützen. (Das gilt übrigens selbst dann, wenn er sich aufgrund schlechter Erfahrungen mit Individualreisen oder guter mit Pauschalreisen dafür entscheidet, sich „um nichts kümmern zu müssen" und die Entscheidungen großenteils einem Reiseveranstalter zu überlassen.) Andererseits wird er wiederum unter Rückgriff auf eigene oder fremde Vorerfahrungen eine *Sollvorstellung* („ein Leitbild") entwickelt haben, die ihn bei den zu treffenden Entscheidungen orientiert und ihm insbesondere signalisiert, wo eventuell Handlungs- und Entscheidungsbedarf bestehen könnte, damit das Reiseziel erreicht werden bzw. die Reise wunschgemäß verlaufen kann. Auch wer nach dem Motto „Der Weg ist das Ziel" auf die Fixierung eines Zielortes ausdrücklich verzichtet, der verzichtet damit noch keineswegs auf ein Leitbild. Er richtet seine Zielvorstellungen lediglich stärker auf den Prozeß als auf das äußere Resultat und „riskiert" gleichzeitig, daß ihm sein „Ziel" mit einem Mal begegnet, ohne daß er es bewußt angestrebt hätte: Er läßt sich sozusagen von seinem Ziel überraschen...

Wozu dieser „Ausflug" in die Touristikbranche in einem Buch über die betrieblichen Rahmenbedingungen für die Einführung neuer Produktionskonzepte?

Er soll dabei helfen, deutlich zu machen, was wir unter „Prozeßleitbildern" für betriebliche Innovationsvorhaben verstehen und welche immense *praktische Bedeutung* diese Prozeßleitbilder als Sollvorstellungen von Projektgegenstand und Projektablauf in Projekten zur Einführung neuer Produktionsstrukturen haben.

Die Situationen ähneln sich: Auftraggeber, Projektleiter und Projektteam können bei so tiefgreifenden Veränderungen der Organisationsstrukturen und Arbeitsprozesse, wie sie in den RAMONA-Berieben auf der Tagesordnung standen, zu Projektbeginn weder den Ausgang noch den Verlauf der angestrebten Umstrukturierung kennen – sie können lediglich auf ihre meist recht unterschiedlichen Vorerfahrungen mit betrieblichen Innovationsvorhaben zurückgreifen und sich auf diese Weise „ein Bild davon machen, was auf sie zukommt". Gleichzeitig sind sie, trotz dieser „Unwissenheit", dazu gezwungen, weitreichende Entscheidungen zu treffen: über die Ziele, die Aufgabenstellung, den Aufwand, die Aufgabenverteilung, den Terminplan, die Teamzusammensetzung, die Verantwortlichkeiten und Weisungsbefugnisse, die Abstimmungs- und Entscheidungswege etc. etc..

Die praktische Konsequenz: Projektaufgabe, Projektziel, Projektstruktur und Projektplanung werden entscheidend geprägt von den Erfahrungshintergründen, Denkmodellen, Sollvorstellungen, mit einem Wort: von den in der Vergangenheit gewachsenen Prozeßleitbildern der betrieblichen Akteure.

7.2
Mit alten Prozeßleitbildern zu neuen Produktionsstrukturen?

Eine wichtige Annahme zu Beginn des RAMONA-Projekts lautete:

> Die persönlichen (und die daraus sich zusammensetzenden betrieblichen) Prozeßleitbilder der Organisationsveränderung beruhen auf Veränderungserfahrungen im Rahmen der alten, arbeitsteiligen, zentralistisch hierarchischen Organisationsstrukturen; sie passen nicht zum neuen „Reiseziel" und werden so selbst zum Hindernis der Veränderung.

Hier einige „Symptome" in früheren Projekten, die uns damals zu dieser Diagnose betrieblicher Veränderungsprozesse geführt hatten:

- unscharfe und recht umstrittene Zielbeschreibungen, die später in sehr unterschiedliche Bewertungen des Projekterfolgs mündeten,
- funktional-hierarchisches Rollenverständnis in den Projektteams bis hinauf in die Leitung,
- teilweise heftige Probleme, andere für das Ziel der Umstrukturierung zu gewinnen,
- abenteuerlich knappe Terminpläne, die schnell Makulatur waren, aber noch lange nicht durch realistische Terminziele abgelöst wurden,
- absehbare Ziel- und Ressourcenkonflikte mit anderen Projekten und dem Alltagsgeschäft, die wegen Unterschätzung der Aufwände und fehlender Zusammenhangswahrnehmung noch nicht gesehen wurden,
- im einzelnen durchaus realistische, aber untereinander recht kontroverse Einschätzungen der zu erwartenden Hindernisse und Risiken,
- schon bald extreme Unsicherheiten in der Bewertung des Projektstands.

In der umfangreichen Literatur zu den Themen „Projektmanagement" und „Veränderungsmanagement" (z.B. Heintel u. Krainz 1994; Kraus u.Westermann 1997; Doppler u. Lauterburg 1996) fanden sich zahlreiche ähnliche Hinweise, und die Organisationssoziologie steuerte noch den beunruhigenden Hinweis bei, daß es sich dabei eher um ein unentrinnbares Dilemma als um ein durch neue, angemessenere Herangehensweisen behebbares Phänomen handele: Die unternehmerische Entscheidung über die Umstrukturierung hin zu mehr dezentraler Entscheidung und Verantwortung müsse nun einmal in den alten, hierarchischen Strukturen getroffen werden und sei insofern auf jeden Fall eine Doppelbotschaft. Gefordert werde in einem Atemzug Gehorsam *und* dezentrale Selbststeuerung (vgl. Kühl 1994).

Nun war RAMONA mit dem Versprechen angetreten, nach tragfähigen, situations- und gegenstandsangemessenen Orientierungsmodellen für den Ablauf betrieblicher Innovationsvorhaben zu suchen und den diesbezüglichen „Stand der Kunst" bereits in den vier Betriebsprojekten des Verbundes zu praktizieren. Dabei hatte der Projektantrag bereits auf etliche Merkmale guter Gestaltung aus arbeitswissenschaftlicher Sicht hingewiesen und die Hoffnung zum Ausdruck gebracht, daß sich diese Positivliste mit den entsprechenden Kriterien eines professionellen „Change Management" aus der Perspektive der Organisationsentwicklung zu einem „neuen", aussichtsreichen RAMONA-Prozeßleitbild zusammenführen lassen. Doch leider stieß die Realisierung dieser Zielvorstellung im ersten Anlauf auf unüberwindliche theoretische und praktische Probleme:

• Zwar ließ sich die oben skizzierte RAMONA-Diagnose von der Entstehung der im Projektgeschehen wirksamen Prozeßleitbilder in den „alten", eher arbeitsteilig-hierarchischen Organisationsstrukturen in den betrieblichen Expertengesprächen zu Projektbeginn ebenso bestätigen wie die Hypothese, daß so eine Tendenz zu dysfunktionalen Weichenstellungen für das Projekt entsteht – Weichenstellungen, die mit dem Projektziel „ganzheitliche, prozeßorientierte, dezentral gesteuerte Produktionsstrukturen" nicht oder nur schlecht vereinbar sind. Gleichzeitig wurde jedoch deutlich, daß es je nach Ausgangslage auch schon ganz andere Vorerfahrungen gab als solche mit Innovationen in hierarchisch-arbeitsteiligen Organisationsstrukturen. Eine reine Vorher-Nachher-Betrachtung war also schon deshalb nicht möglich, weil nahezu alle Projektakteure bereits vor RAMONA auch Erfahrungen mit neuen Organisationsstrukturen gesammelt hatten.

• Die in Vorgesprächen, Einstiegsseminaren, Projektsitzungen etc. deutlich gewordenen persönlichen Prozeßleitbilder im Kreis der Betriebspraktiker waren teilweise so unterschiedlich, daß die anfängliche Unterscheidung in „alte" und „neue" Leitbilder sich als viel zu undifferenziert erwies. Schrittweise entstand die Erkenntnis, daß erst eine Typologie unterschiedlicher Prozeßleitbilder unter Berücksichtigung ihres jeweiligen fachlich-funktionalen Entstehungs- und Verwertungszusammenhangs eine angemessene Form der Darstellung für die in den Betriebsprojekten vorgefundenen Prozeßleitbilder ergeben würde.

• Auch im Kreis der Aktionsforscher und in den betrieblichen Beratungsteams gab es nicht, wie die ursprüngliche RAMONA-Projektbeschreibung vermuten läßt, *ein* Prozeßleitbild, das dann als situationsangemessen und „zielführend" den betrieblichen Partnern hätte vermittelt werden können, sondern mindestens zwei, nämlich das arbeitswissenschaftliche Leitbild „guter Gestaltung" und das von unseren Kolleginnen und Kollegen „Prozeßberatern" eingebrachte Leibild der „Organisationsentwicklung (OE)". Beide Leitbilder haben ihren Hintergrund, ihren Sinn und ihren Nutzen – einfach zu einem Leitbild zu verschmelzen waren sie nicht. Im Gegenteil, so manche Kontroverse in den betriebsbezogen gebildeten Aktionsforscher-Teams war zu Projektbeginn gerade dadurch gekennzeichnet, daß unterschiedliche und mitunter gegensätzliche professionelle Überzeugungen über die gegenstandsangemessene Herangehensweise an ein betriebliches Veränderungsprojekt aufeinanderprallten. Am deutlichsten wurde dies bei den völlig unterschiedlichen Haltungen zum Stellenwert der Situationsanalyse: Während aus arbeitswissenschaftlicher Sicht eine gründliche, methodisch saubere Analyse der Ausgangssituation geradezu als unabdingbar für den erfolgreichen Verlauf des Betriebsprojekts angesehen wurde, sahen die RAMONA-Organisationsentwickler darin eher ein Projektrisiko. Sie wiesen darauf hin, daß jeder Diagnoseschritt aus systemtheoretischer Sicht bereits als eine Intervention angesehen werden müsse und daß mit einer derart aufwendigen Analyse gleichzeitig bereits eine Experten-Laien- oder gar eine Arzt-Patienten-Rollenverteilung zwischen Beratungsteam und Klientensystem hergestellt würde. Aus der Sicht der Prozeßberatung erschien es viel aussichtsreicher, die betrieblichen Strukturen und Prozesse durch konkrete Veränderungsschritte statt durch eine aufwendige Analyse kennenzulernen.

• Im weiteren Verlauf der Betriebsprojekte ist es nach und nach immer besser gelungen, aus den neuen Erfahrungen heraus veränderte Prozeßleitbilder zu entwickeln, die für eine erfolgreiche Fortsetzung der Reise notwendig und nützlich waren. Gleichzeitig wurde jedoch immer deutlicher, daß auch diese neuen, ziel- und situationsangemesseneren Prozeßleitbilder nicht auf „einen Nenner" zu bringen waren. Ob sie für die Erreichung der Projektziele eher förderlich oder eher als hinderlich zu bezeichnen waren, das ließ sich jeweils nur im Zusammenhang mit der jeweiligen Organisationskultur, dem jeweiligen Projektgegenstand, dem Zusammenwirken der betrieblichen Akteure im Projektgeschehen angemessen beschreiben und verstehen.

Insgesamt ergab sich so die Erkenntnis, daß

1.) die Prozeßleitbilder der Akteure in betrieblichen Veränderungsprojekten offenbar in der Tat einen wesentlichen Faktor für Erfolg und Mißerfolg darstellen, daß sich aber

2.) die in den Betriebprojekten aufgetretenen Stockungen, Schwierigkeiten und so empfundenen Enttäuschungen bzw. Mißerfolge im Projektverlauf wohl eher auf die Unterschiedlichkeit der Prozeßleitbilder und auf einen zu Anfang unproduktiven Umgang mit dieser Unterschiedlichkeit zurückführen lassen als darauf, daß die Ausgangs-Leitbilder einfach „veraltet" gewesen wären.

7.3
„So machen wir das hier bei uns ..."

Prozeßleitbilder betrieblicher Veränderungsprojekte in ihrem
fachlich-funktionalen Entstehungs- und Anwendungszusammenhang

Prozeßleitbilder für die Vorbereitung, Planung und Realisierung betrieblicher Innovationsvorhaben in Produktionsbetrieben gibt es als professionelle und zum Teil auch als betriebliche Standards der damit beauftragten betrieblichen Funktions- und Statusgruppen in den unterschiedlichen Ausprägungen spätestens seit Beginn dieses Jahrhunderts, als Taylor mit seinem Konzept zur Einführung und Durchsetzung des „Scientific Mangements" ein solches Leitbild zum Kassenschlager und zum jahrzehntelangen Industriestandard machte. Insofern kann sicher von einem in stark modifizierter Form bis heute fortwirkenden Prozeßleitbild der Arbeitsvorbereitung und des Industrial Engineering gesprochen werden. In Deutschland hat sich das entsprechende Prozeßleitbild in der REFA-Methodenlehre der Betriebsorganisation und in den hierauf bezogenen Ausbildungsgängen des REFA-Fachmanns und des REFA-Ingenieurs niedergeschlagen. Branchen- und betriebsbezogene Spezifikationen der Methodik unterstreichen die Tragweite dieses seit Beginn der 90er Jahre verblassenden, aber weiterhin fortwirkenden Leitbilds.

Nun hatte F. W. Taylor zweifellos einen weitergehenden Anspruch, als daß sein Konzept lediglich *eines von mehreren* in der betrieblichen Praxis wirksamen Prozeßleitbildern für Rationalisierungs- und Innovationsvorhaben darstellt. Gleichzeitig war seine Fachperspektive jedoch die des *Produktionsingenieurs* und damit *nicht* die des Produktentwicklers, die des Kaufmanns und auch nicht die des für den Gesamterfolg und die Strategie zuständigen und verantwortlichen Unternehmers oder Top-Managers, ganz zu schweigen von der des Personalmanagers oder gar der des Gewerkschafters und betrieblichen Belegschaftsvertreters. Der funktionalen Arbeitsteilung auf der Ausführungsebene und der generellen Trennung zwischen Hand- und Kopfarbeit in der Managementkonzeption, wie sie Taylor forderte, entsprach zwangsläufig die funktionale Arbeitsteilung auf der Ebene der Kopfarbeit und des Managements. So bildeten sich hierarchisch-arbeitsteilige Strukturen und Prozesse des Produktionsmanagements, die im jeweiligen Funktions- und Statusbereich wiederum die Herausbildung von jeweils spezifischen Denk- und Verhaltensmustern, professionellen Standards und letztlich auch Prozeßleitbildern für die Vorbereitung, Planung und Durchführung von Innovationsvorhaben mit sich brachten.

Die Entwicklung dieser fach- und funktionsspezifischen Prozeßleitbilder war in den damaligen, hierarchisch-funktional gegliederten Produktionsstrukturen einerseits unvermeidlich, andererseits vollkommen aufgabenangemessen und letztlich auch zielführend. Sie war erforderlich, um den jeweils unterschiedlichen Fachaufgaben (Vertrieb, Produktentwicklung, Einkauf, Lager und Transport, Produktionsplanung, Produktion, Rechnungswesen, Verwaltung, später dann EDV, Qualitätswesen, Logistik) gerecht zu werden und dabei die eigene Herangehensweise von der (mit anderen Zuständigkeiten und Verantwortlichkeiten ausgestatteten) Nachbarabteilung abzugrenzen.

Gleichzeitig waren die jeweiligen Prozeßleitbilder funktional, weil sie

- der jeweiligen Bereichslogik und Aufgabenstellung entsprachen und insofern den optimalen Weg zum durch die Arbeitsteilung geforderten Bereichsergebnis darstellten
- angesichts der relativ stabilen Verhältnisse im Zusammenspiel der verschiedenen Stabs- und Linienfunktionen auch zu einem akzeptablen Gesamtergebnis führen konnten.

Die Ziele und Vorgehensweisen konnten durch hierarchische Koordination und fachliche Standardisierung einigermaßen genau und damit für die anderen Bereiche kalkulierbar beschrieben werden: Man konnte sich mehr oder weniger aufeinander verlassen... Wegen der relativ langen Produktlebenszyklen und der ebenfalls relativ langen Nutzungszeiten von Produktionsanlagen und anderen technisch-organisatorischen Innovationen blieb außerdem in aller Regel genügend Zeit für eine Korrektur der bei einem solchen arbeitsteiligen Herangehen unvermeidlichen Anfangsmängel und Schnittstellenprobleme.

In den meisten Großbetrieben führten diese „stabilen Zustände" zur Erarbeitung entsprechender Richtlinien und betrieblicher Standards, die dann wiederum auf der überbetrieblichen Ebene zur Entwicklung einer Vielzahl von Richtlinien und Normen führten. Erinnert sei hierbei neben der bereits erwähnten REFA-Methodenlehre an solche anspruchsvollen Standardisierungsversuche wie die zum Methodischen Konstruieren, zur Wertanalyse, zum Projektmanagement und zur Softwareentwicklung – bis hin zur DIN ISO 9000 als aktuellem Standardisierungsversuch.

Da hier von Produktionsbetrieben und von Projekten zur Neugestaltung von Produktionsstrukturen und -prozessen die Rede ist, bietet es sich an, aus der Vielzahl der im Unternehmen zusammenwirkenden unterschiedlichen Fach- und Funktionsperspektiven zunächst einmal außer dem bereits behandelten „Planer" noch den „Entwickler" und den „Produktionsmanager" zu betrachten. Dabei mag die Entwicklerperspektive zunächst weniger bedeutsam erscheinen – das ändert sich jedoch schlagartig, wenn man einerseits die Gruppe der Entwickler von im Veränderungsprozeß zu implementierenden Softwareprodukte oder die Konstrukteure von zum Projektgegenstand gehörenden Produktionsanlagen in den Blick nimmt und wenn man andererseits die unter den Stichworten „Simultaneous Engineering" oder „Concurrent Engineering" betriebene zunehmende Verzahnung von Konstruktions- und Produktionsprozessen berücksichtigt.

Eine vierte in den Erfahrungsberichten über Umstrukturierungsprojekte häufig hervorgehobene Funktions- oder Rollenperspektive liegt quer zur fachlichen Arbeitsteilung: Hier geht es um Macht, um Durchsetzung und Interessenauseinandersetzung – eine Sichtweise auf Veränderungsprojekte, wie sie einerseits vom für Strategie und Geschäftsergebnis verantwortlichen Top-Management (oder vom Eigentümer), andererseits von der gesetzlich dazu berufenen betrieblichen Interessenvertretung der Mitarbeiter eingenommen wird.

Unter Hinzunahme der beiden im Aktionsforscherkreis (aber auch im Kreis der Betriebspraktiker) vorfindlichen Fach- und Funktionsperspektiven des Arbeitsgestalters und des Organisations- und Personalentwicklers ergab sich ein Typisierungsversuch mit insgesamt sechs Leitbild-Typen (Abb. 7.1):

- das „Planer“-Modell,
- das „Entwickler“-Modell,
- das „Produktioner“-Modell,
- das „Politiker“-Modell,
- das „Arbeitsgestalter“-Modell und
- das OE/PE-Modell.

Eine schlüssige Herleitung für genau diese sechs Typen von Prozeßleitbildern läßt sich leider nicht angeben – weder ergeben sie sich durchgängig aus unterschiedlichen Fachperspektiven, noch lassen sie sich abschließend aus Aufgaben- bzw. Rollenzusammenhängen voneinander abgrenzen. Insofern kann die hier vorgelegte Typologie sicher nicht mehr als ein Einstieg in eine tiefergehende Erforschung des Themas „Prozeßleitbilder der Organisationsveränderung“ sein.

Der entscheidende Anstoß zur Entwicklung dieser Typologie kam übrigens von dem kanadischen Organisationstheoretiker Gareth Morgan, der in seinem Buch „Bilder der Organisation“ (Morgan 1997) insgesamt acht an unterschiedliche Metaphern anschließende Sichtweisen und „Modelle“ der Organisation beschreibt.

Die RAMONA-Typologie hat sich seit ihrer erstmaligen Beschreibung im Januar 1998 in den Augen der Aktionsforscher und Betriebspraktiker des Verbundes zunächst einmal als hinreichend plausibel, trennscharf und nützlich erwiesen, um auf diesem Weg einer breiteren Öffentlichkeit zugänglich gemacht zu werden.

Als wesentliche Unterscheidungsmerkmale können nach der Auswertung der einschlägigen Fachliteratur und den Auskünften der Betriebspraktiker im RAMONA-Verbund identifiziert werden:

- das Bild vom Projektgegenstand,
- das Bild von einem guten Projektergebnis,
- die Vorstellung vom Projektablauf und vom Stellenwert der unterschiedlichen Projektphasen,
- die Vorstellung von der Art der Projektsteuerung, dem Kreis der Projektbeteiligten und den Rollen der Akteure,
- die Haltung zur Planbarkeit von Verlauf und Ergebnis des Projekts,
- die Sichtweisen auf Erfolgsfaktoren und Projektrisiken.

Es ergibt sich die nachstehende Matrix zur Beschreibung der Unterschiede zwischen den verschiedenen Prozeßleitbilder-Typen (Abb. 7.1).

Dimension Leitbild	Gegenstands modell	Ablaufmodell	Steuerungs-modell	Ziel-/Ergebnis-orientierung
„Planer"-Modell	Technik Organisation Personal	linear: Planung Umsetzung	Top-down: Hierarchie + Stabsfunktionen	Optimale Technik, dazu passende Organisation
„Entwickler"-Modell	Technik/ Technologie	Netzplan, Balkenplan (teilweise Feed-Back-Schleifen)	Projektmanage-ment	Technische Problemlösung
„Politiker"-Modell	Organisation (Personal)	Kampagne, Feldzug	Hierarchie, Generalstab, Drahtzieher, Verhandlungen Spitzen-gespräche	„Regelung", Entscheidung pers. Status mat. Gewinn
„Produktioner"-Modell	Technik Organi-sation, Personal	Sofortiges Han-deln/Umsetzen ohne Analyse- und Planungs-vorlauf, situations-getrieben lösungs-orientiert	„Adhokratie" je nach Situation wechselnde Wei-sungsbefugnisse (Mintzberg)	Situatives Optimum Effizienz, „Überleben"
„Arbeits-gestalter"-Modell	Personal Arbeits-aufgabe Tech-nik Organi-sation	„Wendeltreppe": zyklische Folge von Analyse-, Konzept-, Planungs- und Umsetzungspha-sen im Gesamt-projekt	Beteiligungs-orientiertes Projekt-management	Effizienz und Mitarbeiter-zufriedenheit durch „gute Arbeit"
O/PE-Modell	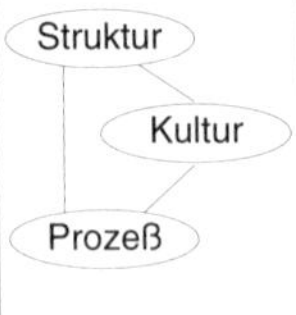 Struktur Kultur Prozeß	Offener Prozeß	Mehr-Ebenen-Prozeßeigner-schaft	„Organisationa-les Lernen", Funktionale Struktur + Kultur

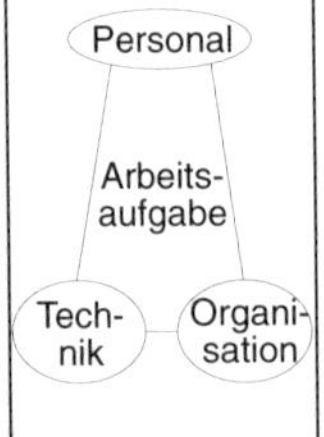

Abb. 7.1. Typologie der Prozeßleitbilder

Akteure, Rollen/Aufgaben	Stellenwert der Analyse	Planbarkeit, Prozeßreflektion	Ressourcen-modell	Risikosicht
Experten planen, Leitung entscheidet	sehr hoch	Voll planbar keine Reflexion nötig	Experten-Know-how, Analysemethoden	Entscheidungs- u. Durchsetzungs-schwäche der Leitung
Anwender als Informationsliefe-rant, Entwickler als Problemlöser	mittel	Begrenzt planbar Reflexion + Korrekturen nötig	Kreativität + Autonomie der Entwickler	Anwender wissen nicht, was sie wollen
„Seilschaften", Koalitionen, Mitspieler, Gegenspieler, Machtkampf (Kompromiß)	eher gering	In der „heißen" Phase nicht planbar Lagebe-sprechungen	Status Geld Beziehungen	Heimliche Gegner, abtrünnige Mitstreiter, Spione
task forces; ständig wech-selnde + sich überlappende „Projekte"	keine (kostet nur Zeit), Boxenstopmen-talität	Nicht planbar, ständige Auf-merksamkeit, laufende Korrekturen („Formel 1")	Flexibilität Information Intuition	Zeitverlust Theorie Verkrustung
Koordinierte Mehr-Ebenen-Prozesse mit ganzheitlichen Projektaufgaben im Team	sehr hoch	zeitlich begrenzt Zwischenbilan-zen nötig	Sach- und Methoden-Kennt-nis; Zielkonsens; Partizipation	unrealistische Ziele, Etiketten-schwindel; „hand-werkliche" Fehler bei Arbeitsgestal-tung und Projekt-management
Beteiligung aller relevanten Inter-essengruppen („Stakeholder") als Prozeßeigner	eher niedrig, Veränderungs widerstand als wichtige Infor-mationsquelle	Prozeß ist nicht planbar ständige Prozeßreflexion nötig	Veränderungs-energie: kreative Spannung Soll-Ist; Zyklus Aktion Reflexion	Defensive Routinen (Gesicht wah-ren) der Projekt-akteure; Expertenmodell der Veränderung

Abb. 7.1. Typologie der Prozeßleitbilder (Fortsetzung)

7.3.1
Das „Planer"-Modell

Charakteristisch für dieses Prozeßleitbild der Neu- und Umgestaltung von Produktionsstrukturen und Prozessen, das fachlich insbesondere im REFA-Verband zuhause ist und in den „alten" Produktionsstrukturen vor allem in Stabs- und Fachabteilungen wie Arbeitsvorbereitung, Fabrikplanung, Arbeitswirtschaft und Industrial Engineering zu finden war, ist ein ausgeprochenes *Expertenmodell* der Veränderungsarbeit.

Ganz in der Tradition einer „wissenschaftlichen Betriebsführung" wird der Stellenwert einer gründlichen Analyse unter dem Einsatz der fortgeschrittensten „Tools" sehr hoch geschätzt. Als erfolgsbestimmende Ressourcen gilt das Experten-Know-how der Planer in Verbindung mit der soliden, allgemein als Stand der Kunst angesehenen Analysemethodik (z. B. REFA, MTM, Wertanalyse, SADT-Diagramm). Geplant wird in diesem Expertenmodell zunächst einmal das Produktionssystem von seiner technischen Seite, d. h. es werden Varianten des technischen Arbeitssystems entwickelt und verglichen, dazu passende Arbeitsabläufe erarbeitet und hieraus Qualifikationsanforderungen und Personalbedarfe abgeleitet.

Das Projektziel ist nach diesem Prozeßleitbild die Auswahl und Implementierung der anforderungsgerechten technischen Lösung mit einer dazu passenden Arbeitsorganisation und einem für diese technisch-organisatorische Lösungsvariante konstenoptimalen Personaleinsatz. Der Veränderungsprozeß wird in dieser Tradition als voll oder zumindest weitgehend planbar angesehen, Reflexionsschleifen und Rücksprünge auf die vorhergehende Planungsstufe werden erst in jüngster Zeit mitgedacht und für mitunter erforderlich gehalten (s. REFA 1991).

Zu steuern ist eine Neu- oder Umgestaltung von Produktionssystemen nach diesem Prozeßleitbild „top-down", also durch Leitungsentscheidungen jeweils zu Beginn der in linearer Abfolge („Wasserfallmodell") gedachten Projektphasen Analyse, Zieldefinition, Konzeption, Detaillierung, Implementierung und Einsatz. Als größte Risiken gelten in diesem Modell die Entscheidungsschwäche der obersten Leitung sowie Durchsetzungsschwäche und Inkonsequenz beim Produktionsmanagement.

7.3.2
Das „Entwickler"-Modell

Um in unserer Typologie das Prozeßleitbild des „Entwicklers" von dem des „Planers" abzugrenzen, obwohl ja beide Aufgaben gleichermaßen mit der Vorwegnahme, Planung und Realisierung von technischen Systemen befaßt sind, muß als Charakteristikum des Entwicklermodells die fachliche Eingrenzung der Aufgabenstellung auf die Entwicklung und Realisierung des *technischen Produkts* hervorgehoben werden. Das Gegenstandsmodell des Entwicklers ist insofern technisch fokussiert: Er hat eine technische Funktionalität zu realisieren, organisatorische und personalwirtschaftliche Gegebenheiten sind dabei nicht explizit mitzugestalten, sondern lediglich als Eingangs- und Randbedingung mit zu berücksichtigen (bzw. werden *indirekt* und meist *unbewußt,* z. B. durch konstruktive Festlegung, die einen bestimmten Montageablauf erzwingt oder, im Bereich der Softwareentwicklung, durch die Gestaltung von Bildschirmdialogen geprägt).

Das Prozeßleitbild des Entwicklers, beheimatet in der FuE-Abteilung, in der Konstruktion, aber z. B. auch in der EDV-Abteilung, im Werkzeug- und Betriebsmittelbau sowie bei vielen Ingenieurbüros und Softwarefirmen, die als externe Partner das Projektgeschehen in Produktionsbetrieben mit beeinflussen, ist weitgehend vom Ziel der technischen Problemlösung, der „Erfindung“, geprägt. Der Projektprozeß, aufgefaßt als Suche nach der „Lösung“, erscheint zunächst einmal nicht oder jedenfalls noch nicht voll planbar. Reflexionsschleifen und Rücksprünge erscheinen unverzichtbar, das Steuerungsmodell des Projektmanagements als schrittweises Vorarbeiten von der Grob- zur Feinplanung mit expliziten Feedback-Schleifen und Kurskorrekturen wird entweder (in Großbetrieben) explizit zugrundegelegt oder aber (in Klein- und Mittelbetrieben, Ingenieurbüros und Softwarefirmen) hemdsärmelig praktiziert.

Methoden und „Tools“ sind zwar (in Form des „Methodischen Konstruierens“ und des „Software Engineering“ mit seinen CASE-Tools) verfügbar, und auch ein gewisses Maß an Situations- und Anforderungsanalyse gilt als „Stand der Kunst“, als entscheidende Ressourcen gelten aber weiterhin die Autonomie und die Kreativität der Entwicklungsingenieure. Die Rollenverteilung im Projekt erscheint klar: Die Anwender (bzw. der Vertrieb) sind dafür zuständig, den Auftrag bzw. das Entwicklungsziel klar zu definieren und die nötigen Informationen über Eingangs- und Randbedingungen zu liefern („Lastenheft“), und dann sind die Entwickler für die Lösungsfindung verantwortlich. Das größte Projektrisiko vor diesem Hintergrund: Die Anwender wissen nicht, was sie wollen, und kommen plötzlich mit Sonderwünschen!

7.3.3
Das „Produktioner“-Modell

Zuhause ist dieses Modell im Produktionsmanagement: in den Meisterbüros der alten, verrichtungsorientierten Produktionswerkstätten, vor allem aber in der Endmontage und in der Produktionsleitung – dort, wo die Erfüllung der Kundenaufträge auf die erwartbaren materialwirtschaftlichen, ablauforganisatorischen, produktionstechnischen und personalwirtschaftlichen Probleme stößt. Einerseits bringt diese Prozeßnähe den größten Leidensdruck („Ja, da müßten wir dringend mal etwas tun“) und eine Sichtweise auf Technik, Organisation und Personal als eng verzahnte potentielle Projektthemen mit sich. Das Bewußtsein für die begrenzte Planbarkeit des eigenen Handelns ist stark ausgeprägt, und es steht ein hohes Maß an explizitem und implizitem Erfahrungswissen über die erwartbaren Schwierigkeiten bei Veränderungsprojekten zur Verfügung.

Der Druck des „Tagesgeschäfts“ führt jedoch gleichzeitig zu der paradoxen Situation, daß im Prozeßleitbild der Produktioner für ein Veränderungsprojekt im ei-

gentlichen Sinn, d.h. mit Projektorganisation, Projektauftrag, Projektteam, Projektphasen etc., gar kein Platz ist. Veränderungen sollten, so das implizite Modell, ohne
Analyse- und Planungsverlauf („Das kostet doch nur Zeit") durch situationsange-
messene Entscheidungen und deren sofortige Umsetzung bewirkt werden. Typisch
ist eine extrem pragmatische Lösungsorientierung auf der Suche nach dem jeweiligen situativen Optimum, das Ziel heißt in aller Regel „Durchkommen" und „Überleben". Die Gesamteffizienz der Produktionsprozesse schwingt zwar als ständiges
Zielkriterium mit, gerät aber bei den häufig nötig werdenden „Heldentaten" und
„Löscheinsätzen" schnell in den Hintergrund.

Das Steuerungsmodell dieses Prozeßleitbilds ist von situations- und zweckge-
bundenen Weisungsbefugnissen geprägt, statt Projektteams werden „task forces"
gebildet, und es entwickelt sich eine Vielzahl von ständig wechselnden, sich über-
lappenden „Projekten". Da Planbarkeit nicht angenommen wird, erscheinen die
laufenden Korrekturen an Ziel und Vorgehensweise „normal". Ständige Aufmerksamkeit („Auf Sicht fahren"), Flexibilität und Intuition auf der Basis umfassender
(meist auf informellen Wegen bezogener) Information werden als die wichtigsten
Ressourcen für Veränderungsprozesse betrachtet. Als Risiken und Hindernisse gelten außer dem Tagesgeschäft insbesondere bürokratisch-verkrustete Strukturen,
Theorielastigkeit und Zeitverlust.

7.3.4
Das „Politiker"-Modell

Charakteristisch für das Prozeßleitbild des „Politiker-Modells" ist die Betrachtung
von Veränderungprojekten unter dem Gesichtspunkt von Interessen, Machtkonstel-
lationen und Kräfteverhältnissen. „Zuhause" ist das „Politiker"-Modell also zunächst einmal nur in dem relativ kleinen Kreis von „Verhandlungsprofis", der in
Chefetage und Betriebsratsbüro qua Position und Funktion mit der Wahrung von
Interessen der Anteilseigner, der Belegschaft, des Gesamtunternehmens und der jeweiligen Teilbereiche betraut ist. Doch jenseits dieser expliziten Strukturen und
Prozesse von Machtausübung und Interessenaushandlung gibt es eine sehr viel weitere Verbreitung des „Politiker"-Modells, in der Organisationssoziologie als „Mi-
kropolitik" bezeichnet. In dieser Sichtweise wimmelt es im Unternehmen von Interessengruppen, „Seilschaften", Koalitionen, alten Feindschaften etc. etc..

Das Prozeßleitbild des „Politiker"-Modells sieht folgerichtig als Projektgegenstand vor allem die Gestaltung von Zuständigkeiten, Unterstellungsverhältnissen
und Weisungsbefugnissen, also die Aufbau- und allenfalls noch die Ablauforgani-
sation. Im Personalbereich erscheinen vor allem Arbeitsplatzsicherheit, Status, Einkommen, Arbeitszeit und Aufstiegs- bzw. Entwicklungsperspektiven regelungsbe-
dürftig. Technik spielt als Projektthema nur insofern eine Rolle, als sie mit den vor-
genannten Macht-, Status- und Perspektivfragen zusammenhängt. Im „Politiker"-
Modell erscheinen Machtposition, Geld und Beziehungen als die wesentlichen Pro-
jektressourcen.

Das Steuerungsmodell wirkt eher militärisch-generalstabsmäßig, mitunter wird,
im Falle eher informeller Machtauseinandersetzungen, auch das Wort „Mafia" zur

Bezeichnung der gegnerischen Interessengruppe herangezogen. Der Projektverlauf erscheint als Kampagne oder „Feldzug"; da der Verlauf nicht als planbar angesehen wird, werden Lagebesprechungen anberaumt, um Strategie und Taktik zu überprüfen und ggf. anzupassen. Die Situationsanalyse zu Projektbeginn spielt in diesem Prozeßleitbild allenfalls als Analyse des Kräfteverhältnisses eine Rolle, sonst wird sozusagen „Schach" gespielt. Als Projektrisiken gelten vor allem heimliche Gegner, unerwartete Koalitionen und Abtrünnige aus den eigenen Reihen.

7.3.5
Das OE-/PE-Modell

„Zuhause" ist dieses Prozeßleitbild im Rahmen der „alten" Produktionsstrukturen in der Personalabteilung. Dort hat es in den vergangenen 15 Jahren nach und nach Einzug gehalten und sich neben der reinen Personalverwaltung und -betreuung als „Human Ressources Management" etabliert. Allerdings ist gerade der über Personalentwicklung als Nachwuchsförderung für Führungspositionen hinausgehende Aspekt einer status- und bereichsübergreifenden Verknüpfung von Personal- und Organisationsentwicklung immer noch eine Seltenheit, und insofern hat das Modell zwar seinen Platz im Betrieb, in Projekten zur Veränderung von Produktionsstrukturen und -prozessen hat es jedoch vielfach eher den Status eines *von außen* eingebrachten Prozeßleitbilds.

Im OE-/PE-Modell steht die miteinander verzahnte Entwicklung von Personal und Organisation als Ausschöpfung von bislang ungenutzten Potentialen zum beiderseitigen Interesse im Vordergrund des Denkens über Projektziele und -ergebnisse. Die gewachsenen Denk- und Verhaltensmuster der betrieblichen Akteure sind als Organisationskultur stets mit Gegenstand der angestrebten Organisationsveränderung. Struktur und Kultur werden in ihrem Sinnzusammenhang betrachtet, Thema und Ziel ist „organisationales Lernen" als Herausbildung *funktionaler*, die Wahrscheinlichkeit des Überlebens erhöhender Strukturen und Prozesse. Technik spielt demgemäß eine eher untergeordnete Rolle. Der Stellenwert der Situationsanalyse wird eher niedrig eingestuft, und der Projektprozeß wird für letztlich nicht planbar gehalten. Große Bedeutung hat daher eine ständige Prozeßreflexion, und die unweigerlich auftretenden Veränderungswiderstände treten als „Systemreaktion mit hohem Informationsgehalt" sozusagen an die Stelle der vorgängigen Analyse.

Der Projektablauf wird im OE-/PE-Leitbild als offener Prozeß mit zyklischer Abfolge von Aktion und Reflexion konzipiert. Das Steuerungsmodell für diesen offenen Prozeß ist das einer Mehr-Ebenen-Prozeßeignerschaft: Jeweils das Subsystem, das die Sache angeht, wird als für „seinen" Veränderungsprozeß zuständig angesehen (wobei natürlich Anforderungen und Vorgaben aus benachbarten, über- und untergeordneten Ebenen in den jeweiligen Teilprozeß einfließen). Mitgedacht und vorausgesetzt wird dabei eine Einbeziehung und Beteiligung aller „stakeholder", d.h. aller, die die Sache jeweils angeht, als „Prozeßeigner".

Als wichtigste Projektressource wird die Veränderungsenergie im System betrachtet – zu verstehen als kreative Spannung zwischen dem wünschenswerten und erreichbaren Sollzustand einerseits und dem als unbefriedigend, störend oder dysfunktional erlebten Ist-Zustand. Als Projektrisiken gelten insbesondere das Expertenmodell der Veränderung, das die betrieblichen Akteure statt zu Projekteignern zu Objekten der Veränderung macht, sowie eine Organisationskultur der Konfliktvermeidung und der „defensiven Routinen", weil sie das Reflektieren und Bearbeiten von Widerständen und Problemen im Projekt erschwert.

7.3.6
Das „Arbeitsgestalter"-Modell

Im Unterschied zu den bisher beschriebenen Prozeßleitbildern hat das „Arbeitsgestalter"-Modell in den herkömmlichen Produktionsstrukturen keinen festen Platz. Es handelt sich um ein Modell, das sich, zunächst unter dem Stichwort „Humanisierung des Arbeitslebens" und später „Gestaltung von Arbeit und Technik", im Zuge der arbeitswissenschaftlichen Begleitforschung und Beratungsarbeit in betrieblichen Restrukturierungsprojekten zum Abbau gesundheitsgefährdender Belastungen, zur Einführung von Gruppenarbeit und zur arbeitsorientierten Gestaltung von CIM-Strukturen herausgebildet hat. Charakteristisch für das Modell ist die Orientierung auf eine Gestaltung der Struktur menschlicher Arbeitsaufgaben in enger Verzahnung ihrer technischen, organisatorischen und personalwirtschaftlichen Aspekte. Ziel ist nach diesem Leitbild „gute Arbeit", verstanden als Gestaltung guter Arbeitsbedingungen, aus denen sich die Voraussetzungen für Effizienz *und* persönliche Entfaltung in der Arbeit ergeben sollen. Ähnlich wie das (auch der fachlichen Herkunft nach verwandte) „Planer"-Modell ist das „Arbeitsgestalter"-Modell ein *Experten-Modell*, das einer methodisch sorgfältigen Analyse der Ausgangssituation große Bedeutung beimißt, von einer ähnlichen Phaseneinteilung wie das „Planer"-Modell ausgeht und immerhin eine gewisse Planbarkeit des Veränderungsprozesses (etwa im Sinne der Meilenstein-Planung des Projektmanagements) annimmt.

Andererseits gibt es auch deutliche Parallelen zum OE-/PE-Modell:

*   Es wird angenommen, daß Reflexionsschleifen, Rücksprünge und Kurskorrekturen zwischen den Projektphasen unabdingbar sind und daß das ganze Projektgeschehen als eine Abfolge von Aktions-Reflexions-Zyklen gestaltet werden sollte. Für diese zyklische Folge von Analyse, Planung, Realisierung und Reflexion in den Projektphasen wurde als grafisches Sinnbild die „Wendeltreppe der Arbeitsgestaltung" gewählt (s. Kötter u. Volpert 1993).
*   Das „Arbeitsgestalter"-Leitbild geht von einer umfassenden Information und Beteiligung der Mitarbeiter aus, sein Steuerungsmodell ist das eines partizipativen Projektmanagements, und als Struktur des Projekts wird ein koordinierter Mehr-Ebenen-Prozeß mit personell verzahnten Projektteams angenommen – letztlich weist es also starke Ähnlichkeiten zur Mehr-Ebenen-Prozeßeignerschaft des OE-/PE-Modells auf.

Eine Besonderheit des „Arbeitsgestalter"-Leitbilds ist noch die Anwendung des aufgabenbezogenen Kriteriums „Ganzheitlichkeit" bzw. „Vollständigkeit" der Arbeitsaufgabe im Sinn einer Integration von Zielsetzung, Planung, Realisierung und Ergebniskontrolle, das für die Zieldefinition aus arbeitswissenschaftlicher Sicht von zentraler Bedeutung ist, sowie der arbeitswissenschaftlichen Kriterien für gute Gruppen- und Teamarbeit auf die Projektaufgaben im Team. Hier dominiert wieder eher die Experten-Perspektive, ebenso auch in der Risikosicht: „Etikettenschwindel" bei der Zielformulierung, unrealistische Zeit- und Ressourcenplanung sowie „handwerkliche Fehler" stehen hier im Vordergrund.

7.3.7
Wie soll das alles zusammengehen?

Genau vor dieser Frage stehen die Akteure in betrieblichen Veränderungsprojekten zu Beginn – nur erleben sie zu diesem Zeitpunkt das Aufeinandertreffen derart unterschiedlicher Meinungen und fachlicher Überzeugungen, ohne die daraus resultierenden mehr oder minder heftigen Debatten einer erwartbaren Unterschiedlichkeit von (jeweils in sich plausiblen und in unterschiedlicher Weise durchaus situations- und gegenstandsangemessenen) Prozeßleitbildern zurechnen zu können. Oder, wie es ein nach seiner Selbsteinschätzung irgendwo zwischen „Produktioner"- und OE-/PE-Modell angesiedelter RAMONA-Betriebspraktiker zu einem Aktionsforscher mit „Arbeitsgestalter"-Prozeßleitbild beim diesbezüglichen RAMONA-Thementag ausdrückte: „Jetzt verstehe ich endlich, warum wir beide uns damals zu Projektbeginn so schwer getan haben mit der Verständigung!"

Mit anderen Worten: Gerade weil der Projektgegenstand einer Umgestaltung hin zu dezentralen, geschäftsprozeßorientierten Produktionsstrukturen so komplex ist, haben aus dem Kreis der betrieblichen Praktiker sowohl „Planer" als auch „Entwickler", sowohl „Produktioner" als auch Betriebs-„Politiker" ihre Aufgabe, ihre Funktion und ihren legitimen Platz im Projektgeschehen. Alle sechs Leitbilder haben ihre spezifischen Stärken, aber eben auch ihre unverkennbaren Einseitigkeiten und „blinden Flecken". Die beiden „modernen", mit Prozeßorientierung und dezentraler Selbststeuerung konzeptionell gut vereinbaren Leitbilder des OE-/PE-Modells und des „Arbeitsgestalter"-Modells entsprechen zwar den professionellen Erfahrungen und Überzeugungen der RAMONA-Aktionsforscher und haben sich in den vier Betriebsprojekten auch nach Meinung der Betriebspraktiker als hilfreich erwiesen. Aber erstens sind sie untereinander nicht ohne weiteres kompatibel, und zweitens sind es eben doch Berater-Modelle. Die Herausforderung für die betriebliche Veränderungspraxis besteht also offenbar gerade darin, aus den im Projekt aufeinandertreffenden unterschiedlichen „Stimmen" ein vielstimmiges, aber harmonisches und spritziges „Orchester" zu formen.

7.4
Prozeßleitbilder der Veränderung – Erkenntnisse aus der Aktionsforschung

Die Aktionsforschung zum Thema „Prozeßleitbilder der Veränderung" konnte sich vorrangig auf drei Erkenntnisquellen stützen:

1.) In den betrieblichen Prozessen bei ELSTER und „tewells" bestand durch Personalunion zwischen „Betriebspaten" und Themenverantwortlichem die Möglichkeit, das Veränderungsgeschehen im Unternehmen mit der themenbezogenen „Brille" zu betrachten und begleitend auszuwerten. Vor-Ort-Besuche bei RÜGGEBERG und KROHNE sowie zeitweilige Mitwirkung im Beratungsteam bei KROHNE ergänzen diese „Quelle"; genutzt wird sie vor allem durch eine etwas ausführlichere Darstellung der Konstellation bei ELSTER.

2.) In den Statusberichten bei den ca. halbjährlich stattfindenden Verbundtreffen sowie bei den Thementagen „Personalentwicklung" (bei KROHNE), „Entgelt und Arbeitszeit" (bei „tewells"), „Management von Veränderungsprozessen" (bei ELSTER), „Projektmanagement und Projektinformation" (bei RÜGGEBERG) gab es eine Fülle von Hinweisen auf den jeweiligen betrieblichen Stand und die beobachtbaren Veränderungen hinsichtlich der Prozeßleitbilder der betrieblichen Akteure. Diese Hinweise wurden zu einigen Thesen verdichtet. Die Thesen wurden, zusammen mit der Erstversion der Prozeßleitbilder-Typologie, im Januar 1998 auf einem eigenen Thementag „Prozeßleitbilder" zur Diskussion gestellt.

3.) Auf der Basis der unter 1.) gesammelten Beobachtungen, der gemäß 2.) entwickelten und im Verbund diskutierten Thesen sowie des überbetrieblichen „Pretests" der Typologie auf dem Thementag wurden in allen vier Verbundbetrieben betriebliche Workshops jeweils mit den wichtigsten betrieblichen Akteuren durchgeführt, und zwar vor allem in Hinblick auf
- die Tragfähigkeit und Nützlichkeit der Typologie,
- die jeweils individuellen und die überindividuell wirksamen Veränderungen vom Projektbeginn bis heute im Hinblick auf einige wichtige Prozeßleitbild-Indikatoren.

Für diese betrieblichen Workshops wurde zunächst eine nach Möglichkeit auch auf der Werkstattebene hinreichend verständliche „Gebrauchsversion" der Typologie entwickelt und dem ersten der vier Workshops zugrundegelegt. Es zeigte sich, daß eine weitergehende Eingrenzung und Fokussierung der jeweils zu bearbeitenden Fragestellungen zum Thema Prozeßleitbilder erforderlich war, und daß dazu ein Wechsel auf die Ebene relevanter Einzelindikatoren der am besten gangbare Weg zu sein schien – ein Eindruck, der sich in den anschließenden drei Workshops bestätigte. In Auswertung der vier Workshops erfolgte eine nochmalige sprachliche Überarbeitung der Typologie. Ferner wurde aus dem in drei Betriebsworkshops eingesetzten Fragenkatalog und der dort bewährten Vorgehensweise ein Workshop-

Design „Prozeßleitbilder für's Projekt: Ach, so geht ihr also an die Sache ran!" entwickelt (s. Methoden M4).

7.4.1
Gesamtbild über alle vier RAMONA-Betriebe hinweg

(1) Unter den Bedingungen eines betrieblichen Veränderungsprozesses mit interdisziplinärer Fach- und Prozeßberatung im Sinne des von den RAMONA-Aktionsforschern realisierten Beratungsangebots scheinen die individuellen Prozeßleitbilder der betrieblichen Akteure im Projektverlauf weitgehend zu konvergieren, und zwar zu einem gemeinsamen betriebsspezifischen Prozeßleitbild, das

• die zu Projektbeginn deutlich ausgeprägten fach-, aufgaben- und rollenspezifischen Unterschiede in den je individuellen Prozeßleitbildern und die im jeweiligen Beratungsteam angebotenen zusätzlichen Aspekte des Denkens über Veränderungsprozesse auf spezifische Weise integriert;
• in gewisser Hinsicht als ein neuer, spezifischer betrieblicher „Stil" des Herangehens an Veränderungsprozesse bezeichnet werden kann.

(2) Unser bewußter Verzicht auf Bewertungen vorfindlicher Prozeßleitbilder in Kategorien wie „angemessen", „realistisch", „zeitgemäß" oder „kunstgerecht" zugunsten einer Hervorhebung der Unterschiedlichkeit stößt gerade aus der Sicht der betrieblichen Praktiker auf eine gewisse Unzufriedenheit. Es kann der Eindruck entstehen, die Aktionsforschung drücke sich um ihre beraterische Aufgabe herum, die nötige Orientierung für die Projektpraxis zu geben. Zur Klarstellung: Die Wertschätzung für die unterschiedlichen Beiträge der jeweiligen Leitbilder zu einem ausbalancierten Gesamtprozeß darf auf keinen Fall mit einer Beliebigkeit im Hinblick auf die einzelnen zu treffenden Prinzipentscheidungen für das Veränderungsprojekt verwechselt werden.

(3) Gerade im Hinblick auf die Anfangsphase des Veränderungsprozesses, die von wichtigen Richtungsentscheidungen für den weiteren Projektverlauf geprägt ist, wurde die vorgeschlagene Prozeßleitbild-Typologie als Unterstützung bei der Bewußtmachung der unterschiedlichen Herangehensweisen verschiedener betrieblicher Akteure und als Plattform für die Verständigung zwischen Auftraggeber/Promotor, Projektleitung und Beratungssystem als ausgesprochen hilfreich bezeichnet. Unterstrichen wurde diese Einschätzung mit dem Hinweis darauf, daß unbearbeitete Diskrepanzen zwischen den Prozeßleitbildern insbesondere der Leitung und der Berater bei allen Akteuren beträchtliche Verwirrung auslösen und das Vertrauen in das Projektmanagement erschüttern können.

(4) Das im Veränderungsprojekt handlungsleitende Prozeßleitbild sollte einerseits mit den für die Zukunft angestrebten Strukturen und Prozessen zusammenpassen, andererseits sollte aber die „Schere" zwischen den derzeitigen „Spielregeln" der Unternehmensführung und dem praktizierten Prozeßleitbild nicht zu weit auseinanderklaffen – Veränderung von Prozeßleitbildern heißt letztlich Veränderung von

Grundwerten, und solche Veränderungen brauchen Zeit, lassen sich nicht „übers Knie brechen".

(5) Jenseits der unter (1) beschriebenen Tendenz zum gemeinsamen betriebsspezifischen Prozeßleitbild wird und sollte bzw. muß es nach Meinung nicht nur der Aktionsforscher, sondern auch der betrieblichen Verbundpartner weiterhin (zumindest außerhalb des relativ kleinen Kreises von Projektakteuren) unterschiedliche Prozeßleitbilder geben. Allerdings wird sich in den jeweiligen Fach-, Aufgaben- und Rollenkontexten die „Quellenlage" im Hinblick auf das jeweils typische Prozeßleitbild gravierend verändern (vgl. als prominentes Beispiel die Reformanstrengungen des REFA-Verbandes).

(6) Angesichts der Ergebnisoffenheit, die insbesondere vom OE-/PE-Modell, aber durchaus auch vom „Arbeisgestalter"-Modell angenommen und gefördert wird, wird Zielklarheit zum unverzichtbaren Erfolgsfaktor für den Veränderungsprozeß. Auch die Beantwortung der Frage, warum Veränderung überhaupt erforderlich und erstrebenswert sein soll, erhält angesichts dieser sehr viel Unsicherheit und Angst mobilisierenden Offenheit besonderes Gewicht.

7.4.2
Die betriebsspezifischen Prozeßleitbilder der Ramona-Akteure – Unterschiede, Gemeinsamkeiten, Trends

(1) Prozeßleitbilder bei **Rüggeberg.** Die wichtigsten Projektakteure bei Rüggeberg sehen sich selbst auf einem (teilweise bereits bei Projektbeginn vorgezeichneten, teilweise erst unterwegs deutlich gewordenen) Weg von einer Stellung irgendwo zwischen „Planer"- und „Produktioner"-Modell („Die Planer müssen froh sein, daß es die Praktiker gibt") hin zum „Arbeitsgestalter"-Modell. Gleichzeitig wurde auch für die heutige Situation hervorgehoben, daß einige Mitarbeiter eher nach dem „Planer"-Modell agieren und andere eher nach dem „Produktioner"-Modell. Von der Projektleitung hieß es: „Wir sind von Anfang an durchgängig nach dem „Arbeitsgestalter"-Modell vorgegangen!", aber von anderer Seite wurde auch die Bedeutung von einigen Aspekten des „Politiker"-Modells hervorgehoben. Einerseits gab es die Zielvorgabe der Leitung, die den Weg frei machte, andererseits fanden die aus Sicht des Betriebsrats nötigen Aushandlungsprozesse statt, um die Interessen der Mitarbeiter im Zuge der Umstrukturierung zur Geltung zu bringen. Breite Zustimmung fand letztlich der Satz: „Am Anfang war eine Idee, die nach dem „Arbeitsgestalter"-Modell konkretisiert wurde!" Auffällig bei all dem ist die Suche nach einem breiten Konsens, immer wieder überlagert von Stimmen, die die Notwendigkeit der Veränderung hervorheben und demgemäß auch ein bestimmtes Maß an politischer Durchsetzung für legitim und erforderlich halten.

Aus der Außensicht des Verbundpartners beeindruckt die Zielstrebigkeit und Konsequenz, mit der die Projektleitung Rüggeberg die zu Projektbeginn deutlich artikulierte Grundhaltung des „Planer"-Modells mit einer im Projektverlauf immer weiter zunehmenden Wertschätzung des „Vor-Ort"-Erfahrungswissens und der darauf abzielenden umfassenden Beteiligung der „Vor-Ort"-Experten verbunden hat und so nach und nach immer mehr Elemente des „Arbeitsgestalter"-Modells in die nach wie vor spürbare „planerische" Herangehensweise integriert hat. Eher unty-pisch für das „Planer"-Modell war im übrigen von Beginn an die Anwendung von Prinzipien des (eher im „Entwickler"-Modell beheimateten) Projektmanagements bei RÜGGEBERG, insbesondere die klare Meilensteinplanung unter Verzicht auf eine zu weitreichende Feinplanung. Geplant wurde ganz „schulmäßig" vom Groben zum Detail – eine Vorgehensweise, die sehr wahrscheinlich einen ausschlaggeben-den Einfluß auf das geradezu sensationell konfliktarme Nebeneinander der Imple-mentierung von Segmentierung bzw. Gruppenarbeit und SAP-Einführung gehabt haben dürfte. Hinzu kommt ein kreatives Projekt-Marketing und eine professionel-le Kommunikation aus dem Projektgeschehen sowie eine erfolgreiche Gestaltungs-partnerschaft mit dem Betriebsrat, beides eher Elemente des „Politiker"-Modells.

(2) Prozeßleitbilder bei KROHNE. Die Initiatoren und wichtigsten Projektakteure bei KROHNE beschreiben ihren eigenen Weg im Hinblick auf ihre persönlichen Pro-zeßleitbilder der Organisationsveränderung als den einer schrittweisen Hinzunah-me von Elementen des OE-/PE-Modells in ein nach wie vor dominierendes „Pro-duktioner"-Leitbild. Als stark produkt-, technologie- und damit entwicklungsgetrie-benes Unternehmen hat KROHNE das „Produktioner"-Modell allerdings von vorn-herein auch mit Elementen des „Entwickler"-Modells verbunden. Technische Problemlösungen wurden und werden so wichtig genommen, daß die Kreativität und Autonomie von Projektteams als Ressource wertgeschätzt wird und daß der dazu im Vorfeld erforderliche Analyseaufwand weitgehend akzeptiert wird.

Als Familienunternehmen mit einer amerikanisch inspirierten Kultur der Anrede mit Vornamen und „Du" tut sich KROHNE mit dem „Politiker"-Modell sehr viel schwerer: Es ist im Unternehmen nicht üblich, Unterschiede in Status und Interes-senlage herauszustellen, die Grenzen zwischen den unterschiedlichen Funktionen und Rollen werden zugunsten eines übergreifenden „Wir bei KROHNE" vermischt.

Auch das „Planer"-Modell hat es bei KROHNE nicht leicht: Die Verbindung aus handwerklicher Tradition, Erfindergeist, künstlerischer Kreativität und familiärem Wir-Gefühl läßt wenig Raum für den analytischen Ansatz einer „wissenschaftlichen Betriebsführung" im Sinne des „Industrial Engineering" bzw. der REFA-Metho-denlehre.

Vor diesem Hintergrund schilderten die betrieblichen Hauptakteure die Aus-gangssituation bei KROHNE als eine Konstellation, bei der ihnen allen vor allem das Ziel (Erhalt des Unternehmens und des Produktionsstandorts durch flexible, pro-zeßorientierte Produktionsstrukturen, namentlich durch Segmentierung und Grup-penarbeit) vor Augen stand. Über den Weg dorthin habe es kaum Gespräche gege-ben und auch noch gar nicht so festgelegte Annahmen und „Modelle". Der Anstoß zur Auseinandersetzung mit den eigenen Prozeßleitbildern sei erst durch die Bera-tung gekommen, so z.B. durch den Vorschlag, vor allem auch „planerisch" an die Sache heranzugehen. Im Nachhinein wird bei KROHNE der Umgang mit der Unter-schiedlichkeit in den Prozeßleitbildern als „letztlich produktiv" bewertet. Hervor-gehoben werden dabei insbesondere

- die politische Durchsetzung der Absicherungsvereinbarung seitens des Betriebsrats, die nötig war, um Vertrauen ins Projekt herzustellen,
- die ebenfalls eher dem „Politiker"-Modell zuzurechnende demonstrative Entschlossenheit der Geschäftsführung, die nach außen deutlich gemacht werden mußte, um die Segmentierung in Gang zu bringen.

Die Affinität zum OE-/PE-Modell wird aus Sicht der KROHNE-Akteure insbesondere an zwei bei KROHNE „anschlußfähigen" Modellelementen festgemacht:

- Das neue Leitbild eines ergebnisoffenen Prozesses sei dazu angetan, dem von vielen KROHNE-Mitarbeitern eher als chaotisch erlebten starken Springen von Entscheidung zu Entscheidung, wie es für das „Produktioner"-Modell durchaus typisch ist, neuen Sinn und neue Perspektive zu geben.
- Die vom OE-/PE-Modell hervorgehobene große Bedeutung der Kulturveränderung trifft auf eine über Jahrzehnte hinweg gewachsene Wertschätzung kultureller Elemente im Unternehmen, auf eine entwickelte KROHNE-Kultur (s. die Falldarstellung in Kap. 5), die so bewußt als Erfolgsfaktor in den Prozeß der Organisationsveränderung eingebracht werden kann.

Auf die Workshop-Frage, welcher der vier Aspekte „Technik/Technologie", „Organisation", „Personal/Qualifikation" und „Kultur/Denk- und Verhaltensmuster" in einem Projekt zur Organisationsveränderung welche Rolle spielen sollte (s. Methoden M5, insbesondere Abb. M5.1), ergab sich bei den KROHNE-Hauptakteuren ein deutliches Übergewicht für die Aspekte „Personal/Qualifikation" und „Kultur/ Denk- und Verhaltensmuster": Von insgesamt neun Bewertern entschieden sich auf der fünfstufigen Skala von „nicht so wichtig" bis „sehr wichtig" bei „Personal/Qualifikation" sieben, bei „Kultur/Denk- und Verhaltensmuster" sogar acht für eine der beiden oberen Stufen. Im Vergleich dazu wurde „Organisation" viermal, „Technik/ Technologie" nur zweimal auf einer der beiden höchsten Wichtigkeitsstufen eingeordnet. Noch deutlicher wird das Bild, wenn man die Auskünfte über die persönliche Gewichtung zu Projektbeginn hinzunimmt: Bei „Technik/Technologie" ergibt sich eine moderate Bedeutungsabnahme von drei auf zwei Nennungen, bei „Organisation" eine drastische Abnahme von neun auf vier. Gleichzeitig ist die wahrgenommene Bedeutung des Aspekts „Personal/Qualifikation" im Projektverlauf von vier auf sieben Nennungen im oberen Bereich gewachsen, und bei „Kultur/Denkund Verhaltensmuster" ergibt sich sogar ein Anstieg von anfangs drei auf jetzt acht Nennungen bei „sehr wichtig" und knapp darunter.

Dieser hier als Gewichtsverschiebung zwischen den Prozeßleitbildern interpretierte Prozeß der Erfahrungsbildung mit Denkmodellen der Organisationsveränderung spiegelt sich auch in den Antworten auf die Frage, wer wieviel Einfluß, Entscheidungskompetenz und Verantwortung im Projekt haben sollte: Hier gibt es breiten Konsens (neun Nennungen in den beiden oberen Stufen) über die zentrale Rolle der „Anwender"/„Vor-Ort"-Experten, eine gewachsene Wertschätzung (sechs Nennungen im oberen, allerdings auch zwei Nennungen im unteren Bereich) für die „Planer" und wiederum breiten Konsens (vier Nennungen im oberen, fünf

im mittleren Bereich) für eine starke Einflußnahme der „Personal-/Organisations-
entwickler" (eine betriebliche Funktion, die bei KROHNE erst drei Monate zuvor explizit eingerichtet worden war).

Doch auch die zu Beginn erwähnte Unterschiedlichkeit ist (in allen Antworten,
aber insbesondere hier) deutlich spürbar: Während dem Betriebsrat in recht breitem
Konsens (fünf im mittleren, eine im oberen, drei im unteren Bereich) eine gewisse,
moderate Kompetenz und Verantwortung zugedacht wird, gehen die Meinungen
über den wünschenswerten Einfluß sowohl der Produkt- und Technologieentwick-
ler als auch der Leitung arg auseinander – bei beiden finden sich Nennungen in allen drei Bereichen, wobei die Leitung (drei im oberen, zwei im unteren Bereich)
noch etwas einflußreicher gewünscht wird als die Entwickler (eine im oberen Bereich, vier im unteren Bereich).

Einige weitere Einzelindikatoren, die zum oben skizzierten Gesamtbild beigetragen haben: Breiter Konsens herrscht nach den RAMONA-Erfahrungen bei KROHNE
über die (vor allem im OE-/PE-Modell hervorgehobene) Bedeutung von Denkpau-
sen und Zwischenbilanzen (alle Nennungen in der oberen Hälfte), aber auch der
(vor allem vom „Arbeitsgestalter"-Modell betonte) Stellenwert der Situations- und
Anforderungsanalyse zu Projektbeginn (ebenfalls alle Nennungen in der oberen
Hälfte) wird allgemein anerkannt. Zur Frage der Vorhersehbarkeit und Planbarkeit
des Projektverlaufs gehen die Meinungen dagegen wieder auseinander: keine Nennungen bei den Extrempositionen „nicht planbar" und „voll planbar", aber eine genau gleichmäßige Verteilung zwischen den vier dazwischen angegebenen Bewer-
tungsstufen.

Fazit: Die KROHNE-Projektakteure sind nach den RAMONA-Erfahrungen auf gutem Weg, das bei ihnen nach wie vor dominierende „Produktioner"-Modell mit anderen für KROHNE passenden Modellelementen anzureichern und so eine produktive, KROHNE-spezifische „Prozeßleitbild"-Vielfalt zu entwickeln.

(3) Prozeßleitbilder bei „tewells". Die Projektakteure bei „tewells" sehen sich
selbst auf dem Weg aus einem gewachsenen Spannungsfeld zwischen einem mit
„Entwickler"-Elementen durchsetzten „Planer"-Modell (als Prozeßleitbild des damaligen Senior-Eigentümers) und dem „Produktioner"-Modell als praktisch vor-
herrschender Führungskultur und Alltagspraxis im produktionsnahen Management
hin zu einer Verbindung aus „Produktioner"- und OE-/PE-Modell. Beschrieben
wurden Beispiele für technisch-organisatorische Veränderungen aus den letzten
Jahren, etwa die Projekte zur Rüstzeitoptimierung und zum Logistik-Leitbild des
„Supermarkts" im Umfeld der Produktionsgruppen, bei denen das „Planer"-Modell
nicht erfolgreich gewesen war. Dabei

- wurde sehr rasch und mit zu wenig Vorlauf an die Umsetzung gegangen,
- gab es aus Sicht der Projektakteure Durchsetzungsschwächen in der Leitung, so
  daß sich zwangsweise ein Übergang zum Improvisieren des „Produktioner"-
  Modells ergab.

Hinzu kam, daß nach Einschätzung der „tewells"-Akteure in ihrem Unternehmen „die Emotionen sehr schnell hochgehen", was einer sachlich-rationalen Vorgehensweise im Sinne des „Planer"-Modells im Wege steht.

Ressourcen aus anderen als den genannten Modellen standen zuwenig zur Verfügung – aufgrund der „alten" Strukturen, aber wohl auch, weil es sich um ein recht kleines Unternehmen mit einem relativ kleinen „indirekten" Bereich ohne ausgeprägte Abteilungsgliederung handelte und handelt. So wurden z. B. die Funtionen des Qualitätsmanagements und der Arbeitsvorbereitung erst während des RAMONA-Projekts neu eingerichtet. Es war also noch mehr als anderswo von den handelnden Einzelpersonen und deren persönlichem Beziehungsgeflecht abhängig, ob und inwieweit andere als die vorherrschenden Denkmodelle „ins Spiel kamen". Eine besondere Ressource stellte dabei der Projektleiter und Junior-Eigentümer dar, der sich in seinem persönlichen Werdegang mit dem OE-/PE-Modell vertraut gemacht und für die Führungsebene einen der späteren RAMONA-Partner als Prozeßbegleiter für die Organisationsentwicklung hinzugezogen hatte. Daher auch die oben erwähnte zunehmende Integration von Elementen des OE-/PE-Modells, die mit Menschenbild, Wertesystem und Organisationsstrategie des „neuen Chefs" im Einklang standen. Andererseits werden von den „tewells"-Akteuren auch starke Bezüge zum „Arbeitsgestalter"-Modell hervorgehoben, einem Modell, das im Zuge der Einführung von Gruppenarbeit als im Beratungsteam der GITTA praktiziertes Prozeßleitbild ins Unternehmen kam.

Bei der auch hier vorgenommenen Abfrage nach der Bedeutung der vier Aspekte „Technik/Technologie", „Organisation", „Personal/Qualifikation" und „Kultur/Denk- und Verhaltensweisen" (s. Methoden M5, Abb. M5.1) spiegeln sich die Situation und die geschilderten Entwicklungstendenzen in einer einhelligen Hervorhebung des Aspekts „Personal/Qualifikation" (mit zwölf Nennungen einstimmig als „sehr wichtig" gekennzeichnet) und einer nahezu gleichrangigen Betonung von „Organisation" und „Kultur/Denk- und Verhaltensweisen" (jeweils zehn von zwölf Nennungen im oberen Bereich, beide ohne Nennung im unteren Bereich). Gravierende Veränderungen gegenüber der Konstellation zu Projektbeginn haben sich sowohl im Aspekt „Technik/Technologie" (Absinken von sechs auf drei Nennungen im oberen Bereich) als auch im Aspekt „Personal/Qualifikation" (Anstieg von sechs auf zwölf Nennungen im oberen Bereich) ergeben. Offenbar für das RAMONA-Gesamtprojekt typisch ist die einhellige Tendenz, den „Anwendern"/„Vor-Ort"-Experten großen Einfluß auf das Projektgeschehen einzuräumen (elf von zwölf Nennungen im oberen Bereich). Eher „tewells" - charakteristisch ist demgegenüber das Modell einer sehr einflußreichen Leitung (sieben von zwölf Nennungen im oberen Bereich). Einige weitere Meinungsbilder zu den Prozeßleitbild-Indikatoren mögen das bislang gezeichnete Bild der „tewells"-Situation vervollständigen:

- Über den wünschenswerten Einfluß des Betriebsrats (incl. Entscheidungskompetenz und -verantwortung) bestehen unterschiedliche Auffassungen (zwei Nennungen im oberen, drei im mittleren, sieben im unteren Bereich), wobei die Wertschätzung der Betriebsrats-Rolle im Projektverlauf zugenommen hat.

- Auch über den wünschenswerten Einfluß von Produkt- und Technologieentwicklern, Planern sowie Personal- und Organisationsentwicklern gibt es, bei in Richtung „mehr Einfluß" verschobenen Mittelwerten, recht unterschiedliche Ansichten – alle drei Gruppen haben Nennungen im oberen und im unteren Bereich, wobei die Personal- und Organisationsentwickler (sieben im oberen, zwei im unteren Bereich) vor den Produkt- und Technologieentwicklern (fünf im oberen, zwei im unteren) und den Planern (fünf im oberen und fünf im unteren Bereich) rangieren.

- Bei den Positionen zur Projektsteuerung erhielt die am ehesten dem „Produktioner"-Modell (aber auch dem OE-/PE-Modell) zuzurechnende Steuerung nach Situation und Thema fünf, die vorrangig dem „Arbeitsgestalter"- und dem OE-/ PE-Modell entstammende Steuerung durch Beteiligung und Zielvereinbarung vier und die am ehesten dem OE-/PE-Modell nahe Steuerung „jeweils im Konsens durch die, die es angeht" drei Nennungen.

- Die Frage nach dem passenden „geflügelten Wort" zum Projekttempo brachte einerseits eine knappe Mehrheit für „Was du heute kannst besorgen, das verschiebe nicht auf morgen!" (vier Stimmen), eine Haltung, die am ehesten zum „Produktioner"-Modell paßt. Gleichzeitig wurde jedoch auf unterschiedliche Weise eine „Entschleunigungs"-Tendenz zum Ausdruck gebracht: „Eile mit Weile!" wurde dreimal genannt, außerdem wurde noch „Gut Ding will Weile haben" zur Liste hinzugefügt. Hinzu kamen etliche neue „geflügelte Worte", die in unterschiedlicher Weise Gelassenheit und Prozeßorientierung zum Ausdruck bringen: „Man kann den Fluß nicht anschieben, er fließt von selbst.", „Jedes Ding hat seine Zeit" (zweimal), „Auch die längste Reise beginnt mit dem ersten Schritt" und „Ein großer Schritt besteht aus vielen kleinen Schritten".

Fazit: „tewells" hat offenbar bereits große Schritte in Richtung auf ein produktives Miteinander unterschiedlicher Prozeßleitbilder zurückgelegt.

(4) Prozeßleitbilder bei ELSTER. Die *Ausgangkonstellation* im Projekt bei ELSTER war gekennzeichnet durch

- einen bereits laufenden OE-Prozeß („Segmententwicklung") als unmittelbare Vorgeschichte des RAMONA-Projekts,
- einen erfahrenen externen OE-Berater als Beratungspartner in diesem bereits laufenden OE-Prozeß,
- einen internen Berater mit mehrjähriger OE-Erfahrung als Ko-Initiator und Ko-Koordinator des Projektprozesses,
- einen relativ jungen, beim Vorstand bzw. bei der Geschäftsführung geschätzten „Produktioner" mit OE-Sympathien als Segmentleiter und Projektauftraggeber,
- einen Arbeitsgestalter mit Sympathie für den OE-Ansatz als externer Beratungspartner und „Pate" für das RAMONA-Betriebsprojekt.

Hinzu kam, daß bereits der vorherige, übergeordnete Prozeß der Unternehmensentwicklung (unter Einschluß insbesondere der Segmentierung) durch einen anderen externen OE-Berater begleitet und über mehrere Jahre hinweg nach OE-Prinzipien abgewickelt worden war.

Der „Sponsor" des Projekts im Vorstand der AG hatte diesen Prozeß miterlebt und mitgetragen, sein eigenes Prozeßbild schien nach dem aus den beiden mit ihm geführten Expertengesprächen gewonnenen Eindruck jedoch stärker das des „Entwicklers" zu sein. Jedenfalls aber reichte seine Offenheit für die OE-Herangehensweise und sein Vertrauen in die Person des Segmentleiters aus, um den stark vom OE-Prozeßleitbild einerseits und vom „Produktioner"-Modell andererseits geprägten Projektantrag ausdrücklich zu loben und gegenüber einigen aus dem erweiterten Führungskreis des Unternehmens, dem sogenannten „USK" (Unternehmenssteuerkreis) vorgebrachten Bedenken (insbesondere gegen die Inanspruchnahme von Forschungsförderung und die damit verbundene Forscherperspektive) für die Teilnahme am RAMONA-Verbund einzutreten.

Vor diesem Hintergrund wurden die aus OE-Perspektive gegebenen Hinweise zum Projektmanagement, Projektablauf und zur Mitarbeiterbeteiligung im vollen Umfang aufgenommen und unmittelbar umgesetzt. Andererseits stieß der eher aus dem „Arbeitsgestalter"-Prozeßleitbild erwachsene Rat, die Projektziele und Zukunftsvorstellungen der Leitung möglichst klar an die Mitarbeiter zu vermitteln und dabei für die Projektarbeit möglichst klar definierte, hinreichend große Handlungs- und Entscheidungsspielräume zu eröffnen, auf erhebliche Bedenken und anfängliche Umsetzungsschwierigkeiten. Das „Politiker"-Leitbild war auf der Leitungsseite nicht oder jedenfalls nicht spürbar vertreten, während auf der Seite des Betriebsrats bereits im Vorgespräch und dann später im Einstiegsseminar eine ausgeprägte Tendenz zu einer mißtrauensgeprägten Gegenmachtposition als Gegenspieler-Variante des „Politiker"-Modells zutage trat.

Das „Planer"-Prozeßleitbild blieb in dieser Anfangsphase des Projekts nahezu unwirksam, es gewann erst mit der praktischen Mitarbeit von Ingenieurkollegen aus dem Funktions- bzw. Segmentbüro im Zuge des Kick-off-Seminars, der Ist-Analyse und der Bildung der Steuerungsgruppe an Einfluß.

Das Prozeßleitbild der „Arbeitsgestalter" fand dort Anklang, wo Verwandtschaften und Parallelen zum OE-Leitbild bestehen: Die Orientierung auf umfassende Mitarbeiterbeteiligung und partizipatives Projektmanagement wurde von den betrieblichen Akteuren aus Überzeugung geteilt, und die Betonung von Auswertungs- und Reflexionsphasen wurde voll akzeptiert. Die als Abfolge von Analyse, Planung, Ausführung und Ergebnisauswertung konzipierte „Wendeltreppe" der Arbeitsgestaltung erwies sich im Kick-off-Workshop als ein geeignetes Bild zur Verständigung über das Vorgehen im Projekt. Die Einbeziehung von Technik in den Projektgegenstand war demgegenüber ein eher ungewohnter, aber mit den bisher dominierenden Prozeßleitbildern durchaus kompatibler Aspekt. So wurde sofort das SAP-Projekt mit Rücksicht auf die zunächst nötigen organisationsbezogenen Projektarbeiten zurückgestellt, und die bereits laufenden Arbeiten zur Raumplanung (insbesondere Umzug des Bereichs „Sonderzähler" in Halle 1) und der dazu nötigen Technikplanung wurden ins Projekt integriert.

Die starke Betonung der Ist-Analyse durch die RAMONA-Aktionsforscher wurde demgegenüber zwar akzeptiert, aber doch mit einer gewissen Distanz aufgenommen. Vor allem wurde, ganz im Sinne der beiden dominierenden Prozeßleitbilder „Produktioner"-Modell und OE-/PE-Modell, ein sofortiger Beginn der Arbeit in den konkreten Teilprojekten eingefordert und dann auch in Eigenregie praktiziert.

Im weiteren Projektverlauf ergaben sich verschiedene *Veränderungen der Prozeßleitbilder-Konstellation*. Auf dem überbetrieblichen Prozeßleitbild-Workshop haben die Hauptakteure bei ELSTER auf Basis des zu diesem Zeitpunkt (Januar 1998) gut zweijährigen Projektverlaufs gemeinsam ein neues betriebliches Prozeßleitbild herausgearbeitet, das mit Bezug auf die Einzelaspekte der Typologie wie folgt charakterisiert werden kann:

- Bereits zu Projektbeginn war, wie gerade geschildert, das OE-/PE-Modell als Gesamtleitbild an die Stelle des zuvor dominierenden „Planer"-Modells getreten.
- Als Projektgegenstand wurde, ganz im Sinne des OE-/PE-Modells, von vornherein die aufeinander bezogene Entwicklung von Organisation, Personal und Unternehmenskultur gesehen.
- Das Ablaufmodell, zu Beginn noch durch ein Nebeneinander von Überresten des „Planer"-Modells (lineare Abfolge von Planung und Umsetzung) und vom ungeduldigen lösungsorientierten Tatendrang des „Produktioner"-Modells geprägt, hat sich im Zuge der Projekterfahrungen immer weiter in Richtung auf das OE-konforme Modell eines „offenen Prozesses" verschoben.
- Beim Steuerungsmodell, anfangs noch von der (dem „Entwickler"-Modell entstammenden) Vorstellung des klassischen Projektmanagements geprägt, hat sich eine Tendenz in Richtung weitgehend selbstgesteuerter Teilprozesse, also einer Mehr-Ebenen-Prozeßeignerschaft im Sinne des OE-Modells entwickelt.
- Bei der Ziel- bzw. Ergebnisorientierung hat sich die von Projektleitung und Beratungssystem von Beginn an favorisierte Vorstellung des „Arbeitsgestalter"-Modells von Effizienz und Mitarbeiterzufriedenheit durch gute Arbeit gegen die bei anderen betrieblichen Akteuren vorherrschende Ausrichtung auf „Überleben", auf das vor allem im „Produktioner"-Modell dominierende situative Optimum nach und nach durchgesetzt. Der längerfristige Erfolg scheint Leitung und Beratern gegenüber der keineswegs grundlosen Skepsis anderer Akteure Recht zu geben.
- Ebenfalls dem „Arbeitsgestalter"-Modell am nächsten ist die Vorstellung koordinierter Mehr-Ebenen-Prozesse mit ganzheitlichen Projektaufgaben im Team – allerdings gab es anfangs heftige Verwirrung über die neue Rolle der Leitung, deren fachliche Meinungsäußerungen zunächst als für das jeweilige Projektteam verbindliche Vorgabe mißverstanden wurden.
- Beim Stellenwert der Analyse sind die Ansichten nach wie vor geteilt: während einige Projektakteure sich eher von der Vorstellung aufwendiger und langwieriger Analysen (im Sinne des „Planer"- oder des „Arbeitsgestalter"-Modells) verabschiedet haben und der Analyse im Stile des OE-/PE-Modells einen eher niedrigen Stellenwert beimessen, heben andere die Bedeutung der Analyse

deutlich hervor: Beim Prozeßleitbild-Workshop im Mai '98 gab es dazu sechs
Nennungen im mittleren, dreizehn Nennungen im oberen Bereich.

- Auch in der Frage der Planbarkeit und der Bedeutung der Prozeßreflexion wurden verschiedene Akzente gesetzt: Die Bedeutung von Zwischenbilanzen wird
zwar deutlich betont (vierzehn Nennungen bei „unverzichtbar"), aber mit der
eher OE-/PE-modellkonformen Vorstellung einer ständigen Prozeßreflexion
(unter der Annahme, daß auch eine zeitlich begrenzte Planung des Prozesses
letztlich nicht möglich ist) verbunden. Und in der Frage der Planbarkeit gehen
die Meinungen weit auseinander: drei Nennungen liegen im unteren Bereich
(„eher nicht planbar"), drei Nennungen im oberen Bereich („eher planbar") und
vierzehn Nennungen streuen rund um den Mittelwert.

- Als wichtigste Ressourcen werden – ganz im praxisnahen Sinn des „Produktioner"-Modells – Flexibilität, Information und Intuition bezeichnet. Hier haben
die Change Management-Ansätze der Berater offenbar das Prozeßleitbild noch
nicht geprägt.

- Die Risikosicht, zunächst ganz im Sinne des „Produktioner"-Modells von der
Angst vor Zeitverlust, Verkrustung und praxisferner Theorie geprägt, hat sich in
Richtung OE-/PE-Modell verschoben: Das Expertenmodell der Veränderung
wird als Risiko für den offenen Prozeß gesehen, vor allem aber werden defensive Routinen (Angst und Gesichtsverlust) im Kreis der Projektakteure als Hindernis für Information, Kommunikation und Kulturveränderung als die aus EL-
STER-Sicht zentralen Erfolgsfaktoren beurteilt.

Fazit: Bei ELSTER hat sich, vor dem Hintergrund der langjährigen Vorerfahrungen
mit dem OE-/PE-Modell der Organisationsveränderung, ein eigenständiges, zumindest für das Segment Großgasmessung charakteristisches, stark von OE-Vor-
stellungen geprägtes Prozeßleitbild der Organisationsveränderung herausgebildet.
Dieses neue Prozeßleitbild wird von sehr vielen Mitarbeitern im Segment geteilt
und offenbar auch in der Praxis gelebt.

7.5
Was tun?

Die praktischen Konsequenzen für die Vorbereitung, Planung und Realisierung betrieblicher Projekte zur Umgestaltung von Produktionsstrukturen und -prozessen
im Hinblick auf eine verstärkte dezentrale Selbststeuerung und eine möglichst
durchgängige Markt- und Geschäftsprozeßorientierung lassen sich in sechs „RA-
MONA-Botschaften" zum Thema „Prozeßleitbilder" zusammenfassen:

1.) Beachten und respektieren Sie die Unterschiedlichkeit der im Projektablauf aufeinandertreffenden persönlichen Prozeßleitbilder sowie deren fach- und be-
reichsspezifischen Hintergründe. Nehmen Sie sich genügend Zeit für die Suche
nach einem Konsens über die zu Projektbeginn zu treffenden Weichenstellun-

gen. Arbeiten Sie im Projekt an einer „Kultur" des produktiven Zusammenwirkens der unterschiedlichen Herangehensweisen und Denkmodelle.

2.) Suchen Sie stets nach einem situationsangemessenen Gleichgewicht zwischen Zielorientierung und Prozeßoffenheit. Investieren Sie zu Projektbeginn die nötige Zeit und Energie für die Erarbeitung hinreichend konkreter, im weiteren Verlauf nach und nach auch meßbar zu machender Projektziele. Etablieren Sie angemessene Formen des Zielabgleichs in Form von Meilensteinen und Zwischenbilanzen. Arbeiten Sie an einer Projektkultur, in der Zielabweichungen, Ziel- und Ressourcenkonflikte sowie Hinweise auf die Notwendigkeit von Ziel- und Kurskorrekturen nicht tabuisiert oder bagatellisiert, sondern rechtzeitig thematisiert und berücksichtigt werden. Behalten Sie das Ziel im Auge, und nutzen Sie gleichzeitig die Chancen, die mit überraschenden Veränderungen der Rahmenbedingungen oder mit unerwarteten Konsequenzen der Projektarbeit verbunden sein können.

3.) Schaffen Sie zu Projektbeginn möglichst gute Voraussetzungen für offenen, ungeschminkten Austausch über den Ausgangszustand im Kreis der Auftraggeber und der „Kernmannschaft". Rechnen Sie mit unterschiedlichen Sichtweisen der verschiedenen Funktions- und Statusgruppen und vermeiden Sie, soweit irgend möglich, „Richtig-Falsch"-Diskussionen über diese Meinungsverschiedenheiten! Respektieren und dokumentieren Sie die Sichtweisen in ihrer Unterschiedlichkeit als wichtige Informationen über das zu verändernde Produktionssystem. Verbinden Sie diesen Austausch über den Ausgangszustand mit der Suche nach einem Konsens über Ziele und Weichenstellungen, schaffen Sie dabei jedoch gegebenenfalls genügend Raum für einen bewußt wahrgenommenen Dissens über Ausgangslage und Prozeßleitbilder.

4.) Setzen Sie auf den Erfolgsfaktor „Miteinander reden!". Sorgen Sie für eine regelmäßige, gut aufbereitete, geduldige Information Ihrer Kollegen und Mitarbeiter sowie für eine umfassende Beteiligung von „Vor-Ort"-Experten aus allen für den Projektgegenstand relevanten Funktions- und Statusgruppen. Machen Sie sich ansprechbar und fragen Sie nach, um den Informationsaustausch über das Projekt und die auf das Projekt bezogenen Sorgen und Wünsche kennenzulernen. Rechnen Sie mit der „Gerüchteküche" – mit Mißverständnissen, Übermittlungsfehlern, und „Stille-Post"-Effekten bis hin zur gezielten Desinformation. Senden Sie auf allen verfügbaren Kanälen, und zwar so einfach, so offen, so direkt und so klar wie möglich. Redundanz ist in diesem Fall keine Verschwendung, sondern eine entscheidende Erfolgsvoraussetzung!

5.) Achten Sie im Kreis der Auftraggeber und der Projektakteure stets auf das dynamische Gleichgewicht zwischen Irritation und Sicherheit: Ein Mindestmaß an Irritation ist erforderlich, um die Veränderung in den Denk- und Verhaltensmustern in Gang zu setzen. Bei einem Übermaß an Irritation, d.h. bei zuviel Irritation mit zuwenig Sicherheit wachsen die Veränderungswiderstände über das im Projekt bearbeitbare und für ein gutes Ergebnis förderliche Maß hinaus – bis hin zu einer Projektkrise oder zum Versanden des Projekts!

6.) Achten Sie stets darauf, daß das Projekt genügend Promotoren hat und daß das Vertrauen in den begonnenen Veränderungsprozeß bei Kernmannschaft und Promotoren stark genug ist, um mit den erwartbaren Veränderungswiderständen und Projektkrisen angemessen umgehen zu können. Entwickeln Sie zu Projektbeginn vertrauensbildende Maßnahmen in der Kernmannschaft, insbesondere als erfahrbare Übereinstimmungen zwischen Wort (Vereinbarung) und Tat im Kreis der Projektakteure.

8 Organisationskultur als Barriere für Veränderungen

ULRICH PEKRUHL

Neue Formen der Arbeitsorganisation und neue Produktionskonzepte, die mit den tayloristischen Prinzipien von Bürokratie und Arbeitsteilung brechen, sind die Basis für die globale Wettbewerbsfähigkeit moderner Unternehmen. Diese Aussage, die mittlerweile wenig umstritten ist, stellt einen Ausgangspunkt für das Projekt RAMONA dar.

Doch trotz der offensichtlichen Vorteile von neuen Produktionskonzepten, obwohl deren prinzipielle Funktionweise inzwischen hinreichend erforscht und beschrieben ist und obwohl diese Konzepte mittlerweile den meisten Betrieben bekannt sein dürften, ist deren reale Verbreitung gering. In einer Befragung deutscher Beschäftigter geben nur knapp 7 % an, in einem Arbeitssystem zu arbeiten, das als Gruppenarbeit bezeichnet werden kann. In teilautonomen Arbeitsgruppen, in denen Partizipation und Autonomie der Beschäftigten im Mittelpunkt steht, sind sogar nur weniger als 2 % der Beschäftigten tätig (Kleinschmidt u. Pekruhl 1994). Grundlegende Veränderungen der Produktionsorganisation, die einen tatsächlichen Bruch mit den tayloristischen Prinzipien bedeuten, sind also nur selten in den Betrieben zu finden.

Bei der Konzeption von RAMONA gingen wir von der Annahme aus, daß diese geringe Verbreitung neuer Produktionskonzepte nicht in erster Linie das Resultat mangelnder Einsicht in den Unternehmen oder zu geringer Tauglichkeit der vorliegenden Konzepte ist, sondern vor allem auch die Folge verfestigter Wahrnehmungsmuster sowie tradierter Denk- und Handlungsweisen, welche die Menschen im Unternehmen in ihrem Denken und Handeln prägen. Die Widerstandsfähigkeit bestehender *Unternehmenskulturen* gegen jede tiefgreifende Veränderung ist ein Hauptproblem bei der radikalen Neustrukturierung der Unternehmensorganisation.

8.1 Das Konzept von Organisationskultur

Was ist eigentlich „Organisationskultur"? Das Konzept der Organisationskultur geht davon aus, daß Organisationen nicht nur, und vielleicht sogar nicht einmal in erster Linie, durch rational explizit begründete manifeste formale Regeln und Strukturen bestimmt sind, sondern auch durch kulturelle Aspekte, die das Handeln der Akteure in der Organisation in hohem Maße prägen.

Nach einer einfachen (und vereinfachenden) Definition ist die Organisationskultur in einem Unternehmen „how things are done around here" (Ouchi u. Johnson 1978), die Art und Weise also, „wie die Dinge hier zu erledigen sind". Diese Art und Weise, Dinge zu erledigen, ist geprägt von Gewohnheiten, Werten und Einstellungen, die nicht tagtäglich hinterfragt werden, sondern dem Denken und Handeln gleichsam als Orientierungsrahmen zugrunde liegen. Dieser Orientierungsrahmen hat sich in langen Jahren bewährt und gibt somit weitgehende Handlungssicherheit im Alltag. Kultur ist ein Geflecht von unhinterfragten Grundannahmen, die die Wahrnehmung, das Denken sowie das Fühlen von Organisationsmitgliedern prägen, wenn sie sich bestimmten wiederkehrenden Situationen gegenübersehen. Der Kulturansatz ist also ein Instrument, um „besser zu verstehen, inwieweit das 'Selbstverständliche', d.h. die gemeinsamen Wahrnehmungen, Weltsichten, Symbole, Denk- und Handlungsweisen, die die Menschen in einem Unternehmen in ihrem auf dieses bezogene Denken und Handeln prägen" (Dierkes 1988, S. 4), Struktur und Funktion des Unternehmens beeinflussen.

Kultur ist immer mit einer *sozialen Gruppe* verbunden. Individuen können keine Kultur produzieren, sondern Gewohnheiten entwickeln und Handlungsmuster ausbilden, auf welche Weise Dinge wahrzunehmen oder zu tun sind. Individuelle Personen können auch soziale Kompetenzen aubilden, die es ihnen erlauben, in unterschiedlichen Kulturen, die ihre Lebenswelt bestimmen, sozial angemessen und kompetent handeln zu können. Ohne diese sozialen Kompetenzen, die in einer Reihe gesellschaftlicher Sozialisationsprozesse vermittelt werden, wäre jede Interaktion in der Gruppe außerordentlich problematisch. Kulturell geprägtes Handeln bezieht sich aber stets nur auf eine spezifische Gruppe, in der diese Kultur gebildet wurde und die sich über diese Kultur definiert. Kultur entsteht durch Interaktion in der Gruppe, sie definiert die grundsätzliche Art und Weise, wie die Gruppenmitglieder die Wirklichkeit interpretieren und danach ihr Handeln organisieren. Kultur schafft damit eine Gemeinsamkeit in der Gruppe, ist identitätsstiftend und bildet ein Element der Verläßlichkeit und der Stabilität in einer turbulenten Umwelt. In diesem Sinne stellt sie soziale Ordnung in der Gruppe her und ist damit auch ein Instrument der sozialen Kontrolle. Kultur schafft gleichzeitig auch die emotionale Verpflichtung des Einzelnen auf die Ziele der Gruppe. Kultur durchzieht alle Aspekte des Gruppenlebens.

> Der Prozeß der Kulturentstehung ist in gewissem Sinn mit dem der Gruppenbildung gleichzusetzen, insofern der eigentliche Kern der Gruppenidentität - die gemeinsamen Muster im Denken, Glauben, Fühlen und die Werte, die allesamt aus gemeinsamen Lernerfahrungen hervorgehen - zu einem Geflecht gemeinsamer Grundprämissen führt, die ich als Kultur der Gruppe bezeichne. Ohne Gruppe keine Kultur, und wenn nicht zumindest einige wenige Prämissen gelten, die ein Minimum von Kultur ausmachen, dann haben wir es schlicht mit einer Ansammlung von Menschen zu tun, aber nicht mit einer Gruppe. Wachstum der Gruppe und Entwicklung der Kultur sind also unzertrennbar miteinander verknüpft... (Schein 1992, S. 62).

Kultur ist *emotional* verankert, d.h. sie ist kein rein kognitives Konstrukt sondert basiert auf kognitiven Bedeutungen *und* Gefühlen. Kluckhohn (1942, zit. n. Trice u.

Beyer 1993) erklärt diese emotionale Verankerung damit, daß die Interpretation der Wirklichkeit über kulturelle Filter die fundamentalen Unsicherheiten des Lebens verschleiert. Die Zukunft scheint zumindest teilweise vorhersagbar, da sich das Handeln aller Akteure an den gewohnten Prämissen orientieren wird. Kultur gibt danach emotionale Sicherheit und hat einen entsprechend hohen Stellenwert für das Individuum. So erzeugt auch ein Hinterfragen kultureller Werte emotionale Abwehrreaktionen: „Men fight and die for them" (Ferguson 1936, S. 208, zit. n. Trice u. Beyer 1993, S. 6); auch wenn es soweit nicht kommen muß, hat doch manche Auseinandersetzung um eine scheinbar nur formale Änderung von Organiationsstrukturen eine emotionale Qualität, welche die dahinterliegende kulturelle Prägung ahnen läßt.

Es lassen sich unterschiedliche Ebenen von Organisationkultur identifizieren. Schein unterscheidet drei solcher Ebenen, die er nach dem Grad der Sichtbarkeit eines kulturellen Phänomens für den Beobachter einteilt: Artefakte, bekundete Werte und Grundannahmen. In Abb. 8.1 sind die unterschiedlichen Ebenen von Kultur im Überblick dargestellt.

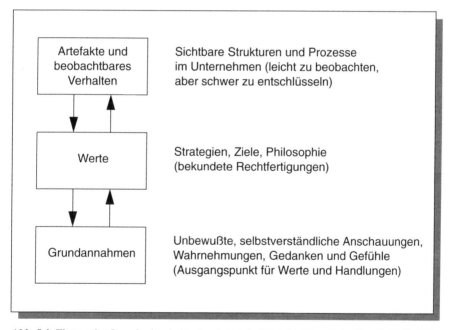

Abb. 8.1. Ebenen der Organisationskultur (nach Schein 1995, S.252 und Hawkins 1997, S.426)

„Zu den Artefakten zählen die offenkundigen Zeugnisse der Gruppe, wie zum Beispiel die Architektur ihrer räumlichen Umgebung, ihre Sprache, ihre Technologie und Produkte, ihre künstlerischen Werke und ihr Stil, wie er in der Kleidung, der Sprechweise, den Gefühlsäußerungen, den Legenden und Geschichten über das

Unternehmen, den Verlautbarungen über das Unternehmenswerte und den beobachtbaren Ritualen und Zeremonien zum Ausdruck kommt" (Schein 1995, S. 30). Ebenfalls an der beobachtbaren Oberfläche der Unternehmenskultur befinden sich typische Verhaltensmuster und formelle wie informelle Regeln und Normen. Einen Eindruck von der Vielfalt dieser beobachtbaren Artefakte und Verhaltensmuster liefertfert die Übersicht in Abb. 8.2.

Parameter der Organisationskultur	Dimensionen	Indikatoren (Beispiele in Stichworten)
(1) Führungsstil	• autoritär • kooperativ • laissez faire	• Präsenz von Führungskräften in der Fertigung • Werden Entscheidungen begründet? • Umgangston • Umgang mit Initiativen von unten • Wer hat was zu sagen? • Haltbarkeit (Verfallszeit) von Entscheidungen • Höhe und Stärke der Hierarchie • Entscheidungsprozeduren • Eigenverantwortlichkeit der Mitarbeiter
(2) Kontrolle	• Vertrauen • Mißtrauen	• Kontrolle von Arbeitszeiten • Handbücher • Arbeitsanweisungen • Management by objectives • Entscheidungsspielräume
(3) Konfliktkultur	• machtorientiert • konsensorientiert • Verdrängung	• Tabuisierung • Umgang mit Konflikten • Umgang mit Widerstand • Management/Betriebsrat
(4) Menschenbild	• tayloristisch • Mensch als Handelnder	• Äußerungen zur Rolle des Menschen • Äußerungen zu menschlichen Bedürfnissen
(5) Motivation	• monetär • „ideell"	• Rituale der Arbeitsbewertung • Funktion des Sanktionierungssystems • Situationsspezifische Wirksamkeit v. Anreizen • Lob- und Kritikkultur • Vorbilder • Ziele
(6) Wertschätzung von Gruppen und Funktionen	• „Tops" • Sündenböcke • Minderheiten	• Bezeichnung unterschiedl. Arbeitsplätze • Schuldzuschreibungen • Stars und „Underdogs" • Wer sind die „Helden"?
(7) Abgrenzungskultur	• Abteilungsegoismus • Kooperation zw. Abteilungen	• gemeinsame Aktivitäten • funktionsübergreifende Gesprächsrunden • funktionsübergreifende Arbeitszusammenhänge
(8) Perspektivische Orientierung	• Prozeßorientierung • Ergebnisorientierung	• Wird kurzfristiger ROI erwartet? • Zeitperspektiven bei Veränderungen • strategische Perspektive • Kosten vs. Investitionen • pragmatisches „Machertum"

Parameter der Organisationskultur	Dimensionen	Indikatoren (Beispiele in Stichworten)
(9) Kommunikation	• offen-authentisch • strategisch-taktisch	• Wer kennt wen? • Wer spricht mit wem? • Wer weiß was wann? • Wird über Gefühle gesprochen? • Gestaltung von Sozialräumen • Besprechungszimmer • freier Informationsaustausch • „Geheimniskrämerei" • Rolle von Gerüchten • Tabus • Betriebszeitung
(10) Artefakte	• offen, kommunikationsorientiert, motivierend • lieblos, gleichgültig, kommunikations-behindernd • modern • „antiquiert"	• Wie stellt sich das Unternehmen dar? • Wie möchte es gesehen werden? • Sauberkeit und Ordnung • Arbeitskleidung • Fabrikarchitektur und Inneneinrichtung • Kunst am/im Bau • Pforte • Gestaltung der Arbeitsplätze
(11) Außendarstellung	• gesellschaftlicher Kontext • politischer Kontext • ökologischer Kontext	• PR • Verbandsmitgliedschaften • Sponsoring
(12) Umgang mit Kunden	• Partner • Abnehmer	• Marktforschung und -erschließung • interaktive Produktentwicklung • Rolle des Außendienstes
(13) Umgang mit Lieferanten	• kooperativ • „arrogant"	• Interaktive Produktentwicklung • Diktat von Konditionen
(14) Technologieorientierung	• Antropozentrische Produktionssysteme • Computer Integrated Manufacturing	• Einsatz von/Umgang mit BDE • Einsatz von/Umgang mit PPS • Organisation vor Technik? • Stellenwert von Technik • Zahl von Technik-Projekten
(15) Innovations- und Veränderungsoffenheit	• konservativ-rigide • innovativ-flexibel	• Produktzyklen • Einsatz neuester Technlogien • flexible Reaktion auf Marktveränderungen • Risikotoleranz
(16) Unternehmensorientierung	• gemeinsame Zielverfolgung • partikulare Zielverfolgung	• „Wir-Gefühl" • Identifikation mit Unternehmenszielen • Identifikation mit Produkt • gemeinsame Geschichte
(17) Leistungsstandards	• explizit • implizit • herausfordernd • demotivierend	• Beurteilungssystem • Zielvorgaben • „Manöverkritik" • Zusammenhang zwischen Entgelt u. Standards

Parameter der Organisationskultur	Dimensionen	Indikatoren (Beispiele in Stichworten)
(18) Sanktionierungssystem	• Belohnung • Bestrafung • explizit • implizit	• Lob • Tadel • Karriereförderung • Karrierebehinderung • Karriereverläufe
(19) Normensetzung und -überwachung	• akzeptierte (charismat.) Führung • formale Machtorientierung • partizipativ • autoritär	• Wer hat was zu sagen? • Wer setzt die Standards? • Wie entstehen Standards?

Abb. 8.2. Beobachtbare Organisationskultur im Unternehmen

Diese Übersicht ist das Ergebnis eines Brainstormings, das im Verlauf des RAMO-NA-Projekts zum Thema Organisationskultur stattfand. Zu betonen ist allerdings, daß sich bei der Zusammenstellung dieser Liste bereits ein Filter im Kopf der Teilnehmer dieses Brainstormings befand: Die Auswahl der beobachtbaren Phänomene erfolgte in Hinblick auf einen bestimmten Zweck. In diesem Fall ging es darum, diskutieren zu können, ob und wie sich kulturell geprägte Handlungsmuster und Artefakte in bestimmten Betrieben auf die Einführung von beteiligungsorientiertem Management auswirken. *Jeder* Beschreibung von Organisationskultur liegen solche Filter zugrunde! Denn geht man davon aus, daß ein Unternehmen keine Kultur *hat*, sondern eine Kultur *ist*, so wäre eine Liste aller kulturell geprägten Phänomene nahezu unendlich lang und somit sinnlos. Jeder Versuch also, *die* Kultur eines Unternehmens beschreiben zu wollen, ist ebenso aussichtslos wie überflüssig; auch in jener Managementliteratur, die für sich in Anspruch nimmt, eben dieses zu tun, wirken starke Filter, die den Blick lediglich auf einzelne Phänomene lenken.

In RAMONA hat diese Erkenntnis dazu geführt, daß wir die Beobachtung und Bearbeitung kultureller Phänomene in den Betrieben bewußt eingeschränkt haben: Nicht *die* Unternehmenskultur hat uns interessiert, sondern nur jene kulturellen Phänomene, die bei der Umsetzung der betrieblichen Restrukturierungsmaßnahmen als Hindernisse auftauchten. Diese kulturellen Aspekte und ihre Auswirkungen werden in den beiden folgenden Fallbeschreibungen ausführlich geschildert. Interessanterweise war es überhaupt nicht schwierig, diese Phänomene zu identifizieren. Schon nach kurzer Zeit des Kontaktes mit den Betrieben waren sich alle (nicht zum Betrieb selbst gehörenden) RAMONA-Akteure einig, welche die kulturell problematischen Punkte sind. Offensichtlich springen dem externen Beobachter Dinge ins Auge, die für den Angehörigen der Organisation, d. h. den Angehörigen der speziellen Kultur, nur schwer oder auch gar nicht zu erkennen sind.

Hervorgehoben sei noch eine wichtige Funktion der kulturell geprägten Artefakte. Da diese Artefakte von einer relativen Dauer sind, sind sie auch wichtige „Transportbehälter" für Kultur über Raum und Zeit. Während die Akteure in der

Organisation wechseln, bleiben Mythen, Symbole oder Architektur erhalten, sorgen damit dafür, daß die Kultur bei den verbleibenden Organisationsmitgliedern lebendig bleibt und tragen damit auch ihren Teil zur kulturellen Sozialisation von neuen Organisationmitgliedern bei. Allerdings bewirkt eine bloße Änderung dieser beobachtbaren Elemente von Kultur keineswegs eine Veränderung der Kultur selbst! Eben dieses ist aber die Empfehlung in einem großen Teil der entsprechenden populären Ratgeberliteratur zur Unternehmenskultur: Symbole schaffen, Artefakte konstruieren, gar Mythen und Legenden bilden soll die Unternehmensführung, um eine „starke" und einheitliche Kultur im Unternehmen zu erzeugen. Mit dieser Methode wird nun allerdings relativ wirkungslos lediglich die Oberfläche von Organisationskultur behandelt, und dies meist nicht einmal dauerhaft. Relativ wirkungslos deswegen, weil, wie die Pfeile in Abb. 8.1 andeuten, eine bestimmte Wechselwirkung zwischen den drei Ebenen besteht, es also nicht völlig gleichgültig für die Entstehung (oder Veränderung) von Kultur ist, wie die gestaltbaren Elemente an ihrer Oberfläche modelliert werden.

8.2
Kultur als unverzichtbarer Bestandteil der Organisation

Organisationskultur bedeutet, daß explizite handlungsleitende Werte und Ideen sich dann zu selbstverständlichen und nicht mehr hinterfragten, kulturell verankerten Grundannahmen entwickeln, wenn das Handeln nach diesen Werten und Ideen sich über eine hinreichende Zeit als erfogreich für die Akteure erwiesen hat. Damit ist Kultur untrennbar verbunden mit der Funktion und den Zielen einer Organisation. Kulturell basierte Wahrnehmungs- und Handlungsmuster sind elementar für die Funktion einer Organisation. Um dies zu verdeutlichen, sollen drei Aspekte kurz hervorgehoben werden.

Erstens ist Kultur eine Grundlage für die *Akzeptanz* von Regeln und Strukturen der Organisation durch ihre Mitglieder. Zwar kann dies alles auch formal geregelt und die Organisationsmitglieder beispielsweise vertraglich hierauf verpflichtet werden. Wenn aber keine ausreichende Akzeptanz der Akteure vorhanden ist, bleibt ein solches Vertragsverhältnis stets fragil und problematisch, weil es weder möglich ist, alle Details formal zu regeln, noch alle Regelverstöße zu entdecken und zu sanktionieren.

Ein zweiter wichtiger Aspekt betrifft die *Routinisierung* von alltäglichem Handeln. Ohne die Übernahme kulturell verankerter Handlungsmuster besteht für den Akteur grundsätzlich vor jedem Handlungsschritt Unsicherheit (es sein denn, es geht um solche Handlungen, deren Routinisierung in organisationsübergreifenden Sozialisationsprozessen kulturell eingeübt wird). Diese Unsicherheit führt dazu, daß diese Handlungsschritte entweder jeweils gesondert abgesichert werden (unter Bezugnahme auf formale Regelungen oder durch Anweisung durch einen Vorgesetzten) oder sogar jedesmal neu ausgehandelt werden müssen, wodurch eine Organisation träge und unflexibel wird.

Ein dritter Punkt schließlich bezieht sich auf die *Motivation* der Akteure, den Zielen der Organisation gemäß zu handeln. Hier gilt ähnliches, wie für die Akzeptanz: Zwar kann die Mitarbeit von Organisationsmitgliedern durch Systeme von positiven und negativen Sanktionen, die mit entsprechenden Kontrollmechanismen verbunden sind, bis zu einem gewissen Grad gesichert werden, aber ohne die Motivation der Akteure, sich über das „unbedingt notwendige" hinaus in die Organisation einzubringen, gäbe es erhebliche Probleme. Dies umso mehr in modernen Produktionssystemen, in deren Mittelpunkt gerade die Eigenverantwortung der betrieblichen Akteure auf allen Hierarchiestufen steht. Die gemeinsame Kultur in einer Organisation ist verbunden mit einer Gruppenidentität. Diese trägt zur Akzeptanz der Organisationsstukturen bei, aber darüber hinaus fördert eine solche Identität auch die Identifikation mit den Zielen der Gruppe bzw. der Organisation. Mit dieser Akzeptanz und Identifikation ist die Motivation verbunden, persönlich zur Erreichung dieser Ziele beizutragen, diesen Beitrag unter Einsatz relevanter physischer und psychischer Ressourcen zu leisten und dabei die entsprechenden Vorgaben und Regeln zu beachten.

Zusammengefaßt: Die Organisationskultur (oder die Kulturen in einer Organisation) sind eine Grundlage für das Funktionieren eines Unternehmens.

8.3
Kultur als Problem

Nun kann es aber aus einer Reihe von Gründen zu Störungen des Zusammenwirkens von Kultur und Struktur einer Organisation oder sogar zu offenen Diskrepanzen kommen. Solche Störungen und Diskrepanzen sind nicht grundsätzlich problematisch, können es aber unter bestimmten Umständen werden.

Es gibt verschiedene Möglichkeiten, wie es zu solchen Störungen kommen kann. So kann es sein, daß sich im Unternehmen verschiedene Subkulturen ausbilden, die sich verselbständigen und miteinander in Widerspruch geraten. Oft ist dies in den Unternehmen an dem Verhältnis zwischen Produktionsabteilung und Vertrieb zu beobachten. Es kann auch sein, daß im Unternehmen Gruppen oder Grüppchen entstehen, die ihre eigenen Ziele verfolgen, eine eigene Kultur ausbilden, die im Widerspruch zu den Organisationzielen stehen kann. Zu den hiermit zusammenhängen Phänomenen wäre sicherlich vieles zu schreiben. In unserem Zusammenhang soll aber eine dritte Kategorie von Problemen im Vordergrund stehen, nämlich jene Probleme, die sich daraus ergeben, wenn sich die Ziele der Organisation verschieben, und diese neuen Ziele in Konflikt mit der alten Kultur geraten.

Ein Beispiel dafür, wie ehemals untergeordnete Ziele an Relevanz gewinnen und dann mit der herrschenden Kultur konfligieren ist der Übergang zur „Qalitätsproduktion" in vielen Unternehmen. Natürlich kam es in diesen Betrieben schon immer darauf an, daß Teile gefertigt wurden, die qualitativ in Ordnung waren. Zentrales Verkaufsargument war aber der niedrige Preis, erzielt durch die Produktion großer Mengen gleicher Teile in möglichst kurzer Zeit; Qualitätsmängel wurden durch aussortieren der schlechten Teile (und durch noch schnellere Produktion) kompensiert. Leitvorstellung der herrschenden Kultur war die Orientierung auf die Herstellung großer Stückzahlen in kurzer Zeit. Als nun aus den unterschiedlichsten Gründen die Qualität der Produkte stärker in den Mittelpunkt rückte, trafen die Bemühungen der Produktionsplaner auf kulturell untermauerte Bedingungen, die eine solche Veränderung überaus schwierig machten. Beispielsweise waren häufig alle Gratifikationssysteme auf die Mengenleistung von Beschäftigten ausgerichtet, die ihr Handeln darauf einrichteten und entsprechende kulturell verankerte Routinen entwickelten, die sich von den „Qualitätsoffensiven" des Managements nur wenig irritieren ließen. Es ist nicht weiter verwunderlich, daß vor allem im Zusammenhang mit dem Übergang zur „Qualitätsproduktion" oder dem Total Quality Management in den Betrieben Manager und Berater zum erstenmal bewußt auf die Probleme stießen, die mit einer bestehenden und nicht zu den Qualitätszielen passenden Organisationskultur verbunden sind.

Ambivalente Organisationsziele führen also vor allem dann zu Widersprüchen zur Organisationskultur, wenn einstmals zweitrangige Ziele an Relevanz gewinnen. Solche Probleme treten noch sehr viel deutlicher zutage, wenn sich die zentralen Ziele und die fundamentalen Strukturen der Organisation verändern. Jeder über bloße Anpassungsprozesse hinausgehende organisatorische Wandel ist daher mit Konflikten zwischen alten Kulturen und neuen Zielen und Strukturen verbunden. An die Ursache für diesen Konflikt sei noch einmal erinnert: Kulturen lösen sich von ihrem Gegenstand, verselbständigen sich und werden auch dann noch beibehalten, wenn die Umwelt sich ändert. Da die kulturbasierten Wahrnehmungs- und Handlungsmuster von den Akteuren nicht mehr mit den unmittelbaren Zielen und Zwecken in Verbindung gebracht werden, sondern es als „Gewißheit" gilt, daß die Dinge eben so und nicht anders gesehen und so und nicht anders getan werden müssen, löst jede Veränderung in der Umwelt zumindest Irritation aus, wenn es nicht sogar zu offenen Konflikten kommt. Nicht selten scheitern intendierte Veränderungsprozesse sogar daran, daß sie nicht mit der bestehenden Kultur kompatibel sind und sich diese Kultur nicht einfach ändert oder anpaßt.

Die Einführung neuer Produktionskonzepte, wie sie im Mittelpunkt der Aktivitäten der RAMONA-Betriebe stand, ist ein herausragendes Beispiel, wie sich alte Kulturen hinderlich auswirken können.

Neue Produktionskonzepte bedeuten, wenn sie konsequent realisiert werden, einen nahezu völligen Bruch mit den traditionellen Grundprinzipien bürokratischer Organisationen. Die bürokratische Entscheidungspyramide wird zwar nicht „basisdemokratisch" auf den Kopf gestellt, aber die Einbahnstraße der Entscheidungen von oben nach unten wird ersetzt durch ein System sich wechselseitig beeinflussender Entscheidungen auf allen Hierarchieebenen. Typische Elemente bürokratischer Organisationen wie Standardisierung und Formalisierung werden durch kontinuierliche Verbesserung von Produkten und Prozessen ersetzt. Die Aufgliederung der Organisation in funktionale Einheiten wird substituiert durch eine aufgabenbezogene Arbeitsorganisation und dichte Kommunikation und Interaktion zwischen den organisatorischen Einheiten. Die bisher gekannten Prinzipien von Anweisung und

Ausführung, hierarchischer Gliederung von Anweisungsbefugnissen, zentraler Planung oder zentral zusammenlaufenden Informationsflüssen werden zumindest teilweise aufgegeben. Ein System von Zuständigkeit und zentraler Kontrolle wird ersetzt durch ein System von Verantwortlichkeiten, an die Stelle von Anordnungen treten Diskussionsprozesse, die Notwendigkeit von „Genehmigung" entfällt für zahlreiche Maßnahmen. Die traditionelle bürokratische Organisation wird im wahrsten Sinne des Wortes zerpflückt und in neuer Weise wieder zusammengesetzt.

Vom kulturellen Standpunkt aus bedeutet dies: Fast alles, was einmal „selbstverständlich" war, soll auf einmal nicht mehr gelten. Wohlgepflegte Abteilungsegoismen („Verkauf und Produktion als natürliche Feinde") sollen plötzlich aufgegeben werden. Das bewährte Muster „sich einmischen bringt nur Ärger" soll auf einmal in sein Gegenteil verkehrt werden. Das bekannte und kulturell verankerte bürokratische Prinzip: „Das war schon immer so ..." wird durch kontinuierliche Verbesserung substituiert. Kommunikation ist nicht mehr „überflüssiges Gequatsche", sondern Voraussetzung der effizienten Unternehmensführung. Das berühmte Schild: „§ 1: Der Chef hat immer recht", das in zahlreichen Büros und Werkstätten hängt, ist ja keineswegs nur ein Witz, sondern drückt die langjährige Erfahrung aus, daß dem Chef in Diskussion zumindest immer recht gegeben werden muß, wenn man in dieser Organisation erfolgreich sein will. Auch hier müssen alle Organisationsmitglieder – natürlich auch der Chef selbst – grundsätzlich umlernen. Zahllose weitere Beispiele könnten hier genannt werden, aber dies soll genügen, um das Problem zu verdeutlichen.

Das nötige Umlernen, die Veränderung der Kultur wäre dann vielleicht erfolgreich zu bewältigen, wenn die neuen Organisationsstrukturen von heute auf morgen erfolgreich etabliert werden könnten. Dann würde sich herausstellen, daß die alten Handlungsmuster obsolet sind, eine neue, den veränderten Strukturen angemessene Kultur könnte sich langsam entwickeln. Doch eben diese erfolgreiche Einrichtung der neuen Strukturen ist gegen die alte Kultur nur schwer möglich. Zunächst einmal gibt es den offenen oder verdeckten Widerstand jener, welche die neuen Ideen nicht akzeptieren können, weil diese ihrer „Lebenserfahrung", d.h. der alten kulturellen Prägung, widersprechen. Aber auch jene Akteure, die den neuen Konzepten gegenüber aufgeschlossen sind, tun sich schwer. Diese Organisationsmitglieder können einen solchen Prozeß des strukturellen Wandels rational akzeptieren (die Argumente für den zu vollziehenden Wandel leuchten ein), ihn sich sogar wünschen (es wäre gut, wenn es funktionieren würde), es bleiben aber tiefe Zweifel (es kann aber nicht funktionieren, weil der Mensch und die Organisation nun mal nicht so sind). Diese Zweifel können dazu führen, daß das Vorhaben nur halbherzig unterstützt wird, um eine schnelle Rückzugsmöglichkeit auf die gewohnten Pfade zu haben; die Hintertür bleibt sozusagen offen. Zweifel führen zu Unsicherheit und damit zu Zögerlichkeit in kritischen Phasen des Gestaltungsprojekts. Darüberhinaus wird der betriebliche Akteur dazu neigen, alle Schwierigkeiten, die im Prozeß unweigerlich auftreten, vor dem Hintergrund seiner alten kulturellen Prägung zu interpretieren und hat damit vielleicht nicht einmal unrecht, da in dieser Phase des Übergangs alte Kulturen weiterhin wirken. Damit trägt jede Schwierigkeit zur Stärkung des Zwei-

fels bei, womit ein sich selbst verstärkender Prozeß in Gang gesetzt wird. Verallge-
meinernd ließe sich das Problem vielleicht so auf den Punkt bringen: Neue
Handlungsmuster bilden sich dann heraus, wenn die neuen Strukturen über längere
Zeit erfolgreich funktionieren, dies aber wird eben durch die Permanenz der alten
Kultur be- oder sogar verhindert.

Anhand zweier Fallbeispiele aus dem RAMONA-Projekt soll gezeigt werden, wie
sich Probleme dieser Art in der Praxis auswirken. Abschließend wird diskutiert, wie
diese Probleme bewältigt werden können und welche Erfahrungen wir hierzu durch
RAMONA sammeln konnten.

8.4
Beispiel KROHNE Meßtechnik:
Geprägt durch informelle Kommunikation

8.4.1
Der Betrieb und seine Kultur

Der erste Eindruck von der Kultur des Unternehmens wird geprägt durch die hohe
Verbundenheit mit der bildenden Kunst: Überall im Betrieb, auch in den Fertigungshallen, befinden sich Originalgemälde und Skulpturen. Sammler und Stifter
dieser Kunstwerke ist der Firmeninhaber und Seniorchef, der das Unternehmen
nach dem Krieg (wieder-)aufbaute und von einer Mitarbeiterzahl von 8 Beschäfig-
ten hin zu seiner heutigen Größe entwickelte. Dieser Unternehmensleiter wurde damals von seiner Familie in die Pflicht genommen, obwohl er eigentlich etwas anderes vor hatte: „Bis 1949 war ich mit meiner ganzen Seele Maler und hoffte, nach
zwei oder drei Jahren Tätigkeit, KROHNE wieder verlassen zu können" (Zitat aus
der Betriebszeitung). Daraus wurde allerdings nichts; vielmehr entwickelte er den
kleinen Betrieb zu einem weltweit erfolgreichen Unternehmen der Meß- und Regeltechnik mit weltweit mehr als 1200 Beschäftigten. Er führte das Unternehmen
erfolgreich mehr als 40 Jahre und hinterließ ihm neben einer wirtschaftlich gesunden Struktur eine große Kunstsammlung, wodurch er im Unternehmen gleich doppelt präsent bleibt: als Begründer des Unternehmens in seiner jetzigen Form und als
Stifter allgegenwärtiger Bilder und Skulpturen. Diese Präsenz geht allerdings noch
weiter. So wurden die geltenden Umgangsformen im Unternehmen weitgehend von
ihm und der (Nachkriegs-) Gründergeneration geprägt. Die Leitungsstrukturen sind
familiär, die Unternehmensleitung gehört entweder schon seit sehr langer Zeit zur
„Betriebsfamilie" oder aber zur Besitzerfamilie und deren Freundeskreis. Umgangsformen, die nach dem Krieg im überschaubaren Kleinbetrieb entwickelt wurden,
wurden zu einem großen Teil in die Neuzeit eines größeren, international erfolgreichen Industrieunternehmens transportiert. Innerhalb des Managements und teilweise auch zwischen Management und Beschäftigten herrscht das mehr oder weniger
förmliche „Du" vor. Auch diese Umgangsform ist auf den Firmen(neu-)gründer zu-

rückzuführen, der Mitte der achtziger Jahre, beeindruckt vom wenig förmlichen Umgangston in britischen und amerikanischen Unternehmen, die Anrede mit dem Vornamen bei KROHNE verbindlich einführte.

Ein hervorstechendes Charakteristikum des Unternehmens ist das ausgeprägte Streben nach Unabhängigkeit. Tatsächlich ist diese Unabhängigkeit ein zentraler Wert, der das unternehmerische Handeln bei KROHNE leitet. Alle Versuche größerer Konkurrenten, den Betrieb zu übernehmen, wurden abgewehrt oder abgewiesen. KROHNE ist damit als relativ kleines, unabhängiges Unternehmen erfolgreich in weltweiten Auseinandersetzungen mit wesentlich größeren Konkurrenten. Auf diese Tatsache sind die Firmenangehörigen gemeinsam stolz; die Unabhängigkeit des Unternehmens ist ein Pfeiler, auf dem das hohe Zusammengehörigkeitsgefühl im Betrieb basiert.

Die offenen Umgangsformen drücken sich auch in der Architektur der Firmengebäude aus. So sind alle Büros, auch die der Unternehmensleitung, nur durch große Fenster voneinander getrennt; die Türen zu den Räumen stehen häufig offen. Die Fertigungshallen sind hell und sauber und die einzelnen Bereiche sind offen und damit sehr kommunikationsfreundlich gestaltet. Dieses architektonische Arrangement ist bewußt gewählt worden, um offenen und regen Informationsaustausch anzuregen und zu unterstützen. „Informationen – das ist schlicht der Stoff, der unser Unternehmen zusammenhält, der es mit unseren Kunden verbindet, der neue Werte und Produkte schafft, der letztlich das KROHNE-Schiff auf Kurs hält" (Geschäftsführer in der Betriebszeitung). Und in der Tat ist der Faktor Kommunikation eine zentrale produktive Ressource des Unternehmens.

8.4.2
Die Kommunikationskultur bei KROHNE: Eine Basis des wirtschaftlichen Erfolges

Wie schon angedeutet, ist die kulturelle Wurzel des Kommunikationsverhaltens sowie der formalen und informellen Kommunikationsregeln in der kleinbetrieblichen Produktionsweise der ersten Nachkriegsjahre zu suchen. Die Organisation der Produktion in einem solchen kleinen Betrieb erfolgt mehr oder weniger auf Zuruf, Autorität ist in diesem Kommunikationsgefüge eng an fachliche Fähigkeiten der einzelnen Akteure gekoppelt.

Viele Elemente dieser Kommunikationsform wurden in die Gegenwart transportiert. Zwar gibt es natürlich klar geregelte Abläufe und Verantwortlichkeiten, aber auch heute noch hat die persönliche, nicht formalisierte Kommunikation zwischen einzelnen Akteuren einen überaus hohen Stellenwert. Dies gilt innerhalb von Abteilungen oder Betriebsteilen aber auch über die formalen Grenzen/Schnittstellen innerhalb des Betriebes hinweg. Die so erreichte informelle Kommunikationsdichte ist sehr hoch. Im Gegensatz dazu ist die Regelkommunikation eher gering ausgeprägt. Die Tatsache, daß bei KROHNE die offene und informelle „Kommunikation der frühen Jahre" nicht in einem formalen Regelwerk erstickt wurde, ist eine wichtige Voraussetzung für die heutige Marktposition des Unternehmens.

Denn informelle und auf persönlichen Beziehungen beruhende Kommunikation bedeutet,

- daß der Informationsaustausch schnell erfolgt, denn es müssen nicht erst Formulare ausgefüllt werden und der Informationsweg zwischen den Abteilungen läuft nicht erst die eine Hierarchieleiter hinauf und die andere wieder hinunter, sondern verläuft direkt zwischen den Akteuren, die es tatsächlich angeht;
- daß komplexe Fragen und unverhoffte Probleme angemessen behandelt werden können, denn gerade bei nicht alltäglichen und nicht routinisierbaren Vorgängen zeigt sich, daß den Möglichkeiten der Formalisierung von Abläufen Grenzen gesetzt sind und unbürokratisches, infomelles Kommunizieren und Handeln den einzig angemessenen Weg der Problemlösung darstellt;
- daß Forderungen und Ansprüche an einzelne Akteure nicht als anonymes, abstraktes Datum auftreten, sondern als persönlicher Wunsch bekannter Kollegen; hierdurch steigt vor allem die Bereitschaft, auch Anforderungen zu erfüllen, die – qualitativ wie quantitativ – über das „normale Maß" hinausgehen, die aber zur Erledigung dringender Aufträge oder zur Lösung von Problemen unerläßlich sind.

Dies alles erhöht die Leistungsfähigkeit des Unternehmens und insbesondere die Flexibilität gegenüber Markt- und Kundenanforderungen. Das Unternehmen und seine Mitarbeiter sind stolz darauf, auf diese Weise auch komplexen Anforderungen logistischer oder fertigungstechnischer Natur gerecht werden zu können. „Was physikalisch möglich ist, können wir auch fertigen" heißt es hierzu. Die Formalisierung von Abläufen kann so auf ein Minimum beschränkt werden, mangelnde Formalisierung wird durch das Kommunikationsverhalten weitgehend kompensiert.

Bereits angedeutet wurde die Rolle der Kommunikation für die Identitätsstiftung im Unternehmen. Bei allen Brüchen, die vor allem in Zeiten ökonomischer Rezession und den damit verbundenen betrieblichen Auswirkungen (Arbeitsplatzsicherheit, Lohn) diese gemeinsame Identität durchziehen, ist das dichte persönliche Kommunikationsgeflecht, das sich über Abteilungen und hierarchische Grenzen hinweg ausbreitet, eine zentrale Quelle des zu beobachtenden Gemeinschaftsgefühls. Dieses Gemeinschaftsgefühl ist die Basis einer hohen Motivation der Mitarbeiter.

Folgerichtig wird das persönliche Ansehen, das „Standing", einzelner Akteure im Betrieb nicht zuletzt danach bestimmt, wie virtuos sie auf der Klaviatur der informellen Kommunikation spielen können. Im Betrieb „ist man wer", wenn man über zahlreiche persönliche Kontakte in anderen Abteilungen verfügt und diese Kontakte so gut sind, daß man beispielsweise in der Lage ist, schwierige Probleme mit Hilfe von einigen Telefongesprächen (und der durch diese erfolgten Koordination unterschiedlicher Akteure) lösen zu können.

Zusammenfassend kann die Kommunkationskultur in diesem Unternehmen mit dem Bild einer Familie beschrieben werden. Bereits verdeutlicht wurde, daß der Familienbetrieb auch die Grundlage für die Betriebsfamilie bildet. Auf der einen Seite besteht also eine hohe (im weiteren Sinne familiäre) Kontinuität in der Führung des Betriebes, auf der anderen Seite wird man als Mitarbeiter in eine Familie „hineingeboren", sieht sich dort geborgen und in Schutz genommen und verläßt sie nicht ohne größere Not. Selbst in schwierigen wirtschaftlichen Zeiten beherrscht dieses Grundverständnis das Handeln der Akteure. Der Zusammenhalt in der Familie wird gefördert, indem man sich gegenseitig häufig von den Erlebnissen der Vergangenheit erzählt und sich so gemeinsam versichert, daß man zusammen Beachtliches geleistet und aufgebaut habe. Einer der Berater im Projekt berichtet, daß er selten Betriebe erlebt habe, in denen Anekdoten und Berichte aus der Firmenvergangenheit das gemütliche abendliche Zusammensein nach Seminaren so beherrscht hätten, wie bei KROHNE. Große Furcht herrscht daher vor allen Ereignissen, welche dieses Familenleben zerstören könnten. An erster Stelle steht dabei natürlich die Angst vor dem wirtschaftlichen Mißerfolg, dicht dahinter kommt aber schon die Furcht, von einem anderen Unternehmen, einer anderen „Management-Familie" übernommen zu werden. Dies bewirkt einen allen betrieblichen Akteuren gemeinsamen Drang zur ökonomischen Unabhängigkeit.

8.4.3
Das Problem: Entscheidungsoffene Veränderungsprozesse und die Kultur der informellen Kommunikation

Nach der Überzeugung der beratenden und forschenden Verbundpartner, war ein partizipativer und weitgehend ergebnisoffener Veränderungsprozeß die entscheidende Grundlage für eine erfolgreiche Umstrukturierung bei KROHNE. Ergebnisoffen hieß dabei nicht, daß das Ziel (Liefertreue- und geschwindigkeit) oder der angepeilte Weg (Segmentierung) grundsätzlich in Frage gestellt werden sollten, sondern daß die konkrete Praxis dieses Weges das Ergebnis eines offenen Diskussionsprozesses sein sollten. Die entsprechende Vorgehensweise der Organisationsentwicklung sei hier noch einmal kurz umrissen (vgl. hierzu auch Kapitel 7 von Kötter in diesem Band).

Gemeinsam mit allen Akteuren werden die bestehenden Strukturen zunächst analysiert und dann einer Kritik unterzogen. Aus dieser Kritik wird dann das Modell des Neuen entwickelt. Schließlich ist auch die Einführung der neuen Ideen das Resultat gemeinsamer Anstrengungen, wobei auf dem Weg dorthin der Prozeß permanent überprüft wird und gegebenenfalls, wiederum gemeinsam vereinbart, Modifikationen vorgenommen werden. Das Medium der Partizipation sind hier in der Regel Projektgruppen sowie Interviews und Gruppendiskussion. Um in diesen Gruppen die gewünschte Beteiligung aller Akteure erreichen zu können, werden meist verschiedene Werkzeuge aus dem Repertoire der Interviewtechnik, der Prinzipien der Diskussionleitung und der Moderationstechnik mit Verfahren der Organisationsanalyse verbunden.

Die offene Kommunikationkultur bei KROHNE bietet zunächst einmal einige gute Anknüpfungspunkte für ein solches Modell der Organisationsentwicklung:

- es herrscht eine große Offenheit, Neugier und Bereitschaft, neuen Dingen aufgeschlossen zuzuhören;
- es gibt keine Barrieren oder Sperren, die prinzipiell errichtet würden: Alles ist kommunizierbar und damit auch diskutierbar;
- Partizipation von Beschäftigten ist zu einem guten Teil Kommunikation, d.h. wechselseitiger Fluß von Informationen, wobei diese Informationen Fakten beinhalten können, aber ebensogut Meinungen, Wünsche, Vorstellungen und Ängste; Beschäftigtenpartizipation ist der Dreh- und Angelpunkt des Veränderungskonzepts und viele Betriebe, in denen der Informations- und Meinungsaustausch durch restriktive formale Regeln beschränkt ist oder in denen sogar ein Klima der Angst vor der Meinungsäußerung herrscht, tun sich sehr schwer mit der Etablierung partizipativer Projektformen; hier ist KROHNE einen entscheidenden Schritt voraus.

Trotz dieser positiven Voraussetzungen zeigte sich im Prozeß aber, daß eben dieses informelle Kommunikationsverhalten *auch* zu einem Problem für offene Gestaltungsprozesse werden kann und während des Projektes zum Teil auch wurde.

8.4.4
Ergebnisoffenheit und „Gerüchte"

Die weitgehende Informalität der Kommunikation prägt auch die Information über Managemententscheidungen. Diese Entscheidungen werden nicht nur über schwarze Bretter, schriftliche Mitteilungen o. ä. verbreitet, sondern vor allem auch persönlich kommuniziert, wobei die Kommunikationswege allerdings schnell undurchschaubar werden können und die kommunizierten Nachrichten nicht selten mit persönlichen Einschätzungen und Wertungen versehen werden, so daß das, was am Ende einer solchen Kommunikationskette ankommt, meist um einiges von den ursprünglichen Informationen abweicht. Geschieht das Ganze dann auch noch zeitlich vor allen offiziellen Stellungsnahmen und Anweisungen durch das Management, entstehen Gerüchte. Klarheit über Managemententscheidungen geht dabei häufig verloren. Zuweilen ist den Mitarbeitern nicht einmal deutlich, ob bestimmte Entscheidungen schon gefallen sind, oder aber sich noch in einer Konzeptionsphase befinden. Das führt dann dazu, daß, sobald eine Idee auf dem „Gerüchtemarkt" erscheint, die ersten Mitarbeiter damit anfangen (oder auch nicht, je nach individueller Bewertung der Idee), diese als relevant für ihre Tätigkeit zu betrachten und gegebenenfalls entsprechende Maßnahmen zu ergreifen.

Wie wirken nun Gerüchte in einem offenen Veränderungsprozeß? Eine begrenzte Ergebnisoffenheit von Restrukturierungsprozessen erzeugt per se schon Unsicherheit: Wohin wird uns die Reise bringen, wird das Unternehmen Erfolg haben, wie ändern sich individuelle Arbeitssituationen und Karrierechancen usw.? Diese Ungewissheit wird durch Gerüchte-Kommunikation potenziert, da so nicht nur lediglich Teilinformationen „durchsickern", sondern diese Informationen auch noch mit persönlichen Wertungen, Befürchtungen und vielleicht sogar schon impliziten Abwehrstrategien verbunden sind. Eine so geförderte Unsicherheit kann im Extremfall zur Lähmung aller Aktivitäten führen; im besten Falle gibt es erhebliche Reibungsverluste sowie eine ernste Einschränkung der intendierten Beteiligung aller relevanten Akteure, da eine solche Beteiligung nur auf der Grundlage klarer und eindeutiger Informationen erfolgreich sein kann. Denn ergebnisoffene und beteiligungsorientiere Prozesse der Umgestaltung erfordern ein Höchstmaß an Transparenz. Gerade wenn die Zahl der Betroffenen größer ist als eine entsprechende Projektgruppe Mitglieder haben kann, ist die Form der Einbeziehung der Akteure außerhalb dieser Projektgruppe oder der anderen Steuerungsgremien besonders kritisch. Die hierzu nötige Klarheit muß in erster Linie durch eindeutig vereinbarte Formen der *Regelkommunikation* geleistet werden.

8.4.5
Ergebnisoffenheit und unklare Entscheidungsprozesse

Ungeregelte Kommunikationswege sind häufig auch mit nicht eindeutigen Entscheidungsprozessen verbunden. Es wird noch – auf den langen Wegen der informellen Kommunikation – diskutiert, aber „man macht schon mal", da die Praxis konkrete Reaktionen erfordert. Dabei entspricht die Art und Weise, wie bestimmte Dinge dann umgesetzt werden, nicht selten der individuellen Interpretation einzelner betrieblicher Akteure. Bei allzu langen Diskussionsprozessen kann es so passieren, daß die schließliche Entscheidung überflüssig wird, da die Realität bereits praktische Reaktionen herausgefordert hat.

Oben wurde bereits die Metapher der Familie für das Unternehmen KROHNE gebraucht. Zu einer typischen Familie gehört, daß Entscheidungen im Konsens gesucht werden. Diese Prozesse der Konsensfindung gehören zu den eindeutigen Stärken des Unternehmens; sie sind die Voraussetzung dafür, daß die selbstbewußten, fachlich hoch qualifizierten Mitarbeiter in die Unternehmenspolitik eingebunden werden können. Diese Konsensfindung kann aber auch dazu führen, daß Konflikte unter den Teppich gekehrt werden. Konflikte stören das Familienidyll, irritieren das intakte Familienleben. Entscheidungen sind aber häufig auch mit Konflikten verbunden. Denn nicht immer sind alle Entscheidungen konsensuell zu treffen; es gibt auch Situationen, in denen Entscheidungen unvermeidlich zu negativen Auswirkungen für individuelle Akteure im Betrieb führen können.

Auch die Scheu vor der Veränderung gewohnter und erfolgreicher Handlungsmuster kann Entscheidungen verhindern. Und auch hier hilft zur Erklärung die Familienmetapher: Die Gründergeneration hat das Haus unter großen Anstrengungen gebaut, alles hat dort seinen angestammten Platz. Das Haus (die Organisation des Unternehmens) wird mit den Erfolgen der Gründer identifiziert, es stellt gleichsam den manifestierten Erfolg dar. An- und Neubauten sind noch relativ problemlos zu errichten, eine Veränderung des Stammhauses jedoch mag man dem Gründer – aus Hochachtung oder Respekt – nicht gerne zumuten. Auf die Frage, was denn das Schlimmste sei, das ein neuer Mitarbeiter im Unternehmen tun könne, antwortete ein leitender Manager: „Eines der Bilder umhängen". Diese natürlich als Scherz gemeinte Antwort versinnbildlicht gleichwohl die Unantastbarkeit des Bestehenden und die daraus resultierende Hemmung, Entscheidungen zu treffen, die dieses Bestehende signifikant verändern.

Das sichere Manövrieren durch einen offenen Veränderungsprozeß erfordert aber *klare, eindeutige und rechtzeitige Entscheidungen* über Ziele, Teilziele, Wege zu diesen Zielen usw.; bei einer Veränderung oder Verschiebung von Wegen und Zielen, die sich im Laufe des Projektes ergeben können, müssen hierzu auch wieder *permanent* entsprechende Entscheidungen getroffen und umgehend kommuniziert werden.

Bei ergebnisoffenen Prozessen fehlt zudem (scheinbar) der Entscheidungsdruck der Tatsachen, da immer die Möglichkeit besteht, daß man die Sache auch im Sande verlaufen lassen könnte. Wenn Kunde A also ein Gerät unbedingt zum Termin X haben muß und die Nichteinhaltung dieses Termins erhebliche Verluste bringen würde, schafft man dies „irgendwie", die entsprechenden Entscheidungen werden, an welcher Stelle auch immer, getroffen. Ein ergebnisoffener, partizipativer Weg der Veränderung bietet hingegen zahlreiche Stellen, an denen Entscheidungen hinausgezögert oder vermieden werden können, ohne daß das Projekt sofort zusammenbricht. Es stirbt dann schleichend.

Daß das KROHNE-Segmentierungsprojekt nicht „schleichend gestorben" ist, sondern zu einigen Erfolgen geführt hat, wird in Kapitel 4 geschildert. Gleichwohl gilt es festzuhalten, daß durch die oben skizzierten kulturellen Phänomene einige Barrieren entstanden, die den Prozeßverlauf zäher und schwieriger machten, als dies nötig gewesen wäre, wenn neue Formen der Regelkommunikation besser etabliert und Entscheidungen klarer, schneller und transparenter hätten stattfinden können.

Nicht zuletzt dadurch, daß diese Form der Kommunikation und der Entscheidungen von außen, d. h. von den im Betrieb tätigen Aktionsforschern, immer wieder eingefordert oder herbeigeführt wurden, konnte der Erfolg des Projektes gesichert werden. Regelkommunikation und Transparenz wurden von den Aktionsforschern nicht nur permanent gefordert, sondern soweit wie möglich auch zur Basis der eigenen Tätigkeit gemacht. Damit wurden diejenigen KROHNE-Mitarbeiter, die direkt in das Projekt involviert waren, mit einer ihnen eher fremden Kultur konfrontiert. Dies führte zu einigen Reibungen. Gleichzeitig wurde so aber auch deutlich, daß es andere Wege der gemeinsamen Arbeit in Projekten gibt, als jene, die bei KROHNE bislang vorherrschend waren. Da diese Wege auch noch zum Erfolg geführt haben, ist zu hoffen, daß hierdurch die Keimzelle einer neuen Kultur gelegt wurde, in welcher die Vorteile einer offenen Kommunikation und einer hohen informellen Kommunikationsdichte ergänzt werden durch Formen der Regelkommunikation, welche die nötige Transparenz und Handlungssicherheit schaffen.

8.5
Beispiel „tewells": Management einer Betriebsfamilie

8.5.1
Der Betrieb und seine Kultur

Seit mehr als einhundert Jahren trägt der bzw. tragen die Inhaber und leitenden Manager der Fa. „tewells" den Namen Wellen. Seit das Unternehmen 1894 von dem Niederländer Remigius Wellen zusammen mit einem Partner gegründet wurde, ist die Führung der Firma (nunmehr in der vierten Generation) an den Sohn oder die Söhne der Eigentümerfamilie Wellen weitergegeben worden.

Trotz aller Kontinuität, die so gewährleistet wird, scheint aber doch jede Generation dem Betrieb einen eigenen kulturellen Stempel aufzudrücken. So stellte Gerd Wellen, der 1958 die Firmenleitung übernahm, die Automatisierung und Technisierung in den Mittelpunkt seiner Aktivitäten. Damit gelang es ihm, unter Ausnutzung jeweils neuester Produktionstechniken die Markposition des Unternehmens nicht nur gegen starke Konkurrenz zu verteidigen, sondern sogar weiter auszubauen. Der hervorragende Stellenwert, den Gerd Wellen der Technik einräumte, wird bei der Durchsicht der offiziellen Firmenchronik besonders augenfällig: In den letzten drei bis vier Jahrzenten sind Meilensteine der Firmenentwicklung fast immer verbunden mit der Einführung neuer Technologien für Verpackung und Produktion. Die technische Orientierung dominiert das Managementhandeln sehr stark, so daß sie ein wichtiges Element der Unternehmenskultur darstellt.

Technikorientierung heißt auch, daß die übliche Männerdominanz in der Führung eines Betriebes noch verstärkt wird: Nicht nur im leitenden Management haben die Männer das Sagen, sondern auf allen Ebenen des Betriebes dominieren jene Mitarbeiter, die gut mit den technischen Anlagen vertraut sind und Probleme mit diesen Anlagen lösen können. Und das sind – aufgrund ihrer Ausbildung, ihrer Neigung und langer Traditionen – ausschließlich Männer. Die große Mehrzahl der Beschäftigten in der Produktion ist hingegen weiblich. Diese Dominanz von Männern in einem „Frauenbetrieb" sowie die Tradition, die Leitung des Unternehmens jeweils auf die Söhne der Inhaberfamilie zu vererben, bilden die Grundlage für eine patriarchalische Führungskultur, in der sich die Mitarbeiterinnen und Mitarbeiter darauf verlassen, daß – wie in einer guten Familie – für sie gesorgt wird und sie gleichzeitig die Autorität der Führung weitgehend widerspruchsfrei anerkennen. Diese Führungskultur wurde noch besonders geprägt durch Gerd Wellen, der als typische Unternehmerpersönlichkeit der Nachkriegsjahre seine Rolle charakteristisch ausfüllte und in dieser Rolle nie hinterfragt wurde, da er durch sein Engagement und seine Ideen das Unternehmen zum Erfolg führte, von dem alle Mitarbeiter profitierten.

Ein weiteres starkes Merkmal der Managementkultur ist die Fähigkeit, erfolgreich mit kurzfristigen komplexen Belastungssituationen umgehen zu können. Diese Belastungssituationen resultieren vor allem aus der Tatsache, daß aufgrund der Kundenstruktur, die von sehr wenigen sehr starken Kunden dominiert wird, „tewells" es sich nicht leisten kann, einzelne Aufträge abzulehnen oder gar einen dieser Kunden zu verlieren. Dies führt zu Auftragsspitzen und teilweise auch kaum vorhersehbaren Engpässen, in denen der Betrieb existentiell darauf angewiesen ist, alle Planungen schnell und flexibel den neuen Anforderungen anpassen zu können, um in der Lage zu sein, die entstehenden komplexen Belastungssituationen zu meistern.

Wenn oben beschrieben wurde, daß der kürzlich verstorbene Firmeninhaber Gerd Wellen vor allem die Technikorientierung als Kulturlemenent im Unternehmen verankerte und eine familiäre Führung vorlebte, so stehen für seinen Nachfolger Dirk Wellen Fragen der Arbeitsorganisation und der beteiligungsorientierten Personalführung im Mittelpunkt seiner Ziele und seines Handelns. Dirk Wellen ist davon überzeugt, daß durch eine Optimierung der Unternehmensorganisation im Management wie auf der Ebene der Produktion wesentliche wirtschaftliche Fortschritte erzielt werden können und daß die Einbeziehung der Mitarbeiter die wesentliche Grundlage für eine erfolgreiche Neuorganisation ist.

Das Projekt RAMONA begann nun in einer Situation, in der diese beiden unterschiedlichen Orientierungen im Betrieb gemeinsam auftraten. Veränderungen der Organisationskultur bei „tewells" können also nicht allein vor dem Hintergrund der neuen Ideen betrachtet werden, die durch das Projekt in den Betrieb getragen wurden, sondern auch – und vielleicht sogar vor allem – als Resultat eines Orientierungswechsels in der Führung des Unternehmens. Dieser Orientierungswechsel wurde nun aber nicht allein von der neuen Generation verkörpert, vielmehr wurde von Vater und Sohn gemeinsam die Notwendigkeit der Erneuerung erkannt. Denn eines muß an dieser Stelle betont werden: Es gab keineswegs ein Gegeneinander der Generationen. Ganz im Gegenteil hat sich Gerd Wellen, bei aller anfänglichen Skepsis gegenüber dem Projektansatz, von RAMONA überzeugen lassen und das Projekt ausdrücklich gefördert und somit mit seiner Autorität ausgestattet. Damit hat er also noch selbst den Startschuß gegeben, eine Kultur im Unternehmen zu verändern und weiterzuentwickeln, die er selber entscheidend geprägt hatte.

Die folgende Schilderung, in der neue Orientierungen im Unternehmen auf eine traditionelle Kultur treffen, bezieht sich auf die Situation *bei Beginn* des Projekts RAMONA! Veränderung in der Kultur werden hier nur angedeutet, aber im folgenden Kapitel noch ausführlicher aufgegriffen werden. An dieser Stelle soll erörtert werden, daß die flexible Planungskultur, die den Umgang mit komplexen Belastungssituationen möglich macht sowie der familiäre Führungsstil eine wichtige Grundlage für den Unternehmenserfolg der letzten Jahrzehnte gebildet haben. In einem zweiten Schritt wird dann erläutert, welche Probleme sich ergaben, als eine neue Managementorientierung, unterstützt durch RAMONA, auf diese Kultur traf.

8.5.2
Der Chef wird´s schon richten ...

Der Führungsstil in der Fa. „tewells" ist nicht nur eingebettet in eine quasi-familiäre Gemeinschaft von betrieblichen Akteuren, sondern bildet gleichzeitig auch eine wichtige Grundlage für das Vertrauen in diese „Familie". Die Überzeugung, daß es der „Chef schon richten", d. h. mit allen schwierigen Situationen fertig werden wird, führt zu einer großen Sicherheit und „familiären Geborgenheit" der Betriebsangehörigen. Alle sind überzeugt, daß auf diese Weise die Beschäftigten langfristig versorgt werden; entsprechend gering ist die Fluktuation auf sämtlichen Ebenen des Betriebes: „Bei 'tewells' bleibt man ewig!" heißt es hierzu. Dieses Vertrauen ist gewachsen in den langen Jahren des Neuaufbaus nach dem zweiten Weltkrieg, in denen das Unternehmen beständig expandierte. Angesichts der Tatsache, daß in dieser Zeit mehr als einhundert Wettbewerber der Fa. „tewells" vom Markt verschwanden, ist dieses Gefühl des Vertrauens ohne weiteres verständlich. Diese Sicherheit und Konstanz ist eine wichtige Quelle der Motivation der Mitarbeiter des Unternehmens und damit eine Grundlage für den Unternehmenserfolg. In gewisser Weise werden in diese Betriebsfamilie sogar die Kunden und die Lieferanten des Unternehmens einbezogen. Die Beziehungen zueinander sind ähnlich langfristig und konstant und, bei allen kurzfristigen Querelen, von Vertrauen und Verläßlichkeit geprägt.

Ein patriarchalischer Führungsstil ist mit Eindeutigkeit und klaren Orientierungen verbunden: Man weiß, wo es langgeht und wer darüber bestimmt, wo es langgehen soll. Viele Mitarbeiter nehmen dies (vor allem angesichts der unten beschriebenen neuen Anforderungen an sie) als Entlastung wahr, da sie nicht gezwungen sind, Verantwortung für weitreichende Entscheidungen zu übernehmen; „man kann zuhause ruhig schlafen", denn die Verantwortung wird voll und ganz von der Leitung des Betriebes getragen. Dieses Muster gilt sowohl für das Unternehmen als Ganzes, als auch für seine einzelnen Abteilungen.

Eindeutige Orientierungen und eine klare hierarchische Ordung bedeuten auch, daß es keine langen Diskussionsprozesse gibt (bzw. geben muß) und Entscheidungen schnell getroffen werden können. Nach der Wahrnehmung der Beschäftigten ist es so, daß es eben Menschen gibt, „die den Laden schmeißen" und auf deren Entscheidungen man sich verlassen kann. Dies ist u. a. eine wichtige Voraussetzung für die oben schon angesprochene Fähigkeit zur erfolgreichen Bewältigung komplexer Belastungssituationen. Die so erreichte Flexibilität ist eine Grundlage für große Kundennähe und die durch diese Kundennähe erreichte Marktstärke des Unternehmens. Dies führt bei der Belegschaft zu der Überzeugung, daß das Unternehmen auch durch unruhige Fahrwasser sicher gesteuert wird und damit ihre materielle Sicherheit weitgehend gewährleistet ist. Dies wirkt sich allgemein positiv auf das Betriebklima und auf die Arbeitsmotivation aus, was sich u. a. darin zeigt, daß es, vor allem in den angesprochenen schwierigen Belastungssituationen keinerlei Probleme gibt, die Mitarbeiter von der Notwendigkeit von Überstunden oder Zusatzschichten zu überzeugen.

8.5.3
Der Chef fragt seine Mitarbeiter...

Auf diese klare hierarchische Führungskultur traf nun die Idee, die Arbeit im Unternehmen in einer Weise neu zu organisieren, daß zumindest ein Teil der Entscheidungen dezentral in Gruppen getroffen werden soll, die ihre Tätigkeit weitgehend selbständig planen. Das Konzept der Gruppenarbeit in der Fa. „tewells" ist in Kapitel 6 ausführlich beschrieben. Im Mittelpunkt solcher neuer Konzepte der Arbeitsorganisation steht die Beteiligung von Mitarbeitern. Diese Beschäftigtenbeteiligung ermöglicht eine umfassende Nutzung menschlichen Wissens und Könnens im Arbeitsprozeß, um Arbeit zu optimieren und um die Produktion kontinuierlich zu verbessern.

Bereits bei der Beschreibung des herrschenden Führungsstils dürfte deutlich geworden sein, daß hier eine Kultur etabliert wurde, in der die Einführung einer solchen Beteiligung der Beschäftigten auf einige Probleme stoßen würde. Dies soll im folgenden weiter erläutert werden.

8.5.4
Partizipation im patriarchalisch-familiären Betrieb

Als ein positives Element des Führungsstils bei „tewells" wurde gekennzeichnet, daß die Mitarbeiter „ruhig schlafen" können, da sie wenige Entscheidungen treffen und damit auch wenig Verantwortung für diese Entscheidungen tragen müssen. Eine typische Formulierung in Sitzungsprotokollen aus den verschiedensten Bereichen lautet: „Die Vorschläge des Geschäftsführers werden zustimmend zur Kenntnis genommen". Diskussionen sind also selten, die Übernahme von Verantwortung ist ungewohnt.

Die Kehrseite dieser Medaille ist nun allerdings, daß bei einer stärkeren Einbeziehung der Beschäftigten in Entscheidungsprozesse eine große Angst entsteht, Fehler zu machen. Diese Angst vor Fehlern (und die sich hieraus ergebenden schlaflosen Nächte) führt zur Abwehr der neuen Konzepte bzw. zu Versuchen einzelner Mitarbeiter, sich zumindest individuell aus der Sache herauszuhalten, indem Verantwortung an Dritte abgeschoben wird. Diese Angst vor Fehlern wird noch dadurch verstärkt, daß das betriebliche Führungssystem traditionell nach dem Muster funktioniert, daß gute Arbeitsergebnisse als selbstverständlich hingenommen und nicht positiv verstärkt (sprich: gelobt) werden und daß jeder Fehler vehement attackiert wird. Entsprechend herrscht große Skepsis, daß sich diese Gewohnheiten mit der Einführung von Gruppenarbeit auf einmal ändern sollen und entsprechend groß ist die Abwehr gegen die Übernahme von Verantwortung, da sich hierdurch die Gefahr, Fehler zu machen, deutlich vergrößert.

Eine konkrete Auswirkung, die diese Haltung hatte, waren Schwierigkeiten bei der Einführung eines neuen Kennzahlensystems, welches die Leistung der einzelnen Einheiten tranparenter machen sollte. Aus der Sicht der Beschäftigten bedeutet Transparenz aber nicht in erster Linie eine Entscheidungshilfe zur Vereinfachung ihrer Arbeit, sondern das Sichtbarmachen ihrer Fehler, und dies soll möglichst vermieden werden. Dabei sollen Fehler, oder besser vielleicht: sogenannte „Fehler", nicht nur vor dem Vorgesetzten verborgen bleiben, sondern auch vor dem unmittelbaren Arbeitskollegen. Zusammenfassend kann man folgende Gleichung eines Mitarbeiters (etwas verkürzt) zitieren: „Partizipation = mehr Arbeit = mehr Verantwortung = mehr einen auf den Deckel kriegen".

Der Umgang mit Fehlern ist auch dadurch geprägt, daß die Betroffenen zwar „deutlichst" auf ihr Fehlverhalten hingewiesen werden, aber keine wirkliche Lernchance erhalten. Dies ist nach dem traditionellen Führungsmuster auch kaum nötig und wurde deshalb auch nie als Problem thematisiert. Denn wenn die Aufgaben des Einzelnen eindeutig umrissen, klar verständlich und akzeptiert sind, ist jede Abweichung von diesen Vorgaben von Übel. In einem beteiligungsorientierten Führungssystem müssen Fehler aber die Möglichkeiten zur Weiterentwicklung (von Menschen und Systemen) bieten, sind geradezu eine Voraussetzung zur Verbesserung von Prozessen. Entsprechend bewußt und positiv müßte also ein Umgang mit Fehlern erfolgen. Hier tun sich aber aufgrund ihrer Erfahrungen, d.h. der noch herrschenden Kultur, beide Seiten – Führungskräfte und Mitarbeiter – sehr schwer.

Die Tatsache, daß die Mitarbeiter bislang fast gar nicht bei der Gestaltung ihrer Arbeit beteiligt wurden, hat auch zur Folge, daß das Vertrauen in die eigenen Fähigkeiten nur gering ausgebildet ist. Die klare Trennung in Kopf- und Handarbeit hat zumindest bei den Handarbeitern (in der Regel: Handarbeiter*innen*) dazu geführt, daß eine große Skepsis vorherrscht, ob sie denn den neuen Anforderungen, mit denen sie durch Gruppenarbeit konfontiert werden, tatsächlich gewachsen sind. Der Wunsch einer Mitarbeiterin an die Projektverantwortlichen war: „Sagt uns, was wir tun sollen, und wir machen es dann", alles andere wurde als zusätzliche Belastung wahrgenommen; die Übernahme von Verantwortung wurde, wie es eine der Beraterinnen ausdrückt, nahezu als ein „unsittliches Angebot" empfunden.

Ein übriges für das geringe Selbstvertrauen tut hier der große Stellenwert der Technik, wie er eingangs schon umrissen wurde. Die Produktion wird von der Technik dominiert, die Maschinenführerinnen sind im wahrsten Sinne des Wortes eine „Restgröße"; sie übernehmen die Tätigkeiten, die „noch nicht" automatisiert werden konnten. Dies prägt die Selbstwahrnehmung der Betroffenen in entscheidender Weise. Hinzu kommt, daß fast alles technische Know-how bei den (ausschließlich männlichen) Technikern akkumuliert ist und die Frauen sich nur schwer vorstellen können, sich in diese Materie soweit einzuarbeiten, daß sie auf diesem Gebiet tatsächlich relevante Aufgaben übernehmen können. Allerdings gibt es hier auch Ausnahmen von dieser allgemeinen Auffassung, denn einige der Maschinenführerinnen sind ausdrücklich der Auffassung, daß sie mehr können als von ihnen gefordert wird und daß sie dies auch zeigen möchten. Hier haben, wie im nächsten Kapitel noch kurz erläutert werden wird, auch bereits die größten kulturellen Entwicklungen stattgefunden, da aus den wenigen Arbeiterinnen, die Interesse an aktiver Teilhabe zeigten, inzwischen eine große Mehrheit geworden ist.

8.5.5
„Feuerlöschen macht Spaß, Brandschutz ist langweilig"

So könnte die oben schon skizzierte Planungskultur bei „tewells" auch charakterisiert werden. Das heißt, daß sich aus der Notwendigkeit, kurzfristig auf sich verändernde Anforderungen reagieren zu können, eine Art kulturell verankertes Planungsprinzip geworden ist. Da eine sichere langfristige Planung von vorneherein als nur schwer durchführbar gilt, stellt man sich gleich auf das „Chaos" ein. Entsprechend hoch ist das Ansehen und der informelle Status derjenigen betrieblichen Akteure, die als „Feuerwehrmänner" diese Situationen erfolgreich meistern können; geplanter „Brandschutz" hingegen wird nicht als vordringlich oder sogar als unmöglich angesehen.

Es wurde bereits betont, daß die Fähigkeit zu einer solchen Form der Planung für „tewells" überlebenswichtig war. Dieses Planungsverhalten war auch angemessen in einer Zeit, in der man die Produktionssituation noch mit einem „Blick ins Hochregallager" überschauen konnte. Jede übertriebene Formalisierung hätte hier lediglich einen Verlust an Schnelligkeit und Flexibilität bedeutet. In einem inzwischen aber deutlich größeren Unternehmen mit komplexer werdenden Produktions- und Vertriebsstrukturen und einer sich hieraus ergebenden Notwendigkeit zu einer stärkeren „Managementorientierung" des Betriebes kann eine solche Planungskultur zum Problem werden, zumal dann, wenn die Beschäftigten in diese Planungen mit einbezogen werden sollen.

Dieses Problem tritt umso schärfer zutage, da sich der Gedanke von der Unmöglichkeit langfristiger Planungen quasi so verselbständigt hat, daß er nicht nur für die Situationen gilt, in denen tatsächlich kurzfristig reagiert werden muß, sondern auch auf viele andere Gelegenheiten angewendet wird. Dies bringt bei der Einführung von Gruppenarbeit zwei Probleme mit sich. Zum einen ist es offensichtlich schwierig, Teilaufgaben der Arbeitsplanung an die Gruppe zu delegieren, wenn keine ausreichende Gesamtplanung da ist, aus der diese Teilplanung konsistent abzuleiten wäre. Zum anderen, damit zusammenhängend: Selbst wenn die Planungsaufgabe der Gruppe klar umrissen und von der Gruppe zu bewältigen wäre, besteht die Gefahr, daß diese Gruppenplanung auf ein Umfeld trifft, daß weiter nach den alten Mustern verfährt, und die Gruppe so entweder ins Leere läuft oder sogar konterkariert wird. So war es für die Gruppenmitarbeiterinnen in hohem Maße frustrierend, wenn sie beispielsweise ihre Rüstarbeiten neu planten und so optimierten, daß sie 15 Minuten Zeitgewinn erreichen konnten, die Gesamtplanung der Produktion aber dazu führte, daß die Maschinen erst eine Stunde später in Betrieb genommen werden konnten, die Anstrengungen der Gruppe damit völlig wirkungslos verpufften.

Ein weiteres Problem betrifft die starke Rolle derjenigen Mitarbeiter, die das Management der komplexen Belastungssituationen in ihren Händen halten. Denn vor allem in diesen „Feuerwehrsituationen" erweist sich bei „tewells" der „Held". Nun soll aber auf einmal eine Gruppe von ungelernten Maschinenführerinnen in die Lage versetzt werden, mit eigenen Ideen und Planungen auf die schwierigen Produktionsanforderungen reagieren zu können, in der Hoffnung, daß diese Form der

Produktionsorganisation überlegene Ergebnisse zeitigt! Damit ist der Status der „Helden" gefährdet, die weiterhin alle Fäden in der Hand behalten wollen und auch müssen, wenn sie ihr Ansehen, gemessen an den traditionellen kulturellen Werten im Betrieb, nicht verlieren wollen. Entsprechend herrschte hier eine verständliche Zögerlichkeit vor, den Gruppen tatsächlich weitreichende Möglichkeiten zur eigenverantwortlichen Planung ihrer Tätigkeit zu übertragen. Der relativ kurzfristige Planungshorizont für die Gruppen ist nicht zuletzt auch eine Folge dieses Widerstandes. Allerdings zeichnen sich hier auch schon deutliche Entwicklungen ab: Der vorausschauende „Brandschützer", der seinen Bereich in Ordnung hält, gewinnt zunehmend an Ansehen im Betrieb.

Insgesamt haben diese Schwierigkeiten mit der erlernten Kultur die Einführung von Gruppenarbeit nicht verhindert, den Einführungsprozeß jedoch an manchen Stellen schwieriger und langwieriger gestaltet. Dabei ist die formale Einführung der Gruppenarbeit nur ein erster Schritt in Richtung einer weiterreichenden Umgestaltung des ganzen Unternehmens. Um diese Schritte erfolgreich gehen zu können, müssen die neuen kulturellen Muster eine entsprechende Akzeptanz im Unternehmen erhalten.

Allerdings scheinen die Zeichen hierfür günstig zu stehen. Denn, wie schon oben angedeutet, ging bei „tewells" die Veränderung der betrieblichen Strukturen mit einem Generationenwechsel einher, der allerdings nicht nur von dem neuen Geschäftsführer verkörpert wird, sondern auch in den Köpfen der Vorgängergeneration schon stattgefunden hat. Denn das Projekt wurde noch von dem kürzlich verstorbenen Firmeninhaber auf den Weg gebracht, der quasi mit seiner ganzen Autorität dafür warb, daß eine solche Autorität in Zukunft von den Mitarbeitern auch hinterfragt und kritisiert, vor allem aber durch eigene Ideen ergänzt werden soll. Zusammen mit einem „kultursensiblen" Veränderungsmanagement bietet dies gute Voraussetzungen, daß die neuen Verhaltensmuster akzeptiert und zur Gewohnheit werden und sich damit langfristig kulturell durchsetzen. Dies wird im folgenden noch diskutiert werden.

8.6
Kultur verändern: Gemeinsam lernen

Die Organisationskultur in einem Unternehmen entsteht allmählich, sie wächst gemeinsam mit dem Aufbau von Strukturen und Abläufen. Alle Organisationsmitglieder sind durch ihr Handeln und ihr Verhalten bei der Entwicklung der Unternehmenskultur beteiligt, auch wenn einzelne Akteure diese Kultur stärker prägen als andere. Durch diese weitgehend synchrone Entwicklung von Organisationsstrukturen und Handlungsroutinen entsteht eine Kultur, die – wie beschrieben – eine wesentliche Grundlage für das reibungslose Funktionieren der Organisation darstellt. Nun entwickeln und verändern sich die Strukturen eines Unternehmens permanent. Normalerweise sind damit keine größeren kulturellen Probleme verbunden; dann nämlich, wenn diese Entwicklung relativ langsam und in kleinen Schritten erfolgt;

entsprechend wandelt sich nämlich auch die Organisationskultur, da sich die Akteure an die neuen Strukturen gewöhnen, indem sie diese ausprobieren und gleichzeitig lernen, welche Handlungsweisen nun erfolgversprechend sind. Wenn die Kultur mal ein wenig hinterherhinkt, erzeugt dies meist keine Schwierigkeiten. Das Problem taucht erst dann auf, wenn statt der kleinen Schritte der Veränderung ein großer Sprung bewältigt werden muß. Und das war im Projekt RAMONA der Fall: Neue Produktionsstrukturen wurden errichtet, die nicht nur die bislang bekannten und immerhin bewährten Strukturen völlig veränderten, sondern auch ein völlig neues Denken und neue Handlungsmuster erforderten.

Die Beispiele aus den Betrieben haben illustriert, wie solche Probleme typischerweise aussehen können. Nicht selten führen solche oder ähnliche Hindernisse zu einem völligen Scheitern der Umstrukturierungsprojekte, oder aber es werden bei weitem nicht die Ergebnisse mit dieser Umstrukturierung erzielt, die man sich vorher davon versprochen hat. Daß die RAMONA-Betriebe diese Barrieren zumindest großenteils überwinden konnten, liegt vor allem daran, daß *bewußt* mit dieser Art von Problemen umgegangen wurde: Zwar wurde in den Betrieben nicht von dem „Teilprojekt Kulturveränderung" gesprochen; es war aber allen Akteuren klar, daß es neben der Veränderung der „harten Facts" noch etwas geben mußte, das sich mit den eher „weichen" Faktoren der Organisation befaßt. Bevor wir in Stichworten darlegen, wie ein solcher Umgang mit den kulturellen Faktoren erfolgen kann, soll aber noch kurz geschildert werden, wie Kulturveränderung *nicht* funktioniert.

Das scheint uns notwendig, da unter der Flagge Veränderung der Unternehmenskultur zahlreiche Managementgurus und einschlägige Berater segeln, von denen sich das Vorgehen in den RAMONA- Betrieben ganz deutlich unterscheidet. Diese Berater verkaufen den Unternehmen Konzepte des Kulturmanagements, die an den Erscheinungsformen der Unternehmenskultur ansetzen. In allen diesen Konzepten geht es darum, daß die Leitung des Unternehmens bewußt bestimmte Symbole, Rituale oder Sprachregelungen schafft, oder aber durch hochglanzbebilderte Unternehmensgrundsätze und einheitliche Firmenkleidung die Oberfläche der Kultur zu polieren versucht. Nun mögen solche Ansätze nicht völlig ohne Spuren in den Unternehmen bleiben. Wenn man sich aber die beiden geschilderten Beispiele vor Augen führt, so wird schnell klar, wohin solche Versuche hier geführt hätten: Die Mitarbeiter, die Angst vor den neuen Strukturen hatten und unsicher waren, was das denn nun alles für sie bedeuten würde, hätten sich von solchen „aufgesetzten" Aktionen des Managements eher in ihren Befürchtungen bestärkt gesehen, daß hier etwas verschleiert werden soll und daß sich hinter den „schönen Worten" eine für sie negative Realität verbergen würde. Kultur, die nur ein Produkt gemeinsamen Handelns sein kann, ist so jedenfalls nicht zu verändern. Zwar drückt sich Kultur in Symbolen, Mythen, Sprachregelungen, Unternehmensleitsätzen und Kleiderordnungen aus; deren Veränderung aber läßt die Kultur in einer Organisation weitgehend unberührt.

Was ist also in den RAMONA-Betrieben geschehen? Wir nennen das „kultursensibles Veränderungsmanagement". Das bedeutet, daß das Thema Kultur zunächst nicht ausdrücklich angesprochen wurde, daß aber das Bewußtsein um den Stellenwert kultureller Aspekte bei allen Akteuren vorhanden war oder im Prozeß der Veränderung nach und nach erzeugt wurde. Die gemeinsame Grundüberlegung war dabei, daß Kultur nicht durch Interventionen von außen geändert werden kann und auch nicht durch einsame Managemententscheidungen. Auch die erfolgreiche Änderung der Organisationsstrukturen – selbst wenn sie partizipativ unter Einbeziehung aller wichtigen Akteure erfolgt – ist keine hinreichende (wenngleich notwendige!) Bedingung für den kulturellen Wandel. Um diesen zu erreichen, bedarf es vielmehr *gemeinsamer Lernprozesse*, in denen sich die Akteure an neue Verhaltensweisen und Handlungsmuster gleichsam „herantasten" können, um vorsichtig deren Wirkungen zu erfahren. Wenn diese Wirkungen dann positiv erlebt werden, stellen sich Handlungsroutinen ein, in denen dieses Neue früher oder (meist) später selbstverständlich und damit schließlich zu einer neuen Kultur wird. Dieses langsame Wachsen von Kultur bedeutet, daß zu dem Zeitpunkt, an dem der relativ kurze RAMONA-Umstrukturierungsprozeß beendet wurde, nicht schon eine neue Kultur etabliert war, sondern lediglich die Grundlage hierfür gelegt werden konnte, auf der – hoffentlich erfolgreich – der Prozeß gemeinsamer Kulturveränderung weiter gedeihen kann.

Dieser Prozeß des Herantastens an die neue Kultur, die gemeinsamen Lernprozesse also, müssen thematisiert und organisiert werden. Sie stellen sich nicht quasi naturwüchsig ein, da der größte Teil der Akteure so in der alten Kultur gefangen ist, daß das Problem des Auseinanderfallens von Kultur und Struktur von ihnen häufig nicht hinreichend erkannt werden kann. Ein Beschäftigter, dem das „Einmischen" in betriebliche Belange zeitlebens nichts als Ärger gebracht hat, wird es als allgemeine Lebensweisheit betrachten, daß es besser ist, sich mit seiner Meinung zurückzuhalten. Das bloße Angebot, in neuen Strukturen der Arbeitsorganisation nunmehr seinen (oder ihren) Sachverstand einbringen zu können, reicht nicht aus, um diese Skepsis zu überwinden. Vielmehr muß diese Skepsis, die alten Denk- und Handlungsmuster explizit zum Thema gemacht werden. Für die neuen kulturellen Muster muß aktiv geworben werden, gleichzeitig müssen Lernprozesse so organisiert werden, daß zusammen mit dieser Thematisierung das neue Denken und Handeln auch erfolgreich ausprobiert werden kann.

So ist im übrigen auch dieser Beitrag zu verstehen. Es sollen hier keine Patentrezepte zum erfolgreichen Kulturwandel aufgezeigt werden (auch wenn abschließend einige allgemeine Prinzipien zusammengefaßt werden), sondern es soll dafür geworben werden, sich dieses Phänomens und der damit zusammenhängenden Probleme bewußt zu werden und sie im Betrieb zum Thema zu machen. Wenn also die beiden Fallbeispiele dazu beitragen, die Bedeutung kultureller Aspekte in das Bewußtsein von Akteuren in anderen Betrieben zu tragen, so ist der erste Schritt zum bewußten Umgang mit der Kultur bereits getan.

Die Organisation eines gemeinsamen Lernprozesses war in den Betrieben unterschiedlich. Wie schon erwähnt, wurden keine „Projektgruppen Unternehmenskultur" ins Leben gerufen. Vielmehr war es so, daß von denjenigen, die den Reorganisationsprozeß moderierend und strukturierend vorantrieben, immer wieder auf die Kulturhaltigkeit bestimmter Dinge hingewiesen wurde, und diese Themen damit bearbeitbar wurden. Das bedeutet beispielsweise, daß in der ganz normalen Arbeit einer Projektgruppe oder eines Arbeitskreises vom Moderator dann eingegriffen wird, wenn bestimmte Probleme oder Blockaden offensichtlich nicht den „objektiven" Fakten geschuldet sind, sondern Probleme oder Blockaden im Denken darstellen. An solchen Punkten gilt es zu intervenieren und zur Diskussion zu stellen, ob hier kulturell verfestigte Denk- und Handlungsmuster wirksam sind, die den neuen – gemeinsam geplanten und verantworteten – Strukturen gar nicht mehr angemessen sind. Dasselbe gilt für die Moderation von Arbeitsgruppen von Beschäftigten, die in den neuen Strukturen ihre Arbeit planen sollen. Auch sie bedürfen einer Unterstützung von außen, um erkennen zu können, daß manche ihrer Probleme vor allem darin begründet sind, daß sie sich nicht vom alten Denken lösen können, obwohl sie ja die neuen Strukturen kennen und akzeptieren. Diese Hilfe von außen muß dabei nicht notwendigerweise von einem externen Berater kommen, sondern kann durchaus von einem internen Prozeßbegleiter geleistet werden, der oder die für diese Aufgabe entsprechend vorbereitet wurde. In manchen Fällen wurden in den Betrieben auch spezielle Seminare mit den Führungskräften organisiert. Dies war vor allem dann notwendig, wenn diese leitenden Manager nicht direkt in die operativen Geschäfte der Neustrukturierung eingebunden waren, dort also auch nicht mit dem Thema Kultur konfrontiert werden konnten. Da es aber von entscheidender Bedeutung ist, daß gerade von der Unternehmensführung die neue Kultur mitgetragen und mitgelebt wird, muß diesem Thema bewußt ein entsprechender Raum gewidmet werden. In dem Beitrag von Kötter in diesem Band (Kap. 7) ist das Vorgehen in den Veränderungsprozessen ausführlicher beschrieben.

Unter den aktionsforschenden Beratern war es übrigens am Anfang umstritten, ob die kulturellen Probleme in den Betrieben unter der Überschrift „Unternehmenskultur" behandelt werden sollten, oder ob dies zu abstrakt und unverständlich sei und man lieber mit besser zugänglichen Begriffen wie Verhaltensweisen oder Denkmuster arbeiten sollte. Es entstand eine Einigung, in den Betrieben *nicht* mit dem Kulturbegriff zu arbeiten. Im Nachhinein – z.B. bei der Diskussion der hier vorliegenden Texte – zeigte sich aber, daß diese Befürchtungen, die Betriebe mit dem Begriff Kultur eher zu verwirren oder abzuschrecken, unbegründet war. Vielmehr war es so, daß den betrieblichen Praktikern durch die Thematisierung vieler Phänomene, die sie im Verlauf des Veränderungsprozesses kennengelernt hatten, unter dem Label Kultur zusätzliche Erkenntnisse darüber möglich waren, worauf sie auch in Zukunft besonders zu achten hätten.

An dieser Stelle seien noch einmal die beiden ausführlich vorgestellten Beispiele KROHNE und „tewells" aufgegriffen, um zu berichten, welche Veränderungen von kulturell geprägten Denk- und Handlungsmustern hier erreicht werden konnten.

Wie schon in der Fallstudie ausführlich beschrieben, ging die strukturelle Veränderung bei „tewells" zusammen mit einem Generationenwechsel, wobei noch einmal daran erinnert werden muß, daß der „ideelle Generationenwechsel" noch von den Vertretern der alten Generation mit auf den Weg gebracht wurde und somit eine besondere Wirkung entfalten konnte. Diese macht sich besonders bemerkbar in dem veränderten Verhalten der Maschinenführerinnen. Während diese zu Beginn des Projekts von großer Zurückhaltung gegenüber der ihnen nun „zugemuteten" Verantwortung gekennzeichnet waren, scheint dies nun weitgehend überwunden. Die Arbeiterinnen engagieren sich mit großem Interesse in ihrem Arbeitsgruppen und entwickeln zahlreiche Vorschläge und Ideen. Die Angst vor Fehlern allerdings, die in der alten Kultur vorhanden war und die neue Herangehensweise hemmt, ist noch nicht vollständig verschwunden, wenn auch hier schon deutliche Verbesserungen eingetreten sind. Hier bedarf es aber noch weiterer vertrauensbildender Maßnahmen, um für Arbeiterinnen und Management einen offenen und selbstverständlichen Umgang mit Fehlern möglich zu machen. Damit wird auch noch einmal deutlich, daß sich kulturelle Muster kaum von heute auf morgen verändern lassen. Die Arbeiterinnen gehen allerdings trotzdem mit großem Selbstvertrauen an ihre Aufgaben, sie fordern sogar eine weitergehende Einbeziehung in die betrieblichen Planungsprozesse, da sie nur so auch ihre eigene Arbeit angemessen planen können. Denn die Planungskultur des kurzfristigen Reagierens hat sich noch nicht grundlegend gewandelt, obwohl dies im Betrieb ausführlich thematisiert wird und nun auch denjenigen Akteuren offizielle Anerkennung zukommt, die den „Brandschutz" vor die Feuerbekämpfung stellen. Hier fehlen aber noch die angemessenen Planungsstrukturen; denn ebenso, wie eine neue Kultur nicht allein aufgrund neuer Strukturen ensteht, kann ein neues Denken nicht funktionieren, wenn die entsprechenden Strukturen noch nicht angepaßt sind. Folgerichtig ist nun also bei „tewells" das Projekt „Optimierung der Auftragsabwicklung" auf den Weg gebracht worden, in welchem die Produktionsplanung entlang der gesamten Prozeßkette optimiert werden soll.

Eine entscheidende Voraussetzung für einen erfolgreichen Wandel der Kultur war in allen RAMONA- Betrieben, daß nicht nur von Seiten der aktionsforschenden Berater dieses Thema vorangetrieben wurde, sondern daß es in den Betrieben selbst Personen gab, die durch ihr Handeln und Verhalten für diese neue Kultur standen. Die Rolle des neuen jungen Geschäftsführers von „tewells" wurde in diesem Zusammenhang schon beschrieben. Wichtig war allerdings auch, daß in diesem Betrieb eine Person eingestellt wurde, die das Anliegen des Projekts mit „Herz und Seele" zu ihrer Sache machte und gleichzeitig die neuen Werte und Handlungsorientierungen vorlebte. Da diese Person neu in den Betrieb kam, fiel es ihr auch leichter als altgedienten betrieblichen Akteuren, die etablierten Kulturmuster zu identifizieren und entsprechend damit umzugehen. Die Tatsache, daß es sich dabei um eine Frau handelte, hat sicherlich ein übriges dazu beigetragen, daß die Maschinenbedienerinnen aus der typischen Frauenrolle bei tewells ausbrechen konnten.

Hier gibt es eine offensichtliche Parallele zu KROHNE: Auch hier wurde im Laufe des Projekts eine Personalentwicklerin neu eingestellt. Zwar sind die Aufgaben dieser neuen Mitarbeiterin in erster Linie darauf ausgerichtet, die Qualifikation der Mitarbeiter auf die neuen segmentierten Produktionsstrukturen auszurichten; gleichzeitig besteht aber zumindest implizit die Hoffnung, mit der Hilfe dieser neuen Akteurin „von außen" die alten Kulturmuster besser bearbeiten zu können. Denn, wie in der Fallbeschreibung schon angedeutet, steht KROHNE erst an der Schwelle der Veränderung seiner Unternehmenskultur. Daß dieser Prozeß noch nicht weiter fortgeschritten ist, liegt in erster Linie daran, daß die Neustrukturierung erst zu Ende des (öffentlich geförderten) Projekts nahezu abgeschlossen werden konnte. Erfahrungen mit den neuen Strukturen liegen also noch nicht vor. Hinzu kommt allerdings auch, daß bei KROHNE die alte Kultur nicht so offensichtlich dysfunktional war wie bei tewells: So war die dichte und rege informelle Kommunikation bei KROHNE durchaus richtig und mit Stolz als eine wichtige Voraussetzung partizipativer Reorganisationsprozesse betrachtet worden. Die Kehrseite der Medaille, nämlich die Unverbindlichkeit der Informationen und die damit verbundene mangelnde Entscheidungssicherheit, wurde im Prozeßverlauf nur langsam sichtbar. Daher war es bei KROHNE auch wichtiger als bei tewells, daß dieses Problem von externen Beratern benannt wurde. Allerdings sind durch diese Thematisierung kultureller Aspekte – und nicht zuletzt durch die rege, teilweise auch heftige und kontroverse, aber immer produktive Diskussion der hier vorliegenden KROHNE- Fallbeschreibung – erste wichtige Schritte gegangen worden, die alten kulturellen Muster zu verändern.

Wir haben bereits erwähnt, daß wir keine Kochrezepte zur Veränderung von Kultur im Betrieb kennen und daher auch keine Patentlösungen anbieten können. Faßt man aber die Erfahrungen in den RAMONA-Betrieben zusammen, so können folgende zwei Punkte als wesentliche Merkmale eines erfolgreichen Anpassungsprozesses von Kulturen an grundlegend neue betriebliche Strukturen umrissen werden:

- Kulturveränderung kann immer nur ein gemeinsamer Lernprozeß aller betroffenen Akteure sein. Da Kultur durch kollektives Handeln entsteht, kann sie auch nur durch *gemeinschaftliches Handeln und Lernen* verändert werden.
- Um diese Lernprozesse möglich zu machen, müssen gezielt und bewußt Lernräume geschaffen und Freiräume zum Lernen gegeben werden. Dazu ist es zunächst einmal notwendig, die Notwendigkeit dieses Lernprozesses zu erkennen und zu thematisieren. Allen Akteuren muß bekannt und einsichtig gemacht werden, daß ihr eigenes Verhalten im Veränderungsprozeß und im Alltag nicht nur durch „objektive Fakten" bestimmt wird, sondern auch durch kulturell verankerte Gefühle,Werte, Denk- und Handlungsmuster. Ein *kultursensibles Veränderungsmanagement* nimmt den Veränderungsprozeß selbst als Lernraum, in dem neue Handlungsmuster erprobt werden können, die zukünftig die Kultur des Betriebes prägen sollen.

9 Vom Finden und Erfinden neuer „Spielregeln"

Unter dem Oberbegriff arbeitspolitische „Spielregeln" haben wir im RAMONA-Verbund einige Themen zusammengefaßt, die eng mit den Zielen, Interessen und Wertesystemen sowohl des Unternehmens und seiner Organisationseinheiten als auch der Mitarbeiter und Mitarbeitergruppen zusammenhängen. Es handelt sich um implizite und explizite Regelungen für An- und Abwesenheit, Entgelt und Leistung, Qualifikation und persönliches Fortkommen sowie Ressourceneinsatz und Erfolgsbewertung. Der Grundgedanke, der uns bei der Zusammenfassung dieser Themen geleitet hat, ist einfach: Neu eingeübte Denk- und Verhaltensmuster werden nach und nach wieder verschwinden, wenn die alten Regeln weitergelten. Denn diese „Spielregeln"

- lenken Wahrnehmung und Aufmerksamkeit von Führungskräften und Beschäftigten auf die Aspekte von Effizienz, Leistung, Qualifikation und Arbeitszeitverhalten, die in den alten Produktionsstrukturen wichtig waren,
- erzeugen ein Mehr an empfundener Ungerechtigkeit schon dadurch, daß die veränderungsbedingten Zumutungen nach diesen alten Regeln in keiner Weise materiell ausgeglichen werden, weil darin keine ausreichenden Bewertungskriterien und -verfahren für diese Art von Leistung, Belastung, Qualifikation und Prozeßeffizienz zur Verfügung gestellt werden.

Wie diese „Spielregeln" vereinbart und festgehalten werden, das kann je nach Thema, Branchen- oder Unternehmenssituation sehr verschieden sein – typisch für unser Verbundthema „Rahmenbedingungen neuer Produktionsstrukturen" ist jedenfalls, daß breiter Konsens über die Bedeutung der Themen Arbeitszeit, Entgelt, Personalentwicklung und Kostenrechnung/Controlling herrscht und daß alle vier Themen sowohl als betriebliche Gestaltungsfelder als auch als Forschungsthemen die erwartete große Rolle gespielt haben.

Ihr Stellenwert liegt nach den Befunden aus allen vier RAMONA-Partnerbetrieben vor allem darin begründet, daß sie eine Zwischenstellung zwischen dem „weichen", zunächst als nicht direkt faßbar erlebten Thema „Kulturwandel" und dem konkreten Unternehmens- bzw. Projektalltag einnehmen: Einerseits werden „alte" Regelungen, die nicht mit den neu geschaffenen oder angestrebten Strukturen und Prozessen übereinstimmen, klar als Hindernisse erlebt und bezeichnet, was sich z. B. in überraschenden Prioritätensetzungen und hoher themenbezogener Veränderungsenergie ausdrückt. Andererseits gelang es verschiedentlich, durch konkrete Aushandlung neuer, mit den Projektzielen besser übereinstimmender „Spielregeln" nicht nur die zuvor erlebten Hindernisse aus dem Weg zu räumen, sondern sogar wichtige Impulse für eine Veränderung der bisherigen Denk- und Verhaltensmuster, für einen Kulturwandel zu erzeugen. Beispiele hierfür sind insbesondere:

- der Haustarifvertrag zu Qualifikation, Eingruppierung und Arbeitszeitregelung bei der Fa. Theo Wellen GmbH & Co. KG,
- die Neuregelungen und Modellentwicklungen zu Zielkennzahlen, Kosten- und Wirtschaftsrechnung bei der Elster Produktion GmbH,
- das neue Personalentwicklungskonzept bei Krohne Meßtechnik,
- die projektbezogene Personalentwicklung bei August Rüggeberg Gmbh & Co.

Gemeinsam ist all diesen neuen Regelungen, die im Fall von ELSTER und KROHNE noch durch zuvor bereits bestehende günstige, weil hinreichend flexible Arbeitszeitregelungen vervollständigt wurden, eine indirekte Steuerungswirkung durch neu definierte, auf die Veränderungsziele abgestimmte Anreiz-, Belohnungs- und Rückmeldesysteme.

In den folgenden Abschnitten werden wir diese RAMONA-Erfahrungen mit den vier Regelungsbereichen erläutern. Wir werden darstellen:

- wo und wie die alten Spielregeln zum Problem geworden sind,
- in welche Richtung nach neuen Regeln zu suchen ist und wie sie aussehen könnten,
- wie die betrieblichen Erfahrungen und die erarbeiteten Beispiellösungen in den RAMONA-Betrieben aussehen.

WOLFGANG KÖTTER

9.1
Personalentwicklung (PE)

WOLFGANG LOOSS

9.1.1
Personalentwicklung ist wie das Wetter: In irgendeiner Form findet sie immer statt

Es sind vorwiegend größere Unternehmen, in denen die Sorge für eine jederzeit qualifizierte und motivierte Mitarbeiterschaft durch eine eigenständig ausgebaute Funktion „Personalentwicklung" mit entsprechenden Strategien, Methoden, Werkzeugen und Spezialisten wahrgenommen wird. Mittlere und kleinere Unternehmen müssen sich zwar genauso um Rekrutierung, Qualifikation, Beförderungskriterien, Leistungsbeurteilung und Laufbahngestaltung kümmern, bedienen sich traditionell jedoch anderer, weniger augenfälliger und pragmatischer Verfahrensweisen: In überschaubaren Betriebsgrößen „kennt man sich persönlich", die nötigen Leistungsstandards sind als implizites Erfahrungswissen vorhanden, Besetzungsentscheidungen werden nicht selten „aus dem Bauch" bzw. auf Basis persönlicher Bekanntheit aus anderen Zusammenhängen getroffen. Qualifizierungsmaßnahmen finden dann statt, wenn deren Notwendigkeit klar ersichtlich ist; die Führungsfunktion in der Linie umfaßt nicht selten ein intensives personenbezogenes „Sich-Kümmern" um Mitarbeiter und ihre Belange. Man benötigt demzufolge nur wenige PE-Konzeptionen oder PE-Programme für diesen Managementbereich.

9.1.2
Neue Arbeitsstrukturen bedeuten ungewohnte Zumutungen für die Menschen

Wenn Arbeitsstrukturen partizipativ geändert werden, entstehen gewöhnlich drei Sorten von Veränderungsimpulsen für die betroffenen Personen:

- Die bloße Tatsache, daß die Veränderung das Unternehmen ergreift oder vom Unternehmen in Angriff genommen wird, führt unabhängig von allen Details des Warum, des Was und des Wie zu ungewohnten Gedanken, Gefühlen und Verhaltensweisen bei den Mitarbeitern. Veränderung steht bevor und jeder Mitarbeiter muß sich „einen Reim darauf machen", einen Standpunkt gewinnen und die Bedeutungen klären.
- Die – konzeptionell gewollte – Mitarbeit vieler an dem Veränderungsprozeß selbst verlangt allen Beteiligten neue und ungewohnte Tätigkeiten ab. Plötzlich wird der Arbeitsprozeß selbst zum Gegenstand. Die Menschen werden vorübergehend aus ihren gewohnten hierarchischen Arbeitszusammenhängen herausge-

holt und plötzlich in Gruppenzusammenhänge eingeladen. Es gilt plötzlich, sich in Projektgruppen und auf Workshops zu verhalten, zum Beobachter der eigenen täglichen Arbeitspraxis zu werden, seine Beobachtungen und Betroffenheiten zu beschreiben, konzeptionelle Ideen zu äußern und über Dinge nachzudenken und zu reden, die in der Arbeitsroutine kaum Gegenstand waren.

• Die nach und nach sich einstellenden Ergebnisse der so gestalteten veränderten Arbeitspraxis selbst führen zwangsläufig zu neuen Verhaltensnotwendigkeiten: Man muß in der Tagespraxis Dinge plötzlich nicht nur anders tun, man muß plötzlich auch andere Dinge tun. Es entstehen in der Leistungserstellung neue Prozeßschritte, neue Aktivitäten werden verlangt, die erst einmal fremd sind. Es fehlt die sicherheitsstiftende Routine. Unsicherheit nimmt zu. Mitunter gehen diese Veränderungen so weit, daß völlig neue Rollen entstehen, die im sozialen Gefüge des Unternehmens verstanden und in ihrer Bedeutung eingeordnet werden müssen. Orientierungsbedarf entsteht und wirkt auf die Menschen ein: „Ist ein Gruppensprecher denn nun so etwas wie ein Vorarbeiter oder eher ein Meister oder weiterhin einer von uns?"

Es muß also mit Unsicherheit umgegangen werden, Qualifizierungsbedarfe entstehen, Lernprozesse werden nötig. In vielen Fällen bewältigen die Betroffenen diese neuen Zumutungen aus eigener Kraft und bedienen sich dabei der schon existierenden eigenen Fähigkeiten und Kommunikationszusammenhänge. Man denkt nach, man redet mit Kollegen und Freunden, man redet mit den Vorgesetzten, man setzt sich als Person der Unsicherheit aus, lernt irgendwie und greift eben auf vorhandene Lebenserfahrungen zurück. Vorgesetzte müssen im Rahmen ihrer gängigen Führungspraxis plötzlich vieles besprechen und bearbeiten, was vorher kaum vorkam: Fragen werden gestellt, Erklärungen gefordert, ungewohntes Verhalten gezeigt.

9.1.3
Wie greift Personalentwicklung diese Zumutungen auf?

PE entsteht problemgetrieben und wird pragmatisch konzipiert. Es wäre verführerisch, diese vielfältigen Veränderungswirkungen bei den Personen rasch zum Anlaß zu nehmen, um nun mit großformatigen Aktivitäten dem Unternehmen das gesamte vorhandene konzeptionelle und methodische Arsenal der ausgebauten PE anzudienen. So etwas wird in manchen Veränderungsprozessen versucht, gerät allerdings schnell zu einer neuen, schwer verkraftbaren Zumutung für das ohnehin gestörte Funktionieren von Menschen und Abteilungen. Qualifizierungspläne, Bildungsbedarfserhebungen, Auditierungen, Potentialanalysen, Trainingsprogramme, Einzelberatungen, Projektsupervisionen etc. gehören in den meisten mittleren und kleineren Unternehmen nun einmal nicht zum gängigen Vorrat betrieblicher Vorgehensweisen. Es gilt deswegen, sehr genau und behutsam zu prüfen, in welchem Stadium des Veränderungsvorgangs mit seiner fortschreitenden „Dekonstruktion des status quo" bzw. seiner schrittweisen Einführung und Einübung neuer Prozesse und Verhaltensmuster denn nun auch noch PE-Instrumente vorzustellen und anzuwenden sind.

Die Erfahrungen in den RAMONA-Unternehmen haben für eine solche Entscheidung zahlreiche Hinweise geliefert. Über weite Strecken haben Mitarbeiter wie Vorgesetzte aus dem Fundus ihrer vorhandenen Lerngewohnheiten geschöpft, wenn es darum ging, Veränderungsnotwendigkeiten zu verstehen, Unsicherheiten zu verarbeiten, mit neuen Verhaltensweisen zu experimentieren. Die „PE-Frage" stellt sich erst, wenn ungewohnt tiefgreifende Irritationen der gewohnten eigenen Rolle auftauchen, wenn neue Rollen entstehen und wenn ganze Gruppen von Personen plötzlich vor erhebliche Lernbedarfe gestellt sind. Dies wurde von den betroffenen Menschen erstaunlich klar artikuliert und die programmatischen Antworten wurden dann auch schnell verstanden. Einmal mehr bestätigt sich, daß antizipatorische Lern- und Betreuungsanstrengungen in Unternehmen meist ins Leere gehen (Looss 1996). Auch PE-Arbeit hat darauf zu warten, daß eine Problemlage hinreichend wahrnehmbar geworden ist.

Entscheidend für die Wirksamkeit von PE-Maßnahmen als Teil der Veränderungsstrategie ist jedoch dann, zu rascher konzeptioneller Antwort fähig zu sein und problemadäquate Methoden aus dem Stand zur Verfügung zu haben. Die PE-Verantwortlichen bereiten sich also sinnvollerweise auf ihren Einsatz, den sie nach Art und Zeitpunkt nicht kennen können, intensiv vor. Dazu gilt es zunächst, zu erkennen, welche PE-Konzepte und PE-Methoden dem Unternehmen bereits geläufig sind. Nicht selten ist permanente fachliche Qualifizierung längst Unternehmensnormalität, oft ist Leistungsbewertung eine aus dem Akkordlohn vertraute Aktivität, manchmal gibt es bereits Erfahrungen mit einzelnen Methoden wie z.B. Job Rotation oder Mitarbeiterbefragung. Es gibt also bei auftauchenden PE-Bedarfen durchaus den konzeptionellen Rückgriff auf Bekanntes. Im zweiten Schritt geht es darum, das gängige PE-Instrumentarium von seinem konzeptiven Überbau zu befreien und auf die pragmatische Herangehensweise von mittleren Unternehmen zuzuschneiden. Wenn es also z.B. darum geht, im Verlauf des Veränderungsprozesses eine Gruppensprecherqualifizierung durchzuführen, dann wird kein aufwendiges Programm konzipiert, durchgeführt und evaluiert, sondern zunächst „setzt man sich mal zusammen".

Für wen sind PE-Aktivitäten einzuleiten? Bereits während des Umgestaltungsprozesses entstehen allein *wegen* der zu leistenden Veränderungsarbeit schon vielfältige Formen des Betroffenseins oder Mitagierens in den einzelnen Schritten der Einführung neuer Produktionslogiken. Es lassen sich dabei drei Verhaltensmuster unterscheiden, die gleichsam als neue Rollen zu verstehen sind und mit denen sich alle Angehörigen des Unternehmens, vom Top-Management bis zur Hilfskraft, in mindestens einer Form während des „Unterwegsseins" auseinandersetzen müssen (LaMarsh 1995, S. 75 ff):

- Sponsoren der Veränderung, die die Ressourcen für den Veränderungsprozeß managen und aus dem Hintergrund agieren. Sie formulieren strategische Notwendigkeiten und stehen mit Erlaubnis, Ermutigung und als Ratgeber zur Verfügung.

- Agenten der Veränderung sind jene eigentlichen „Täter", die die einzelnen Prozeßschritte planen, einleiten, durchführen und auswerten sowie die operative Koordination und Kontrolle des Veränderungsvorganges verantworten.
- Betroffene Objekte der Veränderung sind nahezu alle Menschen im Unternehmen. Es geht darum, sich als Person in der Arbeitsumgebung neue Orientierungen zu verschaffen, sich eine Bedeutung des gesamten Vorgangs zu zimmern und sich unter neuen Bedingungen neu verhalten zu lernen.

Diese ungewohnten Rollen sind flächendeckend nur während und wegen der eigentlichen Veränderungsarbeit relevant und deswegen ggf. Gegenstand von zeitlich begrenzten PE-Anstrengungen. Hinzu kommen nun die vielfältigen Betroffenheiten durch Inhalt und Umfang der eingeleiteten Veränderungsschritte in Technologien, Strukturen, Prozessen und Kultur des Unternehmens. Es liegt nahe, daß beim Blick auf die personalen Veränderungswirkungen zunächst jene Rollenträger im Blickfeld stehen, die in und nach der Veränderung unmittelbar ganz anders arbeiten und wegen neuer Formen der Leistungserstellung nach neuen Mustern miteinander interagieren müssen. Dazu gehören bei modernisierten Produktionsstrukturen zunächst die Menschen in der eigentlichen Fertigung, also operative Arbeitskräfte an Bändern und Maschinen sowie die Mitarbeiter in den fertigungsnahen Arbeitsfeldern (Disposition, Materialwirtschaft, Planung, Fertigungssteuerung etc.). Dazu gehören wegen der organisatorischen Vernetzungen dann aber auch mittelbar Betroffene im Vertrieb, in der EDV, im Controlling und vor allem in der Führung.

Insgesamt hat die PE-Funktion also, während sie entlang des Veränderungsprozesses noch konzeptionell und methodisch entsteht oder eventuell ausgebaut wird, nach und nach praktisch alle Akteure des Unternehmens im Blick. Einige Beispiele für solche PE-Anlässe, die sich konkret bei Personen und Personengruppen zeigen, können aus den Erfahrungen der RAMONA-Unternehmen skizziert werden:

- Da ist bei der Einführung von Gruppenarbeit die Population der Gruppensprecher mit ihrer neuen Rolle vertraut zu machen.
- Da müssen Meister in der Produktion einerseits Funktionen loslassen und übergeben, andererseits müssen sie neue Verhaltensweisen im Umgang mit selbständiger gewordenen Mitarbeitern einüben.
- Da müssen EDV-Spezialisten und Planer Teile ihres Wissensmonopols auf- und abgeben, weil Planungsarbeiten verlagert werden.
- Da werden Verantwortliche für Produktionsanlagen plötzlich zu Instruktoren, die andere befähigen, technische Probleme zu lösen, anstatt dies als Helden der Krise selbst zu tun.
- Da übernehmen funktionale Fachspezialisten plötzlich gesamthafte Steuerungsverantwortung für komplexe Teilprozesse und müssen lernen, sich mit den Belangen von mehreren Nachbarabteilungen auseinanderzusetzen.
- Da werden plötzlich Belange des Kunden und des Marktes sowie die strategischen Antworten des Unternehmens (Nachfrageverschiebungen, Expansionen) bedeutungsvoll für operative Kräfte der Produktion, die erst einmal eine völlig andere Sprache erlernen müssen.

- Da gibt es, wie in jedem Veränderungsvorgang, diejenigen, die sich als "Verlierer" erleben, weil sie nicht an neuen Arbeitsinhalten partizipieren oder weil die Veränderung ihnen etwas an Bedeutung oder Einfluß nimmt, ohne ihnen etwas anderes dafür zu geben.

- Da sind große Gruppen von Mitarbeitern, die im Zuge neuer Arbeitszeitmodelle oder flexibler Schichtenregelungen ihre Lebensgewohnheiten bis in den privaten und familiären Bereich hinein verändern müssen und mit den auftauchenden Konflikten fertig werden müssen.

Für alle diese Personen ergeben sich aus den organisatorischen Veränderungsschritten nun Entlern- und Lernanlässe. Sie müssen gewohntes Denken, Fühlen und Verhalten aufgeben und neues annehmen. Meist geht dieser Umorientierungsprozeß mit einer Labilisierung „mentaler Modelle" einher, so daß selbst tief in der Person verankerte Einstellungen und Werthaltungen auf den Prüfstand der Realitätstauglichkeit geholt werden müssen. Es entsteht mithin die Frage, wie PE-Aktivitäten konzeptionell angelegt und methodisch ausgeführt werden können, um eine solche persönliche Reorientierung zu unterstützen.

9.1.4
Vorgehensweise und Methoden „impliziter" Personalentwicklung

Implizite und explizite Personalentwicklung. PE dient letztlich der Erweiterung der gesamthaften Problemlösungskompetenz der Organisation. Diese entsteht zum einen aus individuellen Qualifikationen und Motivationen, zum anderen aus adäquaten Zuordnungen solcher individuellen Potentiale zu den anstehenden Aufgaben an den verschiedenen Orten der Organisation. Funktional geht es also um das „Lernen", um das „Plazieren" und um die vereinbarten bzw. eingeübten „Konsequenzen" des individuellen Handelns (Sattelberger 1998). Methodisch gesehen greift PE als unscharf definiertes Funktionsbündel damit vorwiegend auf pädagogisch-didaktische (Gairing 1996, S. 213ff), psychologische (Neuberger 1995, S. 199f) und eignungsdiagnostische (im Überblick: Sarges 1990) Verfahrensweisen zurück. Liegt eine ausgebaute PE-Funktionalität vor, wie das in den meisten Großunternehmen der Fall ist, findet sich im Leben der Organisation auch eine methodische Diskussion zu diesen Fragen: Es wird durchaus über Seminarkonzepte, Besetzungsverfahren oder Belohnungssysteme konzeptionell gestritten. PE ist damit eine explizite und selbstverständliche betriebliche Funktion im „Human-Ressourcen-Management".

In mittelgroßen Unternehmen ist das anders. Alle drei Handlungsfelder sind hier nur selten ein derart ausdifferenziert wahrgenommener Bestandteil täglicher Praxis und sind deswegen funktional meist nicht sehr ausgebildet. Lernvorgänge, das Entstehen und Vergehen von Handlungsenergie der Mitarbeiter oder die Besetzung/Verlagerung von Stellen geschehen im Alltag meist ohne ausformulierte konzeptionelle oder methodische Unterfütterung, sie vollziehen sich entlang auftauchender betrieblicher Notwendigkeiten im Einzelfall. Solch organisatorisches „Brauchtum" spiegelt nur die eingeübten Denk- und Handlungsgewohnheiten wieder und bleibt auch so lange funktional, wie nicht einschneidende Umgestaltungen organisationaler Architekturen bewältigt werden mußten. Wird nun bei gehäuft, rasch und intensiv auftretenden organisatorischen Veränderungen der Zugriff auf – bisher unbekannte – PE-Instrumente nötig, gilt es auch hier, „die Organisation dort abzuholen, wo sie steht": Bei der Methodenwahl ist auf Anschlußfähigkeit zu achten. Dabei entsteht eine Vorgehensweise, die man gesamthaft als „implizite Personalentwicklung" beschreiben kann, weil über weite Strecken die PE-Aktivitäten als solche den Charakter von vorübergehenden Begleiterscheinungen behalten und als eigene Funktionen gar nicht erst in den Vordergrund geraten.

Rollenberatung. Wenn sich Arbeitsrollen verändern, hat sich die Unterstützung der Betroffenen durch eine externe personenbezogene Beratung als nützliches Instrument erwiesen (Looss 1997), weil Irritationen aufgefangen, Betroffenheiten im geschützten Raum verarbeitet und personenbezogene Lernvorgänge ohne Selbstwertverlust eingeleitet werden können. „Beratenwerden" ist jedoch häufig mit Stigmatisierungen verbunden, die organisationskulturell verankert sind und sich nur durch großangelegte Prozesse behutsamer Kulturveränderung auflösen ließen (Bentner 1997). In mittleren Unternehmen wäre ein solches Vorgehen bei weitem zu aufwendig und zu irritierend. Deswegen werden Rollenberatungen im Verlauf der Veränderungsarbeit nicht antizipatorisch programmatisch angeboten sondern am Rande anderer Aktivitäten (etwa bei Arbeitstreffen oder Workshops) informell und kurzfristig vereinbart. Der Anlaß dafür ergibt sich zwangsläufig, weil im Zuge der Rollenumstellungen insbesondere bei Führungskräften neue Rollenwidersprüche, Rollenüberlastungen und Rollendiffusionen (Schein 1994) auftauchen, für deren Bewältigung die Muster noch nicht gefunden sind.

Qualifizierungen. In vielen großen Unternehmen gehört die sorgfältige Erhebung von Qualifizierungsbedarfen und die sich daran anschließende Planung von Qualifizierungsmaßnahmen zu den Kernstücken der PE-Arbeit, weil Bildungsinvestitionen dadurch strategisch verankert und in ihren Wirkungen auch überprüft werden können. Qualifizierung ist dort ein ausgebautes und managerial verankertes betriebliches „Geschäft". In mittelgroßen und kleinen Unternehmen ist das anders. Dort kommen fachliche Anpassungsqualifikationen vor und nicht selten macht die hohe fachliche Lernbereitschaft der Mitarbeiter einen Teil des Erfolges aus. Fachliche Fortbildung im Zuge technologischer Weiterentwicklung der Produktion, bei Einführung neuer Produkte oder anläßlich der Einführung neuer Systeme (EDV, Qualitätssicherung) ist den meisten mittleren und kleinen Unternehmen zumindest in Ansätzen vertraut.

Bei der fertigungsnahen Modellierung neuer Arbeitsstrukturen entstehen in solchen Betrieben jedoch qualitativ und quantitativ andere, unbekannte und wenig vorhersehbare Lernbedarfe für die unterschiedlichsten Mitarbeitergruppen, die weit über die gängigen Lerngewohnheiten hinausgehen. Dies deswegen, weil sowohl die Inhalte der Qualifizierungen den gewohnten fachlichen Rahmen sprengen als auch, weil die einzusetzenden Lernmethoden anders angelegt sind als die gewohnten Rituale von Stoffvermittlung durch „Schulungen". Im Zuge der durch Menschen zu bewältigenden tiefgreifenden Organisationsumstellungen entsteht andersartiger Bildungsbedarf, weil Aufgaben verschoben und neue Rollen erarbeitet werden. Wenn dispositive und Leitungstätigkeiten näher an die Produktion verlagert werden, müssen die dort arbeitenden Menschen sich mit Funktionen vertraut machen, die einer anderen Verhaltenskategorie angehören. Dies geschieht in Lernveranstaltungen, die von Aufbau und Dramaturgie her oft außerhalb des gängigen Erwartungshorizontes liegen.

Aus diesem Grund ist die Etablierung von Lernaktivitäten sorgsam und behutsam zu gestalten, will man nicht beim Versuch, Orientierung zu produzieren ungewollt neue Verhaltensunsicherheit bei den Betroffenen erzeugen. Aus den RAMONA-Erfahrungen lassen sich einige Arbeitsprinzipien ableiten:

- Mehr „learning on the job" und „along the job": Lernaktivitäten sind nah an die Arbeitswelt „heranzuolen", indem man räumlich häufiger am Arbeitsplatz oder im Unternehmen bleibt und hauseigene Experten intensiv in die Vermittlungsarbeit einbindet.
- Unternehmensfremde Personen (externe Experten, Berater, Trainer) sollten schrittweise an die Betroffenen herangeführt werden.
- Führungskräfte müssen sich als Lernvorbilder zeigen und ihr eigenes „Noch-nicht-Können" zu erkennen geben.
- Das Abstraktionsniveau in den Lernaktivitäten darf nicht zu hoch angesetzt werden, anekdotische, exemplarische Formen der Vermittlung mit Hilfe von „Lerngeschichten" (Senge 1996) sind eher anschlußfähig.
- Die Notwendigkeit von Lernaktivitäten und ihr Zusammenhang mit dem Veränderungsgeschehen muß zu Anfang des Prozesses immer wieder dargelegt werden. Erst nach einiger Zeit ergibt sich ein Übungseffekt und Qualifizierungsvorgänge werden eher selbstverständlich.

Es entsteht dann Schritt für Schritt zusammen mit den organisatorischen und prozessualen Veränderungen auch eine erweiterte betriebliche Lernkultur mit ihren eigenen Verfahrensweisen und Ritualen. Die anfangs ungewohnte Einladung zum Mitteilen eigener Erfahrungen und Ideen, das Arbeiten in größeren Workshops, in Projekten und Kleingruppen, das Darstellen von Arbeitsergebnissen vor Kollegen und Vorgesetzten, das Erstellen und Verwerten von schriftlichen Ergebnissicherungen, Protokollen und Arbeitspapieren wird Zug um Zug eingeübt und in die betriebliche Normalität integriert. Die reflexive Arbeitsfähigkeit der gesamten Organisation wächst deutlich. Dies erfordert manchmal von Führungskräften veränderte Verhaltensweisen im wertschätzenden Umgang mit solchen partizipativen Abläufen.

Die Etablierung neuer Belohnungsmuster, neuer Rollen und neuer Karrierewege. Langfristig angelegte PE-Aktivitäten ergeben sich, wenn im Zuge technologischen, organisatorischen oder kulturellen Wandels im Unternehmen neue Funktionen dauerhaft etabliert und von Menschen in völlig neuen Rollen bewältigt werden sollen. Wenn etwa die Produktion in Arbeitsgruppen organisiert wird und deswegen die Rolle eines Gruppensprechers eingeführt wird, so eröffnet sich ein ungewohnter personalpolitischer Gestaltungsbedarf: Es ist zu klären, welche statusbezogene, machtbezogene und entgeltbezogene Einordnung der Rolle vorgenommen werden kann. Dazu ist ggf. die Mitarbeitervertretung zu hören, es sind Absprachen zu treffen, Betriebsvereinbarungen sind abzuschließen, und es ist im Unternehmen zu vermitteln, was in dieser neuen Rolle verlangt wird, wie jemand dort hineinwachsen kann und was er dort zu erwarten hat. Implizites Vorgehen heißt in solchen Fällen ebenfalls, nicht auf Basis großer Programmatiken zu arbeiten, sondern eine solche neue Funktion wachsen zu lassen und die jeweiligen Festlegungen von Aufgaben, Entscheidungsbefugnissen, Einbindung in das Informationsnetz und Entgeltfragen Zug um Zug nach Phasen gemeinsam durchlebter Erfahrungen vorzunehmen, alle Betroffenen darüber zu informieren und das eigene Vorgehen zu begründen. Hier entsteht ganz intensive und praktische PE-Funktionalität für die Führungskräfte des Unternehmens auf neue Weise und benötigt – weil ungewohnt – ggf. fachlich-beraterische Unterstützung.

9.1.5
Die Anbindung der PE an andere Grundsatzregelungen und ihre mögliche dauerhafte Verankerung

Wenn z.B. im Zuge der organisatorischen Umgestaltung neue Entgeltmodelle erarbeitet werden, wenn die Trennung von Arbeitern und Angestellten „weggeschmolzen" wird, wenn sich die Rolle von Produktionsmeistern verändert, wenn viele Mitarbeiter eine Anreicherung an dispositiver Verantwortlichkeit erleben, wenn „jobrotations" zunehmen, wenn im Entstehen neuer organisatorischer Teilsysteme („Segmente") betriebliche Aufgaben ganz neu zugeschnitten werden, dann öffnet sich PE mit fortschreitender Veränderungsarbeit mehr und mehr hin zu anderen umfassenden Grundsatzregelungen. Der Abstimmungsbedarf nimmt jetzt noch einmal zu, weil jede Intervention Wirkungen in vielen Handlungsfeldern erzeugt:

• So führt etwa die Einführung von Kennzahlensystemen und deren Visualisierung zu neuen Qualifikationsbedarfen hinsichtlich des handlungswirksamen Interpretierens solcher Signale.

• Mit der Ausdifferenzierung der organisatorischen Umgestaltung macht die anfängliche „Aufbruchstimmung" nicht selten einer Ernüchterung Platz, manchmal verliert der Veränderungsprozeß an Schwung und Tempo, die Handlungsenergie nimmt ab. Die tief verankerten Gewohnheiten und Realitätskonstruktionen der Organisation bezüglich der Veränderungschancen kommen zum Vorschein. Hier kann und muß Personalentwicklung Interventionen entwickeln, mit denen solche festgefügten Orientierungen besprechbar gemacht werden können.

Damit entsteht – das haben die Erfahrungen im Projekt RAMONA gezeigt – die Frage, ob nicht die Funktion PE ebenfalls als neue (Teil-)Rolle im Unternehmen dauerhaft eingerichtet werden soll. Es ist deutlich geworden, daß auch nach den ersten großen Schüben an Umorientierung jemand da sein muß, der immer wieder Lernprozesse einleitet, Besprechsituationen inszeniert, Orte für gemeinsame Reflexion und Konfliktbewältigung zur Verfügung stellt und als randständiger Ansprechpartner von einiger Neutralität zur Verfügung steht. Auf diese Weise gewinnt PE als Funktion dann auch in mittleren Unternehmen einige Selbstverständlichkeit.

9.2
Entgeltregelungen als förderliche und hinderliche Rahmenbedingungen

Wolfgang Kötter

9.2.1
„Rahmenbedingung" oder Projektgegenstand?

Die Frage, ob und inwieweit es angemessen ist, Entgeltregelungen lediglich als *Rahmenbedingung* und nicht sofort als wichtigen Projektgegenstand bei der Einführung neuer Produktionsstrukturen zu betrachten, führt schnurstracks ins Zentrum der hier zu erörternden Problematik.

Denn einerseits ist nahezu allen Akteuren bewußt, daß Entgeltregelungen orientierend und handlungsleitend sind und sein sollen, daß also eine zu den neuen Strukturen passende Entgeltregelung „eigentlich" unmittelbarer, untrennbarer Bestandteil einer solchen Veränderung von Strukturen und Prozessen sein sollte.

Aber andererseits

- kann zu Projektbeginn noch gar nicht im einzelnen bekannt sein, wie die neuen Strukturen und Prozesse aussehen, so daß es bei diesem „Umbau am fahrenden Zug" zu Beginn gar nicht ohne weiteres möglich wäre, eine dem künftigen Zustand angemessene Regelung auszuhandeln,
- handelt es sich bei den bestehenden Entgeltregelungen um einen über lange Jahre und Jahrzehnte hinweg entstandenen Kompromiß unterschiedlicher und z.T. gegensätzlicher Interessen, dessen Aufkündigung beträchtliche Irritationen bei allen Beteiligten hervorruft und daher in vielen Projekten gescheut wird.

Gleichzeitig ist unstrittig, daß die herkömmlichen Entgeltregelungen in Produktionsbetrieben sich im Rahmen der „alten", hierarchisch-arbeitsteiligen Produktionsstrukturen herausgebildet haben. Mit ihren tariflich fixierten, im Betrieb zwar modifizierbaren, aber meist in den Grundzügen übernommenen Grundformen der Eingruppierung und der Leistungsdifferenzierung nach Genfer Schema und REFA-Methodenlehre

- honorieren und fördern sie fachliche Spezialisierung weitaus stärker als „Generalistentum" und Einsatzflexibilität,

- sind sie dementsprechend eher an festen Berufsbildern und vorgezeichneten, kodifizierten Aufstiegswegen (Meister, Techniker, REFA-Ingenieur) orientiert als an stärker situations- und kontextgebundenen, eigenaktiven Selbstlernprozessen vor Ort,
- sind sie in der Leistungsdifferenzierung klar auf Einzelleistung statt auf Gruppenleistung und auf Mengenleistung statt auf qualitative Leistungsaspekte wie Termin, Qualität oder Gesamtprozeßkosten ausgerichtet.

Mit anderen Worten: Daß unveränderte Entgeltstrukturen eher eine hinderliche Rahmenbedingung darstellen, war schon zu Beginn klar – zu untersuchen war jedoch, wie sich dieses Hindernis konkret auf den Veränderungsprozeß auswirkt, welche Rolle es spielt und welche Möglichkeiten es gibt, das Hindernis nicht nur aus dem Weg zu räumen, sondern sogar zu einer förderlichen Rahmenbedingung zu machen.

Die diesbezüglichen Erfahrungen in den vier RAMONA-Betrieben sind, was die Ausgangssituation angeht, durchaus ähnlich: In allen vier Betrieben entsprachen die tariflichen Eingruppierungsregelungen dem hier skizzierten alten Einstufungsmuster. Allerdings führte die Tatsache, daß der Einzelakkord bei ELSTER bereits weitgehend durch Zeitlohn abgelöst worden war, daß „tewells" und KROHNE nie etwas anderes als Zeitlohn gezahlt hatten und daß der Anteil der geleisteten Akkordstunden bei RÜGGEBERG auf nur noch 7,1 % aller geleisteten Lohnstunden abgesunken war, dazu, daß die aus ungünstigen Entgeltregelungen resultierenden Projektrisiken von vornherein einigermaßen überschaubar blieben. Im wesentlichen ging es um die Frage, ob und wie die von den Mitarbeitern geforderten Lern- und Veränderungsschritte honoriert werden sollten.

9.2.2
Transparenz, Gerechtigkeit, Entwicklungsdynamik – drei Aspekte der „Wirkung" von Entgeltregelungen im Veränderungsprozeß

Entgelttransparenz. Sie ist ein erstes wichtiges Thema im Hinblick auf die förderliche oder hinderliche Wirkung von Entgeltregelungen als Rahmenbedingung bei der Einführung neuer Produktionsstrukturen:

- Sind die geltenden Entlohnungsgrundsätze bei den Mitarbeiterinnen und Mitarbeitern bekannt?
- Ist in der Praxis bekannt, wer warum wie eingruppiert ist bzw. welches Grundentgelt bekommt und wer warum welche Prämie, Leistungzulage etc. erhält?
- Sind die Entlohnungsgrundsätze und deren praktische Anwendung ein Tabuthema, oder sind sie gelegentlich bzw. bei gegebenem Anlaß Besprechungsthema?

Bei Unkenntnis, Intransparenz oder Tabuisierung von Entgeltregelungen und Entgeltpraxis ist mit hoher Wahrscheinlichkeit zu erwarten, daß die Mitarbeiter Regelungen und Praxis als ungerecht empfinden, weil sie die oft vorhandene, aber nicht sofort offenkundige Kehrseite vermeintlicher Vergünstigungen für andere Mitarbeiter oder Mitarbeitergruppen nicht wahrnehmen und weder die Möglichkeit haben,

Regelung und Praxis im Ganzen zu überprüfen, noch darauf in irgendeiner Weise Einfluß zu nehmen.

Die Erfahrungen mit der Ausgangssituation bei „tewells" machen dies in exemplarischer Weise deutlich: Einerseits war Geld bislang eher ein Tabuthema – obwohl nahezu alle Frauen in der Produktion nach derselben Lohngruppe 2 bezahlt wurden, herrschte über diesen Sachverhalt zu Beginn erhebliche Unsicherheit. Andererseits wurde während des Kick-off-Workshops beklagt, daß „die Männer" für die selben Aufgaben in Lohngruppe 3 eingestuft seien – ein Ärgernis, über das wiederum keine wirkliche Gewißheit bestand, das aber jenseits dieser Ungewißheit und ohne Nachfragen hinsichtlich der Entstehungsgeschichte ein massives Empfinden von ungerechter Behandlung auslöste.

Ebenso undurchsichtig erschien das System von Schichtzulagen, das offenbar ebenfalls zugunsten der Männer wirksam wurde: Während die Frauen in der Produktion eher in festen Schichten und Schichtgruppen arbeiteten, arbeiteten viele Männer in Wechselschicht und erhielten daher eine Schichtzulage – nur war bei den Frauen mehrheitlich weder der rechtliche Unterbau dieser empfundenen Ungerechtigkeit noch das tatsächliche Ausmaß bekannt. Um so heftiger war das deutlich artikulierte Empfinden von Benachteiligung.

Entgeltgerechtigkeit. Eine als vollständig gerecht empfundene Entgeltregelung ist von vornherein ein unerreichbares Ziel, weil bereits die rational begründbaren Kriterien für eine aufgaben-, situations- und verhaltensangemessene Grundentgelt- und Leitstungsdifferenzierung stark divergieren und weil jenseits dieser rational begründbaren Kriterien sehr viele Quellen empfundener Ungerechtigkeit lauern. Gleichzeitig ist empfundene Entgeltgerechtigkeit jedoch ein wichtiger „Hygienefaktor" der Arbeitsmotivation, und die Bedeutung dieses Faktors wächst mit kooperativen, produkt- und prozeßorientierten Produktionsstrukturen, weil

- der einzelne Mitarbeiter weniger nach Anweisung, sondern stärker eigenverantwortlich und teilweise „selbstorganisiert" arbeiten soll, wozu ihm aber bei Aufrechterhaltung der bisherigen Praxis tendenziell der materielle „Lastenausgleich" bzw. das Könnens- oder Leistungsäquivalent vorenthalten wird;
- die bislang getrennten Einzelarbeitsplätze, Verrichtungen, Prozeßschritte etc. mehr als bisher direkt miteinander zu tun bekommen und in der Leistungserbringung und Aufgabenbewältigung stärker und offensichtlicher als bisher voneinander abhängig werden, womit sich gleichzeitig neue und häufigere Anlässe für könnens- und verhaltensbezogene Vergleiche ergeben.

Beispiele für die Bedeutung empfundener Entgeltgerechtigkeit als „Hygienefaktor" bei Veränderungsprojekten und, nach erfolgter Umstrukturierung, in den neu entstehenden Gruppen und Teams finden sich in unterschiedlicher Ausprägung in allen vier RAMONA-Betrieben.

Bei KROHNE, wo vom traditionell gezahlten Zeitlohn her keine Leistungsdifferenzierung bestand und bereits Facharbeiterlöhne gezahlt wurden, konnte dieser Standard von Gleichbehandlung vorausgesetzt werden, was dazu führte, daß der Leidens- und Veränderungsdruck hinsichtlich der Entgeltfrage bei KROHNE von allen vier Betrieben am schwächsten artikuliert wurde. Daher wurde die Neuregelung der Entgeltfrage zunächst zurückgestellt.

Bei RÜGGEBERG bestand zwar ein Auseinanderklaffen der Verdienstmöglichkeiten zwischen den „Spitzenleuten" im Akkord und den Prämienlöhnern – dieses Gerechtigkeitsproblem war jedoch nicht die wesentliche Triebfeder der Neuregelung. Im Vordergrund stand die beabsichtigte Motivationswirkung der neuen Regelung (s. Abschnitt 5.6), von der gleich noch die Rede sein wird. Gerechtigkeitsprobleme blieben dem Unternehmen jedoch keinesfalls erspart: Es wäre als Ungerechtigkeit empfunden worden, wenn das Drittel der gewerblichen Mitarbeiter, bei dem durch die Neuregelung niedrigere Löhne entstanden wären, ohne Übergangsregelung mit den neuen „Spielregeln" konfrontiert worden wäre, und es wäre ebenfalls als ungerecht empfunden worden, wenn die bislang in Wechselschicht arbeitenden Gruppensprecher durch ihren mit der neuen Rolle verbundenen Wechsel in eine flexible Tagschicht eine nachhaltige Verdiensteinbuße duch Verlust der Schichtzulage hätten in Kauf nehmen müssen. Die Lösungen für diese beiden Gerechtigkeitsprobleme sind ebenso schlicht wie tendenziell übertragbar: im ersten Fall eine Besitzstandswahrung mit schrittweiser Anpassung der „Spielregeln" über einen Zeitraum von vier Jahren, im zweiten Fall eine Neuregelung der Arbeitszeit, die durch einen erweiterten Zeitrahmen einen Mehrverdienst erlaubt und dabei gleichzeitig eine bessere zeitliche Voraussetzung für die Erfüllung der neuen Rolle in den Schichten schafft.

Bei ELSTER, wo die Gerechtigkeitsprobleme zwischen Akkord- und Zeitlöhnern sich erfreulicherweise auf kleine Bereiche des Segments Großgasmessung beschränkten, entstand das Empfinden von Ungerechtigkeit erst nach und nach im Zuge der Veränderungen – es entstand der Eindruck einer Erhöhung der Qualifikationsanforderungen und einer gleichzeitigen Leistungsverdichtung, ohne daß dafür ein materieller Ausgleich geboten worden wäre. Nun hatte es bei ELSTER bereits mehrere Anläufe zu einem neuen Entgelt-System gegeben – nach und nach waren aber alle aus unterschiedlichen Gründen im Sande verlaufen, was die Hürden für jeden neuerlichen Anlauf sicherlich höher machte. Allerdings gab es bei ELSTER vor allem eine großartige, neu hinzugekommene Ressource, nämlich die Kultur des intensiven Gesprächs und des „Palavers", die die spezifische Suche nach neuen materiellen und immateriellen Anreiz- und Belohnungssystemen jenseits der Entgeltregelung wesentlich erleichterte und, ähnlich wie bei KROHNE, zunächst eine Zurückstellung des Themas möglich machte.

Bei „tewells" waren die oben bereits geschilderten Intransparenzen und Gerechtigkeitslücken eine wesentliche Triebfeder der unten geschilderten Neuregelung (s. Abschnitt 6.7.3).

Änderungsanreize. Als drittes wichtiges Thema neben Entgelttransparenz und Entgeltgerechtigkeit tritt mit dem Ziel und der damit verbundenen Zumutung einer fundamentalen Lern- und Veränderungsanstrengung – sowohl im Hinblick auf den einzelnen Mitarbeiter, als auch im Hinblick auf die gerade in Entstehung begriffenen Gruppen und Teams – die Frage nach einem fairen, zielführenden System von Veränderungsanreizen. Dabei geht es sowohl um Veränderungen auf der Ebene von

Kenntnissen und Fähigkeiten (typische Anreizform: „Könnenstreppe" wie z. B. bei „tewells" (s. Abb. 6.2) als qualifikations- und aufgabenorientierte Bestimmung des Grundentgelts), als auch um solche auf der Ebene des Leistungsverhaltens (typische Anreizformen: Zulage, Prämie etc.). Solche materiellen Anreize sind häufig nicht ausreichend und daher unbedingt mit immateriellen Anreizen wie insbesondere Anerkennung etc. zu verbinden. Fehlen die materiellen Anreize jedoch völlig, oder weisen sie gar in eine andere als die mit den neuen Strukturen angestrebte Richtung, dann kann dies den Prozeß der Arbeitsgestaltung, Personal- und Organisationsentwicklung stark beeinträchtigen.

Die Erfahrungen der vier RAMONA-Betriebe zeigen allerdings deutlich, daß das Fehlen solcher Veränderungsanreize im Bereich der Entgeltregelungen nicht überbewertet werden darf: In allen vier Betrieben ist es zumindest in der ersten Projektphase recht gut gelungen, diesen Mangel durch offene Kommunikation, Transparenz der Veränderungsprozesse und umfassende Beteiligung an der Planung der technischen, organisatorischen und personalwirtschaftlichen Maßnahmen zu kompensieren. Bei KROHNE und ELSTER ist diese Kompensation sogar bis heute, drei Jahre nach dem Start, gelungen, was allerdings nicht heißt, daß das so bleiben muß. Nur bei „tewells", wo parallel zu den neuen Anforderungen zeitgleich ganz erhebliche neue Belastungen durch Zeitdruck, Erhöhung der Arbeitsintensität und – so empfunden – höhere Verantwortung auftraten, erwies sich das Fehlen eines zeitgemäßen Anreiz- und Belohnungssystems nach und nach immer mehr als Projektrisiko. Anders bei RÜGGEBERG: Dort war, wie im Betriebsbeispiel (Kap. 5) dargestellt, die Schaffung von Veränderungsanreizen die zentrale Triebfeder einer Neuregelung – aber nicht, weil damit ein Projektrisiko aus dem Weg geräumt werden sollte, sondern eher deshalb, weil auf diese Weise nach getaner Umstrukturierungsarbeit auch „die Beute" fair geteilt werden sollte.

Integrierte Betrachtung. Sowohl bei „tewells", wo mittlerweile eine Neuregelung durch Haustarifvertrag mit veränderungsförderlicher Eingruppierung nach einer „Könnenstreppe" (als Paketlösung mit der in Kap. 6 erläuterten flexiblen Arbeitszeitregelung und Beschäftigungssicherung) erreicht wurde, als auch in anderen, nicht geförderten Projekten hat sich gezeigt, daß alle drei Themen nur in einer integrierten Betrachtung von Grundentgelt bzw. Eingruppierung, Leistungskomponenten und etwaigen Zuschlägen sinnvoll anzugehen sind. So wurde z. B. bei „tewells" unter dem Gesichtspunkt der Ausrichtung auf die anstehenden Veränderungen zumindest vorerst bewußt auf eine Leistungsdifferenzierung verzichtet, um so die Aufmerksamkeit klar auf die zunächst nötigen Qualifizierungsschritte zu lenken und die Einführung der erstmals erhobenen Kennzahlen nicht durch Vermischung mit der Entgeltproblematik zusätzlich zu erschweren. Gleichzeitig war es für die konkrete Ausformulierung und Aushandlung der „Könnenstreppe" bei „tewells" (s. Abb. 6.2) unerläßlich, die bisherige Intransparenz und empfundene Ungerechtigkeit bezüglich der Eingruppierung durch eine Reihe von Einzelmaßnahmen (Tätigkeitsbeschreibungen für alle Produktionsarbeitsplätze, Erhebung des Ist-Standes bzgl. Kenntnissen, Fähigkeiten und Qualifizierungswünschen aller Produktionsmitarbeiterinnen und Mitarbeiter, Entwicklung und schrittweise Umsetzung einer Qualifizierungsstrategie mit konkreten Einzelmaßnahmen nach dem Train-the-Trainer-Konzept) systematisch anzugehen. Schließlich war aus Sicht der Mitarbeiterinnen und Mitarbeiter der mit der neuen Arbeitszeitregelung einhergehende Verzicht auf den größten Teil der bisher als Einkommensbestandteil wirksamen Mehrarbeitszuschläge nur deshalb hinnehmbar, weil mit der „Könnenstreppe" die Aussicht auf qualifikationsbedingte Zuschläge und langfristigen Einkommenszuwachs durch Höhergruppierung verbunden ist.

Die Projektarbeit hat gezeigt, daß die Entgeltregelungen für alle vier RAMONA-Partnerbetriebe eine wichtige Rahmenbedingung neuer Arbeitsstrukturen war und ist. Hinzu kommt, daß es, wie bereits am Beispiel „tewells" erwähnt, Zusammenhänge und Wechselwirkungen sowohl zu den Arbeitszeitregelungen (Zuschläge als Einkommensbestandteil? Bezahlung nach Anwesenheit oder nach dem Arbeitsergebnis?) als auch zum Thema „Kostenrechnung und Controlling" (Entgeltwirksamkeit als potentielles Hindernis, aber auch potentieller Erfolgsfaktor bei der Einführung geeigneter Selbstcontrolling-Kennzahlen) gibt. Die geltenden Tarifverträge machen, wie dies häufig zu beobachten ist, eine tragfähige neue Entgeltregelung und Entgeltpraxis nicht gerade leicht, auch wenn dies gleichwohl immer wieder gelingt. Das „tewells"-Beispiel hat dies insofern erneut gezeigt, als dort per Haus-Rahmentarifvertrag deutlich von den bisherigen Tarifstandards der Branche abgewichen werden mußte, um eine gute Lösung zu erreichen.

9.2.3
Abschied von Patentrezepten?

Es gibt einige Themen und eine Reihe von Verheißungen, die unter dem Stichwort „Entgeltregelungen für neue Produktionsstrukturen" mit einiger Regelmäßigkeit auftauchen. Der Vollständigkeit halber einige Bemerkungen aus RAMONA-Sicht zu diesen Themen und Verheißungen:

*   Die Schlüsselfrage in allen vier RAMONA-Betrieben war die umfassende Beteiligung der Mitarbeiter als Vor-Ort-Experten in allen Aspekten des Projektgeschehens. Mit anderen Worten: alle vermeintlichen Patentrezepte zur Entgeltregelung, ob Zeitlohn, Einzel- oder Gruppenprämie, Gain-Sharing oder „Könnenstreppe", müssen zunächst einmal auf diesen harten Prüfstand bezüglich der konkreten Anforderungen und Gegebenheiten.
*   Die Lösung ist, wie so oft, auch hier das Problem. Die Beiträge von „tewells" und RÜGGEBERG zeigen mit ihren Schilderungen der dort eingeschlagenen Wege, daß es zwar sehr günstig ist, Lösungsideen und Beispiele aus anderen Firmen in den Prozeß der Suche nach der geeigneten „Maßkonfektion" einbringen zu können, daß es aber erst die mit Geduld und Nachdruck erreichte innerbetriebliche Anpassung und Konkretisierung ist, die solche Lösungsansätze praxistauglich macht.
*   Die Veränderung der Eingruppierungsregelungen als Anreiz für Weiterlernen, Flexibilität, Übernahme neuer Aufgaben und Förderung der „Teamfähigkeit" hat bei RAMONA eine deutlich größere Rolle gespielt als der (keineswegs ausge-

klammerte) Aspekt der Leistungsdifferenzierung. Wer vor der Wahl steht, ob er zuerst an den Eingruppierungsregeln oder an den Leistungsmaßstäben „drehen" will, der tut nach den RAMONA-Erfahrungen gut daran, mit dem (wegen der Tarifverträge durchaus heiklen) Thema der Eingruppierung zu beginnen.

- Neue Kriterien für die Leistungsdifferenzierung sollten, wie bei RÜGGEBERG geschehen, auf eine Balance zwischen kollektiven und individuellen Leistungsbeiträgen abzielen und dabei sorgfältig mit den übrigen „Spielregeln", also insbesondere mit den Zielvereinbarungen und zugehörigen Kennzahlen- und Controlling-Ansätzen, in Übereinstimmung gebracht werden.

- Wer bei allen diesen neuen „Spielregeln" vor der größten Herausforderung steht, ist der jeweilige Disziplinarvorgesetzte: Er wird lernen müssen, wie er in und mit diesem neuen Regelsystem eine transparente, gerechte, motivierende Führungspraxis entwickelt. Welche Prämienkriterien er dabei heranzieht und welche Methode der Qualifikationsbedarfserhebung und Qualifizierungsplanung er einsetzt, ist dabei eine Frage der konkreten Gegebenheiten und zum Teil sogar Geschmackssache – worauf es ankommt, das ist persönliche Präsenz und Glaubwürdigkeit bei der Anwendung und Weiterentwicklung der neuen „Spielregeln".

9.3
Arbeitszeitmodelle für neue Produktionskonzepte

GUNTER LAY
CLAUDIA MIES
CLAUDIA RAINFURTH

9.3.1
Anforderungen neuer Produktionskonzepte an Arbeitszeitmodelle

Betriebe, die neue Produktionskonzepte eingeführt haben, erkennen häufig, daß ihre traditionellen Arbeitzeitsysteme die angestrebten Wirkungen der neuen Konzepte konterkarieren:

- So zeigten die Erfahrungen bei „tewells": Das mit der Gruppenarbeit angestrebte Flexibilitätsziel kann nur unzureichend erreicht werden, da unter den Bedingungen starrer Arbeitszeitregelungen das Unternehmen auf das unterschiedliche Nachfrageverhalten der Kunden nur mit „teuren Instrumenten" wie Überstunden reagieren kann. Auch mit dem Auf- und Abbau von Randbelegschaften durch befristet eingestellte Aushilfen und Leiharbeitnehmer sind erhebliche Kostenbelastungen verbunden.

- Bei ELSTER erkannte man: Die ersten Versuche zur Flexibilisierung des Arbeitszeitsystems greifen zu kurz. Die bei den Mitarbeitern vorherrschende „Spar-

buchmentalität" führt dazu, daß die Mitarbeiter in Phasen geringerer Arbeitsbelastung ihr Arbeitszeitkonto nicht „ins Minus fahren". So entstehen keine Puffer, die bei höherer Arbeitslast durch Mehrarbeit ausgeglichen werden können.
Für Mehrarbeit ensteht kein Spielraum.

Daß diese Beispiele sicher keine Einzelfälle sind, zeigt sich, wenn man die Elemente neuer Produktionskonzepte einer genaueren Betrachtung unterzieht. Man erkennt, daß sich aus den neuen Produktionskonzepten direkte und vielfältige Anforderungen an eine Neugestaltung der Arbeitszeit ergeben. Man sieht jedoch auch,
daß flexible Arbeitszeitsysteme zu ihrem Funktionieren auf flankierende Elemente
neuer Produktionskonzepte angewiesen sind. Im einzelnen stellen sich diese Zusammenhänge folgendermaßen dar:

(1) Neuordnung der Unternehmensorganisation und Arbeitszeit. Die Neuordnung
der Unternehmensorganisation und die damit einhergehende Optimierung des innerbetrieblichen Produktionsprozesses hin zur prozessorientierten Organisation
macht eine Abstimmung zwischen Arbeitszeit und Arbeitsanfall erforderlich. Handlungsleitend ist hierbei die Minimierung nicht wertschöpfender Aktivitäten im innerbetrieblichen Produktionsprozeß und der Lager und Puffer an allen Schnittstellen der Produktionskette. Die damit anvisierte bedarfsgerechte Teilebereitstellung
für die in der Wertschöpfungskette zusammenarbeitenden Bereiche und die daraus
resultierende höhere Lieferfähigkeit, -zuverlässigkeit und -flexibilität – Stichworte
sind hier Kanban- oder Just-in-time-Fertigung –, machen eine flexible Arbeitszeitgestaltung zwingend notwendig. Die Herausforderung besteht hier nicht zuletzt
darin, die unterschiedlich gelagerten Betriebszeiten innerhalb des Unternehmens
(z.B. indirekte Bereiche versus Fertigung) aufeinander abzustimmen.

(2) Dezentralisierung von Verantwortung und Arbeitszeit. Die mit einer Neuordnung der Arbeitsorganisation verbundene Delegation von Planung, Steuerung und
Kontrolle an den Ort der Wertschöpfung erfordert Eigeninitiative und verstärkte
Übernahme von Verantwortung durch die Mitarbeiter. Diese kann nur glaubwürdig
gefordert werden, wenn auch entsprechende Spielräume zur Gestaltung der Arbeitszeit und damit der Arbeitsprozesse bestehen. In flacheren Hierarchien sollen
die Gruppen „zu Disponenten der Arbeitszeit" werden, so daß unter Absprache mit
den anderen Gruppenmitgliedern die individuelle Arbeitszeit weitgehend selbst bestimmt werden kann. Voraussetzung hierfür ist, daß die Beschäftigten in einer
Gruppe über einen möglichst ganzheitlichen Aufgabenzuschnitt verfügen. Hierzu
müssen die Mitarbeiter breit angelegte Qualifikationsprofile haben, so daß in der
Gruppe genügend Schnittmengen für gegenseitige Vertretung und überlappende
Arbeitsteilung bestehen. Auch ist es zwingend, die Gruppe mit frühzeitigen und
umfassenden Informationen über die Auftragsentwicklung, Liefertermine sowie die
Produktionsplanung zu versorgen. Nur so kann sich die Arbeitszeitgestaltung pri-
mär an den Ergebnissen und an der Produktivität, also am Arbeitsanfall und der
Auslastung orientieren, statt an der bloßen Präsenz der Mitarbeiter.

(3) Neue Rollenbilder und Arbeitszeit. Die dem Mitarbeiter abgeforderte neue Rolle als „Unternehmer im Unternehmen" verlangt, in ihm den mündigen Mitarbeiter zu sehen, der auf unterschiedliche Anforderungen, Belastungen und Abläufe der Arbeit mit einem flexiblen Arbeitszeitverhalten reagiert. So muß dem einzelnen Mitarbeiter zugestanden werden, sowohl autonom Zeitguthaben anzusparen als auch aufzulösen.

(4) Neugestaltung der zwischenbetrieblichen Kooperation und Arbeitszeit. Auch die Optimierung der Schnittstellen zwischen einzelnen Unternehmen und Werken verlangt nach einer entsprechenden Arbeitszeitorganisation. Durch die Reduzierung von Puffern und Lagern nicht nur innerhalb der Unternehmen, sondern auch zwischen den Firmen, die Konzentration auf Kernaktivitäten, die oft eine reduzierte Fertigungstiefe nach sich zieht, und den daraus resultierenden neuen Formen der Arbeitsteilung zwischen den Unternehmen ist eine Verzahnung und Synchronisierung der Arbeitszeiten zwischen den Unternehmen erforderlich. Die fortschreitende Globalisierung der Produktionsbeziehungen macht die zeitliche Synchronisationsproblematik besonders deutlich und stellt erhebliche Herausforderungen an das betriebliche Arbeitszeitmanagement. Die Notwendigkeit der zeitlichen Verkettung zwischen Unternehmen zieht sich innerbetrieblich durch alle Bereiche hindurch: So sind neben Beschaffung, Produktion und Vertrieb im zunehmenden Maße auch Bereiche wie Forschung und Entwicklung betroffen (z.B. „Simultaneous Engineering").

Neue Arbeitszeitstrukturen können also, wie diese Ausführungen zeigen, zum Angelpunkt für eine innovative Arbeitsgestaltung werden. Durch sie können neue Produktionskonzepte flankiert und dadurch erst deren Potentiale voll ausgeschöpft werden. Gleichzeitig zeigt sich aber auch, daß sich die mit neuen Arbeitszeitmodellen verbundenen Vorteile nur im Rahmen einer innovativen, arbeitsorganisatorischen Umgestaltung realisieren lassen.

Neue Arbeitszeitmodelle, die diese Ziele verfolgen, sind gegenwärtig durchaus realisierbar. Der Verweis vieler Unternehmen auf gesetzliche und tarifliche Bestimmungen, die einer Veränderung der Dauer der Arbeitszeit als auch die Variation ihrer Lage und Verteilung entgegenstehen würden, ist vor dem Hintergrund der auf verschiedenen Ebenen eingeräumten Flexibilitätsspielräumen nicht mehr zeitgemäß. Dies zeigen die nachfolgenden Beispiele auf vier Regelungsebenen:

* Durch gesetzliche Regelungen wird der Rahmen festgelegt, innerhalb dessen die Sozialpartner mittels Tarifverträgen die Dauer und Verteilung der Arbeitszeit bestimmen können. Nach dem seit Juli 1994 geltenden Arbeitszeitgesetz kann die tägliche Arbeitszeit – abgesehen von gesetzlichen Ausnahmefällen (z.B. Metallhüttenwerke) – 10 Stunden betragen (§3 ArbZG). In der Woche kann demnach bis zu 60 Stunden gearbeitet werden, wenn im Durchschnitt eines Halbjahres eine Wochenstundenzahl von durchschnittlich 48 Stunden nicht überschritten wird.
* Tarifvertragliche Regelungen spielen eine besondere Rolle, da sie den Rahmen für die Lage und Dauer der Arbeitszeit vorgeben. Bei fast allen in den letzten

Jahren abgeschlossenen Tarifverträgen mit Arbeitszeitverkürzungen auf unter 40 Stunden sind hinsichtlich Dauer, Lage und Verteilung große Flexibilisierungsmöglichkeiten vorgesehen: So können die Regelarbeitszeiten in der Metallbranche innerhalb bestimmter Spannen (35 - 40 Std./Wo.) bis zu einem Jahr ungleichmäßig verteilt werden. Unter bestimmten Voraussetzungen kann auch am Wochenende gearbeitet werden, wenn innerhalb eines vorgegebenen Zeitraums Überstunden wieder abgebaut werden. Dieser Ausgleich kann in Freizeitblöcken von Stunden oder Tagen erfolgen.

• Wachsende Bedeutung erfahren auch die zwischen Arbeitnehmervertretung und Geschäftsleitung geschlossenen Betriebsvereinbarungen. Die Tarifverträge billigen gerade dieser Ebene großen Spielraum bei der Ausgestaltung der Arbeitszeit zu. Die Flexibilisierung der Arbeitszeiten kann so auf die spezifischen Besonderheiten des Betriebs, der Branche und der industriellen Beziehungen zugeschnitten werden.

• Schließlich wirken die Regelungen des individuellen Arbeitsvertrages auf die Gestaltung der Arbeitszeit , da durch ihn der Umfang der Arbeitszeit des Arbeitnehmers bestimmt wird (z.B. Voll- oder Teilzeitarbeit). So besteht beispielsweise im Manteltarifvertrag für die Metall- und Elektroindustrie seit 1990 eine Öffnungsklausel für (je nach Tarifgebiet) 13 bzw. 18% der Beschäftigten eines Unternehmens, die es ermöglicht, einzelvertraglich die Normalarbeitszeit auf 40 Stunden pro Woche zu erhöhen, mit der Wahl zwischen Freizeitausgleich oder Bezahlung. Allerdings hat dieses Flexi-Modell nur eine äußerst geringe Verbreitung gefunden.

Insgesamt gilt damit, daß die Gestaltungselemente der Arbeitszeit nicht völlig frei disponierbar sind. Mit wenigen Einschränkungen auf den verschiedenen angesprochenen Regelungsebenen ist jedoch ein Flexibilitätspotential vorhanden, das genutzt werden kann, um die skizzierten Anforderungen neuer Produktionskonzepte gezielt zu unterstützen.

9.3.2
Neue angepaßte Arbeitszeitmodelle

Ziele. Vor diesem Hintergrund besteht in den Betrieben unter dem Gesichtspunkt einer Unterstützung neuer Produktionskonzepte Interesse an einer Flexibilisierung der Arbeitszeiten. Insbesondere Unternehmen im produzierenden Bereich erhoffen sich durch flexible Arbeitszeiten eine erhöhte Anpassungsfähigkeit an die vielfältigen Anforderungen des Marktes zu geringeren Kosten. Im einzelnen sollen flexible Arbeitszeiten zur Realisierung folgender Ziele beitragen:

• Das Unternehmen soll auf die Unwägbarkeiten des Arbeitsanfalls (Nachfrageschwankungen) reagieren können. Dazu müssen die Betriebsnutzungszeiten durch eine Entkoppelung von Betriebszeit und individueller Arbeitszeit ausgeweitet werden, damit die Mitarbeiter schneller auf Kundenwünsche reagieren können.

- Die durch neue Produktionskonzepte angezielte Effizienzsteigerung soll durch flexible Arbeitszeiten maßgeblich erhöht werden. Im Blickpunkt stehen hierbei die Verkürzung der Durchlaufzeiten und Lieferfristen, die Erhöhung der Liefertreue, die erhöhte Nutzung kapitalintensiver Anlagen und die Reduzierung von Überstunden.
- Die in neuen Produktionskonzepten dem Mitarbeiter zugewiesene zentrale Rolle im Wertschöpfungsprozeß soll sich auch in flexiblen Arbeitszeitmodellen widerspiegeln. Beabsichtigt ist eine möglichst harmonische Abstimmung zwischen individuellen Bedürfnissen und Wünschen der Mitarbeiter und betrieblichen Notwendigkeiten, die die Motivation und Arbeitszufriedenheit der Mitarbeiter deutlich erhöhen kann.

Dimensionen der Arbeitszeitflexibilisierung und ihre Modelle. Wie oben angesprochen, bedeutet Arbeitszeitflexibilisierung, die Stellschrauben wie Dauer, Lage und Verteilung der Arbeitszeit kurzfristigen Schwankungen von Arbeitsanfall und Personalverfügbarkeit sowie kurzfristigen individuellen Zeitbedürfnissen bestmöglich anzupassen. Dabei spielen konkret folgende Gestaltungsbereiche bzw. Dimensionen von Arbeitszeit eine Rolle (Abb. 9.1):

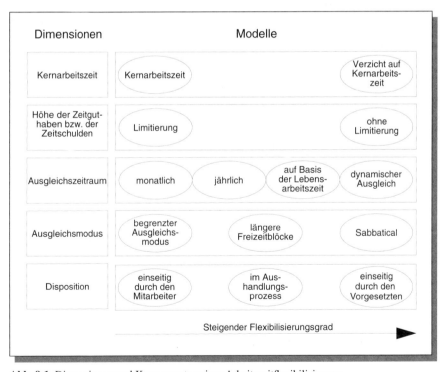

Abb. 9.1. Dimensionen und Komponenten einer Arbeitszeitflexibilisierung

- Kernarbeitszeit
- Höhe der Zeitguthaben bzw. der Zeitschulden
- Ausgleichszeitraum
- Ausgleichsmodus
- Disposition der Arbeitszeit.

Im folgenden sollen die „Justierungen" dieser Gestaltungsbereiche vorgestellt werden, die den Anforderungen neuer Produktionskonzepte besser genügen als es traditionelle Lösungen in diesen Bereichen bislang vermögen.

Gestaltung der Kernarbeitszeit. Die Kernarbeitszeit ist definiert als die Arbeitszeit, in der die Mitarbeiter an ihren Arbeitsplätzen anwesend sein müssen. Das Flexibilisierungspotential wird wesentlich durch die Größe der Kernarbeitszeit beeinflußt. In der Diskussion sind Modelle mit reduzierter Kernarbeitszeit und Modelle, die ganz auf eine Festlegung von Kernarbeitszeiten verzichten:

(a) *Reduzierte Kernarbeitszeit.* Gleitzeitmodelle mit Kernzeit erlauben eine Variation der Lage und Dauer der individuellen, täglichen Arbeitszeit, bei der es keine starren Anfangs- und Endzeiten für den Arbeitsbeginn gibt, sondern Ein- und Ausgleitspannen mit Anwesenheitspflicht in der Kernzeit. Die formale Regelungskompetenz verbleibt nach wie vor beim Vorgesetzten. Vorteile sind in gesicherten Präsenzzeiten der Mitarbeiter zu sehen, Nachteil bei diesem Modell ist die volle Präsenz auch in Zeiten niedrigen Arbeitsanfalls.

Arbeitszeitmodell bei ELSTER. Die neue Betriebsvereinbarung zur Arbeitszeit bei ELSTER trat zum 1. April 1996 probeweise für die Dauer von neun Monaten in Kraft. Da sich beide Betriebsparteien für eine Fortdauer aussprachen, gilt diese Betriebsvereinbarung nun unbefristet. Sie zeichnet sich durch folgende Kernelemente aus (Abb. 9.2):

- Die Kernarbeitszeit für Mitarbeiter in Normalschicht, Frühschicht, Spätschicht wurde erheblich reduziert und die Gleitzeitspannen damit beträchtlich erhöht.
- Zeitguthaben und -schulden können nun bis zu einer Höhe von 35 Stunden aufgebaut werden.
- Durch die Einführung eines „Ampelkontos" wurde der Ausgleichszeitraum dynamisiert. Der Mitarbeiter ist nicht mehr an einen Zeitraum gebunden, innerhalb dessen er sein Konto ausgleichen muß, sondern er muß eine bestimmte Höhe des Arbeitszeitkontos anstreben.
- Der Ausgleich kann unter Berücksichtigung betrieblicher Belange an bis zu fünf aufeinander folgenden Tagen in Freizeit erfolgen.
- Das „Ampelkonto" sieht unterschiedliche Dispositionsmöglichkeiten vor. Nur in einem als kritisch definierten Bereich des Arbeitszeitkontos schalten sich andere Instanzen als der Mitarbeiter zur Steuerung des individuellen Arbeitszeitverhaltens ein.

Das Kernstück der neuen Regelung, das „Ampelkonten"-System ist eine besondere Form des Zeitkontos und wird zur Steuerung des Arbeitszeitverhaltens für jeden Mitarbeiter geführt. Der Phasenwechsel von grün nach gelb oder von gelb nach rot löst unterschiedlichen Steuerungsbedarf aus. Regelfall ist, daß der Mitarbeiter im grünen Bereich bis +/- 14 Stunden eigenverantwortlich unter Abstimmung mit seiner Arbeitsgruppe über seine Arbeitszeit bestimmen kann. Bei Überschreitung des Arbeitszeitkontos bis +/- 28 Stunden erfolgt die Disposition in Absprache mit der Arbeitsgruppe, dem Vorgesetzten bzw. der Segmentleitung. Schließlich greift bei Überschreitung des Arbeitszeitkontos bis +/- 35 Stunden die weitere Disposition in Absprache mit Vorgesetztem bzw. der Segmentleitung unter Weiterleitung der Information an den Betriebsrat und die Personalabteilung (Abb. 9.3).

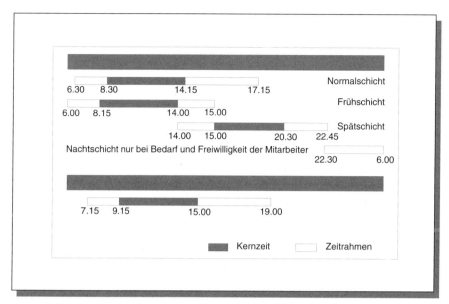

Abb. 9.2. Heutige Arbeitszeitregelung bei ELSTER (BV Nr. 01/96, Pkt. 4)

Im Regelfall dürfen Guthaben oder Zeitschulden die 35-Stunden-Grenze zum Monatsende nicht überschreiten. Ein zum Monatsende über 35 Stunden hinausgehendes Guthaben verfällt ersatzlos; eine am Ende des Monats um mehr als 35-stündige Unterschreitung wird als Fehlzeit gewertet und vom Lohn abgezogen. Allerdings können auch hier Ausnahmeregelungen in Kraft treten, wie z.B.

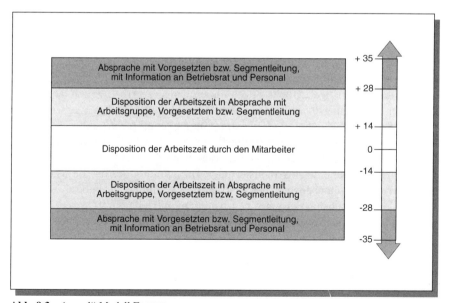

Abb. 9.3. „Ampel"-Modell ELSTER

unvorhersehbare Auftragseingänge oder -ausfälle. Gegebenenfalls kommt es dann nach Absprache mit dem Betriebsrat zu einer befristeten Erweiterung des Arbeitszeitkontos nach oben oder unten. Auch kann über den Übergang auf tarifliche Regelungen oder über Mehrarbeit verhandelt werden. Mehrarbeit wird aber nur vergütet, wenn sie von der Segment-/Personalleitung angeordnet und vom Betriebsrat genehmigt wurde. Der Arbeitszeitausgleich soll in Freizeit erfolgen. Dabei kann jeder Mitarbeiter unter Abstimmung mit der Gruppe und mit Genehmigung des Vorgesetzten auch während der Kernarbeitszeit Freizeit nehmen. Der Zeitausgleich kann an bis zu fünf freien zusammenhängenden Arbeitstagen erfolgen.

(b) *Verzicht auf Kernarbeitszeit.* Bei erweiterten Gleitzeitmodellen wird auf eine Festlegung von Kernzeiten zugunsten der internen Regelungskompetenz der Gruppen verzichtet. Die Gruppenabsprache dient als Regulativ der individuellen Zeitpräferenzen, um je nach Arbeitsanfall eine erforderliche Mindestbesetzung zu gewährleisten. Die Beschäftigten können unter dieser Prämisse sowohl die Lage (Anfang und Ende der täglichen Arbeitszeit) als auch die Verteilung (Guthaben und Schulden) ihrer täglichen Arbeitszeit variieren. Anstelle der von außen vorgegebenen Kernzeit tritt die eigenverantwortliche Arbeitszeitorganisation. Der Entscheidungs- und Verantwortungsspielraum der Mitarbeiter wird erheblich ausgeweitet.

In den RAMONA-Betrieben wurde bislang auf Kernarbeitszeiten nicht verzichtet. Bei den Firmen ELSTER und „tewells" hat man jedoch im Sinne des oben beschriebenen Modells (a) die Kernarbeitszeiten erheblich reduziert und damit die Gleitzeitspannen beträchtlich erhöht. Für ELSTER bedeutet dies, daß die gewerblichen Mitarbeiter in Normalschicht eine Gleitzeitspanne von 10 Stunden 45 Minuten und eine Kernzeit von 5 Stunden 45 Minuten haben. Für die Schichtarbeiter verringert sich die Gleitzeitspanne auf 9 Stunden in der Frühschicht bzw. auf 8 Stunden 45 Minuten in der Spätschicht. Die Kernzeiten liegen hier bei 5 Stunden 45 Minuten bzw. bei 5 Stunden 30 Minuten. Die Lage der Gleit- und Kernzeitspannen ist betrieblich vorgegeben.

Gestaltung der Arbeitszeitguthaben oder -schulden. Mit Zeitguthaben und Zeitschulden als Spielraum können die Unternehmen auf Schwankungen des Arbeitsanfalls und kurzfristige Arbeitsspitzen durch längere Arbeitszeiten sowie bei schwacher Auslastung durch kürzere Arbeitszeiten und Gleittage reagieren. Das Zeitguthaben ist dabei definiert als die vom Mitarbeiter erbrachte und angesammelte Arbeitsleistung, die über die vertraglich vereinbarte Arbeitsleistung hinausgeht. Zeitschulden entstehen aus einem Defizit zwischen der tatsächlich erbrachten und der vertraglich geschuldeten Arbeitsleistung. Der Umfang der für die Mitarbeiter zugelassenen Zeitguthaben und der Zeitschulden beeinflußt in hohem Maße die Flexibilisierungsintensität der einzelnen Arbeitszeitmodelle. Grob lassen sich hier zwei unterschiedliche Regelungsansätze unterscheiden, die das Niveau der Zeitsouveränität entscheidend prägen:

(a) *Modelle mit Limitierung.* Beim limitierten Modell bestehen Vorgaben, die nur definierte Zeitguthaben oder -schulden zulassen. Die Ausweitung des Spielraums von Plus- und Minusstunden erhöht das Niveau der Zeitsouveränität der Mitarbeiter und das Flexibilitätspotential des Unternehmens.

(b) *Modelle ohne Limitierung.* Der Verzicht auf die Limitierung von Zeitguthaben und -schulden bedeutet, daß der Ausgleichszeitraum bei nicht mehr nur auf Monate begrenzt bleibt, sondern sich auf längere Zeiträume (Jahr, Jahre, Lebensarbeitszeit) bezieht.

Insgesamt läßt sich feststellen, daß sich ein hohes Maß an zulässigen Salden positiv auf das Flexibilitätspotential auswirkt. Arbeitszeitkonten dienen auf diese Weise als Puffer zur Bewältigung von Nachfrageschwankungen. Alle RAMONA-Betriebe verfügen mittlerweile über Arbeitszeitsysteme mit Arbeitszeitkonten. Die Limitierung dieser Konten ist unterschiedlich geregelt:

- Bei ELSTER und KROHNE sind mit +/- 35 Stunden bzw. +/- 40 Stunden die Arbeitszeitkonten nach oben und unten in gleicher Höhe begrenzt.
- Bei RÜGGEBERG und „tewells" hat man „asymmetrische Zeitkontenmodelle" implementiert: Die erlaubte Höhe von Zeitguthaben und Zeitschulden weicht voneinander ab. Interessanterweise übersteigt bei „tewells" die Höhe der eingeräumten Zeitschulden (70 Stunden) das erlaubte Maß an Zeitguthaben (35 Stunden), während bei RÜGGEBERG die Zeitguthabenhöhe (70 Stunden) über der Zeitschuldenhöhe (35 Stunden) liegt.

Gestaltung des Ausgleichszeitraums. Der Ausgleichszeitraum ist der Zeitraum, innerhalb dessen Mehr- oder Minderarbeit ausgeglichen sein muß. Längere Ausgleichszeiträume ermöglichen eine langfristigere Einplanung von Nachfrageschwankungen. In der Diskussion unterscheidet man vier Modelle:

(a) *Modelle mit monatlichem Ausgleich.* In diesen Modellen begrenzen sich die Ausgleichszeiträume, in denen der Durchschnitt der tarifvertraglich vereinbarten Arbeitszeit erreicht werden soll, nicht mehr nur auf die Wochen, sondern auf den Monat.

(b) *Modelle mit jährlichem Ausgleich.* Bei Modellen mit jährlichem Ausgleich können die Unternehmen Auftragsschwankungen über das Jahr beschäftigungsneutral auffangen. Der tarifvertragliche Rahmen läßt schon heute Ausgleichszeiträume von in der Textilbranche zwei, in der Metallindustrie einem Jahr zu.

(c) *Modelle mit Ausgleich auf Basis der Lebensarbeitszeit.* Bei Lebensarbeitszeitmodellen bleiben Ausgleichszeiträume nicht mehr auf das Jahr begrenzt, sondern erstrecken sich auf das gesamte Arbeitsleben. Mit einem entsprechenden Gleitzeitsaldo kann man den Ruhestand um mehrere Jahre vorziehen.

(d) *Modelle mit dynamischen Ausgleich.* Ein noch größerer Spielraum wird durch die Dynamisierung der Ausgleichszeiträume erreicht. Dabei wird kein voller Ausgleich des Arbeitszeitkontos in einem definierten Zeitraum gefordert, sondern ein rollierender Zeitausgleich, der die Möglichkeiten einer Flexibilisierung weiter erhöht.

Beim Blick auf die RAMONA-Betriebe finden sich hinsichtlich des Ausgleichszeitraums ganz verschiedene Lösungen:

- Bei „tewells" beträgt der Zeitraum zum Ausgleich des Arbeitszeitkontos ein Jahr.

- Bei KROHNE dürfen Zeitguthaben bzw. Schulden zum Monatsende nicht über 40 Stunden hinausgehen.
- Bei RÜGGEBERG darf das Arbeitszeitkonto zum Monatsende nicht über 70 Überstunden bzw. 35 Minusstunden hinausgehen.
- Bei ELSTER wurde der Ausgleichszeitraum dynamisiert. Der Mitarbeiter ist nicht mehr an einen Zeitraum gebunden, innerhalb dessen er sein Konto ausgleichen muß. Er muß eine bestimmte Höhe des Arbeitszeitkontos anstreben.

Modelle zur Gestaltung des Ausgleichsmodus. Auch die Art, in der Zeitguthaben oder Zeitschulden abgebaut werden können, beeinflußt das erreichbare Flexibilisierungspotential. Die Art des Ausgleichsmodus ist entscheidend von dem gewählten Ausgleichszeitraum und von den vereinbarten Höchstgrenzen für die Ansammlung von Zeitguthaben bzw. Zeitschulden abhängig. Von Bedeutung ist hier nicht nur die Länge der möglichen Ausgleichseinheiten (Stunden, Tage, Wochen, Jahre), sondern auch inwieweit bestimmte Beschränkungen bezüglich ihrer Lage und Verteilung bestehen (Sommer, Winter, etc.). Drei Modelle werden unterschieden:

(a) *Modelle mit begrenztem Ausgleichszeitraum.* Bei Gleitzeitmodellen, die über einen kleinen Ausgleichszeitraum verfügen, besteht nur die Möglichkeit, in mehreren Stunden oder halben Tagen angesparte Zeitguthaben wieder abzubauen. Eventuell bestehen auch Vereinbarungen über die Lage und Verteilung der Ausgleichszeiten. Danach können bestimmte Wochentage für die Inanspruchnahme des Zeitguthabens gesperrt sein. Auch Vereinbarungen, die vorsehen, daß volle Tage als Ausgleichseinheit nur in Form von sog. „Brückentagen", also an Arbeitstagen zwischen Feiertagen und dem Wochenende, zulässig sind, sind denkbar.

(b) *Modelle mit längeren Freizeitblöcken.* Bei Gleitzeitarbeit mit einem Ausgleichszeitraum, der länger als ein Monat ist, besteht für die Arbeitnehmer oft die Option, einen oder mehrere Arbeitstage hintereinander freizunehmen. Längere Freiblöcke können in manchen Unternehmen im Umfang von einer Woche, mehrerer Wochen oder eines Monats genommen werden. Auf diese Weise wird ein hohes Flexibilitätspotential geschaffen, das der einzelne Mitarbeiter zur Verwirklichung seiner Zeitpräferenzen ausschöpfen kann.

(c) *Sabbatical-Modell.* Bei Modellen mit längerwährenden Freistellungen während des Berufslebens, d.h. von mehrmonatiger oder jährlicher Dauer, die durch eigene Arbeitszeit angespart werden, spricht man von „Sabbaticals". Ein solches Sabbatical kann beispielsweise genutzt werden für die persönliche Weiterbildung, zur Erholung, für die Familie, für ein zeitaufwendiges Hobby oder soziales Engagement. Dadurch kann dem Mitarbeiter „Zeit für sich" eingeräumt werden, ohne das dieser den Arbeitsplatz und den erworbenen Lebensstandard riskieren muß. Dieses Instrument wird als Maßnahme gegen abnehmende Kreativität und Leistungsfähigkeit bzw. Motivation gesehen. Die durch die Sabbat-Pause wiedergewonnene Distanz kann neue Blickwinkel schaffen und einen Beitrag zur Überwindung der Betriebsblindheit leisten. Wird das Sabbatical für persönliche Weiterbildung genutzt, hat das Unternehmen den Zusatznutzen eines qualifizierten Mitarbeiters. Kritiker des Sabbatical-Modells merken an, daß ein pausierender Mitarbeiter sich nicht oder nur durch unvertretbar hohen Aufwand durch eine andere Person ersetzen ließe. Der Aufwand ist sicherlich nicht zu unterschätzen. Zahlreiche positive Erfahrungen, z. B. mit dem Elternschaftsurlaub, zeugen allerdings von einem Aufwand, der durchaus im Verhältnis zum Nutzen steht.

Die in den RAMONA-Betrieben zur Anwendung kommenden Ausgleichmodi sehen bei ELSTER vor, daß die Mitarbeiter die Zeitguthaben ihres Arbeitszeitkontos unter Berücksichtigung betrieblicher Belange an bis zu fünf aufeinander folgenden Tagen aufbrauchen können. Bei RÜGGEBERG können theoretisch auch mehr als fünf Ausgleichstage en bloc genommen werden, wenn es die betriebliche Auftragslage ermöglicht. Hier ist also von längeren Freizeitblöcken zu sprechen. Auch bei „tewells" verfügen die Mitarbeiter zum Ausgleich ihres Arbeitszeitkontos unter Berücksichtigung betrieblicher Belange über maximal fünf Ausgleichstage pro Jahr. Hierbei besteht eine Ankündigungsfrist von zehn Tagen.

Arbeitszeitregelung bei „tewells". Die bei „tewells" in einer Arbeitsgruppe entwickelte neue Arbeitszeitregelung trat zum 1. Februar 1997 in Kraft. Sie gilt für die im Bereich Produktion tätigen Mitarbeiter. Kern der neuen Regelung ist ein „asymmetrisches Zeitkontenmodell": Zeitschulden können in Höhe von bis zu 70 Stunden, Zeitguthaben von bis zu 35 Stunden aufgebaut werden, ohne daß Lohnabzüge vorgenommen werden oder daß Überstundenzuschläge gezahlt werden. Alle Arbeitszeiten, die über eine tägliche Arbeitszeit von 7 Stunden hinausgehen, werden dem Arbeitszeitkonto gutgeschrieben. Bei weniger als 7 Stunden pro Tag wird das Arbeitszeitkonto entsprechend belastet. Gehen die aufgelaufenen Zeitschulden über 70 Stunden hinaus, so werden sie wie unbezahlte Freizeit behandelt. Diese Form der Lohnabzüge ist jedoch faktisch noch nie vorgekommen. Dagegen werden Zeitguthaben von mehr als 35 Stunden mit einem Zeitzuschlag gutgeschrieben.

Die Arbeitszeit verteilt sich auf fünf Tage in der Woche und liegt zwischen Montag und Freitag. Das zu leistende Arbeitsvolumen darf täglich 9 Stunden nicht übersteigen und wöchentlich höchstens 45 Stunden betragen. Die Kernarbeitszeiten für die Mitarbeiter in der Produktion bleiben gleich.

Dem Arbeitszeitkonto des Arbeitnehmers wird ab der 40. Arbeitstunde pro Woche zusätzlich ein zeitlicher Belastungsausgleich gutgeschrieben. Dieser beträgt für die 41. bis 43. Wochenstunde 15 % (9 Minuten) und für die 44. und 45. Wochenstunde 25 % (15 Minuten).

In begründeten Ausnahmefällen ist in Absprache mit dem Betriebsrat auch die Ansetzung von Samstagsschichten als Puffer möglich. In diesem Fall kann der Mitarbeiter einen Ausgleich wahlweise in Freizeit oder Geld fordern. Dieser Belastungsausgleich beträgt von der 41. bis 43. Wochenstunde 20 % (12 Minuten) und für die 44. und 45. Wochenstunde 30 % (18 Minuten).

Der Zeitraum zum Ausgleich des Arbeitszeitkontos beträgt ein Jahr. Die Mitarbeiter können zum Ausgleich des Arbeitszeitkontos unter Berücksichtigung betrieblicher Belange über maximal 5 Ausgleichstage pro Jahr zum Abbau aufgelaufener Arbeitszeitguthaben individuell verfügen. Hierbei besteht eine Ankündigungsfrist von 10 Tagen.

Gestaltung der Disposition der Arbeitszeit. Die Einräumung von Dispositionsspielräumen ist ein wesentliches Merkmal flexibler Arbeitszeiten. Hier sind grundsätzlich drei Varianten denkbar:

(a) *Modelle mit einseitiger Disposition durch den Vorgesetzten.* Die Arbeitszeit wird einseitig durch den Vorgesetzten festgelegt, der Mitarbeiter bleibt fremdbestimmt.

(b) *Modelle mit Disposition im Aushandlungsprozeß.* Die Arbeitszeit wird in Vereinbarungen zwischen Vorgesetzten und Mitarbeitern festgelegt. Dabei folgt man einer zwischen Betriebsrat und Geschäftsleitung festgelegten Grobplanung.

(c) *Modelle mit einseitiger Disposition durch den Mitarbeiter.* Die Verantwortung für die Steuerung der Arbeitszeit wird unter Beachtung betrieblicher Interessen auf die einzelnen Mitarbeiter übertragen. Anstelle der Fixierung von Beginn und Ende, Umfang und Abfolge der Arbeitszeit nach festgelegten Regeln tritt die Eigenverantwortung der Mitarbeiter. Dem Mitarbeiter wird damit ermöglicht, eine bessere Abstimmung zwischen Arbeitszeit und persönlichen Bedürfnissen vorzunehmen.

Hinsichtlich dieser prinzipiell gegebenen Möglichkeiten zur Gestaltung der Dispositionsbefugnisse hat der RAMONA-Betrieb ELSTER eine interessante Kombination realisiert: Nach dem sogenannten „Ampelkonto" kann jeder Mitarbeiter im „grünen" Bereich seines Arbeitszeitkontos (+/- 14 Stunden) eigenverantwortlich unter Abstimmung mit seiner Arbeitsgruppe über seine Arbeitszeit bestimmen. Bei Überschreitung des Arbeitszeitkontos bis +/- 28 Stunden („gelber Bereich") erfolgt die Disposition in Absprache mit der Arbeitsgruppe sowie dem Vorgesetzten bzw. der Segmentleitung. Schließlich greift bei Überschreitung des Arbeitszeitkontos bis +/- 35 Stunden („roter Bereich") die weitere Disposition in Absprache mit dem Vorgesetzten unter Einschaltung der Werksleitung, des Betriebsrats und der Personalabteilung.

9.3.3
Fazit

Flexible Arbeitszeitmodelle schaffen die Voraussetzungen, um die Potentiale von Prozeßorientierung, Segmentierung und Gruppenarbeit ausschöpfen zu können. Unternehmenskultur und Prozeßleitbilder müssen mit den Arbeitszeitsystemen kompatibel sein.

Flexible Arbeitszeitmodelle können nur funktionieren, wenn andere Rahmenbedingungen wie Kennzahlensystem, Qualifizierungsmodell, Führungsstil und Entgeltsystem auf sie abgestimmt werden. Das Beispiel des RAMONA-Betriebs ELSTER zeigte, daß erst nach der Verfügbarmachung von bestimmten Kennzahlen der eigenverantwortliche Umgang der Mitarbeiter mit dem flexiblen Arbeitszeitsystem möglich war. Aber auch die verschiedenen Stellschrauben der „Flexibilisierung" (Länge, Dauer und Lage der Arbeitszeit) müssen in sich konsistent „justiert" werden.

Die Einführung neuer Arbeitszeitmodelle kann nur auf Basis von Vertrauen und im Miteinander von Mitarbeitern, Unternehmensleitung und Betriebsrat erfolgen. Eine neue Informationspolitik ist essentiell, um das Potential flexibler Arbeitszeiten nutzen zu können. Die „Erträge" müssen gerecht verteilt werden (Abb. 9.4). Im Falle von „tewells" wurde rasch klar, daß das geplante flexible Arbeitszeitmodell

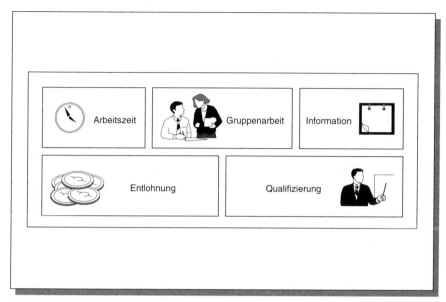

Abb. 9.4. Arbeitszeit als Teil einer „Paketlösung"

nur in einem gegenseitigen Geben und Nehmen realisiert werden konnte. Für die in einer Flexibilisierung der Arbeitszeit liegenden Kostenvorteile forderte die Arbeitnehmerseite

- die Höhergruppierung der Mitarbeiter, die in den Gruppen eine gesteigerte Aufgabenvielfalt übernehmen,
- die Abgabe einer Beschäftigungsgarantie während der Laufzeit der Betriebsvereinbarung zu den flexiblen Arbeitszeiten sowie
- die Verpflichtung der Arbeitgeberseite, eine Vorankündigungsfrist von zehn Tagen bei betriebsbedingten Überstunden einzuhalten.

Ohne ein Umdenken des Einzelnen werden flexible Arbeitszeiten kaum angenommen. Ein Prozeß der Gruppenentwicklung ist wichtig, damit flexible Arbeitszeiten nicht Konflikte heraufbeschwören. Die Qualifizierung der Mitarbeiter muß gefördert werden, wie es sich insbesondere im Veränderungsprozeß bei „tewells" zeigte. Mit der Einführung der Gruppenarbeit war dort die Idee verbunden, den neu gebildeten Arbeitsgruppen auch die Steuerung der Arbeitszeit zu überlassen. Dies gestaltete sich schwierig. Die Entscheidung über die Nutzung der vorhandenen Flexibilitätsspielräume wird momentan vor allem noch durch die Vorgesetzten vorgenommen. Es gilt, den Mitarbeitern schrittweise Instrumente an die Hand zu geben, durch die sie in die Lage versetzt werden, die Auftragslage zu überblicken und die Maschinenbelegung zu steuern. Um diese Instrumente nutzen zu können, ist eine entsprechende Qualifizierung notwendig. Der Umstellungsprozeß zur Eigendisposition der Arbeitszeit muß darüber hinaus langsam erfolgen, damit sich die Gruppenmitglieder nicht überfordert fühlen.

9.4
Controlling in neuen Produktionsstrukturen

STEFFEN KINKEL

9.4.1
Probleme tradierter Formen des Controlling beim Einsatz neuer Produktionskonzepte

Die Erfahrungen der RAMONA-Betriebe zeigen anschaulich, daß das Controlling klassischer Prägung die Implementierung neuer Produktionskonzepte und das Agieren im zunehmend turbulenten Umfeld eher behindert, als daß es diese Prozesse wirksam flankiert. Dieses Spannungsfeld konkretisiert sich in folgenden Punkten:

(1) In den RAMONA-Betrieben war zu Projektbeginn und selbst noch im Laufe des Projektes eine hohe Zahlengläubigkeit gegenüber den auf herkömmliche Art ermittelten Kosten zu verzeichnen. Bei ELSTER gab man beispielsweise an, mit der dort praktizierten Deckungsbeitragsrechnung auf Gemeinkostenbasis ca. 80 % der Kosten dem Segmentergebnis verursachungsgerecht zurechnen zu können. Eine detaillierte, verursachungsgerechte Zuordnung der Kosten erforderte nach Meinung des zentralen Controllings im Verhältnis zum erzielbaren Nutzen einen zu hohen Aufwand. Erst im Zusammenhang mit der konkreten Bewertung einer Ersatzinvestition für den Bereich „Teilefertigung" wurde das Problem virulent: Die gegenüber den Anschaffungskosten als deutlich unterbewertet empfundenen internen Kosteneinsparungen und Verbesserungen der betrieblichen Potentiale erschütterten das Vertrauen in die ermittelten Kosten nachhaltig. Daraufhin entschloß man sich, die Kosten für die Prozesse, die über die zur Disposition stehende Maschine liefen, versuchsweise durch eine Prozeßkostenrechnung zu ermitteln.

Die zum „Grundübel Gemeinkosten" führende, mangelnde Prozeßorientierung traditioneller Controlling- und Kostenrechnungssysteme rückt also oft nur dann ins Bewußtsein der Unternehmen, wenn konkrete Verrechnungs- und Bewertungsprobleme auftreten. Dann zeigt sich, daß die klassischen Systeme auf die Unterstützung funktionaler Bereiche, speziell der Fertigung, ausgelegt wurden. Die Kosten der indirekten Bereiche sowie der innerbetrieblichen und überbetrieblichen Koordination und Kommunikation werden lediglich als Gemeinkosten erfaßt. In der Praxis kann sich dieser Umstand in Gemeinkostenzuschlagsätzen von mehreren hundert Prozent ausdrücken. Dieser zunehmende Gemeinkostenblock kann mit herkömmlichen Kostenrechnungssystemen nur unzureichend verursachungsgerecht verrechnet werden, da zur Umlage der Kostenstellenkosten auf Kostenträger nur Wertschlüssel zur Verfügung stehen. Er wird daher mehr oder weniger willkürlich nach dem „Gießkannenprinzip" auf die Einzelkosten der Produktion verteilt. Dies kann zu Problemen bei der Bewertung der neugeschaffenen Organisationseinheiten führen, die ungerechterweise noch mit den alten Gemeinkostenzuschlägen belastet werden.

(2) Auch die Potentiale einer kontinuierlichen zielkosten- und leistungsorientierten Entwicklung und Konstruktion wurden in den RAMONA-Betrieben erst unter „Problemdruck" realisiert. So reizte etwa ELSTER die Möglichkeiten der strategischen Kostengestaltung in der Produktentwicklungsphase erst dann konsequent aus, als ein konkreter Auslandsauftrag mit einer Zielpreisvorgabe, die deutlich unter dem Marktpreis des technisch für diesen Auftrag überdimensionierten Produkts lag, einging. Daraufhin konstruierte ELSTER unter Beachtung der geforderten Funktionalitäts- und Kostenanforderungen einen „billigeren Exportzähler" und verschaffte sich Zugang zu diesem Auslandsmarkt.

Das traditionelle Kostenmanagement und Controlling ist demnach zu operativ ausgerichtet und wird der zunehmenden Strategieorientierung nicht gerecht. Das Schwergewicht konzentriert sich zu sehr auf eine deskriptive Produktionskostenermittlung und damit späte Kostenverwaltung anstatt auf die Gestaltung von (Folge)-Kosten in den frühen Phasen der Wertschöpfungskette.

(3) Als weiterer Problembereich erwiesen sich Controllinginstrumente wie Kennzahlen, die zu stark auf eine reine Innenschau der RAMONA-Betriebe abzielten. Als Beispiel mag die Liefertreue bei KROHNE zu Projektbeginn dienen. Sie bezog ausschließlich die Abmeldung der Produkte bei der Endkontrolle mit ein, nicht aber den tatsächlichen Ausgang der Lieferung oder gar den fristgerechten Eingang beim Kunden. Diese innenorientierte Festlegung führte implizit zu einer Beschönigung der Kennzahl. Die tatsächliche Liefertreue war aufgrund der mangelnden Kundenorientierung weit weniger gut als vom internen Controlling ausgewiesen.

Das traditionelle Controlling ist also zu stark innenorientiert. Externe Größen zu Entwicklungen von Markt, Kunden, Lieferanten oder Konkurrenten werden zum größten Teil vernachlässigt, vom Markt vorgegebene „Targets" wie Zielkosten werden nicht adäquat akzeptiert. Dabei wird der Unternehmenserfolg entscheidend auf den vorgelagerten Beschaffungsmärkten determiniert und auf den nachgelagerten Absatzmärkten realisiert.

(4) Probleme ergaben sich in den RAMONA-Betrieben auch dann, wenn Make-or-buy-Entscheidungen getroffen werden mußten. Bei ELSTER waren die Grenzherstellkosten die entscheidende Bezugsgröße für solche Entscheidungen. Deren Unterschreitung führte aber nicht automatisch zur Fremdvergabe. Kernkompetenzen, Qualität, Lieferantenbeziehungen und eigene Kapazitätserwägungen spielten zuweilen eine größere Rolle als der Preis. Wurden die Grenzherstellkosten extern aber deutlich unterboten, so wurde in einem strategischen Entscheiderkreis von Einkauf und Segmenten gemeinsam über Make-or-buy-Maßnahmen diskutiert. Aufgrund der mangelnden Transparenz auf Ebene der Werker und Kostenstellenleiter in der Teilefertigung hatten diese jedoch oftmals den Eindruck, die getroffenen Entscheidungen dienten dazu, Arbeitsplätze abzubauen.

In traditionellen Controllingsystemen sind demnach keine „belastbaren" Regeln für Make-or-buy-Entscheidungen implementiert. Transaktionskosten werden nicht explizit ausgewiesen, sondern verbergen sich im wachsenden Block der fixen Gemeinkosten. Eine adäquate Bewertung der internen Potentiale der Organisation und Identifikation der Kernkompetenzen kann nur ansatzweise erfolgen. Der Übergang von einem kosten- zu einem kompetenzorientierten Sourcing im Fertigungs- und Dienstleistungsbereich ist mit den Methoden des operativen Controlling kaum vollziehbar.

(5) Der RAMONA-Betrieb RÜGGEBERG siedelte im Zuge der Segmentierung des Bereichs 206 eine Reihe operativer Planungs- und Steuerungsaufgaben dezentral im neugeschaffenen Segment an. Von der Integration des Produktcontrolling in das Segment wurde jedoch abgesehen, obwohl dies für eine hohe Kostentransparenz als ideale Lösung angesehen wurde. Die Möglichkeit, eine Redundanz personeller Kapazitäten zu vermeiden, wurde gegenüber den erreichbaren Synergiepotentialen der Integration präferiert.

Das traditionelle Controlling erwies sich (nicht nur in diesem Beispiel) als zu zentralistisch. Aufgrund der zunehmenden Komplexität dezentralisierter Unternehmen kann es eine detaillierte Aufbereitung von Steuerungsinformationen durch Differenzierung in Teilprobleme und zentrale Aggregation nicht mehr bewältigen. Die zur zentralen „Navigation" großer, arbeitsteiliger Organisationen entwickelten, immer umfangreicheren Controllingsysteme stoßen an ihre Grenzen. Die mit einer Verschlankung des Zentralcontrolling einhergehende Anreicherung des Selbstcontrolling um operative Steuerungsaufgaben ist daher unumgänglich.

(6) Die Notwendigkeit, andere Kennzahlen als ausschließlich finanzielle zu entwickeln und dezentral verfügbar zu machen, wurde von allen RAMONA-Betrieben erkannt. Der Grad der Entwicklung und Nutzung der Kennzahlen zur Selbststeuerung der neuen Organisationseinheiten, zur Vereinbarung von Zielen oder zur fortlaufenden Bewertung der Restrukturierung ist in den Unternehmen freilich unterschiedlich weit gediehen.

Allgemein zeigte sich aber, daß das traditionelle Controlling zu einseitig auf monetäre Größen fixiert ist. Durch diese Reduktion des Unternehmensgeschehens auf die monetäre Dimension wird ein Verlust an für die Navigation relevanter Information erzeugt. Strategisch werden die Unternehmen dadurch stark auf eine Kostenführerschaft fixiert und nur unzureichend bei der zunehmend geforderten Strategiewahl oder -verschmelzung zwischen Kostenführerschaft, Differenzierung und Fokussierung unterstützt. Deshalb müssen andere, neben den Kosten wesentliche Zielgrößen wie Zeit, Qualität und Flexibilität im Lichte der Unternehmensziele operationalisiert werden.

(7) Zu Projektbeginn war bei „tewells" die Maschinenauslastung, die bei Einzelarbeit die Output-Produktivität direkt beeinflußte, die Kennzahl schlechthin. Sie wurde an zentraler Stelle für jeden Mitarbeiter sichtbar visualisiert. In der Zwischenzeit wurden neben der Maschinenauslastung als Steuerungskennzahl zusätzliche Kennwerte entwickelt, um die nun stärker im Vordergrund stehende Kunden-Lieferanten-Beziehung zu verdeutlichen. Damit rückt die im Zuge der Einführung von Gruppenarbeit vollzogene konsequente Kundenorientierung in den Mittelpunkt.

Die Führung der neu geschaffenen, autonomen Organisationseinheiten mit Zielen in Form geeigneter Kennzahlen wird im tradierten Controlling also nur mangelhaft unterstützt. Selbst wenn in den herkömmlichen Systemen aus den Unternehmenszielen heruntergebrochene, nichtmonetäre Kennzahlen als Führungsinstrument dienen, so beziehen sie sich oftmals auf Größen, die in den alten Strukturen von hoher Bedeutung waren, nun aber teilweise kontraproduktiv wirken.

9.4.2
Anforderungen neuer Produktionskonzepte an das Controlling

Den skizzierten Problembereichen muß sich das Controlling als interne Rahmenbedingung und Subsystem zur Unterstützung der Unternehmensführung stellen, will es das Agieren mit den neuen Produktionskonzepten wirksam flankieren und die Unternehmen befähigen, auch unter turbulenter werdenden Umfeldbedingungen geschickt zu „navigieren". Daraus ergeben sich folgende, veränderte Anforderungen an das Controlling in neuen Produktionskonzepten (Abb. 9.5):

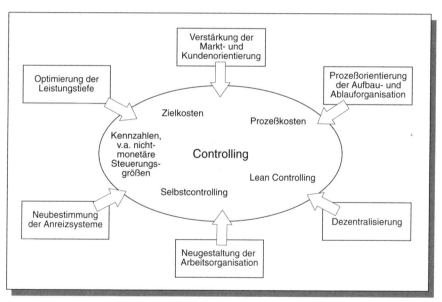

Abb. 9.5. Anforderungen neuer Produktionskonzepte an das Controlling

(1) Dezentralisierung erfordert dezentrales Controlling. Ein Kernelement „turbulenzfähiger" Produktionssysteme ist der Übergang zu dezentralen Strukturen, der durch das Controlling unterstützt und im Controlling abgebildet werden muß. Dies erfordert die Verschlankung des Zentralcontrolling zugunsten einer Anreicherung des Selbstcontrolling der dezentralen Organisationseinheiten, vor allem um operative Steuerungsaufgaben. Die Dezentralisierung des Controlling hat jedoch Grenzen:

Bestimmte Funktionen bedürfen einer unternehmensweiten Einheitlichkeit, um Redundanzen zu vermeiden. Das verschlankte zentrale Controlling hat demnach die dezentralen Organisationseinheiten durch die Bereitstellung von Rahmenregelungen für die Ausgestaltung des Controllings zu entlasten, so daß die durch das Selbstcontrolling geschaffenen Freiräume nicht zu einer individuellen und damit dysfunktionalen Vorgehensweise führen. Zum anderen hat es der Unternehmensleitung einen Überblick über die Situation und den Erfolg der einzelnen autonomen Einheiten und des gesamten Unternehmens zu vermitteln.

(2) Controlling muß zunehmend prozeßorientiert sein. Die mit der Verwirklichung neuer Produktionskonzepte verbundene Prozeßorientierung erfordert Controllinginstrumente, die die Planung und Steuerung der neu geschaffenen, funktionsübergreifenden Prozesse ermöglichen. Es gilt, einen durchgängigen, schnellen und einfachen Controllingprozeß zu schaffen. Ein angepaßtes prozeßorientiertes Kostenmanagement soll das Denken in Prozessen unterstützen sowie die Optimierung des Gesamtprozesses erlauben, indem es das Ansteuern von Prozeßoptima statt schädlicher Abteilungs- und damit Suboptima ermöglicht (Horvath 1992). Zudem ist es notwendig, die maßgeblichen Verursacher der Verbesserung und die wesentlichen Kostentreiber zu identifizieren, um die an Stelle der alten Abteilungsstrukturen neu eingeführten, durchgängigen Prozeßketten verursachungsgerecht „belasten" und bewerten zu können (Kinkel 1997, Reiß u. Höge 1994). Durch das Controlling identifizierte, nicht wertschöpfende Tätigkeiten in den neuen, prozessualen Abläufen, sogenannte „Non-Value-Activities", sind zu eliminieren.

(3) Kennzahlen zur Selbststeuerung der neuen Arbeitsorganisationsformen. Das Controlling hat direkte Prozeßsteuerungsinformationen in Form geeigneter Kennzahlen so bereitzustellen, daß die dezentralen Organisationseinheiten in ihrer Fähigkeit zur Selbststeuerung und Navigation unterstützt werden und die Erreichung eines wirtschaftlichen Gesamtoptimums anstreben können. Durch die Zusammenführung vor allem nichtmonetärer Kennzahlen in einer „Balanced Scorecard" (Kaplan u. Norton 1997) können die mit mehr Verantwortung ausgestatteten Mitarbeiter in die Lage versetzt werden, Ziele in den drei Dimensionen des magischen Dreiecks Kosten, Zeit und Qualität simultan anzustreben und ihre autonome Einheit auf Zielkurs zu halten. Die Festlegung der Ziele kann durch partizipative Zielvereinbarungen oder top-down durch Isolierung und Herunterbrechen der Teilziele aus den Unternehmenszielen erfolgen.

(4) Neue Anreizsysteme erfordern adäquate Controllingdaten. Neue Anreizsysteme wie Arbeitszeit- und Entlohnungsmodelle stellen das Controlling vor die Aufgabe, geeignete Daten für die gerechte Beurteilung von Produktivität, Flexibilität oder Qualifikationsstand einzelner Mitarbeiter oder Gruppen bereitzustellen. Diese Daten sollten eine angepaßte Mitarbeiterbeurteilung, die den Bedarfsschwankungen angepaßte Bewegungen auf Gleitzeitkonten positiv bewertet, sowie eine zielorientierte Festlegung von Prämien ermöglichen.

(5) Controlling hat die Kernkompetenzen zu identifizieren. Die mit der Einführung neuer Produktionskonzepte angestrebte Optimierung der Leistungstiefe erfordert eine verläßliche Identifikation der Kernkompetenzen. Neue Kenngrößen, wie sie z.B. in einer Transaktionsanalyse Verwendung finden, müssen integriert werden, um an Stelle rein kostenorientierter Make-or-buy-Entscheidungen ein kompetenzorientiertes Sourcing zu ermöglichen.

(6) Markt- und Kundenorientierung erfordern eine strategische Sichtweise. Aus der durch die Einführung neuer Produktionsstrukturen angestrebten Markt- und Kundenorientierung ergibt sich eine verstärkt strategische und an externen Faktoren orientierte Sichtweise des Controlling. Die vom Markt abgeleiteten Ziele müssen in allen drei Dimensionen (Kosten, Zeit und Qualität) als Meßlatte angenommen und akzeptiert werden. Dazu bedarf es eines Zielkostenmanagements, das den Kundenfokus in den Mittelpunkt rückt und im Gegensatz zur verspäteten Kostenverwaltung auf eine Kostengestaltung schon in den frühen Produktentwicklungsphasen abzielt.

9.4.3
Neue, angepaßte Konzepte des Controlling

Im Kontext der Einführung neuer Produktionskonzepte hat sich das Controlling als „Rahmenbedingung" so zu wandeln, daß es die Reorganisation nicht blockiert, sondern wirkungsvoll unterstützt. Hierzu ist es erforderlich, die folgenden vier Gestaltungsfelder in Angriff zu nehmen:

*   Bisher zentrale, operative Controllingfunktionen sollten durch die Implementierung eines Selbstcontrolling der dezentralen Organisationseinheiten konsequent dezentralisiert werden. Die autonomen Einheiten planen, steuern und überprüfen dann die Erreichung ihrer vereinbarten Ziele mittels Kennzahlen als direkte Prozeßsteuerungs- und Führungsgrößen selbständig.
*   Die Dezentralisierung von Controllingfunktionen im Zuge der Anreicherung des Selbstcontrolling sollte genutzt werden, um das traditionell „korpulente" Zentralcontrolling in ein Lean Controlling zu verschlanken und gleichzeitig das Controllinginstrumentarium zu entrümpeln. Damit soll der Controllingprozeß vereinfacht und beschleunigt werden und es soll verhindert werden, daß das Unternehmertum in den dezentralen Organisationseinheiten, das auf zeitnahe Prozeßinformationen angewiesen ist, nachhaltig behindert wird.
*   Die traditionelle Kostenrechnung sollte prozeßorientiert umgestaltet werden. Dazu eignet sich die Vereinfachung tradierter Kostenrechnungssysteme verbunden mit einer schrittweisen Integration von Prozeßkostengrößen als eine Art „pragmatische Einführung" der Prozeßkostenrechnung.
*   Der Übergang von der vergangenheits- und innenorientierten „Kostenverwaltung" zu einem strategischen, auf Kostengestaltung, Markt- und Kundenorientierung ausgerichteten Kostenmanagement sollte durch die Implementierung des Target Costing angestoßen werden.

Dezentrale Steuerung durch ein kennzahlenorientiertes Selbstcontrolling. Im
Zuge der Einführung neuer Produktionskonzepte wird ein Selbstcontrolling der dezentralen Organisationseinheiten auf Basis von Kennzahlen benötigt. Das Gewicht
des zentralen Controlling muß zugunsten des dezentralen Selbstcontrolling auf das
Nötigste reduziert werden. Dazu sollten aufgrund der positiven Auswirkungen auf
die Motivation und Verantwortlichkeit der betroffenen Mitarbeiter die anzustreben-
den Ziele partizipativ vereinbart anstatt vorgegeben werden. Da man zur Vereinbarung von Zielen jedoch kompetente Mitarbeiter und viel Zeit benötigt, beide Ressourcen häufig beschränkt sind und die Alternative nicht lauten kann „entweder
Ziele vereinbaren oder keine Ziele", müssen Ziele teilweise vorgegeben werden.
Sie werden dann aus den operativen Jahreszielen des Gesamtunternehmens isoliert
und top down heruntergebrochen. Vereinbarte oder vorgegebene Ziele sollten möglichst durch Kennzahlen quantifiziert werden. In den RAMONA-Betrieben zeigte
sich, daß Kennzahlen, sollen sie zur Selbststeuerung geeignet sein, folgende Kriterien erfüllen müssen:

- Auswahl, Definition und Generierung der Kennzahlen sollten möglichst aufwandschonend erfolgen. Können nicht bereits vorhandene Kennzahlen übernommen werden, dann ist besonderes Augenmerk auf einen sinnvollen Ab-
  gleich des Verhältnisses von Nutzen und Aufwand bei der Neugenerierung zu
  richten. Manchmal ist es möglich, Kennzahlen aufwandschonend aus den entsprechenden Modulen von Softwarelösungen wie SAP/R3 abzuleiten. Dieses
  Vorgehen war bei den RAMONA-Betrieben ELSTER und RÜGGEBERG jedoch
  nicht möglich, da die Generierung der Kennzahlen vor der Einführung von SAP
  erfolgte. Übernahme und Auswertung der Kennzahlen im SAP-System waren
  anschließend schwieriger zu bewerkstelligen als ursprünglich angenommen.
- Wenige Kennzahlen, nicht viele – diese Prämisse ist für ein „Management by
  Objectives" weit effektiver als ein „Datenfriedhof" und erlaubt den Mitarbeitern, ihre Kräfte auf eine überschaubare Anzahl von Zielen zu konzentrieren
  und fokussieren. Im RAMONA-Projekt zeigte sich, daß eine gleichzeitige Verfügbarmachung von mehr als sieben Kennzahlen nicht mehr zielführend ist.
- Kontinuität und Beeinflußbarkeit: Die ausgewählten Steuergrößen sollten kontinuierlich und regelmäßig verwendet werden und von den beteiligten autonomen
  Einheiten direkt beeinflußt werden können. Es sollte aber immer die Optimierung des Prozesses als Ganzes im Vordergrund stehen.
- Es ist nicht Aufgabe der Mitarbeiter, offensichtlich unvereinbare Kennzahlen
  gegeneinander abzuwägen. Zielkonflikte dieser Art sind vorab auf der höheren
  Ebene der Zielformulierung auszutragen. Die Kunst der Selbststeuerung liegt
  darin, die in der Natur des magischen Zieldreiecks Kosten-Zeit-Qualität liegenden Widersprüche bewußt zu akzeptieren und geschickt zu balancieren.
- Die Verdichtung von operationalen, nichtmonetären Kennzahlen in monetäre
  Größen sollte vermieden werden, da sie Übertragungsverluste bewirkt. Die resultierenden Verschleierungseffekte ziehen Schwierigkeiten bei der Analyse
  von Fehlerursachen und Ableitung von Gegenmaßnahmen nach sich.

- Da Ergebniskennzahlen immer Vergangenes in die Zukunft projizieren, bedarf es einer „Echtzeit-Rückkopplung", um Fehlsteuerungen zu vermeiden.
- Zur arbeitsplatznahen Verfügbarmachung von Kennzahlen, Zielvorgaben und Zielerreichungsgrad eignet sich die Visualisierung der Zielgrößen durch Info-Tafeln, Aushänge oder Teamwände. Information ist damit nicht mehr Bringschuld des Controlling, sondern Holpflicht eines jeden Mitarbeiters. Eine Selektion von Informationsempfängern erfolgt nicht mehr.
- Eine zweifelsfreie Festlegung der Verantwortung, wer welche Kennzahlen erfaßt, auswertet und in angemessener Form visualisiert, hat zu erfolgen. Dabei kommt der konsequenten Pflege der Kennzahlen und ihrer Visualisierungsform besondere Bedeutung zu – nicht gepflegte Kennzahlensysteme sind so aussagekräftig wie die „Tageszeitung von gestern".
- Von zentraler Bedeutung ist die Transparenz des zur Entwicklung der Kennzahlen angewandten Verfahrens. Bei ELSTER beispielsweise wurde in einem partizipativen Prozeß festgelegt, wie die ausgewählten Kennzahlen zu erfassen, zu berechnen und zu visualisieren seien. Dieser Prozeß zog sich über ein Jahr und war damit sehr zeitaufwendig, für die beiderseitige Akzeptanz der Kennzahlen aber essentiell („der lange Weg zur Kennzahl"). Denn erst wenn Kennzahlen „vor Ort" und nicht „oben im Controlling" generiert werden, entwickeln die beteiligten Mitarbeiter das nötige Vertrauen in die Aussagekraft der Daten, die dadurch die ihnen eigene Kraft gewinnen.

Finanzielle Perspektive		Kundenperspektive	
Wirtschaftlichkeit	• Segmentergebnis	Qualität	• Anzahl der Kundenreklamationen
Wachstum	• Segmentumsatz	Zeit	• Liefertermintreue
Interne Perspektive		Innovations- und Lernperspektive	
Zeit	• Produktions-Durchlaufzeit	Produktinnovation	• Umsatzanteil neuer Produkte
Flexibilität	• Bestände (Ware in Arbeit + Fertigmaterial)		
Produktivität	• Mitarbeiterproduktivität (Vorgabezeit/ Anwesenheitszeit)		

Abb. 9.6. „Kennzahlencockpit" bei Elster

Um zu vermeiden, daß durch die Optimierung eines einzelnen Aspekts zu Ungunsten eines anderen Suboptima verursacht werden, sollte eine integrative Betrachtung unterschiedlicher Faktoren in einem *System von Kennzahlen* erfolgen. Als geeignetes Steuerungs-, Berichts- und Bewertungssystem auf der Basis von Kennzahlen erweist sich die *Balanced Scorecard*, vereinzelt auch *Controlling-Navigator* genannt. Sie ist mit den Anzeigeinstrumenten eines Flugzeugcockpits vergleichbar und eignet sich vortrefflich zur Führung dezentraler Organisationseinheiten. Neben der finanziellen Perspektive wird noch die Kundenperspektive, die Perspektive der internen Geschäftprozesse sowie die Perspektive der Fähigkeit zu Innovation und Lernen in die komprimierte Darstellung mit einbezogen. Beim RAMONA-Betrieb ELSTER werden neben klassischen, finanziellen Größen wie Ergebnis oder Umsatz des Segments sechs nichtmonetäre Kennzahlen, die den Mitarbeitern zur Selbststeuerung visualisiert werden, in das betriebsspezifische „Kennzahlencockpit" mit einbezogen (Abb. 9.6).

Nach Aussagen des verantwortlichen Segmentleiters von ELSTER stellt die „Balanced Scorecard" ein mächtiges Instrument dar, um neben der Planung und Steuerung der operativen Prozesse Reorganisationsmaßnahmen strategisch bewerten zu können. Die Messung „harter" Kennzahlen kann dann auch dazu genutzt werden, die Neugestaltung der Produktionsstrukturen durch den Nachweis des resultierenden Erfolgs gegenüber „höheren Ebenen" zu legitimieren.

Auch bei den anderen RAMONA-Betrieben werden seit Beginn des Projekts Kennzahlen vorgehalten, deren Entwicklung die durch die Einführung neuer Produktionsstrukturen erreichten Prozeßverbesserungen dokumentieren sollen. Die Fa. KROHNE beispielsweise begann kurz nach Projektstart mit der wöchentlichen Visualisierung des Outputs (Gelieferte Geräte in Stück/Woche), der Rückstände und der Liefertreue. Der RAMONA-Betrieb RÜGGEBERG plant, zur fortlaufenden Bewertung der Restrukturierung Kennzahlen zu erheben und eventuell zu visualisieren. Die zentrale Kenngröße ist die Lieferfähigkeit, die derzeit durch hohe Bestände im zentralen Fertigwarenlager „erkauft" wird. Sollten Segmentierung und Einführung der Gruppenarbeit wie angestrebt zu einer Verkürzung der Auftragsdurchlaufzeiten führen, dann könnten die Bestandsmengen der entsprechenden Produkte der höheren Flexibilität dieser Bereiche angepaßt werden. Die vorgegebene Lieferfähigkeit könnte dann mit reduzierten Beständen im zentralen Fertigwarenlager, einem der Ziele der Restrukturierung, eingehalten werden. Das Beispiel RÜGGEBERG zeigt auch, daß lagerorientiert produzierende Betriebe eine geringere Flexibilität interner Prozesse durch hohe Fertigwarenbestände „wegpuffern" können, ohne an Lieferfähigkeit einzubüßen. Bei nach Kundenauftrag fertigenden Betrieben dagegen wirken sich ineffiziente Prozesse direkt auf Lieferzeit und -termin aus. Der Leidensdruck, prozessuale Kennzahlen einzuführen, ist hier höher.

Lean Controlling. Durch die Neuorganisation der Unternehmensorganisation droht dem zentralen Controlling die „Komplexitätsfalle": Die zusätzlich zur Kostenebene zu berücksichtigenden Dimensionen Zeit und Qualität sowie der Aufbau dezentraler Einheiten liefern Signale zu einem Ausbau und einer Verfeinerung des zentralen Controlling. Auf diese Weise entsteht ein Teufelskreis: Immer umfangreichere, arbeitsteilige Controllingsysteme werden entwickelt, die helfen sollen, die wachsende Komplexität zu reduzieren, ihrerseits aber wieder komplexitätstreibend wirken. Einen Ausweg stellt die Verschlankung des Zentralcontrolling zugunsten einer Anreicherung des Selbstcontrolling dar. Für diesen Übergang zu einem „Lean Controlling" eignet sich zum einen die Dezentralisierung von Controlling-Funktionen nach dem Motto „so dezentral wie möglich, so zentral wie nötig". Zum anderen ist ein Abspecken des bestehenden Controlling-Instrumentarium auf Basis einer Kosten-Nutzen-Analyse unerläßlich, um zu einer „Entfeinerung" des Berichtswesens zu gelangen.

Bei ELSTER und RÜGGEBERG wurden im Zuge der Segmentierung bewußt Controlling-Funktionen dezentralisiert. Die ansatzweise Verschlankung durch Abspekken des Controlling-Instrumentariums ging dagegen „unwissentlich und automatisch" mit der Anreicherung des Selbstcontrolling in den neuen Organisationseinheiten einher. Weitere Möglichkeiten zur Verschlankung des Controlling wie das Outsourcen von Randgeschäften an unternehmensexterne Controlling-Träger oder die Ausgliederung von Controlling-Funktionen in rechtlich selbständige Einheiten kamen in keinem der RAMONA-Betriebe zur Anwendung.

Prozeßkostenrechnung. Die Prozeßkostenrechnung kann als differenzierte Fortentwicklung der tradierten Vollkostenrechnung hinsichtlich Markt- und Prozeßorientierung interpretiert werden. Der Grundgedanke ist die Neustrukturierung der indirekten Bereiche in kostenstellenübergreifende Prozeßketten sowie die Zurechnung der entsprechenden Gemeinkosten mittels verursachungsgerechter Bezugsgrößen. Ihre wesentlichen Ziele sind

- eine verursachungsgerechtere Kalkulation und Bewertung der an die Stelle der alten Abteilungsstrukturen tretenden, durchgängigen Prozeßketten sowie
- die Erhöhung der Kostentransparenz in den indirekten Bereichen und eine effiziente Planung und Kontrolle der zunehmend wachsenden Gemeinkosten.

Die praktische Implementierung der Prozeßkostenrechnung ist jedoch sehr zeit- und kostenintensiv und mit vertretbarem Aufwand nur für sogenannte repetitive Tätigkeiten anwendbar. Auch bei ELSTER verhinderte der befürchtete hohe Umstellungsaufwand zunächst eine Einführung der Prozeßkostenrechnung. Als jedoch im Zusammenhang mit der konkreten Bewertung einer Ersatzinvestition für den Bereich „Teilefertigung" konkrete Zweifel an der verursachungsgerechten Kostenverrechnung laut wurden, entschied man sich, die Prozeßkostenrechnung in diesem Bereich nach folgendem, pragmatischem Vorgehen einzuführen:

- **Schritt 1:** Mit einer Tätigkeitsanalyse werden die Kostenstellen in Teilprozesse untergliedert und nach repetitiven, leistungsmengeninduzierten (lmi) und leistungsmengenneutralen (lmn) Vorgängen differenziert.
- **Schritt 2:** Für die lmi-Prozesse werden geeignete Bezugsgrößen für den Output des Prozesses, die relevanten Kostentreiber („cost driver") bestimmt.
- **Schritt 3:** Zuordnung der Teilprozesse zu übergeordneten Hauptprozessen nach sachlicher Zugehörigkeit, nicht nach denselben „cost drivern".

Zur ganzheitlichen Bewertung der Ersatzinvestition, die auch einen Make-or-buy-Vergleich der Teilefertigung mit externen Lieferanten ermöglichen sollte, war zudem die Integration nichtmonetärer Indikatoren mit den ermittelten prozeßbezogenen Kostengrößen in einem Bewertungsmodell gefordert. Dazu wurden in einem partizipativen Bewertungsprozeß zunächst die wichtigsten, externen Kundenanforderungen (Ausfallsicherheit, kundenspezifische Ausführung, niedriger Produktpreis, Termintreue, Systemfähigkeit, Lieferzeit, einfache Handhabung und meß-technische Qualität) ermittelt. Anschließend schätzte das Bewertungsteam den Beitrag der interner Potentiale der Teilefertigung (Reaktionsfähigkeit, Teilequalität, technische Flexibilität, kurze Durchlaufzeiten, technisches Know-how, personelle Flexibilität, Innovationsfähigkeit und interne Termintreue) zur Erfüllung der externen Kundenanforderungen ab, bevor schließlich die Auswirkungen der Handlungsalternativen auf die internen Potentiale bewertet wurden. Die an der Bewertung Beteiligten kamen zu der Einschätzung, daß die in Betracht gezogene Ersatzinvestition den anderen Handlungsalternativen („externer Fremdbezug" und „Belassen beim Alten") in seinen Auswirkungen auf die innerbetrieblichen Potentiale überlegen war. Die Ergebnisse der Bewertung gehen anschließend in die Investitionsrechnung für die Ersatzbeschaffung ein. Um eine fortlaufende Bewertung zu ermöglichen, soll bei ELSTER eine Auswahl der verwendeten nichtmonetären Kenngrößen in das Berichtswesen eingebaut werden.

Zielkostenmanagement („Target Costing"). Unter Zielkostenmanagement bzw. „Target Costing" versteht man eine an die veränderten Marktbedingungen angepaßte Fortschreibung der Plankostenrechnung, die den Kundenfokus unter Betonung der frühen Phase der Produktentwicklung in den Mittelpunkt aller Aktivitäten stellt (Abb. 9.7):

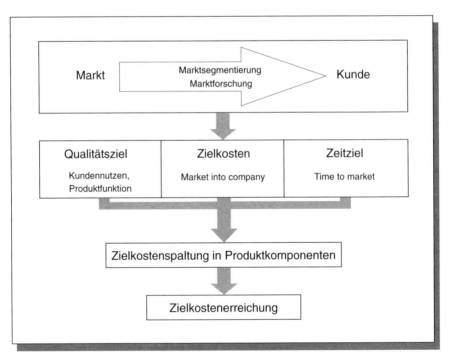

Abb. 9.7. Ablauf des „Target Costing"

- Die zulässigen Zielkosten werden aus dem vom Markt bestimmten Zielpreis abgeleitet und nicht durch das übliche „Cost-Plus-Verfahren" festgelegt. Diese Strategie des „market into company" erfordert eine intensive, kostengestalterische Komponente. Durch Zielkostenspaltung werden die gesamten Produktions- und Entwicklungskosten in Zielkosten für die betroffenen Teilbereiche heruntergebrochen und Maßnahmen eingeleitet, die die Zielkostenerreichung zum Zeitpunkt des Markteintritts sicherstellen. Damit zielt Target Costing im Gegensatz zur Kostenverwaltung in der Produktion auf Kostengestaltung in den frühen Produktentwicklungsphasen. Es berücksichtigt die 80/20-Regel, wonach 80 % der Produktkosten in den ersten 20 % des Produktlebenszyklus festgelegt werden.

- Qualität im Sinne des „Target Costing" ist der Erfüllungsgrad kundenbezogener Anforderungsmerkmale. Aus diesem Anspruch resultiert auch ein neues Verständnis von Wertzuwachs. Alle Aktivitäten, die der Kunde nicht honoriert, werden innerhalb des Wertschöpfungsprozesses als Verschwendung („Non-Value-Activities") charakterisiert.

- Die Einhaltung eines vom Markt vorgegebenen Zeitlimits nach dem Prinzip des „Time-to-market" ist ebenso elementarer Bestandteil des „Target Costing". Dazu hat in den frühen Phasen der Produktdefinition und der Konzeptfindung ein eingehendes Abstimmen der Projektteams hinsichtlich der Erreichung geplanter Zeitziele zu erfolgen.

In allen vier RAMONA-Betrieben werden vom Markt vorgegebene Zielkosten, Qualitätsanforderungen und Zeitrestriktionen als gegeben angenommen und „gelebt". Es fehlt jedoch in allen Betrieben an der Anwendung konkreter Methoden, um die Erreichung der Marktanforderungen von der Produktentwicklung aus gezielt anzusteuern. In Ausnahmefällen erfolgt die Anwendung von Instrumenten des „Target Costing" unter anderen Synonymen. Bei ELSTER beispielsweise wurde die zielkosten- und funktionsorientierte Konstruktion des „Exportzählers" im Rahmen eines „Simultaneous Engineering"-Projekts durchgeführt.

9.4.4
Fazit

Ein angepaßtes Controlling vermag als wichtige, interne Rahmenbedingung der Unternehmensführung die Einführung neuer Produktionsstrukturen wirksam zu flankieren und den Unternehmen das Agieren im turbulenten Umfeld zu erleichtern. Als solches stellt es auch einen äußerst förderlichen Rahmen für die Implementierung und Akzeptanz neuer betrieblicher Anreizsysteme dar. Mit den Kennzahlen des Controlling ist es möglich, das bei flexiblen Arbeitszeitsystemen häufig zu beobachtende Problem der „Sparbuchmentalität" aufzuweichen sowie Zielvereinbarungen und Komponenten auf Prämienbasis für die Ausgestaltung neuer Entgeltkonzepte bereitzustellen. Stehen neue Controllingkonzepte mit geeigneten Kennzahlen nicht schon zur Verfügung, erscheint es angezeigt, neue Anreizsysteme als „Paketlösung" zusammen mit angepaßten Kennzahlensystemen auszuhandeln und zu entwickeln.

Die im Zusammenhang mit der zunehmenden Prozeßorientierung und Dezentralisierung der Unternehmen wichtigste Aufgabe des Controlling ist es, die wirtschaftliche Optimierung des Gesamtbetriebs zu gewährleisten und dysfunktionale Teiloptima zu verhindern. Von zentraler Bedeutung ist es daher, Transparenz über die betrieblichen Abläufe herzustellen und die Voraussetzung zu schaffen, daß Unternehmensziele auf breiter Basis kommuniziert werden können. Ein effektives Controlling setzt Führung durch Zielvereinbarungen effizient um. Damit rückt die Steuerungsfunktion des Controlling gegenüber der klassischen Kontrolle in den Vordergrund.

Ein wichtiges Instrument hierzu sind Kennzahlen. Dabei ist der partizipative Prozeß der Entwicklung einer Kennzahl für die beiderseitige Akzeptanz essentiell, wie das Beispiel des RAMONA-Betriebs ELSTER zeigt. Die Generierung „vor Ort" ist zwar sehr zeitaufwendig, doch hilft dieser lange Weg zur Kennzahl, daß sie die ihnen eigene Kraft entwickeln können. Solche akzeptierten Kennzahlen vermögen Zielvereinbarungen zu vereinfachen oder gar erst zu ermöglichen, eine stringente Ausrichtung der dezentralen Organisationseinheiten an den Unternehmenszielen zu erleichtern und zumindest eine gewisse Meßbarkeit herzustellen. Damit tragen sie wesentlich zu kontinuierlichen Prozeßverbesserungen bei („nur was man mißt, kann man verbessern") und werden als Kennzahlensystem insbesondere für Segmentleiter zu einem mächtigen Steuerungs- und Führungsinstrument. Im Zusammenhang mit tiefgreifenden Umstrukturierungsprojekten dienen sie zudem dem direkten Leistungsvergleich mit Wettbewerbern (s. Methoden M6) oder auch einer Art ex-post-Legitimation. Der langfristige Erfolg, gemessen in Verbesserungen bestimmter Kennzahlen, kann gegenüber höheren Ebenen mit ihrem Wunsch nach harten Fakten („Wir wollen Zahlen sehen") kommunizierbar gemacht werden.

Neben der Koordination, Motivation und Hilfe zur Selbsthilfe der dezentralen Einheiten hat das Controlling die gleichzeitige Einhaltung operativer und strategischer Kosten-, Zeit- und Qualitätsziele zu steuern. Dazu ist zunehmend eine vorausschauende Kostengestaltung statt der tradierten, vergangenheitsorientierten Kostenverwaltung gefordert. Die dafür notwendige Akzeptanz der vom Markt vorgegebenen Zielgrößen war in den RAMONA-Betrieben vorhanden. Konkrete Methoden, wie das Zielkostenmanagement zur Fokussierung der unternehmerischen Aktivitäten auf die Erreichung der Marktanforderungen von der Produktentwicklung an, kamen jedoch höchstens als singuläre Projektmaßnahme unter anderem Namen zur Anwendung. Auch die mit herkömmlichen Kostenrechnungssystemen nur begrenzt leistbare, für die Einhaltung von Kostenzielen aber essentielle, verursachungsgerechte Verrechnung der Kosten der indirekten Bereiche wurde von den RAMONA-Betrieben kaum als Blockade bei der Implementierung neuer Produktionsstrukturen wahrgenommen. Das relativ hohe Vertrauen in die Kostentransparenz der alten Systeme wurde erst nachhaltig erschüttert, wenn im Zusammenhang mit einer konkreten Bewertungsaufgabe Zweifel an der korrekten Kostenermittlung aufkamen.

Schließlich bleibt festzuhalten, daß Controlling kein Selbstzweck ist. Änderungen in der strukturellen Ausgestaltung des Controlling haben immer der Veränderung der Unternehmensorganisation zu folgen, nicht umgekehrt.

10 Zum Schluß: Die Notwendigkeit, begrenzte Risiken einzugehen

PETER BRÖDNER

Am Ende des rund drei Jahre währenden Prozesses gemeinsamer mutiger und hartnäckiger, gewiß nicht gewohnter und auch nicht schmerzfreier Veränderungsarbeit bewegen sich die vier Unternehmen auf höherem Leistungsniveau, ausgestattet mit neuen Fähigkeiten. In konsequenter Markt- und Kundenorientierung haben sie die Strukturen und Abläufe ihrer Organisation neu gestaltet und dabei im Wertschöpfungsprozeß zusammengehörende Tätigkeiten reintegriert. Zugleich haben sie – und das steht im Zentrum unseres Erkenntnisinteresses – im Prozeß der Umgestaltung die relevanten Rahmenbedingungen der Arbeit passend mit verändert und dabei gelernt, wie so komplexe Veränderungen trotz aller Widrigkeiten zu bewältigen sind. Sie wissen nun, daß der Wandel nur gelingen kann, wenn das Ganze, marktgerechte Organisationsstrukturen *und* passende Rahmenbedingungen, zum Gegenstand von Veränderung gemacht werden – eine Aufgabe, die hohe Anforderungen an kollektive Reflexion und gemeinsames Lernen und Gestalten stellt. So haben sie sich am Ende nicht nur neue Arbeitsstrukturen und -abläufe geschaffen, sondern auch die Fähigkeit, damit gemeinsam sinnvoll umzugehen, mehr noch: die Fähigkeit, Veränderungen dieser Komplexität weiter voranzutreiben. Keines der Unternehmen wird dort stehenbleiben, wo es heute gerade ist; das geht aus der Art, wie sie ihre „Geschichte" erzählen, eindrücklich hervor.

Was ist nun aber der über die vier Fälle hinausweisende Ertrag für die Erkenntnisse über Prozesse organisationalen Wandels – Erkenntnisse, die andere Unternehmen, aber auch Berater und Forscher, für ihre Zwecke nutzen können? Vor Beginn des Vorhabens hatten die beteiligten Forscher und Berater ihre theoriebasierten Hypothesen und Konzepte artikuliert und zur Grundlage des Vorhabens gemacht. Sie sind im ersten Kapitel noch einmal in aller gebotenen Kürze zusammenfassend dargestellt (zur Vertiefung s. die dort angegebene Literatur). Wie nun aus den im Verbund gemeinsam erarbeiteten „Kernbotschaften" (Kap. 2), im einzelnen und genauer aus den Falldarstellungen (Kap. 3 bis 6) und den Ausführungen zur Veränderung von Rahmenbedingungen (Kap. 7 bis 9), hervorgeht, haben sich unsere Grundannahmen im großen und ganzen sehr nachdrücklich bestätigt. An ihnen kommt niemand vorbei.

Diese Bestätigung manifestiert sich – was an dieser Stelle nicht noch einmal im einzelnen aufgerollt werden kann – nicht nur darin, daß jeweils das Befolgen der angegebenen Handlungsmaximen letztendlich zum Erfolg geführt hat, sondern umgekehrt auch darin, daß Gründe für ein Scheitern – mehr als nur einmal im Bereich des absehbar Möglichen – im Verstoß gegen oder in nicht ausreichender Beachtung entsprechender Maximen zu suchen sind. Auch wenn Unternehmen ihren jeweils eigenen Weg der Veränderung finden müssen, bieten die hier ausgearbeiteten und begründeten Erkenntnisse und Handlungsmaximen wesentliche Orientierung, wenn sie nicht gar als notwendige (freilich nicht hinreichende) Bedingungen erfolgreichen Wandels anzusehen sind.

Was nun einige im Lichte der Grundannahmen eher unerwartete Resultate anbelangt, so lassen sich diese wie folgt zusammenfassen:

Mit Blick auf die *Prozeßleitbilder* fällt zunächst die eher unerwartet große Vielfalt auf, in der sie in den Betrieben anzutreffen sind. Ganz unterschiedliche Vorstellungen und Sichtweisen darüber, wie Veränderungen angemessen und wirkungsvoll herbeizuführen sind, existieren offenbar nebeneinander. Um so notwendiger erscheint es, sich im Unternehmen über diesen Umstand klar zu werden und darüber zu verständigen, welche dieser Vorstellungen als Ressourcen für die anstehende Veränderung genutzt werden können. Wie die Falldarstellungen ausweisen, ist es nicht zwingend, sich im Betrieb unisono die Sichtweisen des ursprünglich als besonders angemessen betrachteten „Arbeitsgestalter"- oder des OE/PE-Modells lupenrein zu eigen zu machen; gleichwohl war im Prozeßverlauf aus guten Gründen allenthalben eine deutliche Verschiebung der Sichtweisen der Akteure zugunsten der Aufnahme und Berücksichtigung wesentlicher Aspekte dieser Modelle zu verzeichnen, insbesondere die Einbeziehung von „Experten vor Ort".

Ferner konnten dabei auch die jeweils „blinden Flecken" beider Modellvorstellungen deutlich ausgemacht werden, die jeweils unmittelbar mit der notwendigen Verbindung der Gestaltungsperspektive für organisatorisch-technische Strukturen und Abläufe mit der Prozeßperspektive beim notwendigen kollektiven Lernen zusammenhängen: Die Gestaltungsperspektive unterschätzt die Notwendigkeit kollektiver Lernprozesse, während der Prozeßperspektive die mit bestimmten organisatorisch-technischen Strukturen verbundenen Handlungsanforderungen verborgen bleiben. Eben deshalb können diese „blinden Flecken" der Wahrnehmung und dem Handeln nur durch Verschmelzen beider Perspektiven zugänglich gemacht werden. Inwieweit diese Integration, die die Schranken unterschiedlicher Modellwelten und mögliche, daraus resultierende Unverträglichkeiten im Handeln zu überwinden hätte, tatsächlich gelingen kann, muß am Ende eine noch offene Frage bleiben.

Bei den Anstrengungen zum Aufspüren und Bewußtmachen von *Unternehmenskultur* als wesentliche Rahmenbedingung und deren passende Weiterentwicklung durch gemeinsames Lernen als Kernbereich organisationalen Wandels wurde vor allem deutlich, wie letztlich unergründbar dieses Phänomen dem Beobachter bleibt. Einem unerforschlichen „Universum" vergleichbar, können immer nur situativ bedeutsame Aspekte und Eigenheiten dem Bewußtsein der Akteure zugänglich gemacht und durch gemeinsames Lernen verändert werden. Dabei geht aus den Veränderungsprozessen in den Unternehmen hervor, auf wie vielfältige Weise derartige kollektive Lernprozesse sich vollziehen können: Häufig treten Veränderungen in den Einstellungen, Denkweisen und Handlungsmustern der Akteure eher implizit, ohne bewußte Reflexion dieser Muster, ein, etwa dann, wenn sich in der Auseinandersetzung um neue Organisationsformen der Arbeit Perspektiven gewissermaßen „schleichend" verändern. Genausogut können es aber hartnäckige Widerstände oder wiederkehrende Konflikte erforderlich machen, die darunterliegenden Muster ins Bewußtsein zu heben, um sie reflektierter Veränderung zugänglich zu machen. Sich dieser Vielfalt der Möglichkeiten gemeinsamen Lernens bewußt zu sein und für die Veränderung auf sie zu bauen, gehört ebenfalls zu den eher unerwarteten Resultaten des Projekts.

Was viele Akteure intuitiv zu spüren scheinen (und was sie häufig vor tiefergehenden Veränderungen zurückschrecken läßt): Das Finden und Erfinden passender arbeitspolitischer „*Spielregeln*" – ein gewiß nicht einfaches Unterfangen – hat sich als unabdingbare Rahmenbedingung für das Funktionieren neuer Arbeitsstrukturen erwiesen. Trotz aller Unterschiede im Detail lassen sich hier recht klar konturierte und markierte Möglichkeiten und Wege aufzeichnen, solche Spielregeln zu entwickeln. Die Risiken liegen hier, wie im Projekt deutlich wurde, weniger im Ergebnis, sondern eher im Weg dahin.

Insgesamt wurde durch das Vorhaben einmal mehr die Erkenntnis bekräftigt: Notwendig ist die Veränderung des Ganzen, die Gestaltung marktgerechter organisatorischer Strukturen und Abläufe *in Verbindung mit* der Entwicklung passender Rahmenbedingungen in offenen Prozessen gemeinsamen Lernens. Daher ist es für den Erfolg so wichtig, die bislang häufig voneinander getrennte Gestaltungsperspektive mit der Prozeßperspektive zu verbinden – auch wenn das im Vorgehen die geschilderten praktischen Schwierigkeiten bereiten mag. „Alles hängt mit allem zusammen" – diese im Verbund schon fast sprichwörtliche Parole kennzeichnet die Aufgabe, um die es geht, und zugleich die Schwierigkeiten und Risiken, sie zu lösen. Auch wenn sie letztlich nur in einer angemessen gewählten Abfolge überschaubarer Schritte zu bewältigen ist, bleibt es entscheidend, sich der Wechselwirkungen und Abhängigkeiten im betrieblichen Handlungszusammenhang jederzeit bewußt zu sein und entsprechende „Abstimmungen" zwischen beteiligten Akteuren herbeizuführen, etwa bei der komplementären Bestimmung der Arbeitsaufgaben für Gruppen und der neuen Rolle operativer Führungskräfte oder bei der Verhandlung von „Paketlösungen" zu Entgelt, Arbeitszeit und Kennzahlen für die Selbststeuerung. Wann immer der Verbund mit Außenstehenden in Kontakt stand, war dies ein Punkt höchster Aufmerksamkeit und aktiver Aufnahme.

Diese zugegebenermaßen schwierige Gesamtaufgabe organisationalen Wandels läßt sich mithin nicht „über Nacht" und insbesondere nicht ohne die Betroffenen bewältigen. Das bedeutet unter anderem, daß eine Vielzahl von Akteuren mit ganz unterschiedlichen Sichtweisen und Interessen am Veränderungsprozeß beteiligt sind, die es „unter einen Hut" zu bringen gilt. Das erfordert die „Inszenierung" eines verlaufs- und ergebnisoffenen, gleichwohl reflektierten und zielorientierten Entwicklungsprozesses, vor dessen Unsicherheiten und Risiken viele Manager und Beschäftigte zurückschrecken – freilich mit dem weit höheren Risiko, die Existenz des Unternehmens in einem sich rasch wandelnden Umfeld zu gefährden.

Derartige Entwicklungsprozesse gehen im Prinzip – wie übrigens schon Gestaltungsprozesse selbst – über die Reichweite wissenschftlich gesicherter Aussagen hinaus. Was durch unser Handeln gewollt herbeigeführte Situationen bedeuten und bewirken, läßt sich im vorhinein zwar vermuten oder abschätzen, tatsächlich aber erst im nachhinein erfahren. Es ist daher unvermeidlich, sich in Veränderungsprozessen – neben der weitestgehenden Nutzung gesicherten Wissens – von Können und Erfahrung leiten zu lassen und den Mut aufzubringen, die darin liegenden Risiken zu tragen. Leichter ist der Erfolg im organisationalen Wandel nicht zu haben – trotz aller darüber zusammengetragenen Erkenntnisse.

Besonders hilfreich und risikobegrenzend ist dabei, die mittlerweile vorhandene große Vielfalt an Unterstützungsmöglichkeiten und Expertise aktiv zu nutzen. Genau davon haben die Unternehmen im Verbund reichhaltig Gebrauch gemacht: durch wechselseitige Besuche von Management, Betriebsräten und Beschäftigten, durch Inanspruchnahme von Moderations- und Beratungsleistungen, durch problembezogene „Thementage" (etwa zu Projektmanagement, Entgelt, Controlling und anderem mehr), insbesondere auch durch gemeinsame Ergebnissicherung. So hat ein Beteiligter den hohen Wert dieser Vorgehensweise auf die Formel gebracht: „Im Verbund geht's leichter".

Zugleich gewinnen die auf diese Weise gemeinsam erarbeiteten Ergebnisse, wie sie in diesem Buch zusammengetragen und dargestellt sind, eben durch diesen weitgehend gemeinsam durchlaufenen Erkenntnisprozeß eine eigene Qualität auch für andere. Das kommt bei nachträglicher Betrachtung der autonom geschriebenen Beiträge deutlich zum Ausdruck; sie sind vom „selben Geist getragen". So erweist sich am Ende das Verbundprojekt selbst als ein Spiegel dessen, was es zu bewirken angetreten war: die kollektive Schaffung einer neuen betrieblichen Wirklichkeit – allen Unsicherheiten und Widrigkeiten zum Trotz.

Teil 4

Methoden:
Hilfsmittel zum Vorgehen

M1 Erfahrungen mit Beteiligung

Erich Latniak

Caesar eroberte Gallien.
Hatte er nicht wenigstens einen Koch dabei?
frei nach Bertold Brecht

Die Frage nach der Beteiligung von Beschäftigten an betrieblichen Umgestaltungs-prozessen hat eine lange und durchaus wechselvolle Geschichte, sowohl hinsicht-lich der wissenschaftlichen Beantwortung als auch hinsichtlich der konkreten Um-setzung in den Unternehmen. Die betrieblichen Projekte gingen insofern vom „Stand der Diskussion" zu diesem Themenbereich aus, als sie versuchten, Beteili-gung von Beschäftigten in einem umfassenden Sinn, d.h. in unterschiedlichen Pro-jektphasen und für verschiedene Beschäftigtengruppen mit möglichst adäquaten Mitteln zu gewährleisten.

Direkte Beteiligung der Beschäftigten an der Planung und Durchführung der be-trieblichen Veränderungen war eine Basisvereinbarung im RAMONA-Verbund. Be-teiligung war hier keine normative Vorgabe, sondern es war und ist die Grundüber-zeugung aller an der Entwicklung der Projekte Beteiligten, daß betriebliche Verän-derungen mit denjenigen, die sie betreffen, gemeinsam vorbereitet und durchge-führt werden müssen. Es wurde aber gleichermaßen erwartet, daß der konkrete Umgang mit Beteiligung sich als ein eigenes Lernfeld für die Unternehmen darstel-len würde und je nach betrieblicher Situation unterschiedliche Wege und Formen der Beteiligung gesucht und gefunden werden müßten. Die Betriebe konnten dabei sowohl auf schon etablierten praktischen Beteiligungsformen (wie etwa Betriebsrä-te als delegativer Form oder auf betriebliches Vorschlagswesen oder Qualitätszirkel als direkten Beteiligungsformen) als auch auf unternehmenskulturellen Bezügen aufbauen (vgl. dazu u.a. den Beitrag von Pekruhl in diesem Band). Im Bericht der Firma ELSTER wird darüber hinaus auf den insgesamt „beteiligungsorientierten und offenen Prozeß" der Unternehmensentwicklung verwiesen, den letztlich alle Unter-nehmen verfolgten.

Es geht in der folgenden Zusammenstellung primär darum, wie in den Betriebs-projekten die Beteiligung der Beschäftigten realisiert wurde, und welche Erfahrun-gen damit im Umgestaltungsprozeß gemacht werden konnten. Deshalb soll hier auch nicht auf die Veränderung schon etablierter Beteiligungsformen eingegangen werden. Für alle beteiligten Unternehmen ist gerade die verstärkte Beteiligung der Beschäftigten am Arbeitsplatz und in den neu geschaffenen Organisationsstruktu-ren eine klare Entwicklungsperspektive, die zur Erreichung der Qualitäts-, Zeit-

und Kostenziele der Unternehmen beitragen soll. Das jeweilige betriebliche Veränderungsprojekt bildete hierfür den konkreten Ausgangspunkt und bot ein Lernfeld,
in dem neue Formen der Beteiligung und Zusammenarbeit erprobt und angewendet
werden konnten, um so Beteiligung für die Dynamisierung und Dezentralisierung
der Unternehmensorganisationen fruchtbar zu machen.

Zunächst soll exemplarisch vorgestellt werden, in welcher Weise die unterschiedlichen Beteiligungsmöglichkeiten in den jeweiligen Projektphasen realisiert
wurden. Daran anschließend wird auf spezifische Beschäftigtengruppen und deren
sich ändernde Rollen eingegangen, um dann einige der zentralen Erfahrungen aus
den betrieblichen Projekten zusammenzufassen. Die in diesem Kontext besproche-
nen offenen Probleme umreißen den weiterhin bestehenden Entwicklungsbedarf in
diesem Bereich und sie markieren damit auch Punkte, die andere Unternehmen mit
entsprechender Sensibilität in ihren Umgestaltungsprojekten angehen sollten.

M1.1
Beteiligung in den Projekten

M1.1.1
Beteiligungsansätze in der Projektstruktur

In den betrieblichen Projekten wurde bereits in der Projektstruktur dafür gesorgt,
daß z. B. eine Beteiligung und Information der Betriebsräte über alle wesentlichen,
d. h. auch die nicht mitbestimmungspflichtigen Projektschritte, gewährleistet wurde. Teilweise waren die Betriebsräte in den Steuerungsgremien der Projekte vertreten, teilweise arbeiteten sie in den mit der Durchführung der Projekte betrauten
Teams mit. Zudem war es – wie bei der Festlegung neuer Lohnsysteme – unumgänglich, diese mit den Betriebsräten zu verhandeln und zu vereinbaren. Der in den
Projekten durch die Zusammenarbeit erreichte Informations- und Kenntnisstand
der Betriebsräte über die neue Organisationsformen war hierfür offenbar eine gute
Grundlage. Es war für alle Unternehmen selbstverständlich, daß eine gute und offene Zusammenarbeit mit den Betriebsräten eine wesentliche Voraussetzung für den
Projekterfolg darstellte, und daß entsprechend zu verfahren war. Daß sich die enge
Zusammenarbeit mit den Betriebsräten im Projektverlauf dann teilweise als ein
strategisch wichtiger Aspekt für die weitere Entwicklung erwies, ist besonders zu
betonen.

Gängige Praxis in allen Unternehmen war es zudem, die jeweiligen Arbeitsgruppen mit Vertretern der von der geplanten Veränderung betroffenen Abteilungen zu
besetzen. Die Mitarbeit erfolgte im Prinzip auf freiwilliger Basis. Dies führte i. d. R.
zu abteilungs- und hierarchieübergreifenden Zusammensetzungen der Arbeitsgruppen, was teilweise ein Novum für die Unternehmen war.

M1.1.2
Beschäftigtenbeteiligung in Analysephasen

Beteiligung wurde u. a. „vor Ort" bei konkreten Analyseschritten praktiziert. Dies betrifft nicht nur die breit gestreuten Interviews und Expertengespräche, die in der Startphase der Projekte ohnehin unumgänglich sind. In einzelnen Projektabschnitten wurden u. a. auch detailliertere arbeitswissenschaftliche Analysen oder Fragebogen-gestützte Erhebungen von den externen Beratern durchgeführt, um damit eine zusätzliche, „objektive" Perspektive auf den jeweiligen Arbeitszusammenhang zu bekommen.

Die Ergebnisse dieser Analysen wurden den Mitarbeitern dann vorgestellt und zusammen mit den Diskussionsresultaten im Projekt für die weitere konzeptionelle Arbeit genutzt. Wesentlich daran ist, daß arbeitswissenschaftliche Verfahren angewendet und zudem die Einschätzungen und Auffassungen der Beschäftigten zu ihrem Arbeitsbereich in der Auswertung zusammengeführt wurden, womit auch die „subjektive" Seite der Beschäftigten angemessen repräsentiert werden konnte.

Wir sind nach den gemachten Erfahrungen der Auffassung, daß sich der eigentliche Nutzen der Analysen für die Gestaltung erst in einem partizipativen Prozeß wirklich voll entfalten kann, in dem die durch die Analyse produzierten Ergebnisse mit den betrieblichen Sichten der Situation zusammengeführt werden, und so zu einer gemeinsamen Entwicklungsperspektive der Beteiligten beitragen.

M1.1.3
Beschäftigtenbeteiligung in der Phase der Projektetablierung

Nach unterschiedlich langen Vorbereitungs- bzw. Analysephasen wurden mit externer Moderation unterstützte Kick-off-Workshops durchgeführt, die bewußt hierarchie- und abteilungsübergreifend angelegt wurden, wie dies z. B. in der Darstellung der Workshops in den Berichten der Firmen KROHNE und RÜGGEBERG erwähnt ist. Von vorangegangenen Informationsveranstaltungen und den Analysen abgesehen markierten diese den Start des jeweiligen betrieblichen Veränderungsprojekts.

In der Regel wurde dabei durch die Rückmeldung der Analyseergebnisse der externen Berater und durch die Aufnahme der „internen Sichten" der teilnehmenden Mitarbeiterinnen und Mitarbeiter die gemeinsame Festlegung der im Projekt zu bearbeitenden Problem- und Themenstellungen geleistet und darauf aufbauend über grundlegende Orientierungen für die einzuschlagenden Lösungswege diskutiert. Dieses Vorgehen initiierte in den Unternehmen – bei aller auch skeptischen Distanz der Beteiligten – eine relativ offene Arbeitsatmosphäre, und hatte, wie die Berichte belegen können, eine erhebliche Signalwirkung für die Mitarbeiter in die Unternehmen hinein.

M1.1.4
Beteiligung in der Phase der Konzeptentwicklung

Wie schon angedeutet, wurden die Arbeitsgruppen, die die konkreten Konzeptionen bzw. Organisationslösungen ausarbeiteten, aus Vertretern der Führungsebene, des mittleren Managements, des Betriebsrats und z. T. von Werkern aus den betroffenen Bereichen gebildet, die dann gemeinsam diskutierten und angemessene Lösungen entwickelt haben.

Eine wichtige Erfahrung dabei war es, daß sich die Interessenkonflikte zwischen den betroffenen Abteilungen oder Bereichen spätestens in dieser Konzeptionsphase beteiligungsorientierter Projekte nicht mehr „unter der Decke halten" lassen und ausgetragen bzw. gelöst werden müssen. Es ist hier gerade die Aufgabe der externen Moderation gewesen, dafür zu sorgen, daß offene Punkte und ungelöste Probleme auch als solche dargestellt und die Lösungsalternativen deutlich werden.

Ein wichtiger Aspekt ist hier, daß Arbeitsgruppen nicht nur „Projekt-Fanclubs" aus dem Projekt gegenüber positiv eingestellten Mitarbeiterinnen und Mitarbeitern sein sollten, sondern daß es zwingend notwendig ist, hier „ein Bad im Widerstand zu nehmen", wie es der Therapeut und Berater Ed Nevis formuliert hat. Instruktiv dargestellt wird dieses Vorgehen und die damit einhergehende Arbeit an den Rollenerwartungen und der Hierarchieorientierung der Beschäftigten in der Passage des Berichts von ELSTER, in der der Segmentleiter berichtet, wie er seine Ideen zur Umgestaltung zur Diskussion stellt und welche widersprüchlichen Erwartungen und skeptischen Reaktionen dies auslöst. Dieser Schritt stellte insofern eine wichtige Lernphase für alle Beteiligten dar, denn hier mußte sich in ersten Ansätzen zeigen, wie weit in der von Verunsicherung und Unklarheit gekennzeichneten Konzeptionsdebatte tatsächlich (Lösungs-)Offenheit herrschte, inwieweit das wechselseitige Vertrauen schon tragfähig war und durch ein glaubwürdiges Auftreten des Managements bestärkt werden konnte. Die weiteren Darstellungen im Bericht von Elster illustrieren eindrucksvoll die entstehenden Effekte, wenn z. B. die Beschäftigten eine Belastungssituation durch einen Großauftrag als Herausforderung begriffen und durch viel eigene Initiative erfolgreich meisterten.

M1.1.5
Umsetzung

Es erscheint zunächst trivial, daß eine Umsetzung der entwickelten Lösungen nicht ohne die Beteiligten in den Bereichen möglich ist. Die vorangegangene Beteiligung von Abteilungsmitgliedern an der Entwicklung und die notwendige detaillierte Information aller betroffenen Beschäftigten über Ziele und Vorgehen bildet aber die Grundlage dafür, daß eine breite Beteiligung in dieser Gestaltungsphase erfolgreich stattfinden kann. Dafür wählten die Unternehmen unterschiedliche und sich ergänzende Wege, angefangen vom persönlichen Gespräch im Zuge der Bewerbung bzw. Auswahl für den neuen Arbeitsbereich, wie dies z. B. im Bericht von KROHNE geschildert wird, bis hin zur Information aller Beschäftigten durch die Geschäftsführung. Spätestens hier sind alle Mitarbeiterinnen und Mitarbeiter der betroffenen Bereiche zwangsläufig beteiligt, und es zeigt sich dabei, wie gut es vorher gelungen ist, den Boden für eine produktive Zusammenarbeit und Umsetzung zu bereiten.

M1.1.6
Information und Feedback

Die betrieblichen Berichte spiegeln in eindrucksvoller Vielfalt die unterschiedlichen gewählten Informationsformen wider: Sei es das spezielle RAMONA-Flugblatt, das nach den Kick off-Workshops erstellt und betriebsweit verteilt wurde, seien es spezifische Versammlungen bestimmter Gruppen (Abteilungsleiter, Meister z.B.), bei denen Geschäftsführungen und Projektteams informierten, sei es die Nutzung von Betriebsversammlungen, bei denen Betriebsrat, Geschäftsführung und Projektteam informieren konnten – es wurden viele Wege genutzt, um Transparenz über die Projektentwicklung und eine breite Information sicherzustellen.

Die bestehenden Muster der „Regelkommunikation", d.h. der regelmäßigen Besprechungen in und zwischen Abteilungen, bei denen alltägliche Probleme zur Sprache kommen und seitens des Managements über Unternehmens- und Marktentwicklung informiert werden kann, wurden ausgebaut. Dies geschah teilweise schon frühzeitig und auf Eigeninitiative der Beschäftigten hin. Dort, wo Regelkommunikation schon funktionierte, war es hilfreich und sinnvoll, die bestehenden Wege zur Information über Projekt und Projektfortschritte zu nutzen bzw. an ihnen anzuknüpfen, wie dies z.B mit den sog. „Pfeilerkonferenzen" bei KROHNE geschah, wo solche Konvente jetzt auch in den Segmenten durchgeführt werden. Die systematische und regelmäßige Information über Veränderungsschritte erwies sich als unerläßlich und war zugleich ein wichtiges Lernfeld der Untenehmen.

Hervorzuheben bleibt hier – neben allen genannten Maßnahmen zur Herstellung einer „Betriebsöffentlichkeit" – die wesentliche Rolle persönlicher Gespräche bei der Begleitung und Vorbereitung von Projektschritten. Gerade das Überzeugen und Einbinden der Beschäftigten, insbesondere potentieller „Verlierer" des Veränderungsprozesses, im direkten Gespräch, das über das allgemeine Informieren hinausgeht und eine Möglichkeit zur Rückmeldung von Wünschen, Sorgen und Befürchtungen sowie zur Entwicklung neuer individueller Perspektiven bietet, ist hier von zentraler Bedeutung.

M1.1.7
Beteiligen heißt auch andere ausschließen – entstehende Informationsbedarfe

Um Fehleinschätzungen bzgl. Beteiligung und ihrer Reichweite zu vermeiden, ist es notwendig und hilfreich, Beteiligung und Ausschluß quasi zusammen zu denken: Nicht alle Mitarbeiter können immer gleichermaßen beteiligt werden, sondern es muß zwangsläufig zur Bearbeitung bestimmter Projektaufgaben eine Auswahl stattfinden. Diese Auswahl beschreibt gleichzeitig eine Grenze der Information und der Kenntnis des Projektgeschehens.

Im konkreten Projektzusammenhang ist es für die Projektmanager wichtig, sich in die Rolle derjenigen zu versetzen, die nicht unmittelbar an den Projektaktivitäten beteiligt, aber von den geplanten Veränderungen betroffen sind. Diese müssen zumindest ausführlich informiert und mit den angestrebten Maßnahmen und ihren Gründen detailliert vertraut gemacht werden. Auch mit dieser Gruppe sind Diskussion und Feedback unumgänglich (zum Stellenwert und zur Durchführung solcher Feedback-Schleifen vgl. den Beitrag von Bothe in diesem Band).

Effektive Kommunikation wird damit zu einer *zentralen Stellgröße* für den Projekterfolg.

Aber: Veränderungsprojekte produzieren systematisch Verunsicherung, weshalb auch alle Versuche einer umfassenden Information nicht dafür sorgen können, daß im Zuge des Umstrukturierungsprojekts keine weiteren Gerüchte und Befürchtungen entstehen. Unsicherheit ist hierbei unumgänglich; sie muß aber in einem begrenzten Rahmen bleiben. Die notwendige „Regelkommunikation" mußte deshalb – wie dies in den Berichten der Unternehmen auch dargestellt wird – weiterentwickelt und intensiviert werden.

M1.2
Zur Beteiligung spezifischer Beschäftigtengruppen

M1.2.1
Management

Vermutlich irritiert es einen nicht unerheblichen Teil der Leser, wenn der Teil über spezifische Beschäftigtengruppen sich zunächst mit der Management-Seite befaßt. Verständlich wird dies allerdings, wenn man mit dem Organisationssoziologen Erhard Friedberg davon ausgeht, daß Partizipation im Sinne von Mitwirkung ohne Führung nicht denkbar ist. In den betrieblichen Berichten wird an verschiedenen Stellen die Bedeutung des Managementhandelns für das Gelingen von beteiligungsorientierten Umgestaltungsprozessen betont. Es sind deshalb zumindest zwei Aspekte zu berücksichtigen: die Beteiligung des Managements am Veränderungsprojekt insgesamt und sein Verhalten im Projekt.

Zur Beteiligung des Managements ist festzuhalten, daß die zentralen Entscheidungen über das betriebliche Projekt i.d.R. auf oberster Unternehmensebene getroffen wurden, und so schon auf dieser Leitungsebene sichergestellt wurde, daß alle relevanten betrieblichen Entscheidungsträger informiert und eingebunden waren. Dies war wichtig, um frühzeitig die sich verändernden Anforderungen für „dienstleistende Bereiche" oder „interne Kunden" der neuen Organisationseinheiten klären zu können bzw. die sich ergebenden Klärungsbedarfe festzulegen.

Der zweite Aspekt betont, daß Beteiligung nur erfolgreich sein kann, wenn klare Führungssignale gesetzt, verstanden und von den Beschäftigten geglaubt werden. Anders formuliert: Führungsschwächen im Sinne von inkonsistentem Führungshandeln, das den Projektzielen und -intentionen widerspricht, werden im Prozeß gnadenlos offengelegt. Instruktiv ist hier die schon erwähnte Darstellung des ELSTER-Segmentleiters, der die unterschiedlichen Erwartungen und Widersprüche beschreibt – ebenso wie seine Art, damit produktiv umzugehen und allmählich Vertrauen zu schaffen.

Gerade die Auseinandersetzung des Managements mit „unerwünschtem" Feedback ist als ein projekt-kritischer Lernprozeß einzustufen. Die Rückmeldung oder Kritik zunächst einmal als „Fakt" zu akzeptieren und daran zu arbeiten, sie als relevante Information für den Veränderungsprozeß zu begreifen – auch wenn sie den eigenen Intentionen eher widerspricht – sind wichtige Schritte für ein erfolgreiches Change Management. Die Kritik, die in den Aussagen bzw. Beschäftigtenpositionen im Veränderungsprozeß geäußert wird, und die Auseinandersetzung des Managements damit werden von den Beschäftigten sehr sensibel registriert. Unter dieser Perspektive wird der Umgang mit Kritik und Widerstand zu einer Steuerungsgröße, die maßgeblichen Einfluß auf den Projektverlauf haben kann.

Generell bleibt festzuhalten: Während die Voraussetzungen für die Bewältigung operativer und strategischer Managementaufgaben in den Unternehmen gegeben sind, ist Change Management und insbesondere „der Umgang mit den Mitarbeitern" in den Veränderungsprojekten oft ein keineswegs einfaches Lernfeld gewesen. Eindeutigkeit der Maßnahmen, gutes persönliches Standing und die Bereitschaft zu für den Betrieb unkonventionellem Führungsverhalten sind als wichtige Faktoren zu nennen, die zur internen Glaubwürdigkeit der Veränderungsbemühungen beitrugen.

M1.2.2
Betriebsräte – zwischen Co-Management und Konflikt-Partnerschaft

Auf die formelle und inhaltliche Mitarbeit der Betriebsräte in den Projekten wurde anhand der Projektstruktur bereits hingewiesen. Diese Mitarbeit kann allerdings auch zu für den Betriebsrat schwierigen Situationen führen, da die Betriebsräte, die sich aktiv an den Projekten beteiligen, skeptische Distanz und Kontrolle zum Veränderungsprojekt einerseits und andererseits dessen aktive Promotion im Unternehmen ausbalancieren müssen. Kritisch wird dies, wenn der Betriebsrat von den Beschäftigten als ein Kommunikations- bzw. Artikulationskanal für Unmut und Befürchtungen im Zusammenhang mit dem Projekt genutzt wird. Dies kann bei konflikthaftem Projektverlauf durchaus auch dazu führen, daß die Beteiligung des Betriebsrats am Projekt von den Beschäftigten insgesamt in Frage gestellt wird.

Hinsichtlich der Erfahrungen aus den betrieblichen Projekten ist festzuhalten, daß eine vertrauensvolle und produktive Zusammenarbeit zwischen Projekten und Betriebsräten die Regel war. Das hieß aber auch: Kritische Distanz und gegebenenfalls auch „hartes" Nachfragen seitens der Betriebsräte gehörten dazu.

M1.2.3
Mittleres und operatives Management – eine schwierige „Scharnierposition"

Entgegen der in der Literatur immer noch „herumgeisternden" These, stellten sich mittleres Management und Meister in den Projektverläufen keineswegs als die „Lähmschicht" dar, an der sich der gesamte „Schwung der Veränderung" breche, sondern sie waren im Gegenteil teilweise Mit-Initiatoren und weitgehende Promotoren der Veränderung. Dies wird z.B. im Bericht von KROHNE deutlich, wo die Veränderungsinitiative gerade aus dieser Gruppe kam. Wegen der durch die Veränderung bedingten Bedrohung durch Status- bzw. Positionsverlust und den damit verbundenen Brüchen in der beruflichen Entwicklung einerseits und wegen der für die Umsetzung der Veränderungen zentralen Rolle des operativen Managements andererseits, befindet sich diese Gruppe objektiv in einer schwierigen Position, so wie dies durch den Stimmungsbericht des Meisters im Bericht bei RÜGGEBERG exemplarisch verdeutlicht wird. Deshalb wurde diese Gruppe in einzelnen Projekten bzw. Projektphasen spezifisch gefördert. So gab es z.B. bei KROHNE externe und eine neu geschaffene interne Unterstützung bei der Umsetzung der neuen Struktur durch die zukünftigen Leiter der Fertigungssegmente; es gab Trainingsmaßnahmen oder auch Coaching für die Meister, um diese an ihre neuen Rollen und Aufgabenzuschnitte heranzuführen, wie dies in den Berichten von ELSTER (Einführung eines regelmäßigen Coaching-Termins) sowie von RÜGGEBERG und „tewells" (Trainingsmaßnahmen) beschrieben wird.

M1.2.4
„Werker"-Ebene: an Beteiligung heranführen

In den Betriebsprojekten zeigten sich die „Werker" oft als hoch motivierte Teilnehmer an den Arbeitsgruppen, die durch ihre Detailkenntnis in den Alltagsabläufen als wesentliche Know-how-Träger die praktischen Lösungsvorschläge beeinflussen konnten. Allerdings war es mit einem gewissen Aufwand verbunden, die Gruppen jeweils arbeitsfähig zu machen, da die konzeptionelle und eher theoretische Arbeit für viele Mitarbeiterinnen und Mitarbeiter ziemlich ungewohnt war. Hier kam insbesondere der Moderation der Arbeitsgruppen eine wichtige unterstützende Funktion zu, da sowohl ein für die Kooperation günstiges Arbeitsklima zu schaffen war als auch evtl. zusätzliches Know-how zu inhaltlichen Fragen bereitgestellt bzw. organisiert werden mußte.

Aber nicht nur die Arbeit der Arbeitsgruppen sollte hier angesprochen werden, sondern auch die Information der Nicht-Beteiligten. Aus der Vielfalt der betrieblich genutzten Beteiligungsangebote für diese Gruppe sei lediglich auf zwei Varianten an dieser Stelle nochmals hingewiesen:

• Das (interne) Bewerbungsgespräch als Form von Beteiligung (vgl. dazu den Bericht von KROHNE), wo jeweils individuell die Möglichkeit eröffnet wurde, mit dem Vorgesetzten über Projektkonzeption und die individuellen Wünsche und Konsequenzen daraus zu sprechen,

- Die Regel des „leeren Stuhls" bei Arbeitsgruppen (vgl. dazu den Bericht von ELSTER), die allen Interessierten die Möglichkeit bietet, sich direkt bei der Arbeitsgruppe über den Fortgang der Projektaktivitäten zu informieren, d.h. dort – wenn gewünscht – einen „Platz" zu haben.

M1.3
Wesentliche Erfahrungen mit Beteiligung in den Umgestaltungsprozessen

M1.3.1
Glaubwürdigkeit – Herstellen einer „Win-win"-Konstellation

Für den Umgestaltungsprozeß ist es unerläßlich, die Glaubwürdigkeit der Beteiligungsangebote kontinuierlich herzustellen und zu sichern.

Hier war von besonderer Bedeutung, daß in drei der beteiligten Unternehmen, wie dies in den Berichten von KROHNE, ELSTER und „tewells" auch deutlich wird, neben der kontinuierlichen Beteiligung der Betriebsräte noch zusätzliche Absichtserklärungen der Geschäftsleitungen bzw. Vereinbarungen mit dem Betriebsrat geschlossen wurden, die die Ziele der Projekte und die Verfahren bei der Umsetzung der neuen Struktur präzisierten, und so dem Verdacht, „daß da doch sicher mehr dahinterstecke", die Grundlage entziehen konnten. Wichtig ist dieser Aspekt, da in kritischen Projektphasen, in denen sich bei den Beschäftigten Unruhe und Unsicherheit ausbreiteten, mit den Vereinbarungen Klarheit und mehr Sicherheit geschaffen werden konnte.

Im Gegensatz zu Umgestaltungsprojekten in den siebziger und achtziger Jahren, in denen vor Projektbeginn ausführlich über solche „Rationalisierungsschutz-Abkommen" verhandelt werden mußte, haben die Unternehmen diese Vereinbarungen mit ihren Betriebsräten relativ kurzfristig und in eher konflikthaften Projektphasen vereinbart. Es wurde damit prozeßbezogen deutlich gemacht, daß nicht nur betriebliche Rationalisierungsziele verfolgt werden, sondern sich die Beteiligung auch für die Beschäftigten „lohnt" – spieltheoretisch gesprochen: Es wird eine Konstellation hergestellt, in der es zwei Gewinnerseiten, Betrieb und Beschäftigte, gibt („Win-win"-Konstellation). Gleiches gilt im Prinzip auch für die getroffenen Lohnvereinbarungen. Die Sicherung sozialer Besitzstände spielte in allen Lohnmodellen eine wesentliche Rolle. Die zu Beginn des Verbundprojektes vermutete zentrale Bedeutung des Lohnsystems für den Erfolg der Projekte wurde in den betrieblichen Kontexten bestätigt und erhielt insofern hier noch eine spezielle Note: nämlich als Element der Schaffung und Stabilisierung von Vertrauen und Sicherheit in einem Umstrukturierungsprozeß. Die konkrete „Berechenbarkeit" zukünftiger Entlohnung – im doppelten Wortsinn – erweist sich hier als wesentlich.

Die Glaubwürdigkeit der Beteiligungsangebote kann aber nicht nur durch solche einmaligen Festlegungen erreicht werden, sondern ist ein Aspekt, den die Projektpromotoren und „-macher" kontinuierlich beachten müssen. Ein „Verstoß" gegen die Projektintentionen (denkbar wäre z.B. die autoritäre Entscheidung gegen die begründeten Empfehlungen von Projektgruppen) oder Fehler im Auftreten wiegen schwerer als viele „reparierende" Bestätigungen danach. Gerade die Führungsmuster und das Auftreten der Vorgesetzten stehen im Zuge der Umgestaltungsprozesse quasi auf dem Prüfstand durch die Mitarbeiterinnen und Mitarbeiter, inwieweit es ihnen gelingt, eine Konsistenz von Anspruch und Taten herzustellen.

M1.3.2
Ambivalenz von Beteiligung – die Komplexität wird bewußt

Beteiligung der Beschäftigten ist für eine erfolgreiche Reorganisation der Unternehmen unumgänglich. Gleichzeitig wird aber die Komplexität des Umgestaltungsprozesses durch erweiterte Beteiligung erhöht. Abläufe sind nicht mehr nur in einer sehr kleinen Gruppe von Mitarbeiterinnen und Mitarbeitern abzustimmen, sondern mit einem größeren Kreis oder in nach Projektphasen wechselnden Besetzungen zu diskutieren und zu planen. Dies ist oft mit einer Offenlegung von Konflikten und Spannungen zwischen Personen oder Abteilungen auf unterschiedlichsten Ebenen verbunden und impliziert notwendige Klärungsprozesse.

Diese Situation ist für den an betriebliche Routineabläufe gewöhnten Mitarbeiter (auch den Manager) zunächst völlig ungewohnt. Dabei sind Unsicherheit und Mißtrauen bei den Beteiligten oft wechselseitig und können nur langsam und schrittweise im Zuge der gemeinsamen Projekterfahrungen abgebaut werden.

Die Bearbeitung der Konflikte und die Formen der Auseinandersetzung sind dabei ein zentrales Problem, damit aber auch als Lernfeld identifiziert. Im ELSTER-Bericht wird dies auf eine griffige Formel gebracht: Aushandeln im Konflikt – aber mit Blick auf den Konsens. Deutlich wird hier, daß ein wirkliches Ernstnehmen der Eigenständigkeit und Kompetenz der Mitarbeiter „autoritäre" Problemlösungen nicht mehr zuläßt. Verhandeln, überzeugen, gangbare Kompromisse finden sind die Alternativen.

M1.3.3
Voraussetzungen für Beteiligung

Eine erfolgreiche und kontinuierliche Beteiligung der Beschäftigten ist im Projektverlauf nicht selbstverständlich, sondern baut – wie schon angedeutet – auf teilweise komplexen Voraussetzungen auf. Genannt wurde bereits die Bedingung, daß die Beteiligung „erfolgversprechend" für die Beschäftigten sein muß. Ebenso angesprochen wurde die Frage des Führungsstils im Unternehmen und der Umgang mit Konflikten im Projektkontext. Damit sind vor allem motivationale Voraussetzungen der Beteiligung angesprochen. Es ist aber gleichermaßen notwendig, an der individuellen Befähigung zur Mitarbeit in den Veränderungsprojekten zu arbeiten, also den Bereich zu stärken, der sich als „Veränderungskompetenz" umschreiben läßt. Nach den Erfahrungen der betrieblichen Projekte lassen sich hier vor allem zwei Punkte hervorheben:

1. Im Projektverlauf wird von der ersten Idee, über die Planung zur Umsetzung hin der Kreis der Beteiligten immer größer, und es gibt eine Art von aufeinander aufbauender Beteiligung. Meist gab es eine kleine Gruppe um den Projektleiter, die an allen Kernaktivitäten des Projekts beteiligt war und die für eine personelle und inhaltliche Kontinuität gesorgt hat. Im Zuge der Konkretisierung wurden immer weitere Beschäftigte in die Projektarbeit integriert, was entsprechende „Teambuilding"-Phasen notwendig machte.

   Die Kompetenz zur Teamarbeit mußte in diesen Gruppen teilweise erst erarbeitet werden. Dazu gehörte u. a., daß moderatorische Hilfen gegeben wurden, die ein Einbringen in die Diskussion für manche der neu hinzugekommenen Beschäftigten überhaupt erst ermöglichten, oder daß in den Startphasen der Arbeitsgruppen mit allen Beteiligten ausführlich zu diskutieren war, bis die nötige Klarheit und Einigkeit in der Zielperspektive für den nächsten Projektschritt erreicht werden konnte. Hier war die Information der „Vorher-nicht-Beteiligten" und ein transparentes und offenes Vorgehen hilfreich, da so die „Neuen" zur Arbeit an der jeweiligen Projektaufgabe schneller herangeführt, mithin ihre Gestaltungskompetenz entwickelt werden konnten.

2. Gerade in konflikthaften Phasen der Arbeit erwies es sich als hilfreich, daß es externe Unterstützung für die betrieblichen Projekte gab, die über einige Erfahrung im Umgang mit Konflikten und Kenntnisse über weitere Verfahrensschritte in kritischen Situationen verfügten.

   Die für die Bewältigung gemeinsamer Aufgaben nötige Konfliktfähigkeit mußte in der Zusammenarbeit der Teilnehmer teilweise erst geschaffen und erarbeitet werden. Latente Konflikte zwischen Bereichen oder Abteilungen blockieren häufig die gemeinsame Arbeit. Die Erfahrung zu machen, unterschiedliche Positionen zunächst zu akzeptieren und, davon ausgehend, nach gangbaren Wegen zur Lösung zu suchen, war vielfach neu und ungewohnt.

   Unabhängig davon, daß solche Kompetenzen in vielen Betrieben nicht „abrufbar" sind, war gerade die „Suspendierung" der Konflikte und der „Hierarchie" in der konkreten Situation eine notwendige Bedingung, um Beteiligung und kritisches Feedback zu ermöglichen, und daran beispielhaft den Umgang mit Konflikten und Ambiguität zu demonstrieren.

M1.3.4
Abteilungs- bzw. hierarchieübergreifende Zusammenarbeit

Die Arbeit in den abteilungs- bzw. hierarchieübergreifend zusammengesetzten Projektgruppen war ein neuer Erfahrungshorizont für viele Beteiligte. Dies gilt sowohl für das Management wie für die Werkerseite. Bezeichnend ist, daß insbesondere die Kick-off-Workshops unter dieser Perspektive einen Signalcharakter hatten, wie dies auch in den Berichten von RÜGGEBERG und KROHNE anklingt. Gerade in der Startphase der betrieblichen Projekte gelang es so, zu einer guten Arbeitsgrundlage zu kommen, die z. B. folgendermaßen kommentiert wurde: „Mit den Vertriebsleuten kann man ja auch normal reden ...." – ein Indiz dafür, daß hier an der „klassischen" Grenze zwischen Vertrieb und Fertigung „gekratzt" werden konnte. Die Verstärkung und Stabilisierung solcher Erfahrungen war und ist durchaus erwünscht, da sich die geänderten Formen der Zusammenarbeit nicht nur strukturell, sondern auch im alltäglichen Handeln niederschlagen müssen, um entsprechende Effekte zu erreichen.

M1.3.5
Beteiligung als Belastung

Beteiligung wurde von den Beschäftigten oft auch als zusätzlicher Aufwand zur alltäglichen Arbeit erlebt. Hier wurden offenbar in den Projekten z. T. die Grenzen der Zumutbarkeit erreicht. Denn letztlich bedeuteten Projektmitarbeit und -initiative auch zusätzlichen Zeitaufwand und zusätzliche Arbeit.

Notwendig ist deshalb zum einen eine gewisse Sensibilität im Umgang mit der Teilnehmerauswahl bei Arbeitsgruppen. Zwar bestand in weiten Bereichen der Projekte die Möglichkeit der freiwilligen Teilnahme. Dies sollte aber nicht darüber hinwegtäuschen, daß gerade in mittelständischen Unternehmen die Personaldecke oft recht knapp geworden ist und bestimmte, fachlich zuständige Mitarbeiter – mangels Alternative – quasi beteiligt werden müssen, auch wenn deren Motivation aufgrund bestehender Belastungen schon recht gering ist. Für mittelständische Unternehmen ist geradezu charakteristisch, daß bestimmte Positionen und Personen nur einmal verfügbar sind, diese aber in verschiedensten Zusammenhängen gebraucht werden. Die Situation – Alltagsaufgaben, Organisationsänderung, dazu (in drei der beteiligten Unternehmen zusätzlich) DV-Umstellung, und darauf bezogene Qualifizierungsmaßnahmen – bricht über bestimmte Mitarbeiter herein, die oft auf unternehmens- bzw. auftragskritischen Positionen sitzen und eigentlich nicht im notwendigen Umfang zur Verfügung stehen können.

Deutlich wurde in den Projekten zum anderen auch, daß insbesondere in der Übergangsphase bis zur Ausbildung neuer Routinen und zur Stabilisierung der neuen Strukturen die Belastungen für die Beschäftigten insgesamt hoch sind, wie sich z. B. im RÜGGEBERG-Bericht an den Ergebnissen der Mitarbeiterbefragung erkennen läßt.

M1.3.6
Personalentwicklung

Nicht zu vergessen ist schließlich die Erfahrung, daß die Beteiligung für die Teilnehmer an den jeweiligen Arbeitsgruppen und Projektaktivitäten auch ein Element von Personalentwicklung darstellt. Letztlich werden in den Projektaktivitäten die Kompetenzen erarbeitet bzw. erworben, die später zu einer effektiveren Organisation der Abläufe und einem Erreichen der Projektziele beitragen sollen. Die betrieblichen Berichte bergen eine beeindruckende Fülle von Hinweisen, was alles dazuzurechnen ist: von den Fähigkeiten, Konflikte produktiv auszutragen und Unsicherheiten über einen durchaus nennenswerten Zeitraum zu ertragen, über die Verbesserung der Kommunikationsfähigkeit mit anderen Bereichen und Abteilungen und die Effektivierung von Sitzungen und Workshops durch Moderation und geeignete Hilfsmittel, bis hin zu Projektmanagement-, Planungs- und Logistikkompetenzen, die systematisch erarbeitet bzw. vermittelt wurden.

Neben der strukturellen Veränderung der Abläufe sind es gerade die veränderte Arbeitshaltung und Kooperationsbereitschaft, die in den Projekten erlernt werden konnten, und die – wie es scheint – in nennenswertem Maß zum Erreichen der Projektziele beitragen.

M1.4
Eigenzeit der Projekte

Lernen Unternehmen?
Langsam.
Jürgen Wengel, FhG-ISI Karlsruhe

Der in den Berichten auftauchende Hinweis auf die „Eigenzeit" der Projekte deutet möglicherweise darauf hin, daß an bestimmten Punkten immer wieder die „Zumutbarkeitsgrenzen" im Unternehmen erreicht wurden, und deshalb „langsamer" weitergemacht werden mußte. Die war u. a. der Fall bei den „schwierigen" Fragen wie der Lohnfindung, die erst allmählich oder mit langen Pausen und in Intervallen bearbeitet werden konnten, wie dies z. B. im Bericht von RÜGGEBERG geschildert wird. Diese Zeiten gilt es in der Projektplanung zu berücksichtigen, ebenso wie die Zeiten, die für die Lösung von auftretenden Konflikten, für Organisation und Durchführung von Feedback und Kommunikation (s. die Beiträge von Bothe und Kötter diesem Band) benötigt werden.

Die betrieblichen Projekte schufen die Räume für die nötigen Maßnahmen – es ist allerdings noch offen, wie weit dies zum Regelfall und damit zum Alltag in der weiteren Entwicklung der beteiligten Unternehmen wird. Zukünftige Aufgabe der Unternehmen ist es deshalb, den mit den Umgestaltungsprojekten gemachten Anfang zu verstetigen und Beteiligung zum Regelfall in der Bewältigung des betrieblichen Alltags zu machen. Dieser neue betriebliche Alltag bringt allerdings auch eine neue Qualität von Anforderungen mit sich: Die Beschäftigten in den neuen Strukturen sprachen vom „Verantwortungsstreß", und es wird sich nun erweisen, wie die Vorbereitung und die eingeleitete Unterstützung zu dessen Bewältigung beitragen können.

M2 Management von Veränderungsprozessen – Essentials und Literaturempfehlungen

Wolfgang Kötter

Angesichts der Bücherflut zu den Themen „Change Management", „Organisationaler Wandel" und „Lernende Organisation" und der zahlreichen Hinweise an anderen Stellen in diesem Buch (insbesondere in Kap. 7, im Anhang und in den Betriebsberichten) wollen wir uns hier auf einige wenige Essentials beschränken – und auf Literaturempfehlungen, die für uns selber wichtig waren, die vor allem aber auch den „Praxistest" bereits bestanden haben.

M2.1
Warum überhaupt Veränderung?

Einer der häufigsten „handwerklichen Fehler" im Management von Prozessen der Organisationsveränderung ist eine unzureichende Beachtung und Klärung der Frage, warum und inwiefern Veränderung überhaupt wünschenswert oder sogar unvermeidlich ist. Nicht, daß nicht im stillen Kämmerlein darüber nachgedacht würde – aber daß Anlaß und Grund der Veränderung in der Gesamtorganisation bekannt, daß Bedeutung und Dringlichkeit der Veränderung den beteiligten Mitarbeitern erläutert und mit ihnen diskutiert werden, ist leider noch immer die Ausnahme. So entsteht die ungute Situation, daß

- die Veränderungsabsicht zufällig, „gerüchteweise" oder „überfallartig" bekannt wird, so daß die Mitarbeiter sich übergangen fühlen und ihnen die Gelegenheit genommen wird, selbst entsprechende Ideen und Einsichten zu entwickeln,
- die Veränderungsforderung als Zumutung und Bedrohung erlebt wird, ohne daß überhaupt geklärt werden kann, ob es nicht an der „Basis" ähnliche und gleichgerichtete Veränderungswünsche und -impulse gegeben hätte, wenn die Signale aus Markt, Wettbewerb etc. gemeinsam ausgewertet worden wären.

M2.2
Kreative Spannung zwischen Soll und Ist
als Quelle von Veränderungen

Wenn schwungvoll begonnene Veränderungsprojekte plötzlich stagnieren oder gar versanden, dann lohnt es sich erfahrungsgemäß, das Verhältnis zwischen vereinbarten Soll-Vorstellungen und wahrgenommener Ist-Situation unter die Lupe zu nehmen. Gerade hier liegen häufig ungenutzte Potentiale: Ein breiter Konsens oder gar eine konkrete „geteilte Vision" vom wünschenswerten zukünftigen Zustand kann für sich genommen schon eine beträchtliche Schubkraft entwickeln und dann, verknüpft mit ggf. vorhandenem „Leidensdruck" über die aus gemeinsamer oder jeweils spezifischer Sicht unbefriedigende Ist-Situation, kann eine solche „Vision" die entscheidende Quelle für die erforderliche Veränderungsenergie sein (Abb. M2.1).

Stattdessen wird in vielen Fällen von schließlich mißlingender oder stagnierender Veränderung

- eine diffuse Unzufriedenheit mit dem Ist-Zustand zum Anlaß genommen, externe Experten mit einer Untersuchung zu beauftragen und deren Gutachten dann zum Ausgangspunkt der Veränderungsanstrengungen zu machen, statt sich vorrangig auf einen internen Prozeß der Situationsanalyse und der Verständigung über Probleme und Veränderungsbedarfe zu stützen (und dabei ggf. externe Prozeßberatung oder eben auch, bei Bedarf, Fachberatung hinzuzuziehen),
- ein Restrukturierungskonzept von Leitung (und Beratern) ausgewählt bzw. vorgegeben („Die Lösung ist das Problem!", Watzlawick), das nicht als spezifische *Antwort* auf festgestellte Schwächen, Unzufriedenheiten und Probleme entwickelt wurde, sondern lediglich einem aktuellen Trend in der Managementdiskussion entspricht,
- das Ziel der Veränderung in abstrakten, unscharfen, schillernden und teilweise widersprüchlichen Begriffen formuliert,
- der erwünschte Endzustand gar nicht oder lediglich durch den Verweis auf den Zustand bei „Vorreiter-Firmen" beschrieben,
- Ziel und Endzustand lediglich zwischen Leitung und Beratern erörtert und nicht zum Gegenstand einer bereichs- und ebenenübergreifenden Verständigung und Zielklärung gemacht.

Eine kreative Spannung zwischen Soll und Ist als Quelle von Veränderungsenergie kann demgegenüber gerade dann entstehen, wenn Sponsoren bzw. Promotoren, Berater, Hauptakteure und Betroffene oder Beteiligte des Veränderungsprojekts ein gemeinsames Bild der konkreten Probleme und Unzufriedenheiten mit dem Ist-Zustand und eine gemeinsam erarbeitete Vorstellung von konkreten Veränderungsschritten und wünschenswerten Zukunftszuständen *im Hinblick auf diese Probleme und Unzufriedenheiten* zu entwickeln in der Lage sind. Ein derartiger Verständigungsprozeß ist keineswegs gescheitert, wenn dabei unterschiedliche Sichtweisen

auf die Ist-Situation und unterschiedliche Zukunftswünsche zutage treten – im Gegenteil, genau diese Feststellung von bereits jetzt bestehendem Konsens und noch
zu bearbeitenden Unterschieden kann die „Schlüsselstelle" für den späteren Projekterfolg sein.

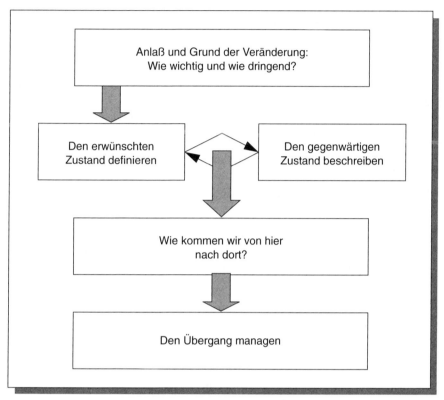

Abb. M2.1. Ein Grundmodell von Veränderungsarbeit in Unternehmen (nach Beckhard u. Harris
1987)

M2.3
Wie kommen wir von hier nach dort?

In Kap. 7 war bereits ausführlich von Prozeßleitbildern der Organisationsveränderung die Rede, u.a. mit dem Hinweis darauf, daß der produktive Umgang mit den
unterschiedlichen Vorstellungen über den Veränderungsprozeß, die im Kreis der
Projektinitiatoren und -akteure vertreten sind, wahrscheinlich wichtiger ist als so
manche Einzelentscheidung über die Herangehensweise.

Zur geeigneten Projektorganisation finden sich zahlreiche Hinweise in den Berichten der RAMONA-Betriebe, ausdrücklich sei dabei auf die Berichte von ELSTER

und RÜGGEBERG verwiesen, in denen besonders auf die notwendigen *Anpassungen* der Projektstruktur und der personellen Zusammensetzung von Projektgremien und Teams verwiesen wird: Je nach Projektphase und Projektgegenstand wurden unterschiedliche „Vor-Ort"-Experten, Entscheidungsträger, Fachleute und Verbindungspersonen benötigt, um das Projekt zu „steuern" und die optimale Grundlage für die zu treffenden Entscheidungen zu schaffen. Besonders sei an dieser Stelle auf die Gefahr der Überlastung zentraler Projektakteure verwiesen, und zwar sowohl in zeitlicher Hinsicht als auch im Hinblick auf die Rollen- und Anforderungsvielfalt. Schon aus diesem Grund ist eine sorgfältige Klärung der benötigten Ressourcen und eine realistische Zeit- und Terminplanung ein wichtiger Erfolgsfaktor im Veränderungsprozeß (vgl. dazu auch den Anhang A3 zum Thema „Projektmanagement"). Zu beachten ist dabei allerdings, daß *sichtbare und spürbare* Erfolge nicht gar zu lange auf sich warten lassen sollten, zumal Enttäuschungen gegenüber den oft überhöhten Erwartungen ohnehin zu erwarten und zu bearbeiten sind.

M2.4
Managen während des Übergangs

Die Phase des Übergangs von der alten zur neuen Organisationsstruktur ist nach den RAMONA-Erfahrungen und nach vielen ähnlichen Erfahrungen aus anderen prozeßorientierten Restrukturierungen häufig sehr viel langwieriger und heikler, als die Initiatoren und Sponsoren der Veränderung sich das vorgestellt hatten:

• Die neuen Rollen aller Beteiligten sind unklar, es gibt kaum konkrete Vorbilder, und eine Klärung kann häufig nur durch Ausprobieren, Einholen von Rückmeldung und schrittweise Annäherung erfolgen, „Rückfälle" eingeschlossen.
• Jede tiefgreifende Veränderung, selbst eine als erstrebenswert erkannte, hat ihre unbequemen und bedrohlichen Seiten. Widerstand ist zu erwarten, und ein achtsamer, konstruktiver Umgang damit kann wesentlich zum späteren Projekterfolg beitragen – auch wenn er sich zunächst einmal als Störung und Verzögerung im Projektablauf äußert, zusätzlichen Aufwand kostet und auf neue Risiken verweist.
• Die alten arbeitspolitischen „Spielregeln" (s. Kap. 9) werden nach und nach immer unpassender, gleichzeitig sind die neuen, passenderen häufig noch nicht erfunden oder gefunden worden, und durch das Nebeneinander von Pilotbereichen der Veränderung und den Bereichen, in denen die alten Strukturen und Prozesse weiterhin funktionieren sollen, ja müssen, ergeben sich zusätzliche Spielregel-Probleme.

Um in dieser Phase die Hindernisse und Risiken frühzeitig zu identifizieren und die Verständigung über Vorbeugungsmaßnahmen und mögliche Reaktionen zu erleichtern, hat sich die Methode der Kräftefeld-Analyse (z.B. im Steuerungskreis des Projekts oder in den jeweiligen Projektteams) bewährt. Zu beachten ist dabei, daß eine Erhöhung des Drucks, d.h. eine Konzentration auf die Stärkung der veränderungsrungsförderlichen Kräfte, in aller Regel auch eine Erhöhung des Gegendrucks, also des Veränderungswiderstands, erzeugt. Aussichtsreicher ist es meist, die Maßnahmenplanung auf die Seite der hinderlichen Kräfte zu konzentrieren, indem z.B. Einwände und Sorgen ernstgenommen, im weiteren Projektverlauf und bei den zu treffenden Entscheidungen berücksichtigt werden, oder indem Kritikern eine konkrete Rolle mit tatsächlichem Einfluß auf das weitere Projektgeschehen eingeräumt wird.

Kräftefeldanalyse. Voraussetzung ist, daß ein klares, von den Anwesenden geteiltes oder akzeptiertes Ziel der Veränderung existiert. Dann läßt sich folgende zweiteilige „Zurufliste" erstellen:

Förderliche Kräfte	Hinderliche Kräfte

Wichtig: Zunächst findet, wie beim Brainstorming, eine „Zuruf"-Sammlung am Flipchart statt, ohne Kommentare und Diskussionen. Erst dann erfolgt eine Auswertung, bei der ggf. Unklarheiten und Meinungsverschiedenheiten besprochen und gekennzeichnet sowie geeignete Maßnahmen entwickelt werden können.

M2.5
Kommentare zur empfohlenen Literatur

Aus den nachstehend angegebenen Gründen empfehlen wir einige Bücher, die wichtige praktische Hinweise zum Vorgehen in Veränderungsprozessen geben:

- Ein „Werkzeugkasten" des Managements von Veränderungsprozessen in der Tradition des OE-/PE-Prozeßleitbildes findet sich bei Doppler u. Lauterburg: „Change Management. Den Unternehmenswandel gestalten" (Campus, 1996). Hier findet sich eine Vielzahl nützlicher Hinweise zu Themen wie „Organisationsdiagnose", „Umgang mit Widerstand", „Führen durch Zielvereinbarung", „Gestaltung von Workshops", „Kommunikation im Unternehmen" und „Konfliktmanagement" – praxisnah und gleichzeitig in ein klar dargestelltes Gesamtkonzept der Organisationsveränderung und Unternehmensentwicklung eingebettet.

- Eine Sammlung von konzeptionellen Aufsätzen aus der Feder erfahrener OE-Praktiker enthält das von Dr. Rudolf Wimmer (OSB GmbH, Wien) herausgegebene Buch „Organisationsberatung. Neue Wege und Konzepte" (Gabler, 1992). Wer sich für den theoretischen Hintergrund und die neueren Ansätze im Bereich „Organisationsentwicklung" interessiert, der erhält hier einen guten Überblick.

- Eine Fülle von praktisch nutzbaren Anregungen zur Förderung von Lern- und Veränderungsprozessen im Unternehmen, insbesondere zu den Themen „Visionsentwicklung", „Teamentwicklung", „Denkmodelle" und „Systemdenken" enthält „Das Fieldbook zur Fünften Disziplin" von P.M. Senge und Kollegen aus dem „Center for Organizational Learning" der Sloan School of Management am MIT (Klett-Cotta, 1996).

- Hilfreiche Hinweise für das Projektmanagement in einer guten Balance zwischen „harten", die Organisation, Planung und Steuerung betreffenden und eher „weichen", die Führung und Beteiligung betreffenden Aspekten dieses Management-Konzepts enthält das Buch „Projektmanagement mit System" von G. Kraus und R. Westermann (Gabler, 1997)

M3 Projektmanagement als „Veränderungstechnologie"

JÖRG BAHLOW
SABINE STADELMANN

„Dazu sollten wir ein Projekt machen!" Häufig ist es dieser Ausruf, der ganz am Anfang von späteren Vorhaben zur Reorganisation von Produktionsprozessen steht. Eine Flut von Projekten überschwemmt so manches Unternehmen – von der Einführung eines neuen PPS-Systems über die Neuordnung der logistischen Abläufe und die zahlreichen Projekte zur markt- und kundenbezogenen Entwicklung neuer Produkte und Verfahren bis hin zur Planung neuer Fabrikgebäude, zur Beschaffung von neuen Produktionsanlagen und zur Abwicklung komplexer Kundenaufträge. Alle diese Projekte erfordern „Projektmanagement"; es gibt also jede Menge Projektmanagement-Praxis und diesbezügliches Erfahrungswisen. Und trotzdem: Als im RAMONA-Verbund die wichtigsten Klärungs- und Qualifizierungsbedarfe aus der Sicht der Betriebspraktiker ermittelt wurden, da stand das Thema „Projektmanagement" ganz oben auf der Liste. Deshalb hier, jenseits der vielen dicken und dünnen, guten und weniger guten Bücher zum Thema einige Anmerkungen zu den aus unserer Sicht wichtigsten Aspekten des Projektmanagements in Projekten zur Organisationsveränderung.

M3.1 „Projekt-Inflation"

Die eingangs beschriebene „Projekt-Inflation" führt vielerorts zu „Multiprojekt-Landschaften" im Unternehmensalltag – von Projektarbeit als Ausnahme von der Regel des Tagesgeschäfts in der Linie kann da aus Sicht der Beteiligten kaum noch die Rede sein.

Jenseits der sich daraus ergebenden Notwendigkeit, personelle Engpaßkapazitäten der Hauptakteure im Projektgeschäft auch projektübergreifend mit Weitsicht zu planen, darf gelegentlich auch die Frage gestellt werden, ob denn jedes Projekt seinen Namen wirklich zurecht trägt. Hilfreich zur Beantwortung erweisen sich hier altbekannte Prüfsteine zur Projektdefinition, hier nur in Erinnerung gerufen: Projektaufgaben sind stets

- zeitlich begrenzt und
- von neuartigem Charakter oder Gegenstand.

Sie erfordern

- ein Zusammenwirken mehrerer Bereiche oder Abteilungen der Linienorganisation und zeichnen sich schließlich
- durch besondere Komplexität im Sinne der Vernetzung und gegenseitigen Abhängigkeit von Teilaufgaben aus.

M3.2
Klare Projektziele, Auftragsbeziehungen und Rollen

Zu Beginn eines Veränderungsprojekts macht sich unter den Akteuren nicht selten eine ganz besondere Art von Aufbruchstimmung breit: Taten zählen mehr als Worte. Positionen und Rollen im Projekt werden durch sichtbare Aktivitäten besetzt; kurzum: alle rennen los ...

Wer mag da schon zum Innehalten ermahnen mit dem Hinweis, die Richtung sei doch erst allzu grob abgestimmt: Die Rolle des vermeintlichen Bremsers, Mahners und „Spielverderbers" scheint deutlich weniger begehrt.

Doch leider ist es wahr: „Die Sünden der Kindheit holen einen im Alter ein". So läßt sich denn auch ein Großteil von Krisen und Stagnation in dynamisch gestarteten Veränderungsprojekten bei näherem Hinsehen eindeutig auf grobe Versäumnisse in der frühen Phase des Projektmanagements, also beim „Contracting", bei der Klärung von Zielen, Auftragsbeziehungen, Rollen und Erwartungen, zurückführen.

Allzuviele „selbstverständliche Annahmen" erweisen sich im Nachhinein als keineswegs selbstverständlich: Abstrakt formulierte, sich mitunter widerstrebende Ziele laden ein zu individueller bzw. bereichsbezogener Praxisinterpretation (Ausdeutung) sowie fallweise wechselnder Prioritätensetzung. Vermiedene Klarheit bei der Benennung einer Person als Auftraggeber öffnet der Verzögerung im Fall von Entscheidungsdruck oder Konflikten Tür und Tor. Erfahrene Projektleiter betonen denn auch, daß sich der notwendige Aufwand und die so empfundene Verzögerung durch ein sorgfältiges „Contracting" vor Projektstart im späteren Verlauf durch vermiedene Stillstände und Krisen mehrfach auszahlt.

M3.3
Projektplanung – die Sache mit den erwartbaren Überraschungen ...

Wenn die Frage „Verlief das Projekt so wie anfangs geplant?" zum Maßstab für Sinn und Zweck der Projektplanung erhoben würde, dann spräche wohl manches für den Verzicht auf jegliche Planung. Doch gleichzeitig – mancher mag es bedauern – wird ohne Planungsgrundlage weder eine Freigabe finanzieller Ressourcen durch den Auftraggeber noch die Bereitstellung personeller Kapazitäten durch die Linienorganisation zu haben sein, und auch der Weg zum Ziel wird in den weitaus meisten Fällen ohne Planung nicht zu finden sein – ohne Planung also kein Projekt.

Die Kunst der Projektplanung besteht demnach gerade darin, einerseits mit begrenztem Aufwand eine Grobplanung als Grundlage für die Umsetzungsentscheidung und Ressourcenbereitstellung zu schaffen und andererseits im Bedarfsfall mit überschaubarem Horizont Projektphasen immer erst dann detailliert durchzuplanen, wenn kritische Terminpfade oder Ressourcenkonflikte absehbar werden.

Fazit: Jede Projektplanung beruht zum Teil auf ungesicherten Annahmen – jedes „echte" Projekt verläuft aller Wahrschinlichkeit nach anders als geplant!

M3.4
Projektmanagement als Regelkreis: „Was gemessen wird, wird auch getan"

Wer ein Vorhaben zur Organisationsveränderung mit mit Methoden des Projektmanagements zu steuern versucht, läuft damit stets Gefahr, auch kreative Freiräume der Beteiligten einzuschränken und „organische" Entwicklungsprozesse des Systems Organisation zu behindern.

Zugleich bietet sich jedoch die Chance, durch gezielte Steuerungsimpulse im Projektverlauf einen kontinuierlichen Lernprozeß in der Organisation auszulösen: Erst durch wiederholte Herstellung eines Bezuges zwischen den vorab geklärten Zielen und der aktuellen Situation im Prozeßverlauf können wirksame Routinen zum Soll-Ist-Vergleich entstehen.

Als besonders wirksames Instrument zur Etablierung hat sich hier der Einsatz von Meilensteinen (Präsentation von angestrebten Zwischenergebnissen durch das Projektteam, Benennung von Entscheidungsbedarf mit entsprechenden Alternativen und begründeten Empfehlungen an den Auftraggeber bzw. Projektsteuerkreis) in zweifacher Hinsicht bewährt: Sie ermöglichen einerseits zu definierten „Meßpunkten" im Projektverlauf die gezielte Einbeziehung des Auftraggebers in seiner Rolle als Entscheider über das weitere Vorgehen und dienen andererseits als wohlverstandenes „Motivationsinstrument" innerhalb des Projektteams. Ein sorgfältig geplanter und inhaltlich definierter Meilenstein mobilisiert im Vorfeld ungeahnte Kräfte zur Zielerreichung und hilft der Projektleitung in direkter Folge beim Anstreben der wichtigen (Zwischen-) Ergebnisse im Team.

M3.5
Projektmanagement als Antwort auf die Schwächen der hierarchisch-funktionalen Organisationsstrukturen

Warum überhaupt Projektmanagement? Lassen sich die Fragestellungen und Probleme, auf die mit Projektmanagement reagiert wird, nicht auch auf anderem Wege in den „alten" Strukturen bearbeiten? Gerade eine Änderung von Organisationsstrukturen und -abläufen, wie sie etwa in den RAMONA-Betrieben anstand, aber auch andere Projektziele wie die Einführung von Qualitätsmanagement, grundlegende Produktinnovationen oder Veränderungen der EDV-Systeme können schon wegen der nötigen fachbereichs- und hierarchieebenenübergreifenden Betrachtung nicht mit Hilfe eigener Mittel und Routinen der Hierarchie erreicht werden.

Gerade für klassisch-hierarchische Unternehmen, die aufgrund ihrer Struktur eher veränderungswillig und weniger flexibel erscheinen, bietet Projektmanagement eine Organisationsform zur erfolgreichen Bearbeitung von neuartigen und komplexen Aufgabenstellungen (vgl. Heintel u. Krainz 1994, Kraus u. Westermann 1997).

Jede Innovation stört natürlich den Status quo und stellt das bisherige Selbstverständnis der Organisation in Frage. Hierarchie und Linie einerseits und die Projektbeteiligten andererseits haben unterschiedliche Problemsichten und Motivationen, die häufig genug als schwer überbrückbar erscheinen. Diese Unterschiede sind jedoch als gewollte und sogar geplante Überschneidungen zu verstehen. Werden diese potentiellen Konfliktfelder konstruktiv bearbeitet, liegt hier die Basis für innovative und integrierend wirkende Ergebnisse. Projektmanagement in diesem Sinne ist „Widerspruchsmanagement" eines bestehenden Organisationskonfliktes zwischen Linie und Projekt und als solches als „Veränderungstechnologie" zu begreifen, die einer bestimmten Eigenlogik folgt.

Ein Projekt ist als „temporärer Sozialkörper" (mit Phasen wie Geburt, soziale Reifung, Generativität, Vergehen) zu verstehen, der die Kontinuität des Gewohnten durchbricht. Es gilt auch hier der Grundsatz aller Entwicklungsprozesse: „Das Werdende wird dem Gewordenen zum Vorwurf". Das Projekt hinterfragt eingeübte Kooperationsmuster, überschreitet bisherige Systemgrenzen und verlangt veränderte Haltungen der beteiligten Organisationsteile (neue Regeln, Verfahren der Abstimmung, Zuständigkeiten, Entscheidungsprozesse etc.). Aus Projektsicht müssen bestehende Verhaltensweisen und institutionelle Gegebenheiten in Frage gestellt werden, will es im Sinne der Ziele erfolgreich sein. Auch die Organisation will aus der Perspektive des Auftraggebers natürlich den Erfolg des Projektes. Gleichzeitig ist sie jedoch bestrebt, in ihrem bewährten Gefüge weitgehend unangetastet zu bleiben. Chris Argyris spricht in diesem Zusammenhang von „organisationalen Abwehrroutinen": „Das „kooperative" Verhalten der Organisation sieht so aus: mitmachen und Widerstand leisten; den Werten und Grundannahmen der Organisationsentwicklung verpflichtet sein und sie verletzen." (Argyris 1993, S.179). Innovationen (wie z.B. Projekte) stehen als potentielle Fremdkörper somit immer in der Gefahr, entweder von der Organisation „abgestoßen" oder „einverleibt" zu werden, mit dem Ziel der Erhaltung des Status quo.

Die Erkenntnis dieser Ambivalenz ist – im Sinne der Veränderungslogik – ein wichtiger Teil des organisationalen Lernprozesses. Gleichzeitig bildet sie für die Beteiligten einen ständigen Herd der Frustration, der Konflikte und des gegenseitigen Unverständnisses. Immer wieder bedarf es kommunikativer Aushandlungsprozesse, um diesen strukturellen Widerspruch zu klären und kreativ nutzen zu können.

Kernpunkt bei der Realisierung eines Projektes ist daher die wirkungsvolle Integration in die bestehenden Strukturen und Aufgabenschwerpunkte der Organisation. Das Projekt steht dabei in der Herausforderung, als Veränderungsvorhaben aushaltbar unbequem zu bleiben und gleichzeitig die nötige Anschlußfähigkeit an die vorhandene Organisationskultur zu erhalten.

Linienorganisation und Projektmanagement unterscheiden sich strukturell, organisatorisch und funktional voneinander, ebenso im Hiinblick auf Kompetenzen und Verhaltensanforderungen; es handelt sich um zwei unterschiedliche Überlebensorganisationen, die zueinander im Widerspruch stehen. Projektmanagement muß sich diesen individuellen Voraussetzungen anpassen. Es gibt daher kein "idealtypisches Projektmanagement", das in jedem Unternehmen gleiche Anwendung finden könnte. Die Definition des konkreten Projektmanagements muß auf die jeweils individuellen Gegebenheiten der Organisation zugeschnitten sein.

Es ist deutlich zwischen Projekt und Organisation zu unterscheiden, um die unterschiedlichen Logiken nachvollziehbar werden zu lassen. Um die zwangsläufig entstehenden Konfliktfelder konstruktiv nutzen zu können, ist es notwendig, die Dimensionen der potentiellen Widersprüchlichkeit zwischen „Projekt" und „Linie" zu kennen. Grundsätzliche Unterschiede finden wir in den Bereichen: Strukturbildung, Ablaufgestaltung, Verhaltensweisen, Emotionen und Interessen.

Einige Beispiele zur Verdeutlichung:

Linienorganisation:	*Projektorganisation:*
Hierarchie	Gruppenorganisation
auf Dauer angelegt	zeitlich begrenzt
normiert	muß neu erfunden werden
Regelkommunikation	Aushandlungsprozesse
vorhandene Normentreue	Normenflexibilität
Mißtrauen vorhanden	Vertrauen notwendig
Sicherheit	Unsicherheit
Loyalität	kritische Kompetenz
Risikominimierung	Risikobereitschaft
Verhalten extern getrieben	Verhalten intern getrieben

M3.6
Zur Funktionalität von Projektmanagement

Projekterfolg ist eine Funktion von Qualität und Akzeptanz. Erfolgreiches Projektmanagement ist sowohl gekennzeichnet durch die interne Funktionalität und Arbeitsfähigkeit der Projektgruppe (Qualität) als auch durch das Ergebnis wirkungsvoll gestalteter Kommunikationsanlässe zur Bearbeitung der auftretenden Konflikte zwischen „Linie" und „Projekt" (Akzeptanz).

Projektmanagement beruht auf der Zusammenarbeit in einer Gruppe, die sich arbeitsfähig macht, um

- Entscheidungen zu treffen,
- kreative Ideen zu entwickeln,
- Konflikte zu gestalten, damit Unterschiede produktiv werden,
- sich gegenseitig zu stützen für die Auseinandersetzung mit der Linie.

Die Gruppe benötigt eine gewisse Menge an „Eigenzeit",

- um reif und konsensfähig zu werden, Rituale und Gewohnheiten einzuüben, eine gemeinsame Sprache zu finden und die Beziehungen auszubalancieren,
- Rollen der Mitglieder festzulegen und einzuüben,
- Informationen aller Mitglieder zu hören und zu nutzen,
- einen Wissensvorrat anzulegen.

Die Projektaufgabe muß klar beschrieben sein, insbesondere

- die Zielsetzung,
- die Ressourcen (Zeit, Geld, Arbeitskraft, Sachmittel),
- die Entscheidungsbefugnisse.

Das Projekt braucht nach außen eine deutliche Abgrenzung („soziale Haut"), die es wahrnehmbar macht.

Das Projekt braucht Kontakte „in das System hinein" (Berichtspflichten, Regelkommunikation, informelle Gespräche).

In aller Regel wird diesem Bezugsrahmen zu wenig Aufmerksamkeit geschenkt. Es werden einige wenige „harte" Eckdaten in Bezug auf Ziele, mögliche Kosten, geplante Zeitrahmen und zur Verfügung stehende Personenressourcen (häufig zu Ungunsten der Klärung der benötigten Personalressourcen und –qualifikationen) mit dem internen Auftraggeber geklärt. Ein ausreichendes Verständnis für den Gesamtzusammenhang und die Komplexität des Projektvorhabens, die Klärung der „weichen" Faktoren, insbesondere der Beziehungen, die das Projekt beeinflussen, und die Sichtbarmachung der Vernetzungen tragen jedoch deutlich zur Risikovermeidung und damit zum Projekterfolg bei (Witschi et al. 1998).

M3.7
Fehler bei der Einführung von Projektmanagement

Bei der Einführung von Projektmanagement werden, wie die Erfahrung zeigt, häufig die gleichen Fehler gemacht:

- Halbherziger Beginn, Erprobung von Projektmanagement an unwichtigen Themen (es entsteht keine ausreichende kritische Anfangsenergie),
- Etablierung von Projektmanagement ohne ausreichende Vorbereitung und Bestandsaufnahme der Ist-Situation der Organisation,
- Unterschätzung der notwendigen Ressourcen und in der Folge Ressourcenmangel (Geld, Zeit, Arbeitskraft),

- Unterdrückung der Eigeninitiativen/Veränderungsimpulse des Projektes, Einbau in die Liniengepflogenheiten,
- Projektinflation (jedes Thema wird zum Projekt),
- Verantwortungsverschiebung von Linienaufgaben in ein Projekt,
- Auslagerung der Verantwortung an externe ExpertInnen und BeraterInnen (Autoritätsverschiebung),
- keine klar begründete Auswahlentscheidung bei der Besetzung von Projektleitung und Projektmitgliedern (Gerüchtebildung als Konsequenz).

M3.8
Zur Bedeutung der Projektgruppe

Für das „Überleben einer Projektgruppe", für ihre Arbeitsfähigkeit, für die Energie, die einzelne Mitglieder in sie investieren, hat die Position in der und die Beziehung zur Organisation fundamentale Bedeutung; sie kann sich weder fachlich-inhaltlich noch sozial-emotional von der sie umgebenden Organisation unabhängig machen. Da sie als Störfaktor in Erscheinung tritt, muß sie mit der mehr oder weniger heftigen, aber zwangsläufigen Systemabwehr rechnen; der Umgang mit dieser Abwehr bestimmt Leben und Bewegungsfreiheit der Gruppe (Heintel u. Krainz 1994).

Zum besseren Verständnis der Funktionalität von Projektgruppen ist es notwendig deutlich zwischen Organisation und Team zu differenzieren, da sie unterschiedlichen Eigenlogiken unterliegen. Die Organisation ist i.d.R. geprägt von hierarchischen Strukturen, das Projektteam folgt der Logik von Gruppenprozessen.

Teamarbeit ist eine Antwort auf die Frage, wie man durch die Förderung von Eigenverantwortung und „self-management" Innovationen fördern kann in einem für die Gesamtorganisation kalkulierbaren Rahmen. Dazu bedarf das Projektteam nun einer gewissen Bewegungs- und Entscheidungsfreiheit jenseits der allgemein gültigen Organisationsroutine. Im Kontext des Projektgeschehens wird die Funktion der „Linie" zurückgenommen auf die Bestimmung von Einsatz, Verantwortungszuteilung und Befristung von Projektarbeit. Hieraus entstehen zwangsläufig Spannungsfelder, die zu Paradoxien innerhalb des Gruppengeschehens führen und von der Projektgruppe erkannt und bearbeitet werden müssen (Baecker 1993). Um dazu fähig zu sein, benötigt die Gruppe nach ihrer formalen Etablierung zunächst Zeit zur Selbstreflexion und zum Aufbau ihrer internen Gruppenfähigkeit.

Eine Gruppe ist nicht sofort arbeitsfähig, sondern braucht Zeit um sich zu formieren. In dieser scheinbar unproduktiven Phase klären die Gruppenmitglieder ihr Verhältnis zueinander. Im Sinne der mechanistischen Orientierung beim Aufbau von Projektmanagement wird dieser Umstand häufig von der Organisation völlig unterschätzt und findet z.B. seinen Ausdruck in den Versuchen verspäteter Teamentwicklungsprozesse, wenn deutlich wird, daß der Projekterfolg durch die mangelnde Arbeitsfähigkeit und unbearbeitete Konflikte innerhalb der Gruppe gefährdet ist.

Was bedeutet dies nun faktisch beim Aufbau und der Entwicklung einer Projektgruppe? Es ist zunächst zwischen den aufgabenbezogenen und den gruppenerhaltenden Funktionen zu unterscheiden:

aufgabenbezogene Funktionen:	*gruppenerhaltende Funktionen:*
klare Definition der Aufgabe/Ziele	Anerkennung der Arbeitsergebnisse
Zuordnung Aufgaben und Personen	Bedeutung transparent machen
Festlegung der Entscheidungskriterien	Förderung der internen Kommunikation
Termine/Meilensteine definieren	Vorteile für die Projektmitglieder klären
Abgrenzungen klären	strukturelle Spannungen 'rausnehmen
Informationspolitik klären	Umgang mit Konflikten üben
Regelkommunikation festlegen	interne Vertrauensbasis schaffen

Vor allem die aufgabenbezogenen Funktionen müssen gleich zu Beginn eines Projektes geklärt werden. Für den Aufbau und die Pflege der gruppenerhaltenden Funktionen kommt im Verlauf des Projektes u. a. der Projektleiterin oder dem Projektleiter eine besondere Rolle zu.

M3.9
Gestaltung des Projektanfangs: „Das Kick-off Meeting"

Die Anfangsphase eines Projektes ist von entscheidender Bedeutung und „Geburtsfehler" lassen sich im Projektverlauf häufig nur mit großem Aufwand korrigieren. Die Startphase bedarf eines besonderen Rituals, um den Beginn des Projektes zu kennzeichnen.

Die „Taufe eines Projektes" vollzieht sich in der Regel im „Kick-off Meeting". Dessen Hauptaufgabe ist das Herstellen eines gemeinsamen Informationsstandes, die Diskussion der Hauptaufgaben des Projektes („Warum gibt es uns eigentlich?"), sowie der fundamentalen „harten" Parameter (Projektziele, Hilfsmittel, Zeit, Budget etc.). Die Zuordnung von Verantwortlichkeiten wird besprochen (der jeweils eigenen und der Verantwortlichkeiten aller anderen Projektmitglieder). Die Art der Führung durch die Projektleiterin oder den Projektleiter wird diskutiert (Berichtslinien, Zusammenarbeit, Entscheidungsspielräume, Selbständigkeit etc.).

Die allgemeine Bekanntheit der Regeln, unter denen das Projektteam arbeiten soll vermeidet spätere Reibungen. Alle Beteiligten treffen am Ende noch einmal die individuelle Entscheidung, ob sie unter den gegebenen Bedingungen am Projekt teilnehmen wollen. Das Projekt lebt u. a. von der Motivation jedes Einzelnen, deshalb müssen sich alle Beteiligten freiwillig zur Mitgestaltung entscheiden können.

M3.10
Die Rolle der Projektleitung

Die Rolle der Projektleitung ist ein wichtiger „Stellhebel" innerhalb des Projektgeschehens. Um dieser Funktion gerecht werden zu können, braucht sie eine Reihe von Grundqualifikationen, die ausschlaggebend sind für ihre Akzeptanz:

*   übergreifende fachliche Qualifikation,
*   methodisch-technisches Wissen über Projektmanagement-Tools,
*   Teamfähigkeit und das Wissen über Gruppenfunktionen,
*   Kommunikationsfähigkeit,
*   Führungs- und Managementkompetenz.

Die Projektleitung fungiert als „Gründerin im Gewordenen". Sie ist primäre Vermittlungsinstanz innerhalb des Projektes und zwischen Projekt und Linienorganisation. Sie fördert die Kommunikation nach innen und gewährleistet die „Anschlußfähigkeit" des Projektes nach außen. Dazu muß sie weitgehend institutionsunabhängig agieren können, denn die Gruppe und die Organisation stellt sie immer wieder vor die Loyalitätsfrage: „Zu wem gehörst Du und in wessen Namen sprichst Du?" . Um die notwendige Vermittlerfunktion aufrecht erhalten zu können, darf sich die Projektleitung keiner „Seite zuschlagen", sondern muß die beschriebenen Ambivalenzen zwischen Projekt und Linienorganisation bearbeitbar machen. Dazu muß sie in erster Linie den Projektzielen verpflichtet bleiben. Sie muß eine offene Informationspolitik betreiben und immer wieder den gleichen Informationsstand für alle Beteiligten herstellen, um Mißtrauen und Phantasiebildung nach innen und außen zu vermeiden.

Für Linienführungskräfte, die in die Projektleitung gehen, besteht dazu die Notwendigkeit, ihre Rolle als Leitung innerhalb des Projektes und die klassische Linienführung zu unterscheiden. Auch wenn in der neueren Führungstheorie und -praxis die Grenzen immer fließender werden, bestehen doch nach wie vor in der Tendenz unterschiedliche Meßlatten der Erfolgsbewertung.

Tendenzielle Unterschiede zwischen Projektleitung und Linienführung:

Projektleitung:	*Linienführungskraft:*
GeneralistIn	SpezialistIn
Coach, Moderator(in)	Manager(in)
wechselnde Aufgaben	routinisierte Aufgaben
stellt in Frage	vertritt das Bestehende
vernetztes Denken	lineares Denken
ganzheitliche Lösungsorientierung	abteilungs- oder fachbereichsbezogene Lösungsorientierung
innovative Verfahren suchend	bewährte Methoden bevorzugend
Ziel-/Ergebnis-orientiert	bestmögliche Funktionserfüllung
Ideen verpflichtet	regelorientiert

M3.11
Gestaltung des Projektendes

Wie der Anfang, verdient auch das Ende eines Projektes besondere Aufmerksamkeit. Das „soziale System" Projekt muß wieder aufgelöst werden, die Übergabe der Ergebnisse in die Organisation muß gestaltet werden und nicht zuletzt geht es um das emotionale „Abschiednehmen".

Neben dem projektinhaltlichen, organisatorischen und administrativen Abschluß steht auch die Prozeßreflexion und Auswertung der Lernerfahrungen des Projektes in bezug auf Ergebnis-, Struktur- und Prozeßqualität. Geschieht dies nicht, geht ein wichtiger Lerneffekt für die Gesamtorganisation verloren.

M4 Ansatz, Funktionen und Erfahrungen mit „mitarbeiterorientiertem Prozeßcontrolling" in betrieblichen Veränderungsprozessen

INGEBORG BOTHE

Mitarbeiterorientiertes Prozeßcontrolling ist ein Vorgehensmodell zur Unterstützung und Optimierung von betrieblichen Veränderungsprozessen, die eine Mitarbeiterbeteiligung erfordern. Dazu zählen insbesondere Veränderungsprojekte, die sich nicht allein auf die Neugestaltung der organisatorischen und technischen Strukturen beschränken, sondern die zugleich auch darauf abzielen, die eingespielten Formen der Zusammenarbeit im Unternehmen entsprechend mitzuverändern, die sich in den alten Strukturen oftmals über viele Jahre hinweg herausgebildet haben. Für die Realisierung dieser zweifachen Zielsetzung ist es erforderlich, die Gestaltungsperspektive mit der Prozeßperspektive zu verbinden und den Prozeß der Veränderung als kollektiven Lernprozeß aller Mitarbeiter zu organisieren, die von den anvisierten Veränderungen betroffen sein werden.

M4.1
Von der Ergebnis- zur Prozeßorientierung

Die Verbindung der Gestaltungsperspektive mit der Prozeßperspektive heißt, den Prozeß der Veränderung mit zum Gegenstand von Gestaltung zu machen. Im Unterschied zur Ergebnisorientierung tradierten Projektmanagements, das den Prozeß der Veränderung weitgehend auf die Umsetzung definierter Planvorgaben reduziert, zeichnet sich ein prozeßorientiertes Vorgehen dadurch aus, daß sowohl die durchgeführten Maßnahmen und Vorgehensweisen, als auch die zugrundeliegenden Konzepte fortlaufend an sich ändernde Problemstellungen und Interessenlagen angepaßt und weiterentwickelt werden. Damit wird insbesondere dem Umstand Rechnung getragen, daß sich das Wissen von dem, was man will und was einem zweckmäßig erscheint, im Projektverlauf fortwährend ändert (s. Sülzer/Zimmermann 1996, S. 305 ff). Statt dem Abarbeiten von Planvorgaben setzt ein prozeßorientiertes Vorgehen deshalb auf die laufende Fortschreibung und Weiterentwicklung vereinbarter Ziele. Dazu ist es erforderlich, daß in den Prozessen der Veränderung feste Instanzen eingerichtet werden, die eine kontinuierliche Reflexion der geleisteten Projektarbeit sicherstellen. Ansonsten besteht die Gefahr, daß bei der Suche nach tragfähigen Konzepten und Vorgehensweisen durch ständiges Probieren die Orientierung verlorengeht und kein Lernen stattfindet.

Die eigentliche Herausforderung betrieblichen Veränderungsmanagements, nämlich den Prozeß der Strukturgestaltung zugleich auch für die Entwicklung neuer Regeln der Zusammenarbeit im Unternehmen zu nutzen, erfordert zudem die Beteiligung aller betroffenen Mitarbeiter an der Projektarbeit – und zwar über den gesamten Prozeß der Veränderung hinweg (von der Konzeptentwicklung bis zum vorläufigen Ende der Umsetzung). Dies ist u.a. deshalb erforderlich, weil erwünschte Verhaltensänderungen in aller Regel nur von den Mitarbeitern zu erwarten sind, die in den Prozeß der Veränderung von Anfang an aktiv einbezogen werden.

M4.2
Ansatz und Funktionen eines mitarbeiterorientierten Prozeßcontrolling

Die Bezeichnung „mitarbeiterorientiertes Prozeßcontrolling" ist kein eingeführter Begriff, sondern wurde im Rahmen des RAMONA-Verbundprojektes entwickelt (von Egon Endres, Prozeßberater bei KROHNE und Professor für Organisation an der Stiftungsfachhochschule München). Damit sollen die beiden zentralen Merkmale dieses nachfolgend vorgestellten Vorgehensmodells zum Ausdruck gebracht werden: Prozeßorientierung und Mitarbeiterorientierung.

Prozeßcontrolling wird hier weitgehend im Sinne von Prozeßevaluation verstanden. Der Unterschied zwischen den beiden Begriffen besteht vornehmlich darin, daß Prozeßcontrolling ausdrücklich ein Vorgehensmodell für betriebliches Veränderungsmanagement ist, während Prozeßevaluation eher in der wissenschaftlichen Forschung verortet und in der betrieblichen Praxis als Begriff kaum verbreitet ist. Analog zu den Funktionen von Prozeßevaluation wird im Rahmen von Prozeßcontrolling (als ein Bestandteil des zusammengesetzten Begriffs „mitarbeiterorientiertes Prozeßcontrolling") bewertet, „inwiefern eine Maßnahme – und damit das zugrundeliegende Konzept oder Modell – für eine vorgesehene Anwendung auch tauglich ist" (Wehner u. Rauch 1993, S. 7). Im Unterschied zur ergebnisorientierten Evaluation zielt Prozeßcontrolling nicht auf die bloße Erfolgsermittlung der geleisteten Projektarbeit ab, sondern auf eine fortlaufende Verbesserung und Steuerung der Veränderungsprozesse. Gegenstand von Prozeßcontrolling ist damit der gesamte Prozeß der Veränderung. In diesem Prozeß werden sowohl die durchgeführten Maßnahmen und Vorgehensweisen als auch die zugrundeliegenden Veränderungskonzepte fortlaufend auf ihre Sinnhaftigkeit und Zweckmäßigkeit für vorgesehene Anwendungen reflektiert, bewertet und gegebenenfalls modifiziert. Dabei geht es weniger darum sicherzustellen, daß vorab definierte Projektziele auch erreicht werden, sondern vorrangig um eine Handlungsoptimierung durch kontinuierliches Reflektieren der Projektarbeit.

Ein *mitarbeiterorientiertes Prozeßcontrolling* zeichnet sich darüber hinaus dadurch aus, daß es nicht nur ein prozeßorientiertes, sondern vor allem auch ein explizit mitarbeiterorientiertes Vorgehensmodell ist. Das heißt, daß die von den Veränderungen betroffenen Mitarbeiter ausdrücklich in die kontinuierliche Reflexion und Bewertung der Maßnahmen und erarbeiteten Konzepte einbezogen werden. Damit soll im wesentlichen sichergestellt werden, daß die betroffenen Mitarbeiter nicht nur „auf dem Papier" in den Veränderungsprozeß eingebunden werden, sondern tatsächlich auch mitgestaltend an der Projektplanung und -umsetzung beteiligt werden.

Insgesamt lassen sich die Funktionen eines den Prozeß der Veränderung begleitenden und explizit mitarbeiterorientierten Prozeßcontrollings wie folgt zusammenfassen:

Reduzierung von Unsicherheit. In betrieblichen Veränderungsprozessen, die niemand vollständig überblicken oder vorhersagen kann, hat mitarbeiterorientiertes Prozeßcontrolling u. a. die Funktion, „die Zone der nächsten Entwicklung" (Wehner u. Rauch 1993, S. 8) sichtbar zu machen, so daß die Projektbeteiligten nicht von dem Prozeß überrascht werden und zum Reagieren gezwungen sind, sondern lernen, die jeweils nächsten Schritte zu antizipieren (vgl. ebd.). Mit anderen Worten: es geht um die Reduzierung von Unsicherheit durch die Antizipation des jeweils nächsten Handlungsfeldes.

Kontinuierliche Verbesserung der Projektarbeit. Mitarbeiterorientiertes Prozeßcontrolling ist insbesondere ein Verfahren, um Informationen über die Auswirkungen und damit auch über die Tauglichkeit von durchgeführten Maßnahmen für eine vorgesehene Anwendung bereitzustellen. Durch die Einbindung der Mitarbeiter, die von diesen Maßnahmen betroffen sind, können Fehleinschätzungen und unbeabsichtigte Handlungsfolgen der Projektplaner korrigiert (Stichwort: Schadensbegrenzung), sowie ggfs. Modifikationen der zugrundeliegenden Konzepte vorgenommen werden.

Entscheidungsunterstützende und Motivationsfunktion. Auf der Grundlage der ermittelten Informationen können zudem anstehende Entscheidungen über nächste Maßnahmen und Vorgehensweisen rationaler getroffen werden. Des weiteren erhalten die Projektbeteiligten durch mitarbeiterorientiertes Prozeßcontrolling immer auch positives Feedback über schon Erreichtes und damit einen Motivationsschub für die weitere Projektarbeit.

Einleitung und Fortschreibung von Lernprozessen. Durch die gemeinsame – abteilungs- und hierarchieübergreifende – Reflexion der geleisteten Projektarbeit werden des weiteren wechselseitige Lernprozesse in Gang gesetzt, die maßgeblich dazu beitragen können, Verständnis für die spezifischen Probleme und Interessenlagen der jeweils „anderen Seite" zu entwickeln. Zudem werden dadurch Möglichkeiten geschaffen, neue Spielregeln für den Umgang miteinander zu entwickeln und zu erproben, die die Zusammenarbeit und Kommunikation im Unternehmen dauerhaft – auch über das Projektende hinaus – verbessern können.

Erfolgsermittlung der geleisteten Projektarbeit. Mitarbeiterorientiertes Prozeß-controlling hat schließlich auch die Funktion zu ermitteln und zu bewerten, ob und inwieweit die gemeinsam vereinbarten – prozeß- und ergebnisbezogenen – Zielvor-stellungen der Projektarbeit erreicht worden sind.

M4.3
Zur Durchführung eines mitarbeiterorientierten Prozeßcontrolling

Für die Durchführung eines mitarbeiterorientierten Prozeßcontrollings gibt es kein allgemeingültiges Verfahren, sondern eine Vielzahl möglicher Vorgehensweisen, Methoden und Instrumente. Dies ermöglicht und erfordert es zugleich, die konkrete Ausgestaltung und Durchführung eines mitarbeiterorientierten Prozeßcontrollings ganz auf die spezifischen Problemstellungen und Interessenlagen des jeweiligen Unternehmens zuzuschneiden. Dazu müssen insbesondere folgende Fragen beant-wortet werden:

- Was soll überprüft bzw. bewertet werden? – *Frage nach den Zielen.*
- Woran läßt sich das feststellen? – *Frage nach den Bewertungskriterien.*
- Wie kommt man an die relevanten Informationen? – *Frage nach den Methoden der Datenerhebung.*
- Wer soll die Bewertung vornehmen? – *Frage nach der Zielgruppe.*
- Wann soll die Bewertung vorgenommen werden? – *Frage nach dem Zeitpunkt.*

Da sich die Problemstellungen im Projektverlauf fortwährend ändern, ist es erfor-derlich, diese Fragen von Fall zu Fall jeweils erneut zu beantworten.

Zur Frage nach den Zielen: In einem ersten Schritt geht es darum, sich innerhalb des verantwortlichen Projektteams darauf zu verständigen, welche ergebnis- und prozeßbezogenen Ziele im einzelnen realisiert werden sollen, um daraufhin einer-seits die (vorläufigen) Ergebnisse der bisher geleisteten Projektarbeit im Sinne ei-ner Standortbestimmung zu überprüfen und zu bewerten (Was ist schon erreicht worden, was nicht? Sind neue Probleme aufgetaucht?), und um andererseits die bis-her durchgeführten Maßnahmen und Schritte der Projektarbeit zu reflektieren und auf ihre Tauglichkeit hin zu bewerten (Was ist gut gelaufen, was eher nicht? Was kann daraus für die weitere Projektarbeit gelernt werden?).

Zur Frage nach den Bewertungskriterien: In einem zweiten Schritt ist es erforder-lich, Bewertungskriterien festzulegen, die den Erfolg der geleisteten Projektarbeit im Hinblick auf die vereinbarten Ziele zu ermitteln erlauben. Dabei handelt es sich stets um subjektive Bewertungskriterien, da es im wesentlichen darum geht, die Zu-friedenheit der Projektverantwortlichen und der betroffenen Mitarbeiter mit den Er-gebnissen und Vorgehensweisen im Prozeß der Veränderung zu erfassen.

Zu den Methoden der Datenerhebung: Bei der Auswahl geeigneter Methoden der Datenerhebung ist zu berücksichtigen, daß jede Form der Datenerhebung immer auch eine Intervention in den Prozeß der Veränderung ist und als solche auf ihre Zweckmäßigkeit hin zu überprüfen ist. Zur Ermittlung subjektiver Einschätzungen zum Verlauf und Ergebnis betrieblicher Veränderungsprozesse bietet sich insbesondere die Durchführung von Einzelinterviews, Gruppendiskussionen oder schriftlichen Befragungen an. Diese unterscheiden sich hinsichtlich ihres Interventionscharakters wie folgt (s. Doppler u. Lauterburg 1996, S. 212):

* Einzelinterviews signalisieren den Befragten: „Wir interessieren uns für Deine persönliche Meinung. Du bist als Individuum wichtig."
* Gruppendiskussionen wiederum signalisieren: „Bei uns ist Teamarbeit gefragt."
* Schriftliche Befragungen dagegen signalisieren: „Bei uns wird schriftlich kommuniziert. Wir wollen statistische Daten erheben."

Des weiteren ist zu beachten, daß Mitarbeiterbefragungen, welcher Art auch immer, die Erwartung bei den Befragten wecken, daß ihre Einschätzungen, ihre Vorschläge und ihre Kritik ernst genommen werden und Veränderungen ins Positive in Gang setzen. Aus diesem Grund sind Mitarbeiterbefragungen nur dann sinnvoll, wenn daraus sichtbare Konsequenzen für die weitere Projektarbeit gezogen werden: „Keine Befragung ohne Folgen!" Andernfalls ist damit zu rechnen, daß die Mitarbeiter nicht mehr bereit sein werden, ihr Know-how in die Veränderungsprozesse einzubringen.

Zur Frage nach der Zielgruppe: Die Frage nach der Zielgruppe stellt sich insbesondere dann, wenn im Rahmen eines mitarbeiterorientierten Prozeßcontrollings Einzelinterviews durchgeführt werden sollen. Da die Durchführung von Einzelinterviews sehr zeitintensiv ist, können in aller Regel nicht alle betroffenen Mitarbeiter interviewt werden, sondern es muß eine Auswahl getroffen werden. Bei der Auswahl sollte darauf geachtet werden, daß möglichst aus jedem Unternehmensbereich, der von den Veränderungen betroffen sein wird, mindestens ein Mitarbeiter vertreten ist, um möglichst viele Perspektiven auf den Veränderungsprozeß zu erfassen.

Zur Frage nach dem Zeitpunkt der Bewertung: Eine Reflexion und Bewertung der geleisteten Projektarbeit bietet sich immer unmittelbar nach Abschluß einer abgrenzbaren Phase im Veränderungsprozeß an, wenn also ein größerer Schritt oder Meilenstein abgeschlossen worden ist. Darüber hinaus ist mitarbeiterorientiertes Prozeßcontrolling vor allem dann sinnvoll, wenn sich unvorhergesehene Probleme abzeichnen, die man nicht einschätzen kann, oder wenn bestimmte nächste Maßnahmen geplant sind, die auf Widerstand bei den davon betroffenen Mitarbeitern stoßen könnten. Die rechtzeitige Durchführung von Feedback-Runden oder Mitarbeiterbefragungen kann maßgeblich dazu beitragen, daß sich unvorhergesehene Probleme, sowie Widerstand gegen einzelne Maßnahmen nicht verfestigen, sondern frühzeitig gelöst oder entschärft werden. Dies setzt allerdings voraus, daß die

Ergebnisse der Befragungen als Anlaß genommen werden, um gemeinsame Diskussionsprozesse mit den Befragten zu ggfs. erforderlichen Modifikationen der Konzepte oder Vorgehensweisen ingangzusetzen.

Abschließend ist noch darauf hinzuweisen, daß die Ergebnisse von solchen Datenerhebungen stets als Momentaufnahmen zu betrachten und behandeln sind. Aus diesem Grund ist es sinnvoll, die Ergebnisse von Datenerhebungen nicht in Form von ausführlichen Auswertungsberichten festzuhalten und an alle Beteiligten zu verteilen, weil damit die Gefahr besteht, den Status quo zu zementieren. Stattdessen bietet es sich an, die wichtigsten Ergebnisse für eine begrenzte Zeit öffentlich im Unternehmen auszuhängen (etwa in Form einer Wandzeitung), um Diskussionen anzuregen, und dann aber wieder zu entfernen, um sich auf die nächsten Schritte zu konzentrieren.

M4.4
Erfahrungen mit mitarbeiterorientiertem Prozeßcontrolling

Mit der Durchführung eines explizit mitarbeiterorientierten Prozeßcontrollings sollte in den beteiligten Verbundunternehmen im wesentlichen sichergestellt werden, daß möglichst alle betroffenen Mitarbeiter in die betrieblichen Prozesse der Veränderung eingebunden werden. Zu diesem Zweck sind u. a. bei KROHNE zu Beginn der Umsetzungsaktivitäten umfassende Mitarbeiterbefragungen zu bereits durchgeführten und geplanten künftigen Maßnahmen der Projektarbeit, sowie zu den Veränderungsvorhaben insgesamt durchgeführt worden (zu den vielfältigen weiteren Aktivitäten und Erfahrungen in den Verbundunternehmen mit Mitarbeiterbeteiligung vgl. insbesondere den Beitrag von Latniak in diesem Band). Besonderes Gewicht wurde dabei auf lösungsorientierte Fragen gelegt. Das heißt, daß die befragten Mitarbeiter dazu aufgefordert wurden, für die von ihnen jeweils benannten Problembereiche und Handlungsbedarfe immer auch Lösungsvorschläge zu formulieren, die später dann gemeinsam mit der Geschäftsführung und dem Umsetzungsteam diskutiert worden sind.

Die wichtigsten Erfahrungen mit der Durchführung dieser Befragungen waren aus Beratersicht zunächst einmal, daß das Unternehmen ausreichend Zeit und Ressourcen dafür zur Verfügung gestellt hat, möglichst viele Mitarbeiter in die Reflexion der bisher geleisteten Projektarbeit einzubinden, was keineswegs selbstverständlich ist. Häufig fallen umfassende Mitarbeiterbefragungen dem allgemeinen Zeitdruck und der hohen Arbeitsbelastung bei der Realisierung grundlegender Veränderungsprozesse zum Opfer. Wichtig für den Prozeß der Veränderung war aus Beratersicht des weiteren, daß der Blick der Projektverantwortlichen im Zuge der inhaltlichen Vorbereitung der Mitarbeiterbefragung noch einmal explizit auf die prozeß- und mitarbeiterbezogenen Anforderungen und Zielvorstellungen des Segmentierungsprojekts gelenkt worden ist. Dies war vor allem deshalb wichtig, weil sich die Projektaktivitäten in der Planungs- und Konzeptualisierungsphase in aller

Regel primär auf die Neugestaltung der organisatorischen und technischen Strukturen konzentrieren, spätestens mit Beginn der Umsetzungsaktivitäten aber die Entwicklung neuer Formen der Zusammenarbeit im Unternehmen in den Mittelpunkt der Projektarbeit rücken müssen. Aus diesem Grund sind im Rahmen der Mitarbeiterbefragungen insbesondere auch gezielt Informationen und Verbesserungsvorschläge zur abteilungs- und hierarchieübergreifenden Kommunikation und Zusammenarbeit im Unternehmen ermittelt und ausgewertet worden.

Obwohl mit der Durchführung eines explizit mitarbeiterorientierten Prozeßcontrollings vorrangig beabsichtigt war, die jeweils betroffenen Mitarbeiter in den Veränderungsprozeß einzubinden, hat sich gezeigt, daß der eigentliche Nutzen dieses Vorgehensmodells darin besteht, daß die Projektverantwortlichen auf diese Weise wertvolles Feedback zu den Auswirkungen und damit auch zur Akzeptanz der durchgeführten Maßnahmen und Konzepte bei den davon unmittelbar betroffenen Mitarbeitern erhalten. Ein weiterer Vorteil dieses Vorgehensmodells besteht darin, daß es nicht nur zur routinemäßigen Reflexion der Projektarbeit eingesetzt werden kann, sondern auch, um sich bei Bedarf gezielt Klarheit über unerwartete Entwicklungen im Projektverlauf zu verschaffen, die nur schwer einschätzbar sind. Die Ankündigung etwa, daß sich alle von der Segmentierung betroffenen Mitarbeiter auf die Stellen in den neu geschaffenen Segmenten bewerben sollen, hat – für das Umsetzungsteam völlig überraschend – zunächst erhebliche Unruhe und Ängste in der Belegschaft verursacht. Im Rahmen der Mitarbeiterbefragung zeigte sich dann, daß die Intention der Stellenausschreibungen, nämlich daß sich die Mitarbeiter auf die neuen Stellen bewerben *können* und nicht zwangsweise zugeordnet werden sollen, von den Mitarbeitern mißverstanden worden ist als sich bewerben zu *müssen*, mit der Folge, daß viele um ihren langjährigen Arbeitsplatz im Unternehmen fürchteten („Was passiert, wenn ich nicht genommen werde?"). Ohne die Mitarbeiterbefragung hätte dieses Mißverständnis die Projektarbeit vermutlich sehr viel länger und nachhaltiger belastet.

Abschließend ist noch darauf hinzuweisen, daß der mögliche Nutzen eines explizit mitarbeiterorientierten Prozeßcontrolling für die Optimierung von betrieblichen Veränderungsprozessen letztlich davon abhängig ist, was die jeweiligen Unternehmens- und Projektverantwortlichen daraus machen. Sprich: Es liegt in ihrer Hand, die ermittelten Informationen und Verbesserungsvorschläge der befragten Mitarbeiter für die weitere Projektarbeit zu nutzen.

M5 Prozeßleitbilder – „Ach, so geht ihr also an das Projekt heran!"

Ein Workshop zur Arbeit mit dem Thema „Prozeßleitbilder" in betrieblichen Projektteams

WOLFGANG KÖTTER

Im Kapitel 7 „Prozeßleitbilder für betriebliche Innovationsvorhaben" wurde die Situation zu Beginn betrieblicher Organisationsveränderungen mit der Situation im Vorfeld einer Reise in unbekannte Gefilde verglichen: Obwohl gar nicht im einzelnen bekannt sein kann, was sich in der Folgezeit ereignen wird, sind zahlreiche Entscheidungen zu treffen, und zwar unter Rückgriff auf eigene und fremde Vorerfahrungen sowie auf eine (explizite oder implizite) Soll-Vorstellung vom künftigen Prozeß – in der RAMONA-Begrifflichkeit auf ein Prozeßleitbild.

Dort wurde dargestellt, daß nach den Erkenntnissen des RAMONA-Projektvorhabens vor allem die Verständigung unter den Projektakteuren über die für sie handlungsleitenden Denkmodelle der Organisationsveränderung sowie das produktive Zusammenwirken der unterschiedlichen Leitbilder zum Projekterfolg beitragen kann. Deshalb soll im folgenden, nach den Erfahrungen von einem überbetrieblichen und vier betrieblichen Workshops zum Thema „Prozeßleitbilder", ein Workshop skizziert werden, der auf der in Kap. 7 beschriebenen Prozeßleitbild-Typologie (Abb. 7.1) aufbaut und mit Fragen zu den einzelnen Prozeßleitbild-Indikatoren den Einstieg in eine Verständigung über die diesbezüglichen Gemeinsamkeiten und Unterschiede im Kreis der Projektakteure erleichtern soll.

M5.1
Zielgruppe, Einordnung ins Projektgeschehen

Adressaten des hier skizzierten Workshop-Moduls können, je nach der betrieblichen Situation, alle Mitglieder von Projektteams, Steuerkreisen oder anderen projektbezogenen Gremien sein, außerdem auch und gerade die Auftraggeber, Projektentscheider und „Sponsoren", die beim Zustandekommen des Projekts und bei den Weichenstellungen für den Prozeß der Organisationsveränderung eine Rolle spielen. Zu Projektbeginn, wenn derartige Gremien sowie projektbezogene Aufgaben und Rollen u.U. noch nicht geklärt sind, kann das für Kick-off-Workshops bewährte Prinzip einer sowohl funktions- als auch hierarchiestufenübergreifend Zusammensetzung des Teilnehmerkreises zugrundegelegt werden. Stets gilt, daß alle diejenigen, deren Aufgaben und Funktionsbereiche von der beabsichtigten Veränderung unmittelbar oder mittelbar erhebliche betroffen sind, durch geeignete Repräsentanten ihres Vertrauens als „Vor-Ort"-Experten in das Projekt einbezogen und als solche auch bei einem derartigen Prozeßleitbilder-Workshop vertreten sein sollen.

M5.2
Vorbereitung

Zur Einführung in das Thema „Prozeßleitbilder" sollten die Teilnehmer des Workshops ein Informationsblatt zu den Workshop-Zielen sowie eine Kopie der Typologie aus Kap. 7 (Abb. 7.1) als Tabelle und Textversion vorab erhalten. In der Einladung sollten die Teilnehmer darum gebeten werden, diese Texte zu lesen, sich Verständigungsfragen und Anmerkungen zu notieren sowie für die Durchführung des Workshop-Moduls eine ungestörte Zeit von drei Stunden einzuplanen:

Informationsblatt für die Teilnehmer zum Workshop „Prozeßleitbilder" (Beispiel zur Anregung für ein eigenes Infoblatt):
Wer am Beginn einer Reise in unbekannte Gefilde geht, der muß viele Entscheidungen treffen, obwohl er noch nicht so genau weiß, was da auf ihn zukommt: über Ziel, Reiseroute, Zeitplan, Gepäck, Reiseführer usw. Wenn er in und mit einer Gruppe reist, dann kommt hinzu, daß er sich mit den anderen Reisenden über diese Entscheidungen auf unsicherer Wissensbasis verständigen muß – oder er nimmt in Kauf, daß es unterwegs einiges Hin und Her sowie unliebsame Überraschungen gibt.
Mit unserem Projekt sind wir in einer ähnlichen Lage: Zu Zielvorstellungen, Lösungswegen, Zeitplan, Beratungsbedarf, Projektleitung, Projektsteuerung und vielen anderen Einzelaspekten besteht Klärungs-, Erklärungs- und z. T. auch Entscheidungsbedarf.
Ziel des Workshop soll sein, über die unterschiedlichen Vorstellungen zu Ziel und Ablauf des Projekts zu sprechen und dabei die unterschiedlichen Sichtweisen der beteiligten Bereiche und Personen kennenzulernen. Als Anregung bitten wir Sie, den beiliegenden Text vorab zu lesen und Ihre Fragen und Eindrücke dazu in den Workshop „mitzubringen".

Sie selbst sollten im Vorfeld des Workshops folgende Flipcharts (vgl. die in den nachstehenden Abb. M5.1 bis M5.3 dargestellten Vorlagen) vorbereiten:

1) Radardiagramm gem. Abb. M5.1 zum Leitbild-Aspekt „Projektgegenstand"
2) Radardiagramm gem. Abb. M5.1 zum Leitbild-Aspekt „Akteure und Rollen im Projekt"
3) Aussagenliste für die Punktbewertung gem. Abb. M5.2 zum Leitbild-Aspekt „Projektsteuerung"
5) Skalen gem. Abb. M5.3 zu den Leitbild-Aspekten „Situationsanalyse", „Planbarkeit" und „Prozeßreflexion"
6) Offenes Flipchart mit der Frage „Was ist aus Ihrer Sicht der *wichtigste Erfolgsfaktor* im Projekt?" (Abb. M5.3)
7) Offenes Flipchart mit der Frage „Worin liegt aus Ihrer Sicht das *größte Risiko* für den Projekterfolg?" (Abb. M5.3)

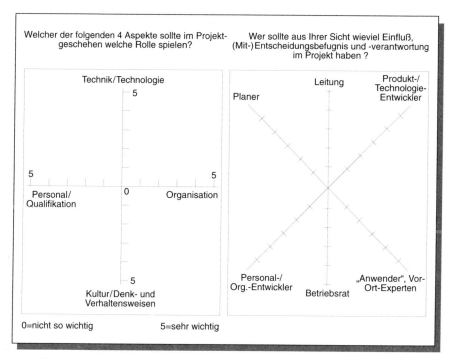

Welcher der folgenden 4 Aspekte sollte im Projektgeschehen welche Rolle spielen?

Wer sollte aus Ihrer Sicht wieviel Einfluß,
(Mit-)Entscheidungsbefugnis und -verantwortung
im Projekt haben ?

Technik/Technologie

Personal/
Qualifikation

Organisation

Kultur/Denk- und
Verhaltensweisen

Leitung

Produkt-/
Technologie-
Entwickler

Planer

Personal-/
Org.-Entwickler

Betriebsrat

„Anwender", Vor-
Ort-Experten

0=nicht so wichtig   5=sehr wichtig

Abb. M5.1. Flipcharts zur Erfassung der Leitbild-Aspekte „Prozeßgegenstand" und „Akteure und
Rollen im Projekt"

1) top down

2) bottom-up

3) je nach Kräfteverhältnis

4) je nach Situation und Thema

5) durch Beteiligung und Zielvereinbarung

6) jeweils im Konsens durch die, die es angeht

Abb. M5.2. Aussagenliste und Bewertungsschema zum Leitbild-Aspekt „Projektsteuerung"

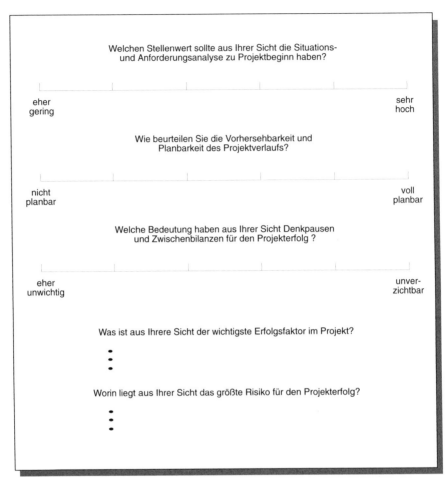

Abb. M5.3. Flipcharts zur Erfassung der Leitbild-Aspekte „Situationsanalyse", „Planbarkeit" und „Prozeßreflexion" sowie zu den wichtigsten Erfolgsfaktoren und Risiken

Für die Bewertungen auf den Diagrammen und Skalen sollten genügend Klebepunkte zur Verfügung stehen. Zur Visualisierung der durch die Bewertungsergebnisse ausgelösten Diskussionen ist ein zweites Flipchart günstig.

M5.3
Ablauf

Zu Beginn des Workshoips sollten Sie, z.B. durch eine Pinwand mit Metaplan-Karten, auf denen der Funktionsbereich und die Stellung des Teilnehmers (z.B. als Stellenkürzel) sichtbar ist, eine erste Orientierung über die Zusammensetzung des

Workshops schaffen. Im zweiten Schritt sollten Sie, und zwar gerade auch dann, wenn nur einige wenige Teilnehmer „Neulinge" sein sollten, in einer nicht zu knappen Vorstellungsrunde den fachlichen Hintergrund, die Funktion im Projekt und die Erwartungen an den heutigen Workshop abfragen.

Dann sollten Sie aus Ihrer Sicht (als Auftraggeber, Projektleiter, Prozeßbegleiter, Berater, ...) das Anliegen des Workshops deutlich machen: Einstieg in die Verständigung über Unterschiede und Gemeinsamkeiten bezüglich der Sollvorstellungen und Prozeßleitbilder, um die Basis für eine möglichst gute Zusammenarbeit in dem bevorstehenden oder bereits laufenden Veränderungsvorhaben zu schaffen.

Die wichtigsten Grundlagen aus dem Informationsblatt (Analogie zur Situation einer Reisegruppe auf dem Weg in unbekannte Gefilde, Notwendigkeit von Modellannahmen und Sollvorstellungen als Grundlage für die bereits jetzt zu treffenden Entscheidungen, unterschiedliche berufliche und persönliche Erfahrungshintergründe, Aufgaben und Funktionsrollen; Wahrscheinlichkeit unterschiedlicher Prozeßleitbilder sowie daraus sich ergebende Risiken und Chancen für die Projektarbeit) sollten vorgestellt, offene Fragen und Anmerkungen zu den verteilten Unterlagen sorgfältig gesammelt und visualisiert, aber nur dann bereits in dieser Anfangsphase beantwortet werden, wenn die Autorität des Workshopleiters und seine Vertrauensbasis im Teilnehmerkreis nicht ausreichen sollte, um durch die verbindliche Zusicherung einer späteren Bearbeitung die Voraussetzung fürs „Ausprobieren" und „Sich-Einlassen" zu schaffen.

M5.4
Moderation zu den einzelnen Prozeßleitbild-Aspekten

Für das Gelingen der Moderation zu den Einzelaspekten ist nach den RAMONA-Erfahrungen ein respektvolles, aber deutliches Unterbinden sämtlicher „Richtig-Falsch"-Diskussionen im Anschluß an die jeweilige Bewertungsrunde unverzichtbar. Der Verzicht auf derartige Wertungen und Debatten sollte zu Beginn ausdrücklich vereinbart werden. Gleichzeitig sollte der Moderator (nicht zuletzt durch eigene Nachfragen) dazu ermuntern, die jeweiligen Erfahrungshintergründe, Begründungszusammenhänge und Modellannahmen für die jeweiligen Einschätzungen aktiv zu erkunden. Meinungsverschiedenheiten, insbesondere alle Abweichungen von erkennbaren Mehrheitsmeinungen sollten als „normales" und erwartbares Phänomen und als wichtiger Erfolgsfaktor im Sinne produktiv nutzbarer Vielfalt gekennzeichnet werden.

Um Anpassungstendenzen im Teilnehmerkreis an eine aktuelle Stimmung oder Mehrheitsmeinung entgegenzuwirken, sollten die Teilnehmer zu Beginn des Workshops eine Unterlage mit den dargestellten Flipchart-Bildern im DIN A4-Format erhalten. In einer Einzelarbeitsphase, die erfahrungsgemäß ca. 10 - 15 Minuten in Anspruch nimmt, sollten die Teilnehmer ihre Einstufungen und Nennungen jeweils für sich vornehmen, so daß sich der Prozeß im Plenum zunächst lediglich als Abfrage der bereits getroffenen Einstufungen und der bereits formulierten Antworten auf die offenen Fragen gestaltet. Nach jeder Bewertungsrunde sollte sich zunächst ein „Einsammeln" von Eindrücken, Kommentaren und Nachfragen anschließen, wobei für Visualisierung gesorgt werden sollte.

Alle *Überraschungen*, sei es durch unerwarteten Konsens, deutliche Meinungsverschiedenheiten oder plötzliche Einsichten etc., sollten dokumentiert werden. Soweit sich die Ergebnisse mit bereits getroffenen oder noch zu treffenden Entscheidungen über den Projektprozeß in Verbindung bringen lassen, sollte das nach Möglichkeit passieren, um möglichst konkret nach aussichtsreichen Wegen für den Umgang mit den unterschiedlichen Prozeßleitbildern zu suchen bzw. das hoffentlich gewachsene Verständnis für die unterschiedlichen Modelle direkt in vertrauensbildende Maßnahmen und konkrete Schritte zur Verbesserung des Zusammenwirkens im Projekt umzumünzen.

M6 Zum Umgang mit Kennzahlen als Indikatoren wirtschaftlichen Erfolgs

STEFFEN KINKEL
GUNTER LAY

M6.1
Zur Funktion wirtschaftlicher Leistungskennzahlen

Wirtschaftlicher Erfolg erwächst letztlich aus der Leistungsbereitschaft und der Leistungsfähigkeit der Menschen im Betrieb. Diese Quellen des Erfolgs sind, wie die dargelegten Erneuerungsprozesse der RAMONA-Betriebe eindrücklich zeigen, auf vielfältige und verschlungene Weise eingebunden und abhängig von der jeweils konkreten Ausgestaltung der Arbeitsprozesse in organisatorischer und technischer Hinsicht, aber auch von den geltenden arbeitpolitischen Spielregeln, von der vorgefundenen Organisationskultur und der Art der Führung. Um nachhaltige Verbesserungen der Leistung zu bewirken, gilt es, diese Rahmenbedingungen zu verändern.

Bemessen läßt sich der wirtschaftliche Erfolg bestimmter Maßnahmen und Resultate der Erneuerung allerdings erst im direkten Vergleich am Markt. Um aus solchen Vergleichen Rückschlüsse auf mögliche Verbesserungen ziehen zu können, ist Orientierungswissen darüber erforderlich, welche Leistungsindikatoren erfolgsrelevant sind und wie sie günstig beeinflußt werden können. Dazu dienen wirtschaftliche Kennzahlen als Leistungsindikatoren. Bei deren Definition und Ermittlung ist freilich, wie der „lange Weg zur Kennzahl" im Falle ELSTER plastisch verdeutlicht, große Sorgfalt geboten, um nicht durch die Erfolgsmessung die Basis des Erfolgs selbst zu untergraben.

Um Unternehmen eine Selbsteinschätzung ihrer Position im Wettbewerb zu ermöglichen, sind repräsentative Daten zu Leistungskennziffern vergleichbarer Firmen nötig. Diese Voraussetzung für einen Leistungsvergleich („Benchmarking") ist vielfach jedoch nicht oder nur mit hohem Aufwand zu erhalten. Die Erhebung „Innovationen in der Produktion" des Fraunhofer ISI kann dazu beitragen, diese Lücke zu füllen. Die Angaben von mehr als 1 300 Firmen der Investitionsgüterindustrie Deutschlands zeigen, welche Kennziffern zur betrieblichen Leistung dem Durchschnitt entsprechen, wo die eher schlechten und wo die besten Betriebe stehen (Kinkel u. Lay 1998). Der dadurch ermöglichte Vergleich der eigenen Werte mit den Besten der Investitionsgüterbranche zeigt die eigenen Stärken aber auch Schwächen deutlich auf. Maßnahmen können damit zielgerichtet konzipiert und umgesetzt werden. Die folgende Darstellung der Leistungsindikatoren der deutschen Investitionsgüterindustrie orientiert sich an drei Feldern betrieblicher Leistungsverbesserung:

- Als Indikatoren der *qualitativen Leistungsfähigkeit* im Bereich der Produktion werden die Durchlaufzeit und die Termintreue herangezogen.
- Für die *Innovationsfähigkeit im Produktbereich* stehen die Umsatzanteile sowie die Entwicklungsdauer innovativer Produkte.
- Die *Produktivität* wird durch die Wertschöpfung pro Mitarbeiter zum Ausdruck gebracht, wobei die Fertigungstiefe mit berücksichtigt wird.

M6.2
Leistungsfähigkeit der Produktion in der Investitionsgüterindustrie

M6.2.1
Wettbewerbsfaktor Termintreue

War bis Ende der 70er Jahre die hohe Auslastung der Maschinen und Anlagen prioritäres Ziel der Fertigungssteuerung, so wuchs spätestens in den 80er Jahren der Stellenwert der Termintreue als Wettbewerbsfaktor an. Die Fähigkeit, vereinbarte Liefertermine zuverlässig einzuhalten, wird von den Kunden zunehmend mit ins Entscheidungskalkül einbezogen, wenn es darum geht, zwischen konkurrierenden

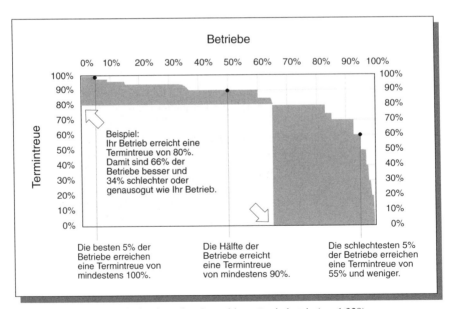

Abb. M6.1. Termintreue in der deutschen Investitionsgüterindustrie (n = 1 329)

Anbietern auszuwählen. Wie die Ergebnisse der Produktionsinnovationserhebung zeigen, ist diese Veränderung der Kundenpräferenzen von den Investitionsgüterproduzenten durchaus wahrgenommen worden (Abb. M6.1):

- Will man in der Investitionsgüterindustrie zu den besten 5 % Betrieben zählen, so muß man in der Lage sein, alle Aufträge fristgerecht auszuliefern.
- Die Hälfte der Betriebe erreicht eine Termintreue von 90 % und mehr.
- Die Grenze von 80 % termingerecht ausgelieferten Aufträgen erreichen oder übertreffen immerhin vier Fünftel aller Unternehmen.

Liegt ein Unternehmen in seiner Termintreue unter 80 % fristgerecht ausgelieferter Aufträge, so sollte dies unmittelbarer Anlaß sein, hier aktiv zu werden. Im Vergleich zur Konkurrenz liegt man in diesem Fall so deutlich zurück, daß dies kaum ohne Auswirkungen auf die Marktstellung bleiben dürfte.

M6.2.2
Durchlaufzeit gewinnt an Gewicht

Parallel zur Termintreue gewann das Kriterium der Durchlaufzeit der Produkte durch die Fertigung mehr und mehr an Gewicht. Da die Kunden zunehmend kürzere Lieferfristen forderten und da das bei langen Durchlaufzeiten gebundene Kapital als relevanter Kostenfaktor erkannt wurde, stand die Verkürzung der Durchlaufzeiten im Zentrum vieler Bemühungen zur Verbesserung der Leistungsfähigkeit. Wie die Produktionsinnovationserhebung nun zeigt, liegt die Durchlaufzeit für einfache Produkte der Investitionsgüterindustrie bei der Hälfte der Betriebe bei 14 Tagen oder weniger, für komplexe Produkte bei höchstens 40 Tagen. Die Streubreite der Durchlaufzeiten ist jedoch beträchtlich (Abb. M6.2):

- Bei einfachen Produkten erreichen die besten 5 % der Betriebe Durchlaufzeiten von maximal einem Tag. Die schlechtesten 5 % benötigen mindestens 70 Tage, um die Produkte durch alle Fertigungsstufen zu bringen.
- Bei komplexen Produkten liegen die besten 5 % der Betriebe bei Durchlaufzeiten von 3 Tagen und weniger. Die schlechtesten 5 % der Betriebe benötigen mindestens 200 Tage.

Die grafische Darstellung der Verteilung der Durchlaufzeiten macht deutlich, daß bei der Herstellung einfacher Produkte die kritische Grenze der Durchlaufzeiten bei etwa einem Monat (30 Kalendertage) zu liegen scheint. Etwa 80 % der Betriebe bleiben unter dieser Schwelle. Eine Verkürzung der Durchlaufzeiten in diesem Bereich bewirkt signifikante Sprünge in der „Bestenliste". Liegt man bei der Herstellung einfacher Produkte mit seinen Durchlaufzeiten über einem Monat, dann reichen kleinschrittige Verbesserungen nicht aus, um sich in der Rangfolge der Konkurrenten merklich nach vorn zu arbeiten. Für die Hersteller komplexer Produkte stellt sich die Situation anders dar: Eine Verkürzung der Durchlaufzeiten bewirkt hier eher unabhängig vom jeweiligen Ausgangsniveau eine relative Verbesserung der Wettbewerbsposition.

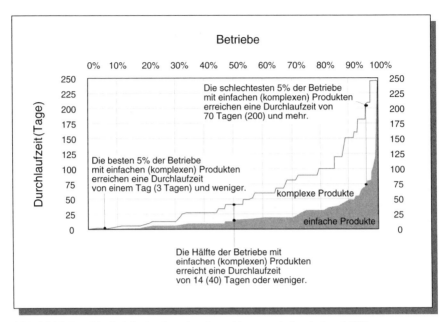

Abb. M6.2. Durchlaufzeit in der deutschen Investitionsgüterindustrie (n = 1 329)

M6.3
Indikatoren der Innovationsfähigkeit

M6.3.1
Anteile innovativer Produkte

Neben der Verbesserung der Effizienz der Produktionsprozesse gewinnt die Entwicklung und erfolgreiche Markteinführung innovativer Produkte immer stärkere Bedeutung für eine dauerhafte Wettbewerbsfähigkeit. Sie sind der Schlüssel für die Erhaltung bestehender sowie die Erschließung neuer Märkte und bilden damit die Basis für stetiges Unternehmenswachstum. Sie bieten Betrieben die Chance, sich dem in reifen Märkten üblichen Kostenwettbewerb zu entziehen und Preise zu realisieren, die den Unternehmensbestand sichernde Gewinnmargen ermöglichen. Immer mehr Unternehmen geben daher an, vermehrt über innovative Produkte mit den Wettbewerbern konkurrieren zu wollen. Betrachtet man daraufhin den Umsatzanteil, den Betriebe der Investitionsgüterindustrie mit neuen Produkten erzielen, so scheint es sich jedoch mehr um Lippenbekenntnisse denn um realistische Einschätzungen zu handeln (Abb. M6.3):

- 30 % der Betriebe machen überhaupt keinen Umsatz mit Produkten, die in den letzten drei Jahren neu in das Produktionsprogramm des Betriebs aufgenommen

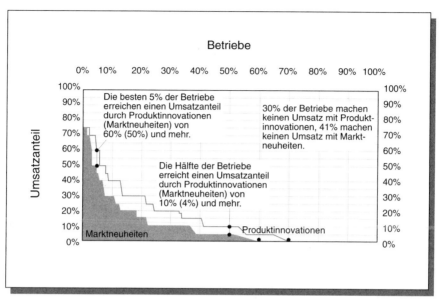

Abb. M6.3. Umsatzanteile mit für den eigenen Betrieb und den Markt neuen Produkten (n = 1 329)

wurden. Und gar 41% geben an, in den letzten drei Jahren keine absetzbaren Marktneuheiten entwickelt zu haben.

- Die Hälfte der Betriebe erreicht mit für den eigenen Betrieb neuen Produkten gerade einmal einen Umsatzanteil von 10% und mehr. Mit Produkten, die auch für den Markt innovativ sind, erwirtschaften diese gar nur noch 4 und mehr Prozent ihres Umsatzes.

- Mit einem Umsatzanteil von einem Drittel mit für den eigenen Betrieb neuen Produkten zählt man bereits zu den besten 13% der Investitionsgüterindustrie. Bezieht sich dieser Umsatzanteil auf Marktneuheiten, so kann sich der Betrieb bereits zu den besten 7% zählen.

M6.3.2
Entwicklungszeiten für neue Produkte

Eine der Ursachen dafür, daß es mit der oft artikulierten Innovationsorientierung der deutschen Investitionsgüterindustrie nicht zum besten bestellt ist, liefert die Betrachtung der „time to market". Diese Zeit, die ein Betrieb für die Entwicklung eines innovativen Produkts bis zur Marktreife benötigt, wird oftmals als wichtiger Indikator dafür angesehen, ob ein Betrieb auch im Zeitwettbewerb um Marktanteile bestehen kann. Die grafische Darstellung dieses Leistungsmerkmals zeigt nun, daß die Innovationsschwäche der Betriebe tatsächlich auf lange Entwicklungszeiten zurückgeführt werden kann (Abb. M6.4):

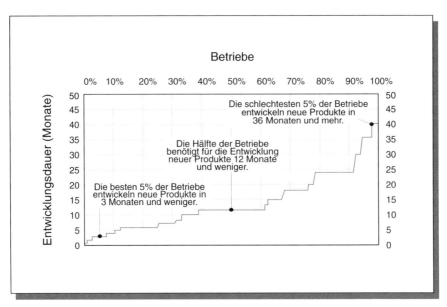

Abb. M6.4. Produktentwicklungszeit in der deutschen Investitionsgüterindustrie (n = 1 329)

- Mehr als 60% der Betriebe benötigen für die Entwicklung neuer Produkte ein Jahr und mehr.
- Bei mehr als einem Fünftel der Betriebe nehmen Produktinnovationen zwei Jahre und mehr in Anspruch, die schlechtesten 5% brauchen für die Produktneuentwicklung sogar drei oder mehr Jahre.
- Die besten 5% der Betriebe entwickeln neue Produkte dagegen in drei Monaten und weniger bis zur Marktreife.

M6.4
Stand der Produktivität

Die Produktivität galt in der Betriebswirtschaftslehre lange als das zentrale Kriterium für die Wettbewerbsfähigkeit eines Betriebs. Drohte sie in den 80er Jahren aufgrund der nachlassenden Relevanz des Kostenwettbewerbs und damit der „economies of scale" zugunsten der Leistungsdifferenzierung über „economies of scope" in den Hintergrund zu treten, so rückte die Produktivität mit dem Bekanntwerden der MIT-Studie zur Lean Production (Womack et al. 1991) wieder in den Mittelpunkt des Interesses. Heute ist unbestritten, daß Betriebe vor allem durch gleichzeitiges Verbessern von Leistungs- und Produktivitätsindikatoren nachhaltige Wettbewerbsvorteile erschließen können. Als Maß für die Produktivität eines Betriebs eignet sich die betriebliche Wertschöpfung (Umsatz minus Vorleistungen) je Mitarbeiter, da bei diesem Indikator unterschiedliche Fertigungstiefen keinen verzerrenden Effekt ausüben können (Abb. M6.5):

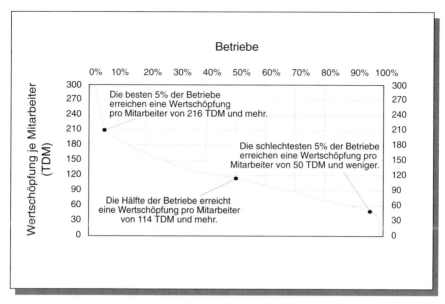

Abb. M6.5. Produktivität in der deutschen Investitionsgüterindustrie (n = 1 329)

- Der Hälfte der Betriebe gelingt es, eine Wertschöpfung von mindestens 114 TDM pro Mitarbeiter zu erwirtschaften.
- Die besten 5% erreichen gar eine betriebliche Wertschöpfung von 216 TDM und mehr je Mitarbeiter.
- Erzielt ein Betrieb eine Wertschöpfung von 50 TDM oder weniger pro Mitarbeiter, so muß er sich bezüglich seiner Produktivität zu den schlechtesten 5% der Investitionsgüterproduzenten zählen lassen.

Die grafische Darstellung der Produktivität macht deutlich, daß sich ein Betrieb vor allem im „mittleren" Bereich zwischen 100 TDM und 200 TDM durch geringe Verbesserungen relativ rasch in der Rangfolge verbessern kann. Ab 200 TDM Wertschöpfung je Mitarbeiter hängen die Trauben zur Verbesserung der Wettbewerbsposition jedoch sehr hoch. Dagegen besteht für Betriebe, die zumindest teilweise über den Produktpreis konkurrieren, bei einer Wertschöpfung von weniger als 100 TDM unmittelbarer Handlungsbedarf, um gegenüber der Konkurrenz nicht noch weiter an Boden zu verlieren.

Einer der Hauptansatzpunkte zur Verbesserung der Produktivität ist nach landläufiger Meinung die Reduktion der Fertigungstiefe verbunden mit der Konzentration der Produktion auf das eigentliche „Kerngeschäft". Die Darstellung der momentan in der Investitionsgüterindustrie zu beobachtenden Fertigungstiefe zeigt jedoch, daß die Betriebe sie nicht in dem Maße reduziert haben, wie man das vor dem Hintergrund der Diskussionen hätte vermuten können (Abb. M6.6):

- Die Hälfte der Betriebe produziert mit einer am Produktionswert gemessenen Fertigungstiefe von 60% und mehr.

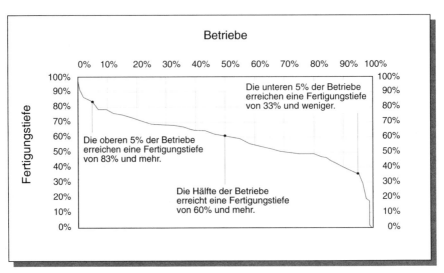

Abb. M6.6. Fertigungstiefe in der deutschen Investitionsgüterindustrie (n = 1 329)

- Die oft zitierte „Schlankheitshürde" eines Eigenfertigungsanteils von 40% erreichen oder unterschreiten weniger als 10% der Betriebe.
- Auf der anderen Seite fertigt annähernd ein Zehntel der Betriebe mit einem Wertschöpfungsanteil von 80% und mehr.

Bei Betrachtung der vorliegenden Daten stellt sich daher die Frage, warum die Reduktion der Fertigungstiefe in der Investitionsgüterindustrie nicht die Rolle zu spielen scheint, die ihr für die effiziente Bündelung der Produktivität auf die Kernkompetenzen unter dem Schlagwort „Outsourcing" in der Öffentlichkeit zugedacht wurde. Es scheint, als ob viele Betriebe bewußt an einem höheren Eigenfertigungsanteil festhalten und neben dem eigentlichen „Kerngeschäft" auch Randbereiche der Produktion weiter „im Haus" behalten. Wie sich eine solche Strategie hinsichtlich betriebswirtschaftlicher Erfolgsparameter darstellt, wird im folgenden Abschnitt nochmals aufgegriffen.

M6.5
Stellenwert der Leistungsindikatoren für den wirtschaftlichen Erfolg

Die Verbesserung der dargestellten Leistungsindikatoren hinsichtlich Prozeßqualität, Innovationsfähigkeit und Produktivität ist jedoch kein unternehmerischer Selbstzweck. Sie macht betriebswirtschaftlich betrachtet nur dann Sinn, wenn sich dadurch auch ein positiver Effekt auf den wirtschaftlichen Erfolg einstellt. Um daraufhin den Stellenwert der einzelnen Leistungsparameter beurteilen zu können, werden diese im folgenden den Ausprägungen des gängigen betriebswirtschaftlichen Erfolgsindikators Umsatzrendite gegenübergestellt (Abb. M6.7):

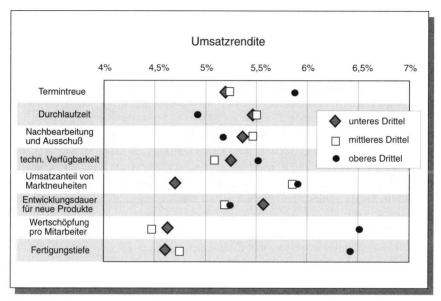

Abb. M6.7. Umsatzrendite in Abhängigkeit von der Ausprägung der Leistungsindikatoren (n = 1 329)

- Betriebe, die hinsichtlich der *Termintreue* zum oberen Drittel der Investitionsgüterindutrie zählen, weisen mit durchschnittlich 5,8% eine deutlich höhere Umsatzrendite auf als die Betriebe des mittleren und unteren Drittels mit 5,2 bis 5,3%. Die Grenze, ab der sich eine Differenzierung über die Termintreue auch in wirtschaftlichem Erfolg niederschlägt, liegt demnach bei 95% fristgerecht erledigter Aufträge.
- Mit Blick auf die *Durchlaufzeiten* läßt sich feststellen, daß das „langsamste" Drittel der Betriebe mit 4,9% merklich geringere Renditen erwirtschaftet als die „schnelleren" zwei Drittel mit 5,5%. Hersteller von komplexen Produkten müssen also ab einer Durchlaufzeit von ca. zwei Monaten, Hersteller einfacher Produkte ab 20 Tagen damit rechnen, daß sich die damit verbundenen Nachteile negativ auf die Umsatzrendite auswirken.
- Betrachtet man darüber hinaus noch den Stellenwert der Quote von *Nachbearbeitung und Ausschuß*, so zeigt sich kein nennenswerter Einfluß auf die Umsatzrendite. Dies liegt unter anderem daran, daß diese Quote im zwischenbetrieblichen Vergleich nur wenig differiert. Das Qualitätssiegel „Made in Germany" scheint in der Investitionsgüterindustrie noch Gültigkeit zu besitzen, die Wirtschaftlichkeitspotentiale in diesem Bereich sind zumindest gegenüber der einheimischen Konkurrenz für die meisten Betriebe eher gering.

- Auch die *technische Verfügbarkeit der Maschinen und Anlagen* ist für die Ausprägung der Umsatzrendite von geringerer Bedeutung, weil hier schon die meisten Betriebe vergleichsweise hohe Werte erreichen.
- Dagegen ist der Stellenwert des *Umsatzanteils mit für den Markt innovativen Produkten* für die Ausprägung der Umsatzrendite eher hoch. Betriebe, die hier nicht zum unteren Drittel zählen, d.h. die überhaupt Marktneuheiten absetzen, weisen mit im Mittel über 5,8% deutlich höhere Umsatzrenditen auf als Betriebe, die keinen Umsatz mit Marktneuheiten tätigen (4,7%). Die Strategie, sich über innovative Produkte gegenüber den Wettbewerbern zu differenzieren, birgt demnach sehr hohe Potentiale für den wirtschaftlichen Erfolg eines Unternehmens.
- Auch *Vorteile im Zeitwettlauf* um mit neuen Produkten erschließbare Marktanteile zahlen sich, wenn auch in geringerem Umfang, „in barer Münze" aus. Betriebe, die 9 Monate und weniger für die Entwicklung neuer Produkte benötigen und damit hinsichtlich der „time to market" zum besten Drittel der Investitionsgüterindustrie zählen, erwirtschaften mit durchschnittlich 5,6% eine bessere Umsatzrendite als die bezüglich der Entwicklungsdauer schlechteren zwei Drittel mit 5,2 bis 5,3%.
- Daß sich eine *Verbesserung der Produktivität* positiv auf den wirtschaftlichen Erfolg eines Unternehmens auswirkt, ist in der Betriebswirtschaft breiter Konsens. Tatsächlich erzielen Betriebe, die mit einer Wertschöpfung von über 130 TDM je Mitarbeiter zum produktivsten Drittel der Investitionsgüterindustrie zählen, mit im Mittel 6,5 % eine merklich höhere Umsatzrendite als Betriebe mit geringerer Produktivität (4,7% und weniger). Vergleicht man jedoch das hinsichtlich der Produktivität mittlere und untere Drittel der Betriebe, so scheint der oft vermutete lineare Zusammenhang mit der Rendite aber nicht gegeben zu sein. Muß ein Unternehmen also zumindest teilweise über den Faktor Kosten mit den Wettbewerbern konkurrieren, so ist es gut beraten zu versuchen, sich hinsichtlich der Produktivität im vorderen Drittel der Rangfolge zu positionieren.
- Für manchen überraschend gestaltet sich der Stellenwert der *Fertigungstiefe* für die Ausprägung des wirtschaftlichen Erfolgs. Entgegen dem Credo der „Lean-Protagonisten" weisen gerade Betriebe, die an einem hohen Eigenfertigungsanteil festhalten und mit einer Fertigungstiefe von zwei Dritteln und mehr zum vermeintlich „schlechtesten" Drittel gehören, mit 6,4% eine wesentlich bessere Umsatzrendite auf als die anderen Betriebe mit 4,5 bis 4,7%. Die Strategie, im Zuge von „Downsizing" radikal Fertigungsbereiche auszulagern, erweist sich damit auf Basis der betrachteten Daten für den wirtschaftlichen Erfolg eines Unternehmens als wenig sinnvoll. Stattdessen erscheint gerade das behutsame Pflegen und Ausbauen im Betrieb vorhandener Fertigungs- und Leistungskompetenzen, die dann zu neuen Kernkompetenzen verschmolzen werden können, aus betriebswirtschaftlicher Sicht erfolgversprechend.

M6.6
Fazit: Notwendigkeit eines betriebsindividuellen Benchmarking

Schon die vorliegenden, grafischen Aufbereitungen von betrieblichen Leistungsindikatoren können von Unternehmen genutzt werden, um ihre Position im Wettbewerb im Vergleich zur Gesamtheit der Investitionsgüterindustrie einzuschätzen. Dieser wichtige Beitrag zur Bestimmung der eigenen Lage ist zudem geeignet, die Kräfte zur Verbesserung der Leistungsfähigkeit zu bündeln und den Einstieg in Veränderungsprozesse zu finden oder deren Fortgang zu beflügeln.

Die Darstellungen sind jedoch in dieser Form noch zu undifferenziert, um für einzelne Unternehmen unmittelbar handlungsleitend sein zu können. Dazu ist es notwendig, betriebsindividuell eine „passende" Vergleichsgruppe hinsichtlich Strukturparametern wie Betriebsgröße, Branche, Seriengröße, Produktkomplexität oder Dispositionsart zurechtzuschneiden. Ein solches individuelles Benchmarking relevanter Leistungsindikatoren im Vergleich zu Betrieben mit ähnlichen Ausgangsbedingungen ist dank der starken Beteiligung an der Umfrage auf Basis der vorliegenden Daten möglich.

Wenn Sie an einem solchen betriebsindividuellen Benchmarking interessiert sind, wenden Sie sich bitte an:

Steffen Kinkel
Tel.: (0721) 6809-311
Fax: (0721) 6809-131
email: ki@isi.fhg.de
Fraunhofer-Institut für Systemtechnik
und Innovationsforschung (ISI)
Breslauer Str. 48
76139 Karlsruhe

Dr. Gunter Lay
Tel.: (0721) 6809-300
Fax: (0721) 6809-131
email: gl@isi.fhg.de
Fraunhofer-Institut für Systemtechnik
und Innovationsforschung (ISI)
Breslauer Str. 48
76139 Karlsruhe

Literaturverzeichnis

Argyris, C. (1997): Wissen in Aktion. Eine Fallstudie zur lernenden Organisation. Klett-Cotta, Stuttgart

Argyris, C. (1993): Defensive Routinen, in: Fatzer, G. (Hrsg.): Organisationsentwicklung für die Zukunft, Köln

Baecker, D. (1993): Die Form des Unternehmens, Frankfurt/M

Bentner, A. (1997): Dechiffrieren und Intervenieren. Das Organisationskultur-Modell Edgar H. Scheins in der Beratungs-Praxis, in: Bentner, A., Beck, C. (Hrsg): Organisationskultur erforschen und verändern. Campus, Frankfurt/M

Beckhard, R., Harris, J.R. (1987): Organisational Transitions: Managing Complex Change, MIT Press, Cambridge (MA)

Brödner, P. (1997): Der überlistete Odysseus. Über das zerrüttete Verhältnis von Menschen und Maschinen, edition sigma, Berlin

Brödner, P., Schultetus, W. (1992): Erfolgsfaktoren des japanischen Werkzeugmaschinenbaus, RKW, Eschborn

Can, K., Grevener, H. (1994): Lean Management – Neue Herausforderungen an das Controlling, Controlling 6, Nr. 1, S. 68 - 73

Crozier, M., Friedberg, E. (1979): Macht und Organisationen. Die Zwänge kollektiven Handelns, Athenäum, Königstein (Ts.)

Dierkes, M. (1988): Unternehmenskultur und Unternehmensführung – Konzeptionelle Ansätze und gesicherte Erkenntnisse, in: Veröffentlichungsreihe der Abteilung Organisation und Technikgenese des Forschungsschwerpunktes Technik-Arbeit-Umwelt des WZB, Berlin

Doppler, K., Lauterburg, C. (1996): Change Management. Den Unternehmenswandel gestalten, Campus, Frankfurt/M.

EPOC Research Group(1998): New Forms of Work Organisation. Can Europe realise its potential? European Foundation, Dublin

Ferguson, H. (1936): Modern Man: His Belief and Behavior, Knopf, New York London

Fischer, H.-P. (Hrsg.) (1997): Die Kultur der schwarzen Zahlen. Das Fieldbook der Unternehmenstransformation, Klett-Cotta, Stuttgart

Fröhling, O., Weis, E. (1992): Thesen zum Kostenmanagement in den 90er Jahren. Schritte auf dem Weg zu einer dynamischen Marktkostenrechnung. Controlling 4, Nr. 3, S. 134 - 141

Gairing, F. (1996): Organisationsentwicklung als Lernprozeß von Menschen und Systemen. Deutscher Studien Verlag, Weinheim

Giddens, A. (1988): Die Konstitution der Gesellschaft. Grundzüge einer Theorie der Strukturierung, Campus, Frankfurt/M.

Hawkins, P. (1997): Organizational Culture: Sailing Between Evangelism and Complexity, Human Relations 50, No. 4

Heintel, P., Krainz, E.E. (1994): Projektmanagement. Eine Antwort auf die Hierarchiekrise? Gabler, Wiesbaden

Horvath, P. (Hrsg.) (1992): Effektives und schlankes Controlling, Schäffer-Poeschel, Stuttgart

Kaplan, R.S., Norton, D.P., (1997): Balanced Scorecard. Mit Kennzahlen den Erfolg beurteilen, Schäffer-Poeschel, Stuttgart

Kilz, G., Reh, D. A. (1996): Die Neugestaltung der Arbeitszeit als Gegenstand des betrieblichen Innovationsmanagements, NOMOS Verlags-Gesellschaft, Baden-Baden

Kinkel, S., Lay, G. (1998): Der Leistungsstand der deutschen Investitionsgüterindustrie, Mitteilungen aus der Produktinnovationserhebung Nr. 11, Fhg-ISI, Karlsruhe

Kinkel, S. (1997): Controlling – Kontrollinstrument oder Hilfsmittel zur Selbststeuerung, in: Lay, G., Mies, C. (Hrsg.): Erfolgreich reorganisieren – Unternehmenskonzepte aus der Praxis, Springer, Berlin Heidelberg, S. 235 - 261

Kleinschmidt, M., Pekruhl, U. (1994): Kooperative Arbeitsstrukturen und Gruppenarbeit in Deutschland. Ergebnisse einer repräsentativen Beschäftigtenbefragung, IAT Strukturberichterstattung 01, IAT, Gelsenkirchen

Kluckhohn, C. (1942): Myths and rituals: A general theory. The Harvard Theological Review, 35

Kötter, W. (1996): Mitbestimmung und Prozeßkultur. Von liebgewordenen Ritualen und veralteten Leitbildern bei der Gestaltung neuer Produktionsstrukturen, in: Denisow, K., Fricke, W., Stieler-Lorenz, B. (Hrsg): Partizipation und Produktivität. Forum Zukunft der Arbeit, Heft 5, S. 177 - 184

Kötter, W., Volpert, W. (1993): Arbeitsgestaltung als Arbeitsaufgabe – ein arbeitspsychologischer Beitrag zu einer Theorie der Gestaltung von Arbeit und Technik. Z. für Arbeitswiss. 47: 129-140

Kraus, G., Westermann, R. (1997). Projektmanagement mit System. Organisation, Methoden, Steuerung, Gabler, Wiesbaden

Kühl, S. (1995): Wenn die Affen den Zoo regieren. Die Tücken der flachen Hierarchien, Campus, Frankfurt/M

LaMarsh, J. (1995): Changing the Way We Change, Addison Wesley, Reading

Lay, G., Mies, C. (Hrsg.) (1997): Erfolgreich reorganisieren, Springer, Heidelberg

Lindecke, C., Lehndorff, S. (1997): Aktuelle Tendenzen flexibler Arbeitszeitorganisation – Ein Überblick über neuere Betriebsvereinbarungen, in: WSI Mitteilungen Heft 7, S. 471 - 480.

Looss, W. (1996): Lernen in Machtumgebungen, in: Sattelberger, T. (Hrsg): Human-Ressourcen im Umbruch. Gabler, Wiesbaden

Looss, W. (1997): Unter vier Augen. Coaching für Manager, Moderne Industrie, Landsberg

McKinsey (1993): Einfach überlegen. Das Unternehmenskonzept, das die Schlanken schlank und die Schnellen schnell macht, Schäffer-Poeschel, Stuttgart

Morgan, G. (1997): Bilder der Organisation, Klett-Cotta, Stuttgart

Neuberger, O. (1995): Führen und geführt werden, Enke, Stuttgart

Nork, M. (1991): Management Training. Evaluation – Probleme – Lösungsansätze, Hochschulschriften zum Personalwesen, Bd. 9, 2. Aufl., Hampp, München

Ortmann, G. (1995): Formen der Produktion. Organisation und Rekursivität, Westdeutscher Verlag, Opladen

Ouchi, W.G., Johnson, J.B. (1978): Hierarchies, Clans, and Theory Z: A new perspective on organization, Organizational Dynamics, Autumn

Pekruhl, U. (1996): Probleme organisationalen Wandels: Partizipatives Management und Organisationskultur, in: Brödner, P., Pekruhl, U., Rehfeld, D. (Hrsg): Arbeitsteilung ohne Ende? Über die Schwierigkeiten inner- und überbetrieblicher Kooperation, Hampp, München

REFA (Hrsg.) (1996): Den Erfolg vereinbaren. Führen mit Zielvereinbarungen, REFA-Fachbuchreihe Unternehmensentwicklung, Hanser, München

Reichwald, R., Koller, H. (1996): Integration und Dezentralisierung von Unternehmensstrukturen. In: Lutz, B./Hartmann, M./Hirsch-Kreinsen, H. (Hrsg.): Produzieren im 21. Jahrhundert – Herausforderungen für die deutsche Industrie, Institut für sozialwissenschaftliche Forschung e.V., München

Reiß, M., Höge, R. (1994): Schlankes Controlling in segmentierten Unternehmen, Betriebswirtschaftliche Forschung und Praxis, Nr. 3, S. 210 - 224

Sarges, W. (Hrsg.) (1990): Management-Diagnostik, Hogrefe, Göttingen

Sattelberger, T. (1998): Veränderungsstrategien, unveröffentl. Manuskript

Schein, E.H. (1995): Unternehmenskultur. Ein Handbuch für Führungskräfte, Campus, Frankfurt/ M

Schein, E.H. (1994): Überleben im Wandel – Strategische Stellen- und Rollenplanung, Lanzenberger Dr. Looss Stadelmann, Darmstadt

Schein, E.H. (1992): Organizational Culture and Leadership, Jossey-Bass, San Francisco

Schimweg, R., Stahn, G. (1996): Beteiligungsqualifizierung als Fundament lernender Unternehmen, in: Denisow, K., Fricke, W., Stieler-Lorenz, B. (Hrsg): Partizipation und Produktivität, Forum Zukunft der Arbeit, Heft 5, S. 129 - 148

Schneider, D. (1992): Lean Production. Herausforderungen für die Gestaltung der Arbeitszeit, in: Personalführung, Nr. 9, S. 698 - 707

Schuh, G., Tanner, R. (1995): Wohin bewegt sich das Kostenmanagement? TR Transfer, Nr. 24

Senge, P.M. et al. (1996): Das Fieldbook zur fünften Disziplin, Klett-Cotta, Stuttgart

Sülzer, R., Zimmermann, A. (1996): Organisieren und Organisationen verstehen, Westdeutscher Verlag, Opladen

Trice, H.M., Beyer, J.M. (1993): The Cultures of Work Organizations, Prentice Hall, Englewood Cliffs

Wagner, D. (Hrsg.) (1995): Arbeitszeitmodelle. Flexibilisierung und Individualisierung, Verlag für Angewandte Psychologie, Göttingen

Wehner, T., Rauch, K.-P. (1993): Gruppenarbeit in der Automobilindustrie – von der Spekulation zur Prozeßevaluation, Teil 1: Quantitative Befunde zu Reaktionen und Meinungen, Harburger Beiträge zur Psychologie und Soziologie der Arbeit, Nr. 4

Wimmer, R. (1992): Organisationsberatung. Neue Wege und Konzepte, Gabler, Wiesbaden

Wimmer, R., Domayer, E., Oswald, M., Vater, G. (1996): Familienunternehmen – Auslaufmodell oder Erfolgstyp? Gabler, Wiesbaden

Witschi, U., Schlager, G., Scheutz, U. (1998): Projektmanagement in komplexer werdenden Situationen, Zeitschrift für Organisationsentwicklung, Heft 1

Womack, J.P., Jones, D.T. (1997): Auf dem Weg zum perfekten Unternehmen, Campus, Frankfurt/M

Womack, J.P., Jones, D.T., Roos, D. (1991): Die zweite Revolution in der Autoindustrie, Campus, Frankfurt/M

Autorenverzeichnis

Jörg Bahlow
Diplom-Ingenieur, geschäftsführender Gesellschafter der GITTA mbH, Berlin

Andrea Beddies
Psychologin, Personalentwicklerin bei Krohne Meßtechnik GmbH, Duisburg

Ingeborg Bothe
Volkswirtin, Mitarbeiterin in der Abteilung Produktionssysteme am Institut Arbeit und Technik, Gelsenkirchen

Dr.-Ing. Peter Brödner
Diplom-Ingenieur, Leiter der Abteilung Produktionssysteme am Institut Arbeit und Technik, Gelsenkirchen, Projektkoordinator

Steffen Kinkel
Wirtschaftsingenieur, Mitarbeiter in der Abteilung Innovation in der Produktion am Fraunhofer-Institut für Systemtechnik und Innovationsforschung (ISI), Karlsruhe

Jost Körte
Diplom-Ingenieur, Leiter des Segments „Großgas" der Elster Produktion GmbH, Mainz-Kastel

Wolfgang Kötter
Diplom-Ingenieur und Psychologe, geschäftsführender Gesellschafter der GITTA mbH, Berlin

Dr. Erich Latniak
Sozialwissenschaftler, Mitarbeiter in der Abteilung Produktionssysteme am Institut Arbeit und Technik, Gelsenkirchen

Dr. Gunter Lay
Diplom-Kaufmann, Leiter der Abteilung Innovation in der Produktion am Fraunhofer-Institut für Systemtechnik und Innovationsforschung (ISI), Karlsruhe

Dr. Wolfgang Looss
Betriebswirt, Beratungssozietät Lanzenberger, Dr. Looss und Stadelmann, Darmstadt

Claudia Mies
Verwaltungswissenschaftlerin, Research Associate am Technologiezentrum der Deutschen Telekom AG, Darmstadt

Kirsten Osterspey
Ingenieurin (FH), Leiterin Qualitätsmanagement und Prozeßbegleiterin bei Theo
Wellen GmbH & Co. KG, Krefeld

Ulrich Pekruhl
Sozialwissenschaftler, Mitarbeiter in der Abteilung Produktionssysteme am Institut
Arbeit und Technik, Gelsenkirchen

Claudia Rainfurth
Sozialwissenschaftlerin, Mitarbeiterin in der Abteilung Innovation in der Produk-
tion am Fraunhofer-Institut für Systemtechnik und Innovationsforschung (ISI),
Karlsruhe

Georg Remmers
Psychologe, Personalentwickler und Prozeßbegleiter bei der Elster Produktion
GmbH, Mainz-Kastel

Matthias Schultheis
Diplom-Ingenieur, Segmentleiter bei Krohne Meßtechnik GmbH & Co. KG, Duisburg

Sabine Stadelmann
Diplom-Pädagogin, Beratungssozietät Lanzenberger, Dr. Looss und Stadelmann,
Darmstadt

Rolf Suhrheinrich
Wirtschaftsingenieur, Leiter der Abteilung Arbeitsstudien und Rationalisierung bei
August Rüggeberg GmbH & Co., Marienheide

Dirk Wellen
Diplom-Kaufmann, geschäftsführender Gesellschafter der Theo Wellen GmbH &
Co. KG, Krefeld

P. Rinza

Projektmanagement

Planung, Überwachung und Steuerung von technischen und nichttechnischen Vorhaben

4., neubearb. Aufl. 1998. X, 182 S. 87 Abb.
Geb. **DM 58,-**; öS 424,-; sFr 53,-
ISBN 3-540-64021-5

Der zunehmende Wettbewerbsdruck erfordert flexible Reaktionen auf die Wünsche der Kunden, die häufig auch mit Anpassungen der Unternehmensstrukturen verbunden sind. Hierfür sind eine qualifizierte Planung und ihre konsequente Umsetzung unabdingbar. Dies gelingt am besten durch Einsatz der Methoden des Projektmanagements, da sie die meist komplexen Projektstrukturen logisch gliedern helfen und damit eine systematische Abwicklung gewährleisten. Das vorliegende Buch ist eine altbewährte, solide und aus Erfahrung gewonnene, praxisnahe Einführung in die Planung, Überwachung und Steuerung technischer Vorhaben. Die vierte Auflage des Buches wurde in weiten Teilen neu bearbeitet und ist insbesondere um das Kapitel "Re-engineering-Projekte" erweitert worden.

H. Keßler, G. Winkelhofer

Projektmanagement

Leitfaden zur Steuerung und Führung von Projekten

2., korr. Aufl. 1999. XV, 228 S. 90 Abb.
Brosch. **DM 59,-**; öS 431,-; sFr 54,-
ISBN 3-540-65566-2

Das Buch ist eine Anleitung zum praktischen Projektmanagement. Der Schwerpunkt liegt auf der Beschreibung der Erfolgsfaktoren von und für Projektmanagement. Insbesondere wird die Vieldimensionalität der Führung und Steuerung von Projekten aufgezeigt. Viele Störungen im Projektverlauf können so vermieden und die Erfolgsaussicht von Projekten erheblich erhöht werden. Der rote Faden führt durch die unterschiedlichen Dimensionen und Ebenen des Projektmanagements. Das Buch ist das Ergebnis einer vieljährigen Beratungsarbeit der Autoren und greift zahlreiche Themen aus der Praxis auf.

Springer-Verlag · Postfach 14 02 01 · D-14302 Berlin
Tel.: 0 30 / 82 787 - 2 32 · http://www.springer.de
Bücherservice: Fax 0 30 / 82 787 - 3 01
e-mail: orders@springer.de

Preisänderungen (auch bei Irrtümern) vorbehalten
d&p · 65545/2 SF

Springer

Springer
und
Umwelt

Als internationaler wissenschaftlicher
Verlag sind wir uns unserer besonderen
Verpflichtung der Umwelt gegenüber
bewußt und beziehen umweltorientierte
Grundsätze in Unternehmens-
entscheidungen mit ein. Von unseren
Geschäftspartnern (Druckereien,
Papierfabriken, Verpackungsherstellern
usw.) verlangen wir, daß sie sowohl
beim Herstellungsprozess selbst als
auch beim Einsatz der zur Verwendung
kommenden Materialien ökologische
Gesichtspunkte berücksichtigen.
Das für dieses Buch verwendete Papier
ist aus chlorfrei bzw. chlorarm
hergestelltem Zellstoff gefertigt und im
pH-Wert neutral.

 Springer

Druck (computer to plate): Mercedes-Druck, Berlin
Verarbeitung: Buchbinderei Lüderitz & Bauer, Berlin